论语要解

LUNYU YAOJIE

赵明生 编著

山西出版传媒集团
山西人民出版社

图书在版编目（CIP）数据

论语要解／赵明生编著．— 太原：山西人民出版社，2020.9
ISBN 978-7-203-11426-0

Ⅰ.①论… Ⅱ.①赵… Ⅲ.①儒家②《论语》-研究 Ⅳ.①B222.25

中国版本图书馆 CIP 数据核字（2020）第 129687 号

论语要解

编　　著：	赵明生
责任编辑：	孙宇欣
复　　审：	贺　权
终　　审：	张文颖
装帧设计：	陈　婷
出　版　者：	山西出版传媒集团・山西人民出版社
地　　址：	太原市建设南路 21 号
邮　　编：	030012
发行营销：	0351-4922220　4955996　4956039　4922127（传真）
天猫官网：	https：//sxrmcbs.tmall.com　电话：0351-4922159
E - mail：	sxskcb@163.com　发行部
	sxskcb@126.com　总编室
网　　址：	www.sxskcb.com
经　销　者：	山西出版传媒集团・山西人民出版社
承　印　厂：	山西出版传媒集团・山西人民印刷有限责任公司
开　　本：	720mm×1020mm　1/16
印　　张：	28.25
字　　数：	480 千字
印　　数：	1—1500 册
版　　次：	2020 年 9 月　第 1 版
印　　次：	2020 年 9 月　第 1 次印刷
书　　号：	ISBN 978-7-203-11426-0
定　　价：	88.00 元

如有印装质量问题请与本社联系调换

序

《论语》是春秋时期儒学创始人孔子的一部言论集,是孔子离世后,由他的弟子及再传弟子们集体编撰而成,时间约在战国初期。全书共分20篇,凡512章,15000多字。此书为儒家经典,是研究孔子其人其学最为重要的著作之一。

据载,古代的《论语》有三种,即《鲁论》20篇、《齐论》22篇和《古文论语》21篇。传说孝景帝时,鲁恭王在扩建王官拆除孔子故宅时,忽然听到天上似有金石丝竹之声,有六律五音之美,结果从墙壁里发现了《尚书》《礼记》《孝经》等书,其中得《古文论语》一部。西汉末年,张禹以《鲁论》为根据,参考《齐论》与《古文论语》进行考证修订,改编成《张侯论》,并为官府列为官学。东汉时期,郑玄又以《张侯论》为本,参考《古文论语》和《齐论》再加以改订,成为今本《论语》。《古文论语》和《齐论》到汉魏之间,都已逐渐失传,现在世人传诵的《论语》就是《鲁论》20篇。今本《论语》篇名取自每篇首章中的前二三字。

孔子宣讲仁德一生,处处以平常的姿态表现天地真义,以艺术的手法演绎百般人生,无论其如何言说,处处不离"一以贯之"之中华心法至要。弟子们编撰《论语》亦精心构思，曲折有致，上下一体，故而《论语》20篇，每篇都条理井然，首尾呼应，脉络一贯。全书采用语录体式，章节简短，每事一段。夫子教诲弟子，循循善诱，或言简意赅，点到即止，或启发论辩，侃侃而谈。语言生动，形象活泼，含蓄隽永，寓意深远，好多已成为千年流传之成语或格言。

《论语》到底说了什么，这是一个非常重大的问题，也是必须明确的问题。它关系到儒学的主体内容及历史发展，影响着千千万万生命的成长。《论语》内容广博，涉及政治、教育、礼仪、经济、军事、文学及天道观、认识论、人生观等等，体现了孔儒思想体系最基本的精要，这个体系的核心是仁，实施仁的手段和途径是礼，礼中又包含道与德、理与法。具体而言为：呈现了古圣先贤有关自然天道、天人合一之无上智慧，讲述了治国理政之道德教化方法和礼的思想，宣讲了仁义礼智信等诸多修养要义，开创了有教无类、诲人不倦之教育先河，有人伦事理、行为处事之原则及方法，还有修身养性、求学交友、识人论事、孝悌忠义、去小人、为君子、做圣贤之原则，更有成仁为圣、修养心性、与天地万物相合之至要修习之法门等。它是治国理政之指导，修齐治平之路径，同时也是多数人都可用来修身养性之重要指南。

但是，随着时代的变迁，社会的发展，孔儒一学的真谛也常被曲解或误用。特别是近代以来受多种因素的影响，对《论语》的解读出现了诸多偏差，个别地方不免拘于一字一词、片语浅意，忽于大义精核，不能使其要义通透无碍,也影响了全书圆融一体、上下通贯之整体构架,令人更难解透孔学之无上妙义。解孔门之精要,昭儒学之核心,便成为本书之的。

　　本书对20篇各章进行了较为简要的探究、解读,就其要义提出了一些不囿于传统的看法。此举并非否定某些大家的解读,而是在诸前贤大量考据的基础之上,再开一扇窗口,增添一条途径了知孔子其人其学圣在何处,由何而圣,此圣与佛性、道心有怎样的区别和关联。孔子之学博大精深,笔者距圣人之心性甚远,只待以后继续努力而为。

　　本书在写作过程中遵循了如下原则:一、紧扣当时的历史文化背景,注重从天地正道和生命本质角度进行解读,不限于简单的人情事理、社会现实等层面。二、将儒释道三学贯通,相互印证,使三学精髓融为一体,揭开中华文化之本来面目。三、注重上下章的关联,突出《论语》整体内容和结构的有机统一。四、有关译文参考各类版本,并融入本人感悟。五、本书原文参照杨伯峻先生的《论语译注》(中华书局2006年12月版)。

　　在本书的写作中,参考了古诸家之证解特别是蕅益大师、李炳南老先生、钱穆老师及缠鹰等诸博友之见解,在此一并致以真诚的谢意!

　　如是发凡,亦为序。

学而篇第一	1
为政篇第二	16
八佾篇第三	36
里仁篇第四	59
公冶长篇第五	81
雍也篇第六	107
述而篇第七	133
泰伯篇第八	165
子罕篇第九	183
乡党篇第十	209
先进篇第十一	225
颜渊篇第十二	245
子路篇第十三	265
宪问篇第十四	292

卫灵公篇第十五 ················· 331

季氏篇第十六 ··················· 365

阳货篇第十七 ··················· 379

微子篇第十八 ··················· 402

子张篇第十九 ··················· 413

尧曰篇第二十 ··················· 435

后　记 ························· 440

学而篇第一

（凡 16 章）

本篇内容涉及仁、孝、信等诸多道德范畴。

1.1
子曰："学而时习之，不亦说（yuè）乎？有朋自远方来，不亦乐（lè）乎？人不知而不愠（yùn），不亦君子乎？"

【译文】
孔子说："学了又时常练习，不是很愉快吗？有志同道合者从远方来，不是很令人高兴的吗？人家不了解我，我并不怨恨，不也是有德行的君子吗？"

【要解】
此篇是整部《论语》的第一篇里的第一章，其地位非常重要，起着提纲挈领之作用。宋代著名学者朱熹对此章评价极高，说它是"入道之门，积德之基"。可惜，很多人并没有通达其本质，只是就字面意思进行了解释，从而得出的结论和客观生活不甚相符。退一步说，即便其所理解的三种情况真的符合实际，这么简单的内容就可以统领整部《论语》的主旨？所说的情形、所表达的思想，就能成为孔子伟大思想学说的总纲领、进入孔门的必经之途、通达修身养德高超境界的重要基石？对此，我们有必要解读一番。

先看"学"字，其篆体为🈴，由上下两部分组成，上面是左右手各拿着"爻"，这个"爻"由两个叉组成，代表一阴一阳、相互交合之意，形象地表达了古人天人观、世界观。"宝盖"，代表的是天地（屋子）。天地里有"子"，"子"是什么？能晓事物本质之智慧之人，品德高尚、行为端正之君子。

看"而"字,甲骨文为𦓐,原指颊毛,后来代指"口",可引申为他人之言、古时圣贤之言等,这从另一角度可表明我们"学"的应是圣贤所言的天地大道之理。

再看"习"字,从它的甲骨文字形𦏲来看,上边"羽"字表示鸟的翅膀,下边"日"字表示太阳,合起来是"鸟在阳光下练习飞翔"的意思。《说文解字》里说:"习,数飞也。""数飞"就是"多次飞翔"的意思,这是"习"的本义。意思就是鸟通过不断练习、实践与天地相合的过程,也寓意生命依照天地规律不断修养的过程。

整篇可如是理解:学习天地大道并且时时不断实践,不是很令人高兴的事吗?找到难得的和自己志同道合的朋友,不也是非常愉悦的吗?世人不了解也不怨天尤人,这样的人不就是君子吗?

三句前后紧密关联,前一句是后一句的前提,一句比一句高深,孔儒的精魂包含其中,此章节的重要性自然凸显出来。由是它才可以成为《论语》20篇 500多章之纲要,一万多字的《论语》也由是而开篇设教。

要理解孔门思想精华,可从以下方面着眼:一、孔儒之学是通过一定的礼仪教化百姓、修养仁义而通达天地大道。二、孔子是一位德才完备的君子,好多问题他都是站在一定高度去看待的,不仅仅是指具体某个问题,而是微言中有大义。三、要想真正成为一位君子乃至圣人,必须得明心见性,否则便难明仁德之道,更遑论与天地间诸圣德相合。四、《论语》一书中多次出现"学""习""思""文"等字眼,它们常常有多方面的意思,我们不能死板教条地理解。五、全文诸篇章都贯穿着一条主线——仁德,各章又有其侧重点,依着这条主线而行,便篇篇相连,章章有致,上下一贯。

1.2

有子曰:"其为人也孝弟(tì),而好犯上者,鲜(xiǎn)矣;不好犯上,而好作乱者,未之有也。君子务本,本立而道生。孝弟也者,其为仁之本与?"

【译文】

有子说:"孝顺父母,敬爱兄长,却喜好触犯上级者,这样的人是很少见的。不喜好触犯上级,而喜好造反的人是没有的。君子要专心致力于事物的根本,这个根本建立了,做人、治国的原则也就有了。孝顺父母,顺从兄长,这就是仁的根本啊!"

【要解】

有子又叫有若,是孔子有名的弟子之一。他勤奋学习,强识好古,明习礼乐,倡和睦,重礼教。这一节主要讲述孝悌是为人之本,有若认为孝悌非常重要,做好了这一点,人便好做了;做好了人,就很少犯上作乱。这一观点与孔子的观点一致。孝是生命最根本的一种特性,它是和仁一样的善性、善行。既为人,就不能不孝不悌。家庭成员如果不孝不悌,这个家庭便不会和睦,家族便不可能团结,乡里便不可能友善,社会也不会和谐到哪里去。一个不孝的人,不可能对他人付出真正的友爱之情。

春秋时代,周王朝实行的是嫡长子继承制,其余庶子则分封为诸侯,诸侯以下也是如此。整个社会从天子、诸侯到大夫形成这样一种政治结构,其基础是封建的宗法血缘关系,而孝悌之说正好反映了当时宗法制社会的道德要求。同时,孝悌也是做人之根本,为事之基础,它与社会的安定和发展有着直接的关系。

自春秋战国以后的历代封建统治者和文人,都继承了孔子的孝悌说,主张"以孝治天下",汉代即是一个显例。孔子大力提倡遵孝道、守礼制,但是,这并不是说一定要忠于不良不正之君王。这是两个概念、两种思想,不能混为一谈。孔子对那些品行低下、不爱民的无道国君非常反感,绝不会让天下百姓誓死效忠他们。如果遇到不明事理的父亲,作为儿女又该怎么办?孔子在《论语·里仁》告诉我们:"事父母几谏,见志不从,又敬不违,劳而不怨。"就是说要婉转地批评,恭敬地操劳,不能怨恨,即要将礼、孝、义三者结合来行事,这也是一种智慧的孝。

上一章讲述了天地人合一之大道,这一章具体讲上下合一之人道,而人道中最重要的是孝悌之理,做好了孝悌,才可以做到仁。仁又是达到天地之道的必然途径。"孝悌—仁德—天地"之道,就是孔子创立的儒家学说的核心内容和修身次第。

1.3

子曰:"巧言令色,鲜矣仁!"

【译文】

孔子说:"花言巧语,强装出和颜悦色的样子,这种人的仁德是很少的。"

【要解】

上一章从正面阐述了孔子和儒家学说的核心是仁,仁的表现之一就是孝与悌。这一章则从仁的反面强调要辩证理解仁的本质。

儒家大讲礼仪,对不同场合、不同对象、不同事件所应有的种种礼仪十分看重,甚为推崇,所以有人认为孔儒之仪多繁文缛节,令人生厌。同时孔子又十分崇尚质朴,他把正直无华当作仁的一个标准而大力提倡,反对花言巧语、口是心非、耍两面派,反对说话办事随心所欲及只说不做,反对以此来讨取他人欢心的令色行为。主张说话应谨慎小心,说到做到。

"仁"是什么?它涉及孔子学说的本质,儒家思想的核心。《论语》里有关仁的阐述也有多种,但并不表明孔子对仁的理解不同,而是针对不同对象与场合进行不同的说教,是一种方便法门。"仁"的含义是多元的,也是相互关联的。如果简单归纳一下,仁者具有如下特征:美、真、亲民、无怨、爱世人、知善恶、成人之志、传正道、尊五美、屏四恶、重五伦、有德行、守道性等。而最后两项则尤为重要,但没有前几者,后两者又难以做到。一些人会表现出虚假耍滑等,孔子在此告诫世人,这恰恰是少仁的表现。因为仁是由内而外的表现,是一种良好的道德思想的真实展示,一旦内心的美性善性不足,又想获得他人的认可,表现出的言行便常常是巧言令色,言过其实。老子说过"信言不美,美言不信",圣人所见略同。

1.4

曾子曰:"吾日三省吾身——为人谋而不忠乎?与朋友交而不信乎?传(chuán)不习乎?"

【译文】

曾子说:"我每天多次反省自己:为别人谋划事情是不是尽心竭力了呢?同朋友交往是不是做到诚实可信呢?老师传授给我的学问是不是落于实际了呢?"

【要解】

本章中,曾子提及忠和信。忠的一个特点是"尽",办事尽力。"信"的含义有二,一是信任,二是信用。其内容是诚实不欺,用来处理自己和他人之间的关系。信尤其与言论有关,表示说真话,说话算数。这是一个人立身处世的基石。

《礼记·中庸》里说:"仲尼祖述尧、舜,宪章文、武;上律天时,下袭水土。辟如天地之无不持载,无不覆帱,辟如四时之错行,如日月之代明。"孔子是继尧舜禹、周文武之后的又一承接了天地正道之伟大圣人,自然担当着历史的非凡重任,老师平日所教导的仁义忠信等便是这一历史传承的具体体现,也是曾子每日"三省吾身"最主要内容。

孔子是自信的,理由之一便是他认为周朝之后,天下正道在种种文明礼仪里,天下最为完备的文明礼仪尽在鲁国,而自己又是鲁国知礼达道者。从上古三皇五帝到尧舜禹一贯而下,道统的承传他责无旁贷,有责任将它们承担起来,发扬光大,所以,他才克服重重困难,主动自觉地周游列国,传道讲学,教化天下。老师仙逝后,曾子一方面努力修养自身的品德,另一方面竭力弘扬圣师传承的正道。从后来的历程看,曾子深得老师道谛,后世才有子思、孟子、荀子等诸圣贤的产生,中华正统大道才得以绵绵不息,流传千年。

1.5

子曰:"道(dǎo)千乘(shèng)之国,敬事而信,节用而爱人,使民以时。"

【译文】

孔子说:"治理一个拥有一千辆兵车的国家,要认真地对待国家大事又恪守信用,诚实无欺,节约财政开支,同时爱护官吏臣僚,役使百姓要不误农时。"

【要解】

"道"在这里的意思是治理引导,"千乘之国"指大国。"敬事"是说处理事情时一定要心存恭敬,不能太随便任性。"爱人",有观点认为是指爱护官吏,笔者认为是爱护百官众吏及士人等,后面的"民"则可以理解为百姓。整章里依次出现了君王(诸侯)、百官、众吏、士人、百姓等,几乎包括了整个社会各方面的成员,即对各成员都应有相应的行为要求。

孔子要求君王(诸侯)在制定有关国政方面要胸怀天下,心存敬意,无论大事小事都要谨慎对待;发布的每一道政令都要言而有信,不可朝令夕改;

对待下面负责具体事务的百官众吏要有爱心,时时关怀他们;对分布在各行业中的各类士人,同样要以平等心待之,关怀他们;也不能随意驱使百姓,要按照有关时节进行,不可耽误农事。只有这样,整个社会才会有机和谐,上下一体,繁荣发展。后来的孟子治国思想也与此相近。

总体来看,本章中所言的重点是关于治理国家的基本原则。这是治国安邦的基本点,也体现了孔子之爱人思想,这个爱没有阶级性,是无差别的。

1.6

子曰:"弟子,入则孝,出则弟,谨而信,泛爱众,而亲仁。行有余力,则以学文。"

【译文】

孔子说:"来我门下求学的人(或年幼求学的人),要孝顺父母,要尊重兄长,言论要谨慎,行为要诚信,广泛地爱众生,亲近仁德之人。做到这些之后,如果还有更远大的心力,就再去学文。"

【要解】

此章至为关键的是最后一句:"行有余力,则以学文。"什么是余力?不是剩余的力量,而是较强的心志、心力或曰远大的理想追求。就是说,在学习并懂得而且能做到孝悌和仁爱的情况下,若还有更远大的心志,那就去学习"文"。

什么是"文"?这是此章的关键。我们认为"文"不限于文化典籍知识,而是指天地宇宙之规则,即天地之道的本质。

总括全章,它共分两个层面,一是普通人应该做到的,另一就是特别向上的人需要做的。前者是后者的基础,后者是前者的升华,孔子的教育是有层次的。

1.7

子夏曰:"贤贤易色;事父母,能竭其力;事君,能致其身;与朋友交,言而有信。虽曰未学,吾必谓之学矣。"

【译文】

子夏说:"注重对方的品德而不看重外在美色,侍奉父母能够竭尽全力,服侍君主能够献出自己的生命,同朋友交往说话诚实恪守信用。这样的人,尽管说没有学习过仁道,我一定说他已经学习过了。"

【要解】

子夏本姓卜,名商,才思敏捷,以文学著称,被孔子许为其"文学"科的高才生,名列"孔门十哲"。

仁道是近乎天道的,人伦也是按照天地法则而来的。真正懂得了仁道,也就自然知晓了天道。懂得仁道的人,在日常生活中会看重对方的品格、孝敬父母、竭诚事奉君王与朋友。这就是王阳明所言的知行合一,一理论,一实践,二者要统一起来。知而不行,是为不知;不知而行,可以致知。这里的"未学"之"学"指的是那种空头理论的学习,"谓之学"之"学"是真正的学而习。子夏反对前者,提倡后者,强调"不知而行,可以致知"之理。他是从二者紧密结合的角度看待行与知(做与学)这一道理的,故而才会有这几种符合仁德之行为表现,是"学而时习之"的典型,故而最后得出了未学亦学这一结论。

可能会有人说,一个人的品德好坏也可通过外在表现出来吗?是的,但好多人心身不一,常常注重外在而忽略本性,更有的会弄虚作假。这样的人越多,社会越是可怕,人心越是虚伪,大道也越容易失传。在内外二者间,子夏更看重内在的品德,强调品德在对待他人(也可以是妻子等)、事父母、事君、与朋友交往方面的重要作用,一语中地抓住了生命的本质,强调从内入手来修养自身,来指导我们的生活,他认为这才是处理问题的关键所在。学习的目的是应用而不是显摆,这一点即便放到今天,也有它的重要意义。

另外,"能竭其力"之"力",重点指的也是心力,而非体力。

1.8

子曰:"君子不重,则不威;学则不固。主忠信。无友不如己者。过,则勿惮改。"

【译文】

孔子说:"君子不庄重就没有威严;修行仁道时,所学的也不会巩固。要忠信,不要同良知不如自己的人交朋友。有了过错,就不要怕改正。"

【要解】

"不如己者"之"己"特指自己的良知、本心、本我。此句说在追求仁道或天地真理时,不要和那些不懂仁道的人太过紧密地往来,以免在不知不觉中把自己引入下流。"过"特指修养上的过错,而非日常生活中的一些小过。前者之过虽然有时看似是小过,实则是大错,生活中的大错有时却是小过。

君子如果不能坚守内心的仁道之念,就不会有威严,就难以身作则来教化他人。即内心不正就不威,不威就不能坚守仁道,这一信念一旦发生了动摇,再怎么学习也无济于事,因为中心之信柱偏移或消失了。但是,生活是复杂的,外界是多彩的,作为一介凡胎,谁也不可能一步成圣,所以,在和众友相处、修养仁道之时,千万要和与自己本心相近的人往来,不要降低标准,影响自己的修养。万一不小心犯了过错,便马上改正,不要顾忌他人的说法。有错则改,善莫大焉。内心偏差一厘,外在便会失之千里。正所谓"凡人畏果,菩萨畏因"是也。

守好了人伦,并不等于就达到了仁道,二者间还有一定的距离。要减缩这一距离,还需付出大量努力。此章仍然讲本性的重要,师生谈的是同一问题,表达的是同一观点。

1.9
曾子曰:"慎终,追远,民德归厚矣。"

【译文】
曾子说:"谨慎地对待父母的去世,追念久远的祖先,自然会使老百姓日趋忠厚老实。"

【要解】
"终"到底是什么意思?有人说是人死为终。我们却认为这个"终"是指事物在某一阶段的结果,而不仅仅是指生命的结束。生死相连,生死相关,出生入死,生死不息是也。再看"远",并不仅指距离或时间的遥远,而是指非常深广、十分幽深之境界。

此章省略了一些内容,把它补充出来,整章句意就明确了:认真地对待生命终了之结果(不一定就是办好丧事,而是要清楚这段人生有怎样的启示等等),追寻到事物深远之境(就会知道诸多我们原不知晓的道理,进而改变生活态度与行为),只有这样,百姓才会知道生命的根本,进而不敢随意造次、肆意行为,而是一心保持那种敦厚美好的品德。

1.10

子禽问于子贡曰:"夫子至于是邦也,必闻其政,求之与?抑与之与?"子贡曰:"夫子温、良、恭、俭、让以得之。夫子之求之也,其诸异乎人之求之与?"

【译文】

子禽问子贡:"老师到了一个国家,总能听闻到这个国家的政事。这是他自己求得的呢,还是国君主动告诉他的呢?"子贡说:"老师温良恭俭让,所以才得到的。这种求的方法,或许与别人的求法不同吧!"

【要解】

本章通过子禽与子贡两人的对话,描绘了孔子为人处世的美好品格。所以,每到一个国家,主动或被动地就会知道这个国家的有关政务。至于好多统治者并没有按照孔子的思想方针去治国理政,孔子的政治理想最终也没有实现,有诸多原因。此章重点强调的也是事物间因与果的必然关联。我们从中受到什么启示呢?

一、要想实现远大的政治理想,必须具有良好的思想品格。具体便是温、良、恭、俭、让。这几者看似简单,做起来却比较难,特别是对那些学识过人、名扬四海的人来说,更是难上加难。二、欲求之,先予之;欲得之,先舍之。这是天地间的一条规律,也是一种处事智慧。什么是付出?除了钱财的布施之外,礼敬他人、善待事物、谦虚退让、收敛自我等更为重要。三、面对失望,不抱怨,不指责,不争论,而是深刻反省自己的不足,寻找更佳的方法,继续努力。孔子周游列国十几年,所碰的钉子无数,遇到的障碍无数,希望无数、失望更无数,但是,孔子没有指责过哪一个君王,没有抱怨过任何人事,只是在不断地自勉自励,不懈地坚持再坚持。虽然他的政治理想没有在当时实现,但其伟大思想却流传千百年,深深地影响了中华民族的发展及世界文明的进程。

常言道,欲成事,先做人。什么样的人便可做出什么样的事,什么样的事成就什么样的人。温、良、恭、俭、让这五种道德品质是我们成就任何事业的前提与保障,是生活中必需的、至关重要的。

1.11

子曰:"父在,观其志;父没,观其行;三年无改于父之道,可谓孝矣。"

【译文】

孔子说:"他父亲在世时要观察他的志向;他父亲死后要考察他的行为;如果他对父亲的行事方法长期不改变,可以说做到孝了。"

【要解】

这一章谈的是"孝"的问题。这里关键是对"父之道"的理解。什么是父道?就是为父之道和事父之道,这里应该是事父之道。《礼记·昏义》曰:"天子修男教,父道也;后修女顺,母道也。""天子修男教",就是天子教育男子的意思。以此而推理,父亲也应该如天子一般,具有正直、大气、负责、公平、无私、无畏的品行,为家庭乃圣整个天下谋福利,行天地之正道。

孔子提倡孝的本义正在于此,这也是儒家孝道最根本的要核。凡与此不合者,都不是真孝。特别是那种固守父母不合正道的言行、习惯及临终嘱托等,才是真正的愚忠愚孝。至于父母的丧事、祭祀等,不一定必须按照有关标准习俗办得十分隆重,需根据实际情况量力而行,关键是表达心中之悲情及思念。

"三年无改"是几年不改的意思。《尚书》中有"高宗谅阴,三年不言"的说法。即(殷王朝最强盛的时代)贤明如高宗(殷王武丁)者,在为父守孝时,也沿袭父王的安排,三年不言,不改政事。

如果父母的言行或临终嘱托有错,儿女又该如何呢?竭力劝说,让其改正。万一父母不改,作为后继者就要帮他们改正,把自己该做的做得更好,这才是大孝、真孝。

1.12

有子曰:"礼之用,和为贵。先王之道,斯为美;小大由之。有所不行,知和而和,不以礼节之,亦不可行也。"

【译文】

有子说:"礼的应用,以和谐为贵。古代君主治国方法可贵处就在这里,不论大事小事都做得恰当。但是如果有行不通的地方,为和谐而和谐,不以礼来节制,也是不可行的。"

【要解】

礼的应用要以和为主,但如果一味地为了和而和,有些事也行不通。

"礼"是手段,"和"是目的,尧、舜、禹、汤、文、武、周公等古代圣贤就是这样做的,不能颠倒乱来。

孔子的教育是非常切合生活与生命实际的,不尚空谈,不讲虚言,而是真真切切地从实际出发,紧扣人性的特征,有步骤、有方法,使其渐渐成为君子。所以,才有后来朱熹"存天理,灭人欲"之说。"存天理",就是让人之良知常在,"灭人欲"就是去掉贪念,使之合于天地正节,二者结合起来,就是完整的修养过程,也是成圣为王的必然过程。人性需要通过一定的礼制来制约,目的是达到中和,也就是中庸,中庸之道即先王之道,天地之正道。

礼节是必须的,它可以如防洪大堤般抵挡住不时冲来的巨大洪水而不至于泛滥成灾。但是,中庸不是和稀泥,不是不偏不倚,不是不左不右,更不是当老好人,而是走正途,用正法,达正道,有时常常需调和多方面的人事。不能大事小事为了和而和,为了容而容,失去应有的原则。各类典章制度和道德规范我们仍须遵守,这就是礼的重要作用。

有人认为《论语》为有子的学生编辑而成,可以看出有子对孔子思想领悟的正确性。可惜的是,他提出的"和为贵"思想被后世打了折,降至和谐、包容等意了。

1.13

有子曰:"信近于义,言可复也。恭近于礼,远耻辱也。因不失其亲,亦可宗也。"

【译文】

有子说:"讲信用符合义,(符合义的)话才能实行;恭敬符合于礼,这样才能远离耻辱。所依靠的都是可靠的人,也就值得尊敬了。"

【要解】

本章重点说明信、恭的重要,义、礼的意义及所结交之人对我们的重要影响。

一个不守诚信的人是难有大义的,没有大义之人难以成就不凡事业。同样,一个内心对人不恭敬的人也难守应有的礼制,不讲究礼制的人往往会招来他人的反感。如果所结交的朋友、所遇到的老师、所亲近的伙伴等,没有真正的善良之心，也不可以成为我们前进的榜样，更不可能为我们提供大的精神动力。

古来对"义"的理解亦有不同，通常有义气、正义、情义等，或为公正合宜的道理或举动。我们认为最好的解释应该是"道义"，即符合天地正道的、正直无私、刚直不阿之行为或思想，而非一般意义上的义气、情义。它的要求非常高，如尾生抱柱而死、曾参杀猪教子、荆轲一诺千金、项羽守信重义等行为都不是真正意义上的道义，他们虽合乎一般事理，却不一定合乎正道之理。这样的义虽然有时也值得肯定，意义却还差一筹。真正的道义是正道、正理。

后世有人认为是孟子首先提出了"义"这一道德范畴，其实，有子在此已经认识到了它的重要作用了，只不过孟子对它进一步强调并加以推广而已。但不管如何，它已成为儒家思想重要内容之一，也成为世代必具的高贵品格。这种品格，并不局限为人讲义气，办事正直，爱国忠君。儒家把"义"与"仁""礼""智""信"合在一起，称为"五常"。其中的"仁""义"成为儒家思想道德的核心，其意境很是高远，与天地等齐，其重要性也非一般情理可比。

1.14

子曰："君子食无求饱，居无求安，敏于事而慎于言，就有道而正焉，可谓好学也已。"

【译文】

孔子说："君子饮食不求饱足，居住不求舒适，工作勤劳，说话谨慎，到有道的人那里匡正自己，这可以说是好学了。"

【要解】

"有道"者，应该是行正道、守道义、懂得天地之道之圣贤，是君子学习效仿的对象与榜样。既然"道"可以成为君子正身之标范，前行之动力，成功之目标，可见有道者品格与行为之高超。这样的人才是真正好学的君子，而非一般意义上爱好学习的人。这也正好验证了我们开篇对"学而时习之"之"学"本义的解读。

孔子对修道之要求是淡化物质，强调内心，看重行动，完善生命。从行站坐卧、言谈举止做起,在点滴上下功夫,从具体事务上校正自己,最后与"道"相合。正如《弟子规》里所要求的,这样的行为看似简单,却蕴含着大的道理。没有具体的修身之过程,哪来君子的高尚品行?

也许有人会问,修道是道家所提倡的,儒家没有这样的思想呀?首先,儒道两家的思想在孔子所处时代便相互融合于一体,难以分开,它是中华传统思想的根本要素,并非哪家独有。特别是"道"这个概念,更为两家共用,西来的佛学也应用了它,三家要义基本相同。其次,儒家所言的仁义礼智信并非最终目的,天地正道才是他们的终极追求,这一点务必明白。再者,只因道家后来有一套具体的专业修炼方法,还建立了固定的团队,于是世人便认为修道成了道家的专利。其实三家的本质没有什么不同,差别只是相关的名词术语和方式。佛家主要讲的是放下一切、寻求空性,道家着重强调专业技术上的精进,儒家强调的是日常行为的规范;佛重出世,儒重入世,道间于二者间;佛重在寻求本我,道重在清静养气,儒重在礼仪行为;佛要求破相,道关注身体,儒注重品格。三家最终追求的目标没有二致。真正得道之人必然是大慈悲、大清静、大仁义者。

1.15

子贡曰:"贫而无谄,富而无骄,何如?"子曰:"可也;未若贫而乐,富而好礼者也。"

子贡曰:"《诗》云'如切如磋,如琢如磨',其斯之谓与?"子曰:"赐也,始可与言《诗》已矣,告诸往而知来者。"

【译文】

子贡说:"贫穷而能不谄媚,富有却能不骄横,怎么样?"孔子说:"这也算可以了;但是还不如虽贫穷却乐于道,纵富裕却谦虚好礼呀。"

子贡说:"《诗经》上说,'要像对待象牙、玉石一样,切磋它,琢磨它',就是讲这个意思吧?"孔子说:"赐呀,我可以同你谈论《诗经》了,你能从我讲过的话中有所领悟,举一反三了。"

【要解】

古往今来,那些真正的君子虽然有钱有势却能平心待人,屈身礼贤,衣不重彩,食不二味。世人却大不理解,认为他们白活了这一世,不懂得享受生活,过好幸福人生。其实,常人根本达不到他们的精神层次,不会清楚他们到底是在追求什么。

无财不足以养道,一定的钱财是必需的,但过多的钱财名利又会把我们引诱到欲望的深渊而难以自拔。所以,欲修大道,先需断掉过度的饮食之欲、华丽之望,进而修养高尚的人格精神。如何断掉?把强烈的欲望长期"钙化"仅是权宜之计,一旦钙质脱去,欲望便更强烈地袭来,毁坏力更大。最好的办法是认清什么是世俗的卑微低贱,什么是天地正道的高尚尊贵,什么是无聊的生活,什么是有意义的追求,然后树立远大的志向,坚定不移地去追求更伟大的目标。如孔子、颜回、子贡、曾子、庄子那样,不管有钱没钱,有名无名,有位无位,待人一律谦虚有加,对事一视同仁,不慕高官厚禄,心中驻存道性,无论得势与失势都能以平静的心态对待。

不经历大的痛苦与磨砺,不丢掉那些身外之物,焉能成就非凡之人生?从雕琢一块玉石的过程,我们应该得到相关的人生哲理和启示,这就是本章的要义。同时,我们还应知道《诗经》虽是一部诗歌总集,但它蕴藏的道理是无比丰厚的。

1.16

子曰:"不患人之不己知,患不知人也。"

【译文】

孔子说:"不怕世人不知道本真之我,怕的是不知道什么是真正的人。"

【要解】

首先须清楚什么是"己"。《说文解字》说:"己,中宫也。象万物辟藏诎形也。己承戊,象人腹。"翻译过来就是:"己,定位在中央。像万物因回避而收藏在土中,显见出弯弯曲曲的形状。己继承戊,字形像人腹。"我们认为此处之"腹"并非指腹这一部位,而是喻指腹内的那个隐形的,包容、孕育又支配着天地万物的,似太极一般弯曲多变之物,也就是我们常言的万物本有的天然之性。

其实"己"可看作一个倒写着的 S 曲线,也就是太极图中那条最为关键的线条,以此来比喻阴阳组合而成的天地自然。而天地自然和生命的本性是一样的,生命从天地中来,凭的也正是这一本真之性。换句话说,"己"也是道的代表,"一"的变形。此解一明,本章可解读为:孔子说,不怕世人不知道本真之我,怕的是不知道什么是真正的人。

为政篇第二

(凡24章)

本篇主要内容是"为政以德"的思想以及对孝、悌等道德范畴的进一步阐述。

2.1

子曰:"为政以德,譬如北辰居其所而众星共(gǒng)之。"

【译文】

孔子说:"用道德去治理国家,自己就会像北极星那样,安处于自己的位置,别的星辰都环绕着它。"

【要解】

钱穆先生在《论语要略》中曰:"孔门论学,最重人道。政治,人道中之大者。人以有群而相生相养相安,故《论语》编者以《为政》次《学而篇》。"此说可谓紧扣孔门之学核心。

什么是政治?"政"由"正"与"文"两字组成,"正"又由五个"一"有机合成,相互配合而成刚直端庄之形态,然后再与"文"结合。"文"是道的代表,故而"政治"即依天地正道治理家国,且修养众生也。如是,为政之治者,岂能不行天地正道耶?朱子有言:"政之为言正也,所以正人之不正。德之为言得也,得于心而不失也。"(《论语集注》)

"德"是道的代表,也是道在人世的具体表现:保持本真、大公无私、公正刚直、胸怀天下等。从另一角度看,德者,得也。行道而有得于心,其所得,若其所固有,故谓之德。德也就是生命之本性,为政者当以己之德为本。要想得到自己想要的东西，必须依道而为，顺德而成。《道德经》曰："道生之，德畜之，物形之，势成之。是以万物莫不尊道而贵德。道之尊，德之贵，夫莫之命而常自然。"厚德载物，治国者正心诚意、修身齐家、治国平天下，以德为本，以德服人，以德化人，正心、正念、正行，方成天下之表率。无论是执政者，还是平民，均需固守自己心中那个天生之本性，如北辰一般，永恒不变。如此，才会有众星宿永久之归向。

  以德治国，方可达到王道；以武力治国，则为霸道。霸道者，仅一时之治也。秦始皇通过武力成就一代霸业，但秦王朝短短15年便崩塌了；孔子以德化人，千年圣名不朽。

2.2

  子曰："《诗》三百，一言以蔽之，曰：'思无邪'。"

【译文】

  孔子说："《诗经》三百篇，用一句话来概括它，就是不虚伪做作。"

【要解】

  此章的意思是《诗经》所描述的内容能给我们正确的思想，使我们得到中和之道，可作为我们日常学习的范本，修身的标杆。

  既然所思符合天地正道，那么，它定然是出于生命本真的表达，不虚伪做作，也无淫邪、非分之念。从《风》到《雅》再到《颂》，都是正能量、正指向、正精神。所以，《诗经》里的篇目如《风》里，无论描写孝子忠臣，还是怨男愁女，或描述美好的人性，反映生产劳动、战争、忧思等，都是真实不虚的，皆出于生命内在的至情流溢，直抒衷曲，给人以美好的艺术享受。即便个别带"刺"的篇章，其出发点也是好的，能帮助人认清是非对错，分开贤愚善恶。至于《雅》与《颂》篇那就更无须多言了，都是祭祀、朝会、大典时所奏唱的至雅之乐，或歌颂先王功德之诗篇。通过它们，我们能知晓先王高尚之德行，继承其志，不断前行。

  同时，《诗经》属微言大义之正言，从中可以汲取无穷的能量与智慧；再者，因诗三百皆可入乐，可弦歌，学《诗经》可以化性育心，使世人必怀正义，不走偏道。先承认七情六欲之真，再借助它们渐渐培育起更美好崇高之品格，渐至纯洁无瑕之圣境，这是孔子一贯注重人性教育思想的真实体现。

清朝李颙《四书反身录》曰:"六经皆古圣贤救世之言,凡一字一句,无非为后人身心性命而设。今人只当文字读去,不体认古人立言命意之旨,所以白首穷经,而究无益于自己身心性命也。"笔者实是赞同。

2.3

子曰:"道(dǎo)之以政,齐之以刑,民免而无耻;道(dǎo)之以德,齐之以礼,有耻且格。"

【译文】

孔子说:"用法律管理百姓,用刑法约束百姓,百姓只求免于受惩,却丧失了廉耻之心;用道德教化百姓,用礼制规范他们的言行,百姓不仅有羞耻之心,而且人心归服。"

【要解】

这一章里孔子讲的是通过德与礼教化百姓一步步向善向美,从内心懂得是非,知道耻辱,主动校正自己的思想行为,提升道德境界。和上一章的目的一致。

孔子向来主张以德治国,以礼教化百姓,这样的结果是上下都能有一个良好的道德环境,官吏和百姓都能从真心出发去行为处事,可以从根本上避免单纯以法治国带来的诸多弊端。

本章并未做出非此即彼的定性选择,我们不能因此而得出儒家反对法治的结论。孔儒思想本身就是礼法兼有,只不过把德治放在前,把法治放到后而已。春秋时代,伟大的孔子便提倡诗化教育、礼仪教育、道德教育,可谓高瞻远瞩,意义非凡。

2.4

子曰:"吾十有五而志于学,三十而立,四十而不惑,五十而知天命,六十而耳顺,七十而从心所欲,不逾矩。"

【译文】

孔子说:"我十五岁时有志于学习大道之理,三十岁时能确立这一主张和行为,四十岁时通达了天地之理不再有什么疑惑,到五十岁时知道了自己所担负的历史使命,六十岁时把各种不同的道理和万物相融于一体,七十岁放任心性,也不会逾越或违背天地规则。"

【要解】

　　传统的解释似不合情理。从孔子的经历可知,孔子学习文化知识定然要早于十五岁,独立成家立业也早于三十岁。四十岁左右明大道之理而开始设教授徒,五十岁前后知道了天地赋予的使命,明辨是非对错也根本不是到了六十岁。至于不会逾越规矩法度,更不应该到了七十岁。

　　这里的"学"和第一章"学而时习之"之"学"是同一内涵,都是指天地正道之学问。"立"不是立身、立业、立一般之志向,而是确定了学正道之志是正确的,不再动摇,于是,他才有自信与才智去开办私学。到四十岁时明心见性证得了正道(这一点非常重要,是孔子人生的里程碑),故而才可不惑,明白通达,拥有大的智慧。到五十岁时,他明白了自己此生所应担负的伟大使命,所以,政治上受到排挤后,才会毅然离国出走,周游列国,欣然传教布道,宣讲自己的仁义思想学说。到六十岁时,孔子已能将天下万物(包括种种观点、学说、思想等)相融于己,即天人合一。到晚年,他的心志已与天地相合,随心所欲,无有背道,故而有十足的自信去订删六经,留以教世。

　　由此看出,孔子的一生,走过了慕道、闻道、求道、悟道、得道几个阶梯,是实实在在从平民修炼而成的觉悟者。此章是他自觉寻求真理并努力为之奋斗一生的总结,更是他坚定信念、不断修炼自身,最后由凡入圣修养过程的精要概括。

2.5

　　孟懿子问孝。子曰:"无违。"樊迟御,子告之曰:"孟孙问孝于我,我对曰,无违。"樊迟曰:"何谓也?"子曰:"生,事之以礼;死,葬之以礼,祭之以礼。"

【译文】

　　孟懿子问什么是孝,孔子说:"孝就是不要违背。"樊迟给孔子驾车,孔子告诉他:"孟孙问我什么是孝,我回答说不要违背。"樊迟说:"不要违背是什么意思?"孔子说:"父母活着时,要按礼侍奉他们;去世后,要按礼埋葬他们、祭祀他们。"

【要解】

　　此章讲述了一个"礼"字。孟懿子是鲁国的大夫,三桓之一,在鲁国时有近乎君王之权力。曾凌傲鲁君,支助他臣,对抗国家,非常不安分守职;在城池、宫舍等的修建规模上更不守为臣之礼规。孔子倡导堕三都一事,因他的干涉而导致堕三都失败。

在当时,周王朝的礼制基本完整地保存在鲁国,而对鲁国礼制最熟悉的人莫过于孔子。再加孔子品行高尚、知识渊博,故而父亲孟僖子临死时让儿子孟懿子好好向孔子学习。为孔子驾车的弟子樊迟,比孔子小三十六岁,曾和冉求一起帮助季康子进行革新。

孔子针对眼前这个特别人物,采取了特别的方式进行开导,他没有照回答一般人那样,简单说听从父母教导之类话,而是从政治和个人修养等方面去劝告他:大孝要守国制,循国体,不可僭越朝制,具体讲就是爱国恤民,忠于国君,为政以德,行为以礼;中孝是好好听父母正确的教导,遵照父母生前的规则行事,生尽子之情,死尽子之哀,平常不忘祭祀;小孝则好好做人,谦和仁义,忠心为臣。除了简单的事父之礼、葬父之礼、祭祀之礼外,更应该包括谨守为政诸礼、为臣诸礼。

孔子的教育方法及目标是奇妙高超的,我们必须清楚他所言的对象、背后的故事,方可明白每句话真正的含义。孔子孝道的最终目的不在于一人一事,而是整个国家与天下的德治,而遵孝道则是达到德治最基本的方法之一,所以把它列入《为政篇》。

2.6

孟武伯问孝。子曰:"父母唯其疾之忧。"

【译文】

孟武伯向孔子请教孝道。孔子说:"父母唯为子女的疾病担忧。"

【要解】

孟武伯是孟懿子的儿子,父子俩分别向孔子问孝,看来,他们从本心上讲还是想知道什么是孝,也想尽一番孝心的。

对孔子在这里所说的"父母唯其疾之忧",历来有多种解释:一、父母爱自己的子女,唯恐其有疾病,子女要体会父母的这种心情,在日常生活中格外谨慎小心。二、做子女的,自己有病时需父母担忧,其他方面就不必父母担忧了,表明对父母关爱。还有"把父母对你生病忧愁的心情用于对待父母"等等。都有一定道理，但我们还是紧扣具体的人与事来解。

孟武伯是孟氏的嫡长子，继世家之位后，谁人也不放在眼里，有声色犬马诸多切身之疾。对这样的放荡公子，孔子给出的药方是：当子女的做事情要谨慎，不要胡作非为，让父母除了为你的疾病担心外其他方面不用担心。即劝告孟武伯，不要放纵欲望毁坏身体让父母担忧；在行为处事上要注意有节制、有法度，不可胡作非为，如果这样做了，便是孝。这样的孝道，既可让父母放心，又能修养自己，同时才可以管理好国家，而不再让天下为其胡作非为担忧。以此理来指导天下之孝，这是《论语》的引申义。

2.7
子游问孝。子曰："今之孝者，是谓能养。至于犬马，皆能有养；不敬，何以别乎？"

【译文】
子游问什么是孝。孔子说："如今的孝只说能够赡养父母便足够了。然而，即便是犬马都能够得到饲养。如果对父母不敬，那赡养父母与饲养犬马又有什么区别呢？"

【要解】
此章继续讲孝。在物质方面尽心供养父母，如果经济条件达到一定程度，一般人都能做到，但这还不是真正的孝。孔子认为还需有敬意，否则养动物和养父母便没啥区别了。父母是人，也有七情六欲、爱憎喜恶等，更是生吾、养吾之人，他们对我们的希望、依托、关爱是无可比拟的，所以除了给他们提供必需的物质外，更需照顾他们的心理感受、精神生活。要做到这点，十分的敬意、虔诚的尊重是十分必要的，仅仅靠钱财不一定就能让父母喜悦满足，也难让做儿女的在心灵上得到慰藉。

如何敬？一定得从内心深处感受为父为母的不易，要在道德良知上给予回报。而这种敬意应该是天生就具有的，是从本性深处自然流露出来，不是装模作样而成的，具有这般情感的孝才是真孝。所以，对待父母不能以供给食物为满足，应该把生命中大的仁爱之心发掘出来，知晓了天地仁义之道，再应用到具体的侍奉双亲方面，自然会有无比真诚的敬意产生，到时，无论物质条件如何，处境怎样，都能奉行好人间孝道。由敬爱父母到敬爱师长，再到敬爱世人、万物,这样的孝道都是一以贯之的。敬是孝道的本质,仁是敬爱的精神,政道是敬、孝、仁的体现。

2.8

子夏问孝。子曰:"色难(nán)。有事,弟子服其劳;有酒食,先生馔(zhuàn),曾是以为孝乎?"

【译文】

子夏问什么是孝。孔子说:"儿女在父母前始终保持愉悦的容色是难以做到的。有了事情,儿女要替父母去做;有了酒饭,先让父母吃,难道这就可以算是孝吗?"

【要解】

子夏,姓卜名商,"孔门十哲"之一。子夏的生活较为清寒,衣若悬鹑,但志向远大且坚定,孤独自信又坚强勇敢,他重视躬行实践,讲究道德修养,以身作则,为后人树立了良好的形象。

子夏问什么是孝时,孔子强调不给父母不好的脸色看,要从心底真正尊重与敬爱自己的父母。此处重点说的还是一个人的品格修养问题。孔子所提倡的仁爱、孝道皆源于生命本性,一旦此本性被我们发掘出来,那自然会有无比喜悦之神情时时洋溢全身,遍布世人,而不会为外在的一些事物影响支配,遇到不顺心的事也就不会产生烦忧或痛苦了。所以,真正的孝道除了物质上的供奉,做事的勤劳,外表的礼让外,更需从内心去发现其善意、美好、纯真,这才是问题的根本所在。时间一长,它就是仁爱。应用在治国上,它就是政道。

2.9

子曰:"吾与回言终日,不违,如愚。退而省其私,亦足以发,回也不愚。"

【译文】

孔子说:"我整天给颜回讲学,他从来不提反对意见,像个笨人。等他退下后,我考察他私下的言论,发现他对我所讲授的内容有所发挥,可见颜回并不笨。"

【要解】

颜回,字子渊,比孔子小三十岁,出身贫苦农民家庭,身居茅屋陋巷,用竹碗吃饭,用瓢喝水,但他人穷志不穷,安于其乐。十四岁拜孔子为师,在当时的弟子中年龄最小,性格忠厚又内向,沉默寡言,才智较少外露,有人便觉得他愚,就连孔子也一时难以断定颜回究竟属于哪个层次。其实颜回天资极聪慧,就连能言善辩的子贡也坦率地说不敢与颜回相比。颜回因用脑过度,二十九岁时头发全白,四十岁病故。

本章的启示:一、颜回在此表现出来的"如愚"非真愚,是老子所言的大智若愚之"愚"。二、夫子懂得退而"省其私",非常谦逊且谨慎地对待弟子。三、颜回擅长"足以发",在老师讲授的基础上举一反三,触类旁通,独自阐述自己的观点,不人云亦云。四、面对他人的不解不识甚至鄙视,颜回不怨不怒不恼,平静如水。五、当老师认清了这位弟子的真实情况后,马上悔过自己的看法,校正往日之观点,这种知过则改的品格,也让我们感动。

这一章还告诉我们,认识事物时要透过现象看本质,多观察,多审视,不要被事物一时的现象所迷惑。不可玩世俗所谓的聪明,聪明会被聪明误的。

2.10

子曰:"视其所以,观其所由,察其所安。人焉廋(sōu)哉?人焉廋哉?"

【译文】

孔子说:"(了解一个人)应看他言行的动机,观察他所走的道路,考察他安心于什么。这样,这个人怎样能隐藏得了呢?这个人怎样能隐藏得了呢?"

【要解】

一般而言,我们了知事物的方法是从两个方面进行的:外在和内心。后者仅仅停留在怎么想、出于什么动机和目的,尚达不到孔子所言之"安"。这个"安"的意思不仅是平安、安静,而是本心所安住的境界,看他做事时内心是否安定、安然、安详,有无愧疚意,良知平不平。凭此,可以断定一个人的内心达到何种程度,是纯洁正直,还是有杂质污垢,是光明无私,还是狭隘自利,是胸怀天下,还是独影自怜,这是行为做事的出发点,往往决定着事物的性质与结果。

　　生活中,当无法判断某人做的某事是否正确时,古人便常会指着胸口说凭良心,或对着苍天发誓。有时只有光明无私的良知也不行,生活在复杂的社会群体里,人的好多行为会受到外界环境的影响,而使原本那颗善良之心发生动摇,再加人有虚荣与求利之本性,好多时候人会伪装、说谎,可能出于某一目的而违背良心,是非颠倒。孔子的三条认人明理之法,可谓明辨是非的重要标准,在它面前,任何人事都无法逃遁,只能现出原形。"大道废,有仁义;智慧出,有大伪;六亲不和,有孝慈;国家昏乱,有忠臣。"老子认为"知人者智,自知者明",强调人要有自知之明,而务实的孔子则强调从三方面入手,相较而言,此法更为具体,亦好操作。天人是合一的,良知便是天心,良心一安,万事皆平。做人也罢,管理天下也罢,都是一个道理。

　　做人难,识人也难。记住孔子的教导,从心入手便不再有多难,更会少偏差。

2.11

　　子曰:"温故而知新,可以为师矣。"

【译文】

　　孔子说:"静心追忆温习(天地之本、往日圣贤之德之智),便可以获得无上智慧,知晓万物未来之发展,这样才可以成为真正的天人之师。"

【要解】

　　什么叫"温"?除了温习、复习外,更有温和浸化之意,静下心来慢慢修习。"故"者,除了过去的知识,更主要的还应该是万物之源、生命之本及远古圣贤的品格智慧。"知",除知识外,还应该是智,即生命本来之心智、智慧。"新"者,未来也,是创造,是明现前所未有之智慧,了知事物本相。

　　什么是"师"?师和匠的区别在于是否传授真理,揭示事物的本质,塑造生命的灵魂。《礼记》曰"记问之学,不足以为师",即只会让弟子把书本上的知识记在大脑的人是不能为师的。韩愈有言"师者,所以传道授业解惑也",传道是第一位,授业是第二位,解惑再次。所传之道、所授之业、所解之惑及其程度决定了师的层次高低。师有三:地师、人师和天师。地师,就是物质世界有什么、是什么,师便人云亦云传授什么;人师,把育人当成第一位,除传授知识外,还告诉世人如何做人,如何修养品格;天师,在前二者的基础上,更懂得天地之道,把真理传播于天下,全力开发出众生先天之本性、无穷之智慧,令身心崇高而完美,最后天下大同,回归天地正道。

简单说来,"温故知新"就是对事物前后本质的关联,也是对天地因果规律的提示和把握。因果规律是自然万物最普遍的一种规律,也就是故与新的关联。明白了万物之本性及它们的因果关系,便可为天人之师。明悟了天地正道的孔子,是世间公认的天人之师,是站在天地境界对我们教诲。

2.12

子曰:"君子不器。"

【译文】

孔子说:"君子不像器具那样(只有某一方面的用途)。"

【要解】

什么是"器"?《易经·系辞》曰:"形而上者谓之道,形而下者谓之器。"器者,形也,器物也。有形即有度,有度必满盈。道是无形的,是所有器物存在、运动、发展的总规律。道生器,器有道,道器不离。君子不能只在某一方面有才能,做某一事,发挥某一作用,而应该如"道"一样,充盈天下,布满器物,无限无量,纳三千大千世界,吐四海风云烟霞,无在无不在,无能无不能。君子要想成为这样的人,必须如天地一般,放空自我,丢掉万物。此境界就是道的境界、天地境界,通达三界,了悟万物,超越了具体的形态与时空,此为形而上也。若被万物的形象与用途束缚,就不能领悟、回归到无形的道体之中,故而成为形而下矣!

孔子此处所谓"君子不器"的意思,是言作为一位真正的君子,不能囿于一技之长,不能学到某些技艺就满足,更不能实现了某一物质目标就知足,而要从万象纷呈的世界里走出来,去寻求世界之真,从世界之本质再领悟自身的本性,以求得那个和天地同在同体同性的本来,以不变应万变,以无对有,以一化万,实现天人合一。在自身的修养方面,在管理国家方面,在处理万物方面,具有无为无不为之能力,这样的人才可以驾驭各种复杂的事件,担当起修身、齐家、治国、平天下之重任。

阴阳本一体,道器不可离,欲悟道必须得在器中,悟道后更需要返回到器中。孔子要求弟子们不要驻于物相,以相见如来,以相求法,而应该向更深处进发,如此才可成为真君子。

2.13

子贡问君子。子曰:"先行其言而后从之。"

【译文】

子贡问怎样做一个君子。孔子说:"先使自己的言论、思想以及相应的行为一以贯之,然后再推广至天下众生。"

【要解】

有观点认为,孔子在此是想强调不能说空话大话、自吹自擂,要多做实事,以行为主。但请注意,子贡在此是问如何成为君子,以上解答对任何人都适用,对于成就高尚的君子而言,是不是要求太低了些?再说了,以行为主,言语次之,以这么简单的道理回答一位才智特别出众的大弟子的疑问,是不是如对一位博士讲小学知识一样有无聊之嫌?还有观点认为,孔子其实在此想表达的是先行,再言,如果有错,再去行,改正。这又有点主观臆断了。孔子在此回答子贡的话是非常简洁的,只此一句,别无二言。传统解读仍然局限在行与言的关系里。

笔者认为"先行其言而后从之"是"先行其言而后从其言"的缩略。"行"在这里是连续贯穿的意思;"言"不单指言论,更包括有关思想以及相应的行为;"从"又通"纵",有广泛、推广之意。"行其言",就是把一个人的言论、思想以及相应的行为连续贯穿起来,近似于孔子在前面说到的"视其所以,观其所由,察其所安"的意思,也就是要想成为一位君子,言行一致、表里如一是前提,然后再加"一以贯之"之意。"行"与"言"是"一"的具体表现。"一"是道的代表或别称,是成就君子至为关键的要素。

2.14

子曰:"君子周而不比(bǐ),小人比而不周。"

【译文】

孔子说:"君子合群而不与人勾结,小人与人勾结而不合群。"

【要解】

"周"的甲骨文字形是圕,表示田里都种满了,有筑埂划界、圈地而种、周遍而没有疏漏的意思;"比"在甲骨文的字形是𠤎𠤎,表示两人步调一致、比肩而行,典型的象形字。

　　本章的意思是君子高尚的思想境界、道德品行充满四方而没有疏漏,但又不会苛求别人和自己步调一致、整齐划一;而普通人却总是希望别人和自己拥有一样的思想、行为,但他们自己的思想境界、道德品行却做不到周遍一切、没有疏漏。

　　孔子认为,天下君子具有一个共同特征,就是都能努力修养自己的品格以期使其放之四海而皆准,他的福德和智慧遍布天下众生,不会有亲近疏远之分,不会遗漏一处法界;同时,他又不强求他人和自己一样,而是尊重别人的选择,宽容和自己不同之观点和处事方式等。而普通人却与此恰恰相反。

　　为什么会有截然不同的境界和行为呢?关键在于内心世界不一样,小人的心灵受小我之牵引,时时事事不离自我,不忘自己,期望世界围绕自己旋转,他人为自己服务。而君子则是以真理为核心,无我无私,只有对众生之仁爱。

2.15

　　子曰:"学而不思则罔(wǎng),思而不学则殆。"

【译文】

　　孔子说:"学习天地正道必须融合实证,不然就会有疑惑;融合实证必须学习天地正道,否则就会出现危险。"

【要解】

　　这一章是世人常引用的一句名言。传统的解读有些许问题:谁能把学习和思考分开?难道思考与学习是对立的逻辑关系吗?即便一味地陷入空想而不去实践,无非没有成效而已,会有什么危险?再说了,学习能没有疑惑吗?有疑惑是坏事吗?疑惑(危险)是"思而不学"产生的吗?"学"的本意是学习天地正道。"思"呢?《说文解字》:"容也。"段玉裁注引《韵会》:"自囟至心如丝相贯不绝也"。就是说从人的头顶(囟部天门那里)到心就像丝一般,相贯而通,没有阻隔,也就是中脉贯通了。中脉一通,全身的气脉基本都通,进一步进入天地人三元合一之境,日久功深,即达人天合一、人道合一之境界,正所谓中脉开通,人天同息。

人天同息的境界无比深远,包容万物,故而曰"容"。欲达"容"者须思也;"思"者,凝神静气,和天地相通之忘我之境也。这样一来,我们就清楚什么是"学而思"了,即学习天地正道,需进入天人相应、相一之境界。学与思是进入正道之必然通途,一理论,一实证,学即思,思即学,不可分离。否则,便会出现困惑与危险。佛学也提到了修炼的三重境界:语言般若、观照般若与实相般若。三者有次第,也有交织,不可截然分开。

2.16

子曰:"攻乎异端,斯害也已。"

【译文】

孔子说:"如果把和圣人之道不合的其他道理、观点等排除或打击掉了,圣人之道也就不存在了,这是非常大的灾祸呀。"

【要解】

孔子刚刚说过"学与思"是一体两面,不可分离。这是正确的阴阳观、认识观。矛与盾的辩证就是如此,我们不可执着于简单片面的二元论。二元论对事物的复杂性、多元性简单否定,在非此即彼的对立思想指导下,好多问题看似简单明确,实则更加片面混乱而错误。按照天地规律,我们看问题应该遵循一元论下的三体论,即阴、阳、阴和阳。单纯的阴不对,单纯的阳也不对,阴阳有机结合才是符合天地规律的。

这里的"异端"是另一端,另一种说法、思想,也就是非圣人之道。"攻"是攻击、反对、排除的意思。圣人之道是真正通达宇宙的大道,在具体的学习过程中,必须允许一些不同的理论存在,有了它们的存在才可以再一步证明大道的光明,否则,这样的大道会有问题。

中华文化博大精深,老祖宗对天地之理概括得非常精辟透彻。汉语里有"歪门邪道"等说,我们要明白"异端"不一定就是走旁门左道等,也可能是通达终点的另一种途径,我们要允许它们的存在。如生活中对那些不合的观点,不要一棒子打死、彻底清除干净,它们往往是我们前行的参考,必需的行囊。再说了,圣人之道是无比大度宽容的,理应容得下这些小道。当然,最好是去努力校正、教化那些行小道者,使其全部通往正道。真正的智慧是无边的,真正的爱是无差别的。

2.17

子曰:"由!诲女知之乎!知之为知之,不知为不知,是知也。"

【译文】

孔子说:"子路,我告诉你什么叫求知吧,知道就是知道,不知道就是不知道,这就是智慧啊!"

【要解】

什么是"真正的知道"呢?简言之,就是王阳明所谓的知行合一,致良知,悟得本心。真正的知道必须是亲身悟证到了的东西,不是书本上或从他人嘴里听来的知识。孔子在这里强调了自身证实之重要性。

"知之为知之"的意思是说,你知道的就是你所悟证得到的。千百年以来,人们一直讲道理,它的本义就在这里。那些听闻得来的道理,书本上转述来的道理,都尚不是真正的知,因为他们只是知其然而不知其所以然。这个"所以然",也就不是真知。

"不知为不知"还有另一意思,真实地知道自己对于天地宇宙间的其他问题还有不知道的,这才是真正的知道。这里,展示了孔子对于宇宙天地更深远的认识。宇宙是无限的,人类的认识也是无限的,好多时候,对这个宇宙和万物,我们不知道的还有许多。所以,孔子才会说如果我们到达了一定程度,知道还有我们不知道的境界,下一步再去不断地探索与修行,这样的生命才是真正的有智慧呀!

2.18

子张学干禄。子曰:"多闻阙疑,慎言其余,则寡尤;多见阙殆,慎行其余,则寡悔。言寡尤,行寡悔,禄在其中矣。"

【译文】

子张求问获取福运的方法。孔子说:"广闻博见可去除疑惑,见识深远可去除危险,如此行为,言行都会少有过失。言行少有过失,福禄便在其中啊。"

【要解】

子张又名颛(zhuān)孙师,出身微贱,且犯过罪行,经孔子教育成为"显士"。

什么是"禄"?我们一直以来都认为是官俸,故而此章自然就成了求官之问答。如果换一角度,把"禄"当福分、福德讲,此章意义就大变。

"禄"者,《说文解字》曰"福也"。《诗经》里常见有关禄的诗句,如:"君子至止,福禄如茨(福禄多如茅茨)""君子至止,福禄既同(福禄全聚他身上)""其胤维何?天被尔禄、君子万年,景命有仆。(您的子孙后代将来如何?上天让他们遍享福禄富贵。敬祝君王万岁,上天授您大命。)"《仪礼》亦曰"使女受禄如天",这都说明,当时的禄一般是指上天所赐予的福报、福德。

此"福"何来?看似天地所赐,从根本讲,还是自己的言行所换取。孔子是承认天命的,他深深懂得天命不可违,人的种种福禄都是天地所赐,一旦背离天道,性命尚将不保,岂有福禄可求?但是,自己的命运又紧紧掌握在自己的手中,全合在一个"德"字上,所谓厚德载物是也。如何有德?心合天地,性连至德,仁爱无私,成人成己,利国利民利他人。如此,天地定然降临巨大福德于尔,何需求这良法、寻那捷径?

同理,人类的进退、社会的盛衰、国家的福患也都是因自身的种种言行积累造成的。"祸福无门,惟人自召;善恶之报,如影随形""德不配位,必有灾殃"。要"干其禄",就需多善闻善见,慎善言善行,自然寡尤寡悔。在官场中顺天道更难,更得有大智慧去处理种种复杂的事务。

此章采取了互文的手法。"多闻""多见"是利用智慧广博地学习的意思;"慎言""慎行"是按君子的要求行为;"寡尤""寡悔"是言行都少过失的意思;"多闻阙疑"是见闻广泛从而去除有关疑惑、明智通达的意思。

2.19

哀公问曰:"何为则民服?"孔子对曰:"举直错诸枉,则民服;举枉错诸直,则民不服。"

【译文】

鲁哀公问:"怎样做才能使百姓服从呢?"孔子回答说:"把正直无私的人提拔起来,把邪恶不正的人置于一旁,老百姓就会服从;把邪恶不正的人提拔起来,把正直无私的人置于一旁,老百姓就不会服从统治。"

【要解】

此章有个细节必须明白,就是对"错"的具体理解。如果把"错"释为罢黜、放置一边不用,似乎也通,但是有点矛盾。这个"错"似应该是放置的意思,和"且焉置土石?"之"置"义一样。就是要重用君子、轻用小人,把大权赋予品行纯正的官员,把具体小事让小人去做,二者各得其位,相互配合,百姓就无怨言了。

而君子与小人在外貌、言语等方面又常常差别不大,欲区分他们就需要智慧了。识人、举人、用人三部曲有一步错了,就会影响事情的成功,所以需要放平心态、忘掉自我,一切出于公心去行为,如此推选出来的人才会考虑百姓的利益。

鲁哀公问政,答曰,政在选贤。孔子的回答是针对鲁哀公与三桓之龃龉,尖锐指出哀公舍贤任佞以致三桓专权,批评的意味十分明显。孔子规谏哀公,希望对方举贤以服民。这一主张对于当时的鲁国之政极为合宜,用人当与不当,关乎国家治乱,世运否泰,所以,这是古今中外治国理政之大事。

2.20

季康子问:"使民敬、忠以劝,如之何?"子曰:"临之以庄,则敬;孝慈,则忠;举善而教不能,则劝。"

【译文】

季康子问:"如何使百姓对我敬畏又效忠,相互不断劝勉呢?"孔子说:"用符合正道的庄重态度对待他们,他们就会敬重你;视百姓为亲人,他们就会忠诚于你;选用正道之人,对百姓实施道德教化。他们就会相互劝勉。"

【要解】

季康子,鲁国三桓之一,执政之臣,经常对百姓随意欺压,故而百姓对之不敬、不忠、不劝勉。孔子在此强调了"礼治"和"德治",二者能否实施的关键在于心。以真心换真心,心心相印;以君心害民心,心心相背。作为掌权者、治国者,首先须放得下自我,思得明道理,行得准方向,端得正行为,即这颗心必须符合天地正道,才可以合于百姓人心,进而自然会有一种光明大方、端庄不邪之态,百姓对你自然也会敬畏有加。如果你视百姓为猪狗,百姓自然不会对你仁慈有恩,更不会把一颗忠诚之心奉献于你。孟子说过:"君之视臣如手足,则臣视君如腹心;君之视臣如犬马,则臣视君如国人;君之视臣如土芥,则臣视君如寇仇。""慈"应该是统治者对百姓如对自己的父母一般,如果做到这一点,百姓就不可能有什么不满,也自然会努力劳作。

但百姓通常也是良莠不齐、智慧高低不同,故道德的教化又成为治国最为重要的内容。通过教化改变国人自私自利之心,非一朝一夕可为,需不断劝勉,不断精进。

2.21

或谓孔子曰:"子奚不为政?"子曰:"《书》云:'孝乎惟孝,友于兄弟,施于有政。'是亦为政,奚其为为政?"

【译文】

有人对孔子说:"你什么不从事政治呢?"孔子回答说:"《尚书》上说,'孝就是孝敬父母、友爱兄弟,把孝悌的道理施于政事。'这也就是从事政治,要怎样才算是为政呢?"

【要解】

孔子之孝道的最终目标与以仁政为核心之政道完全相同,且更容易为人接受、实施,泽被天下。这是孔子政治理想的出发点,也是他终生宣讲孝道之目标之一。这一点不清楚,我们对孔子一生追求的政治理想的理解就会出现偏差。

中国人自古以来便对孝道非常重视,也有其悠久的传统,《尚书》《孝经》等便是典型代表。而到孔子,则将人伦、道德、教育、礼制、政治和孝道紧紧关联起来,完善结合起来,丰富了孝道的内容,扩充了受业对象,回归了生命本性,其功德无量,可谓千古一人,万代师表。这样的人,为政不为政又有什么区别呢?这是孔子自己亲身的感悟与选择,也是历史寄予他的重任。

2.22

子曰:"人而无信,不知其可也。大车无輗(ní),小车无軏(yuè),其何以行之哉?"

【译文】

孔子说:"一个人不讲信用是根本不可以的。就好像大车没有輗、小车没有軏一样,它靠什么行走呢?"

【要解】

古代用牛力的车叫大车,用马力的车叫小车,两车都要把牲口套在车辕上，车辕前面有一横木，用来驾牲口。辊和轨是横木两头的活销，也是非常关键的部件。没有它们，就套不住牲口，车子也就无法行走。

"信"是什么？老子言"道之为物……窈兮冥兮，其中有精；其精甚真，其中有信"，"信"是道里比精还要精微之物。庄子说"夫道，有情有信，无为无形"，情就是精，信与精同在。《礼记》说"诚于中，形于外"，诚为本性中物，"信"是宇宙中那个微精微妙之神物，它虽然微小，却至精至纯，光明无染，真实不虚。"信"是心灵的折射，它真实存在于人心和道心之中，寻找它又须一心一意。"人无信不立"意思是人没有了这个性质的精与神，那就是行尸走肉。

孔子把"信"和"辊""轨"作比，抓住了两者间的微小、实在、重要三点共同点进行阐述。"信"是生命的本来之物，人如果没有了它便不是真正的人，干什么都不可能成功的。无论是普通百姓，还是社会的管理者，都要明白本性（包含有信）的意义与作用，寻找到它，坚守住它，并且很好地应用它，让它发挥出重大的功效。生命之本性也是儒家仁义道德等内容的来源，更是行为的标准，治国的根本。故而孔子将"信"与治国、理政、行事紧紧关联在一起，充分体现了他高超的见识与智慧。

2.23

子张问："十世可知也？"子曰："殷因于夏礼，所损益，可知也；周因于殷礼，所损益，可知也。其或继周者，虽百世，可知也。"

【译文】

子张问孔子："今后十世（的礼仪制度）可以预先知道吗？"孔子回答说："商朝继承了夏朝的礼仪制度，减少和增加的内容是可以知道的；周朝又继承商朝的礼仪制度，废除的和增加的内容也是可以知道的。将来如有继承周朝的，就是一百世以后，也是可以预先知道的。"

【要解】

本章孔子提出一个重要概念：礼的损益。具体包含增减、继承和兴革等，即对前代典章制度、礼仪规范等有继承、沿袭，也有改革、变通及补充发展。我们从下面几方面来理解。

一、当时社会的礼制并不是单纯的礼仪内容，也包括一定的社会政治制度、典章规治、行为规范及方式等,它是一个社会的缩影,是当时现实环境中具体生活、道德及行为最为典型而真实的体现。

二、礼制是社会向前发展的必然产物,更是完善生命的需要与必然,有其必然的继承性,但不可固化、死板僵硬地延续,要根据不同时代的发展而发展。孔子不是顽固保守派,其礼制的创立与改革是以不改变周礼的基本性质为前提的,如他将"仁义"和"道政齐刑"这一内容加入了礼制体系中大力提倡,把"仁"这个核心价值观放在政治制度之中,开创了一种伟大的思想和礼制的文明时代,影响到了后来诸朝诸世的制度建设、法律制定、道德规范及社会价值观有关内容的确立。

三、纵观中华文明礼仪历史,同样是代代相续、不断变革而来。各种社会制度也都是对上一代制度的损益。从历史全景看,历史就是持续的量化改变,也是制度的损益。其中虽因这样那样的原因如战乱、改革等,往日好多礼仪变了,但其内在的精神实质还是艰难地传承下来了。这离不开孔子的巨大贡献。

四、礼与法并不矛盾,也非二元对立。礼的实施必须得法保障,法的目的还是维护人间正义,使每个人都回到懂礼、有礼、行礼的文明境地,再达到仁义这一道德境界。孔子的礼制观就是典型代表,它非片面狭隘,而是合情、合法、更合天地之理的。

五、黑格尔有句名言叫"存在就是合理",它的本义是宇宙的本原是绝对精神,它自在地具备着一切,然后外化出自然界、人类社会、精神等,最后在更高的层次上回归自身(天人合一)。依照这个观点,我们来看孔子之礼制观、仁德观,不仅符合人伦、人道,也符合天道。

2.24

子曰:"非其鬼而祭之,谄也。见义不为,无勇也。"

【译文】

孔子说:"不是你应该祭的鬼神,却去祭它,这就是谄媚。见到道义之事却袖手旁观,就是怯懦。"

【要解】

孔子是承认鬼神的存在的,更重视祭祀这一活动,而且把祭祀当作礼的一项重要内容大力提倡,以此来促进孝道的落实、仁义的倡导、社会的和谐。

为什么去祭祀不应该祭祀的鬼神就是谄媚呢?第一,应该祭祀的鬼神是自己的祖先、圣贤、大德、品格高尚者、为正义的事业奉献生命者及天神、地祇等,它们心灵纯洁,行为高范,精神崇高且永恒不灭,值得我们效仿,理应祭祀。第二,如果不应该祭祀你却去祭祀,这说明你的目的不纯,定然有私利欲求,这样的行为是典型的阿谀奉承,更是对有关规矩的破坏。什么是不应该祭祀的鬼神呢?祸害人世者,残杀无辜生命者,破坏正义、正道、正行者,非为正义而死的生命等。当然,祭祀其他人的祖先也是可以的,只要其生前没有做过什么大恶之事。祭祀真的是一件严肃庄重的大事,不可轻易为之。第三,与上述情形相反的是,如果见正义之事却不去践行,不积极地去维护人间正道,说明此人心灵不纯,私利太重,正义感不强。古人认为"义"是德,近乎道。正义的维护是需付出一定代价的,特别是在正义不太被大众所接受的情况下,能够挺身而出、高举义旗、为正义而呼而行,那真的需要一种无畏的精神。

祭祀是华夏礼典的一部分,更是儒教礼仪中最重要的部分。其目的是慎终追远,既安抚已作鬼神之灵,又求得自己良知的安宁,表达心中期愿。但这些希望不能是为一己之利而谋,应该是为天下正义行动。

八佾篇第三

（凡 26 章）

本篇重点讨论如何维护"礼"的问题。

3.1

孔子谓季氏："八佾（yì）舞于庭，是可忍也，孰不可忍也？"

【译文】

孔子谈到季氏说："他用六十四人在自己庭院中奏乐舞蹈，这样的事他都忍心去做，还有什么事情做不出来呢？"

【要解】

佾是奏乐舞蹈的行列，一佾是一列八人，八佾八列共六十四人。按周礼规定，只有天子才能用八佾，诸侯用六佾，卿大夫用四佾，士用二佾。一次，鲁昭公搞祭祀活动，结果跳舞的人大都没来，只来了两个。鲁昭公一打听，因为季平子新盖庄园，跳舞的人员都被季氏叫去捧场了。作为正卿的季氏用八佾，明显超越了自身的规制，有挑战天子的意味。孔子对于这种破坏周礼等级的僭越行为极为不满，借此对类似不依礼的种种行为进行了严厉的谴责，体现了孔子治国以礼、为政以仁的政治主张。

"礼"是一种修身与治国相结合的文化精神，不仅是政治伦理和社会伦理的具体体现，还是治理国家的重要依据。周礼在当时是社会文明进步的标志，是周制的综合典型代表，是义的外在、仁的表现，同时还是教化天下、修养自身的重要方式。一个没有礼的概念的重臣，胆大妄为做出如此之行为，实是令人不堪忍受。

为什么有人不守应有的礼制？主要原因在于对方心中无正道，淡漠法规，蔑视他人。如此之人，为家必乱亲，为臣必祸君，为国必乱政，于己、于家、于国都有百害而无一利。特别是一些高官的越礼行为，很容易被下官模仿，使秩序更加混乱，直至朝纲崩溃，社会颠覆。《尚书》里说："天作孽犹可违，自作孽不可活。"孔子曾在季氏手下为过官，深知季氏的品性，故希望他不要自作自受，并以此来醒喻世人。

3.2

三家者以《雍》彻。子曰："'相（xiàng）维辟公，天子穆穆'，奚取于三家之堂？"

【译文】

孟孙、叔孙、季孙三家在祭祖完毕撤去祭品时，也命乐工唱《雍》这诗并行礼。孔子说："《雍》诗说'助祭的是四方诸侯，主祭的天子严肃静穆'。此天子诸侯之盛举，何时轮到此三家妄用？"

【要解】

"彻"：祭宗庙的有关礼仪。《雍》是《诗经·周颂》中的一篇，为周武王祭其父文王之乐章，只有天子在祭宗庙时才可以唱《雍》。而此时孟孙、叔孙、季孙三家却以用天子礼进行家祭，此为典型的僭越。可见，这三家不仅目无鲁君，更是目无周天子，传统社会之道德礼仪和社会管理制度，已经对这些人失去了作用。

将本章与上一章结合起来看，上章讲"礼崩"，本章说"乐坏"。在当时，礼乐都是神圣而庄严的仪式，本不分家，双管齐下，一正外行，一养心性，内外齐治，方可使世人入正道。这是孔子洞察人心、社会后给出的一剂治世良药，虽然收效慢，但如果长期坚持下去，定会取得不凡效果。可惜的是礼乐之教在当时并不为世人所看重，到今天好多人仍然没有明悟，常常把它们当作一门技能来对待，真是可叹！

3.3

子曰："人而不仁，如礼何？人而不仁，如乐何？"

【译文】

孔子说："一个人没有仁德，他怎么能实行礼呢？一个人没有仁德，他怎么能运用乐呢？"

【要解】

什么是"仁"？这是一个大问题，也是理解孔子仁义之学必须清楚的关键问题。"仁"字由一个"人"和"二"组成，"二"不是二个人的意思，而是上的意思，即为人应该有上天之情怀：公正、无私、大度、无差别地关爱世人及万物。这样的人才是仁者，这样的品德便是仁德，要依这个核心去行事，这是孔儒思想的重点。

如何才能真正地似菩萨那般去爱世人？需要把那本身具有的良知通过努力而发掘出来，让它去支配我们的言行。如此，和他人相处必然兼爱谦和，管理社会也定然有德有功，修养自身也不会放纵贪欲，唯我独尊。如此，才可成为一个有仁爱的君子。在此情况下，再去奏乐、施礼、养心、理政、教民等，便都具有了修养价值与良好的社会意义。

乐是表达人们思想情感的一种形式，在古代，它也是礼的一部分。礼与乐都是外在的表现形式，仁则是人们内心的本性特征和道德情感。内心有什么，外在才会表现出什么；当然，外行也时时影响着内心。但总的来看，还是仁德高于礼仪，仁德大于礼仪。所以，修养身心需先修出善良之本心，然后才会有种种美好的礼乐。否则，纵是一流的音乐演奏家、绝世的礼仪家又有何用？

过去修行时有道、理、法、术、器五层次之说。道为至高，是天地正道，难寻、难求、难得；理是道的外在体现，可寻、可究、可明；法是有关规律法则及方法，具体、条理、清晰；术是具体方式手段，可用、可施、可操；器是有关辅助工具，有形、有状、有限。

礼乐仅为明理达道具体可操作之器或术，距天地正道真理尚远。如果无仁爱之心，远离道心，不明真理，纵然术与器再高明，也仅是一外相而已。世人若不明白这一道理，就会陷入种种法相之中而不能自拔，本末倒置，忘掉了生命最为本质的目标。无所争求则可内心喜乐，内心喜乐发而为音声、发而为节拍则为乐。若失其仁，则内心喜乐安在？又如何能有真礼乐？

3.4

林放问礼之本。子曰："大哉问！礼，与其奢也，宁俭；丧，与其易也,宁戚。"

【译文】

林放问什么是礼的根本。孔子回答说:"你问的问题意义重大。就礼仪一般情况而言,与其奢侈,不如节俭;就丧事而言,与其仪式上周备,不如内心哀伤。"

【要解】

从前章可知,孔子对礼的态度是不仅重视其内容,也重视其形式,是内容与形式的统一,不能片面脱离开这些因素来单纯地谈礼。通过这两例,可以看出孔子的礼是具体的,可以随时随地而变,而非固守一种模式。故一定要抓住礼的本质,知晓礼的目的,从实际出发去实施,而不能按照某一规矩机械地去施行。孔子能把名与相分得开,也合得住,这是一种智慧。

依此理,我们还可以推断出下列诸多情形:对他人,外在的尊重是次要的,要以内心的尊重为主;对父母的孝心,每日早晚给父母请安问候是次要的,心存养良之恩才是对父母的真孝;祭祀祖宗时,能否亲自参与,以哪种形式,穿什么衣服,敬多少供品等都是次要的,重要的是心中永久地留存那份虔诚的敬意。这便打破了世人对孔子礼仪学说的误解,如孔子之礼太烦琐,生活中难以实施;孔子之礼太虚假,只注表象,不言真情;孔子之礼太森严,是宣讲等级制度,是出于巩固统治的需要;孔子之礼遮掩了事物的本性,压抑了生命之勃勃生机;孔子之礼太落后、迂腐,不可能为当下社会服务……

仁、义、礼、智、信都是先天之存在,深藏于我们的五脏六腑中,都是从我们的良知里显现出来的,在我们生命诞生的那一刻起,便永远伴随着我们的每一次呼吸,每一个意念,每一种行为。正是因为这样,孔子才采用逆求法,通过注重外在诸般礼节的实施,来约束我们的不良行为,倒追本性良知。和佛家所倡导的观心明性相比,孔子这一从外切入的修行法门,更易为凡人接受。

3.5

子曰:"夷狄之有君,不如诸夏之亡也。"

【译文】

孔子说:"有些国家,虽然他们有自己的君主和国家,如果没有遵从天地正道,会被懂得正道的国家所轻视。"

【要解】

　　此章说明了一个道理,一个国家虽然有了一定的国体、政体及国君,但如果文明程度不够,不知道仁义等最基本的文明概念,不会在生活中去施布仁爱,这样的国家必定是落后的、野蛮的,也必将会受到他人的歧视。其重点还是在讲礼乐的重要性,而不是赞美中原的君主,或夸耀中原政体的优良、民众的自觉。

　　也许有人会说,如此的解释体现了"道本位"思想。而所谓的"道"又因所站角度的不同而不同,合于此道的并不一定合乎彼道,哪一道才符合真理呢?孔子以儒性而立学问,以仁义而开道门,以礼仪而行道途,以孝悌而为道槛,以天下人共和而成道果。它虽有导向,却没有具体的手法与步骤,只有一个目标:天下人人都现出仁性良知,都与天地相合。

3.6

　　季氏旅于泰山。子谓冉有曰:"女弗能救与?"对曰:"不能。"子曰:"呜呼!曾(zēng)谓泰山不如林放乎?"

【译文】

　　季孙氏去祭祀泰山。孔子对冉有说:"你难道不能劝阻他吗?"冉有说:"不能。"孔子说:"唉!从祭祀泰山一事中看,你(冉有)怎么还不如林放懂礼呢?"

【要解】

　　历来都认为此章是孔子指责季氏的越礼、不守礼制。笔者以为本章还有另一内容,即对冉有表达了不满。

　　冉有,以政事见称,多才多艺,尤擅长理财,曾担任季氏宰臣,是孔子最得意的门生之一。孔子在外流亡14年,晚年得以回国,主要出自他之力。回国后的孔子在各个方面均受到他的精心照顾。但其个性畏缩,不够积极,孔子曾经评价他说"求也退"。冉有的这种个性表现在政治上就是常常随顺季氏,不能够竭心犯颜力谏。孔子对冉有这方面的表现非常不满,指出他的毛病在于勇气不足,心力不尽。在季氏将伐颛臾一事上,也曾无情地指责他。冉有在对待季氏旅泰山这一僭礼的事件上可能仍然没有积极进谏,故而老师再次指责了他的无所作为。此章和"季氏将伐颛臾"一则的旨意是一样的,虽然指责的对象二者皆有,但重点似在冉有这边。

林放在众弟子中(暂如此认定)无论才华还是能力都没有冉有出众,但也向往礼乐,曾向孔子求教过礼的本质问题。老师把两人放到一起比较,其不满态度更为明显:不满面对祭祀泰山这么大的事情,作为季氏重要家臣的冉有没有尽力劝阻主人。

3.7

子曰:"君子无所争。必也射乎!揖(yī)让而升,下而饮。其争也君子。"

【译文】

孔子说:"君子没有什么可与别人争的事情。如果定要有的话,那就是射箭比赛了。比赛时,先相互作揖,然后上场。射完后,又相互作揖再退下来,然后登堂喝酒。这就是君子之争。"

【要解】

本章以君子的一种具体行为论述应该如何用"礼",重点是"无争"和"让"。什么是争?君子应该争什么?孔子借用射箭来说明:君子要有一种良好的心态,心平气顺,不能把对方当作敌人,不以射杀对方为目的,双方要遵守公正公平的规则。"揖让"是其前之礼,"饮"是其后之享,如果做到这两者,便是君子之争了,至于结果并不重要。总括起来,就是不以争为争,而是以争为修,借争来修养自己的品格。

从"射"推而广之,如果在任何活动中都能守礼,强调谦逊礼让而远离无礼的、不公正的竞争,这样就可以消解"争"的无情因素,"礼"就会变成的主旨,成为"无所争"的保障,亦为成就真正君子之保障。

争是凡人最常有的一种心态,好似不争就不能取胜、得名、获利,所以,争成为世人处世为业之必然。此争本源于自我,长于狭隘,成于自私,盛于心气,败于名利。不争方可放下利益,清净自我,完善品格。君子虽然也要从事种种事业,君子也有争,但君子争的态度却与众不同,在争中观察自己的心胸大小,名利心轻重,品性纯洁与否。一个人如果真的能做到能而不争,争而不争,不争而胜,那就真的近乎君子了。这是一门看似简单,却难以完成的功课。它涉及我们的技能,更关乎我们的本性高下。

有人说,如果按照孔子所言,什么事也做不成。这是一种偏见,孔子之争也有目的,有执着,有方式,更有输赢之结果,但无狭隘心志,无自我败落之气馁,无战胜他人之自得,而是在平和中分出胜负高低,在友谊中清楚各自的长短优劣,从中汲取经验,共同进步。

3.8

子夏问曰:"'巧笑倩兮,美目盼兮,素以为绚兮。'何谓也?"子曰:"绘事后素。"曰:"礼后乎?"子曰:"起予者商也!始可与言《诗》已矣。"

【译文】

子夏问孔子:"'笑得真好看啊,黑白分明的眼睛流转明媚,把洁白的面容打扮得绚丽多彩。'这几句话是什么意思呢?"孔子说:"先有白底然后再画画。"子夏又问:"是不是说礼乐的产生是在仁义之后呢?"孔子说:"商,你真是能启发我的人,现在可以同你讨论《诗经》了。"

【要解】

子夏是孔子著名的弟子,才思敏捷,以文学著称,因常有独到见解而得到孔子的赞许。《诗经》虽然是一部诗歌总集,但它具有的丰富内涵则是无限的,蕴含的哲理是深刻的,一般人读不懂它,更不会把它和礼乐等思想联系到一起,而子夏能瞬间明悟,这是非常难得的,不愧为孔门文学科的高才生。

礼乐的后面应该是仁义,仁义的后面是天生具有的纯真之本性,就是那个良知,此本性和天地相合,本身俱足,光明无比,永恒不退,就如《心经》所言那样"不生不灭,不垢不净,不增不减"。也就是这里所谓的"素",无一丝尘杂,不见其容其貌,与天地等同,最为原始与淳朴。而如孝悌、忠信、正义、谦逊、礼乐等都是由它而生出或表现,也就是道生一,一生二,二生三是也。孔子的本意是想告诉我们生命中的本性最为重要,读诗学文也罢,行礼作乐也罢,或为人诚正谦逊等也罢,都要寻找到那颗最主要的本心。失去了本心,一切都是在作假从伪,不得要领。清楚了这一道理,就可以去读《诗》《书》《礼》《易》《春秋》《乐》等经典了,也就明白了仁义之至真,人间之正道了。

那礼乐之后是什么呢?应该是服务社会。如此一解,孔子整个学说体系便非常圆融而自然,深刻又丰富。读《诗经》须如是,明礼乐亦如是,悟《论语》、明孔子理更须如是。

3.9

子曰:"夏礼,吾能言之,杞(qǐ)不足征也;殷礼,吾能言之,宋不足征也。文献不足故也。足,则吾能征之矣。"

【译文】

孔子说:"夏朝的礼,我能说出来,(但是它的后代)杞国不足以证明我的话;殷朝的礼,我能说出来,(但它的后代)宋国不足以证明我的话。这都是由于文字资料和熟悉夏礼、殷礼的人不足的缘故。如果足够的话,我就可以得到证明了。"

【要解】

"文"指当时的历史典籍;"献"指贤人。杞国是当时周朝的诸侯国,夏朝的后裔被封在杞国,属于夏代之后,要了解夏礼,最好是到杞国。宋国是殷商的后裔,要了解商朝的礼,最好到宋国。周公的后人在鲁国,周礼也在鲁国,而周公的后人在鲁国却没有依礼而行。有人认为此章是证明孔子对夏、商、周三代的礼仪制度等非常熟悉,其治学态度非常严谨,言必有据。笔者却认定它表明了礼乐失传给孔子带来的巨大失望。

孔子对三代之礼非常熟悉,也特别看重,想进行传承,可惜的是,世间有关这三代礼的史料留下来的稀少,贤者、大家也不多,自己所知道的好多内容既无法用史料证明,也无人来帮助证明,如此下来,社会崇礼之风尚越来越淡,自己一人独担其责,真有一种无力又无奈之感,但这不是本章的要旨。孔子是不会发什么怨言的,他深叹、痛惜三世礼制不断消失之余,更呼吁世人注重礼制的建设,全力以赴来完成恢复礼制这一伟大的历史使命。

夏朝是中华文明的源头,其历史证明了中华文明史的起源,也更是中华礼仪集大成之周礼的重要来源;同时,又是儒家与道家思想的重要源起。否定了夏朝,就是否定了中华文明。这是一件非常要命的事,孔子不得不为之而担忧。古来圣贤皆寂寞,孔子的忧伤,是我们凡人难以感受到的。

3.10

子曰:"禘(dì)自既灌而往者,吾不欲观之矣。"

【译文】

孔子说:"对于行禘礼的仪式,从第一次献酒以后,我就不愿意看了。"

【要解】

"禘":古代帝王或诸侯在始祖庙里对祖先举行的一种盛大祭祀。"灌":祭礼开始时,向受祭者献酒的仪式。古代祭礼有很多种,如祭天地、祖先、各行业的祖师等,以告诫人们不能忘记养育了我们的天地和祖先,以及创造了文化和技能的先师,告诫世人念念不忘本性,血脉相通,精神长存。祭祀要求祭者必须诚心正意,恭敬有加,每一环节都不可忽略,每一细节都要认真严谨,而鲁国的国君却做不到这一点。

本章表达了孔子对周公之礼被糟蹋后的无限痛惜。从一些细微的情节上,孔子看出了鲁公心中的大不敬。进而也可以推断,当时整个鲁国上上下下都已对周礼淡漠了,根本不去恭敬施行,只是表面上走走过场而已,如此之祭祀又有何意义呢?这是礼崩乐坏、朝纲不振、百事懈怠的表现和开始,长此以往,正统的周礼必将失传,天下的仁义也难盛行。

礼本是仁心、良知的外在表现,本性的自然流露,祭祀的目的就在于把这一美好的精神代代相传,不断开启每个生命无尽的宝藏,发挥出生命最大的意义。而眼前背道而驰的现象却让孔子大失所望,人心不古,正道式微呀。恢复周公之礼,难哉!

3.11

或问禘之说。子曰:"不知也;知其说者之于天下也,其如示诸斯乎!"指其掌。

【译文】

有人问孔子关于举行禘祭的规定。孔子说:"我不知道。知道这种规定的人,对治理天下的事,就会像把东西摆在这里一样(容易)吧!"(一面说一面)指着他的手掌。

【要解】

当有人问到举行禘祭的规定时,孔子不是真的不知道,而是不想多言鲁公等人祭祀时的表现,一想起来就失望不已。但是,夫子还是强行压抑住心头之悲,慎重地告诉了世人祭祀和为政的关系:谁懂得禘祭的规定,谁就可以恢复紊乱的政治了。

孔子用非常简单而形象的方法告诉我们：为政以仁，施礼以诚，万物皆出于本性，心乃本性之官，心正性诚，性诚礼成，礼成政治。否则，难以管理好朝中百臣，处理好繁杂政务。一遇矛盾便总是从自己的利益考虑，从不想到天下大众，这样的统治者能使民众臣服吗？所从事之政事，能顺应天地正道吗？政者，正也；正者，天地也；天地者，人心也。人心一旦没有了，哪会有好的朝政？

那么，怎样判断一个人是否具备这一诚心呢？从祭祀时的表现就可以完全了知。面对的是天地和祖先的神灵，祭祀者却毫无一点虔诚意，他的心能算诚吗？连祖先也不敬畏的人，能敬畏天下百姓？能敬畏礼法？他带领下的百官又将如何？《左传》有曰："礼，务国家、定社稷、序人民，利后嗣者也。"《礼记》亦言："坏国丧家亡人必失去其礼。"道理鲁公等都清楚，却就是没有去做。如此，国家的覆灭为时不远矣！

3.12

祭如在，祭神如神在。子曰："吾不与祭，如不祭。"

【译文】

祭祀祖先就像祖先真在面前，祭神就像神真在面前。孔子说："我如果不亲自参加祭祀，那就和没有举行祭祀一样。"

【要解】

讲完礼之形，再讲礼之心。孔子在此表达的意思不是自己在与不在，而强调一种虔诚的心态。如果心中有其人，时时处处可以浮现出其人之貌之容，否则，纵是仪式庄严、场面隆重、音乐响亮也是白搭。以心交心，心诚则灵来，心想神便至。祭祀大师孔子对此是深信不疑的，所以才会说出"祭如在，祭神如神在"的话来。

正如孔子在前面说的，只要真心在，神明便在。有句偈子说得好："佛在灵山莫远求，灵山就在汝心头；人人有个灵山塔，好向灵山塔下修。"佛、神都是一样的，他们本无有，也本无无有，一切全看你的心头有什么了。

孔子不想过多言论神鬼，怕引起弟子及世人的误会。但需要说的时候还是说了出来。毕竟，他对神灵是非常崇拜与敬重的。多数人认为儒家并不相信鬼神之说,即使是参与祭祀也并不是为了祈求保佑或赐予,而是通过自己的诚意,加深自己对仁孝的理解,提升自己的修养。这又有点偏差了。孔子是承认神鬼,却不迷于神鬼,通过祭祀鬼神来教化世人,尊敬祖先。

3.13

王孙贾问曰:"与其媚于奥,宁媚于灶,何谓也?"子曰:"不然;获罪于天,无所祷也。"

【译文】

王孙贾问道:"(人家都说)与其奉承奥神,不如奉承灶神,这话是什么意思?"孔子说:"不是这样的。如果得罪了天,那就没有地方可以祷告了。"

【要解】

王孙贾是卫灵公的大臣,卫国有实权的人物。"奥":古时指房间面西南角比较隐深的地方,一般为尊者所居,通常是供家神的地方。"灶":指供在厨房里的灶神,主管一家人的吃饭问题。灶神的地位比奥神低一些,但更有实权。

当时的卫国国君夫人南子想拉拢孔子,助己为政。而大夫王孙贾也有此意,他问这个问题其实是在暗示孔子,与其和卫灵公或宠妃南子往来,不如多与自己这样有实权的大臣往来,否则后果比较严重。而一向温文儒雅的孔子却一点也不客气,无情地怼给对方一个回答:我谁也不求,我只敬重那个至高无上的天。

孔子在此表达了一个观点,即万事均得依顺天地之意旨,说明了天地和人是紧密相联的,无法分开的,这也是上古时天人合一理论的再现。《论语》中单用"天"的有14则,其中9则出自孔子之口,仅此可见孔子既讲天,也尊重天。

"天人合一",本出自《庄子·山木》一文"人与天一也",意思是人与自然在道中合而为一。老子也说过"人法地,地法天,天法道,道法自然"。天人合一的概念最早由道家思想发展为天人合一的哲学思想体系,后经诸家的丰富与发展,构建成为中华传统文化的主体思想之一。其大体意思是宇宙自然是大天地,人则是一个小天地,人和自然在本质上是相通的,是相互关联的,故一切人事均应顺乎自然规律,达到人与自然和谐。"天人合一"就是与先天本性相合,回归大道,归根复命。孔子的仁义道德观诞生于天地,依顺于天地,最后也必将回归天地。

清楚了以上内容,也就自然清楚了孔子为什么会面对王孙贾做出那样的回答了。你再大,能大过天地吗?我是以天地为主,以天地规则为准,我怕谁?这就是孔子所立的宇宙高度,也是他仁义礼乐观、人生世界观的重要来源。

3.14
子曰:"周监(jiàn)于二代,郁郁乎文哉!吾从周。"

【译文】

孔子说:"周朝的礼仪制度借鉴于夏、商二代,是多么丰富多彩啊!我遵从周朝的制度。"

【要解】

"监":同"鉴",总结、借鉴的意思。"郁郁":文采茂盛之貌,丰富、浓郁之意。

周朝的礼仪制度属于文章,文是典籍,章是章法制度。周代的典籍和章法制度是对夏商两个朝代的礼法回顾、总结、完善而成,所以更加完备。孔子对夏、商二朝礼制非常熟悉,更知道周朝的礼制又是在前二代的基础上继承发展而来的,且都有所损益。但是相比而言,周礼则较前两朝更为完备与典雅,故而他提出要从周,赞同并沿袭周朝之礼制,在此基础上开创了具有自己特色的孔氏礼制体系。

周礼有什么特征?"郁郁乎文哉",就是自然朴素,和天地相一,还包含了礼的本质和有关条文,内容非常广博。它符合正道,本质和条文两者兼备,和谐有机,正所谓文质彬彬,尽善尽美,这也是孔子对君子的要求。由此可知,孔子倡导的礼制并不烦琐,也没有僵化和落后,它合于人伦,利于社会,更可以传承、服务后世。细细想想,中华几千年文明礼仪,代代因袭的主要内容就是当年孔子提倡的这一套礼仪,即使如我们今天所奉行的现代礼仪,也能大量地看到当时的影子。

真正的礼是自然而然从本性中流露出来的,不是人为造作出来的,也不是他人规定必须遵守的。不知本性的礼是假的、一时的,环境一变,该守的礼仪便不能再持守,后天之性马上成为主角支配我们的言行。这是人性使然,古今一样。

"吾从周"就是顺从周朝时所奉行的天地正道,实际上是以仁心印天心,顺天而行。"克己复礼为仁"不是简单恢复周朝礼制,更非不思进取、开历史的倒车、束缚天下人的思想。

3.15

子入太庙,每事问。或曰:"孰谓鄹(zōu)人之子知礼乎?入太庙,每事问。"子闻之,曰:"是礼也。"

【译文】

孔子到了太庙,每件事都要问。有人说:"谁说鄹人的儿子(即孔子)懂得礼呀,他到了太庙里,什么事都要问别人。"孔子听到此话后说:"这正是礼呀!"

【要解】

"太庙":君主的祖庙。"鄹":又写作"陬",春秋时鲁国地名,在今山东曲阜附近。"鄹人之子":指孔子。据朱熹说,当时孔子刚刚被鲁国聘用为助祭,平时在演习礼仪的时候,孔子有资格入太庙观礼,其间遇事便问。可见孔子对在太庙祭祀这样的大事怀有恭谨之心,不耻下问,一丝不苟地按规定礼仪行事,保证不出差错:这便是最好的施礼。

《孝经》里讲"礼者,敬而已矣"。礼的精神就是一个"敬"字。恭敬自己,也恭敬别人,自然也就恭敬了祖先。《礼记·曲礼》开头就说:"曲礼曰,毋不敬。"所谓礼经三百,威仪三千,"毋不敬"三字概括了全部礼经的要义,如果做不到敬,那就无须言及其他了。

按理讲,既然能入太庙,说明孔子对有关礼仪是非常熟悉的,一般情况可以不用去问,要问私下里也行。但孔子不是这样,不以礼学专家自居,也并非做样子给人看。他怀有十二分的恭敬之心,有不懂的或不敢肯定的便随时而问,表明了孔子具备谦卑与好学、尊敬与严肃的礼仪精神。那个讥笑孔子的人,却以此断定孔子不懂礼。但是孔子一点也不恼怒,而是平静地告诉了世人什么是礼。这就是有无修养的差别,圣与凡的区别。对此,李卓吾先生评论道:"只论礼与非礼,哪争知与不知。"钱穆先生对此亦有看法,他认为孔子本身知道鲁太庙里摆放的一些礼器与仪文等多属僭礼,所以明知故问,冀人有所省悟。这是一种委婉、讽刺与抗议,浅人不识,反疑孔子不知礼。孔子亦不明辩,只反问此非礼邪?此说也有道理。

3.16

子曰:"射不主皮,为力不同科,古之道也。"

【译文】

孔子说:"比赛射箭,不在于穿透靶子,因为各人的力气大小不同。自古以来就是这样。"

【要解】

"皮":用兽皮做成的箭靶子。"科":等级的意思。"射":周代贵族经常举行的一种礼节仪式,属于周礼的内容之一,也是继夏商两朝而来。孔子在这里讲的射箭只是一种比喻,意在说明只要肯学习有关礼仪,不管学到什么程度,都是值得肯定的。因为每个人能力有大小,但心性无高低,尽心就可以了。周朝有所谓"六艺"的教育,它们都是为了帮助君子修养品德的,通过练习这些技艺可修养品德,所以孔子有所谓"志于道,据于德,依于仁,游于艺"的教诲。所谓道、德、仁、艺是一个渐落的次第,反之则是一个修养的程序,由外表而渐至核心。志向来源于道德。君子要想证悟,必须据于德。具体便是要有仁义之心,紧紧扣住不放松。用什么来修仁道呢?那是"游于艺"。没有具体可操作的事物,修仁道只是一句空话,练习有关技艺不失为一种好的方法。在进行这些技艺的活动中,既可掌握一定的生存技能,又可以修养我们的仁德。当然,这些技艺必须依礼进行,不能偏离有关规定。

上古时射箭有两种,一种是军事方面的射箭,另外一种是习礼的射箭。孔子在这里讲的是射礼。射礼是用来修德的,并不是相互进行武力比赛,争得什么名誉与物质,而是"但主于中"即可,就是射箭时不崇尚能射穿皮革,即点到即止,关键是看谁能遵守礼仪,其实也就是借此来观看人们的德行如何。孔子的教育十分接地气,往往是通过具体的事例来说明抽象道理。

3.17

子贡欲去告朔之饩(xì)羊。子曰:"赐也!尔爱其羊,我爱其礼。"

【译文】

子贡提出去掉每月初一告祭祖庙用的活羊。孔子说:"赐,你爱惜那只羊,我却爱惜那礼。"

【要解】

古时天子每年秋冬之际,把第二年的历书颁发给诸侯,以便诸侯根据情况安排生产。诸侯接受了此书后,就把它置于太庙里,到新年正月初一时祭告于太庙,把政令书取下来,然后奉行,这个礼叫作告朔礼。祭品的选用也有不同,天子用牛,诸侯用羊。

而到幽王、厉王时,天子和诸侯就不行这个告朔礼了。鲁国到了鲁文公死后,这种告朔礼也慢慢被废弃掉了,只是到每月初一,派人送一只活羊去供奉祖庙,搞个形式罢了。所以子贡看到国君都没有真正实行告朔之礼,便觉得这个没有用,还要白白杀掉一只羊,就提出把这个饩羊也废弃掉吧。可是孔子着眼点就比子贡要高。礼和羊比,还是礼重要,羊没了还可以再牧养,礼一旦失掉了便难再回来,人心也就会随之失去。孔子从现实出发,反对去掉即便是只剩形式的礼仪。

中华文化源远流长,好多传统礼仪都有深刻的内容,以此来体现圣人的心志。这个告朔之礼,就是圣人希望天子、诸侯都能够恭敬以为仁政,为天下人服务。而一般人领悟不到此层意义,只注形式而忽略内容,时间一长,连形式也没有了,圣人的那番良苦用心也便随之而消失。

自古以来,只要是神圣伟大的事业都离不开庄严的仪式,这是圣贤们明察历史而创立下来的教化体系,继承这一传统自有它的道理,后代不可随便废弃。比如现在好多国家的领导人上任时,都要面对国旗宣誓,虽然这只是种形式,却是必须的,对己、对民众、对国家都是一种必要的制约。一定的形式可以改变一定的内容,形式和内容是分不开的,它们互为表里,不可缺一。连一定的形式也没有,谁能相信你是发自内心?

3.18

子曰:"事君尽礼,人以为谄也。"

【译文】

孔子说:"我完完全全按照周礼的规定去事奉君主,别人却以为这是谄媚。"

【要解】

上章讲的是物与礼的关系,本章讲的是尽礼和谄媚的关系。当时的鲁国,君弱臣强,三家专权,有权的大臣根本没有把国君放在眼里,对国君不但没有应有的尊重,反而常常违越礼仪,擅自用天子的礼乐。时间一长,下面的官员和百姓也都跟着违礼,于是便积非成是,国人个个都以违礼为正确,反而把依礼行事当作不正常的事来对待了,这便出现了孔子所言的"以为谄也"。可想而知,世俗的力量是多么强大呀,短短的时间内正道便不再显现,邪道反成正常的了。

但圣人孔子却无一丝失望,始终坚持自我,平静以待,按照自己心中之礼尽事国君,恭敬有加,勤勉努力,这就是处乱流而不动摇、陷淤泥而不染身之可贵的君子精神。因为圣人心存仁道宏德,眼前的一些风雨根本不可能左右他的志节,他的温良恭俭让是从内心深处自然流泻,不恼不愤,平静如素,八风吹不动,独坐紫金莲。这就是圣人的光辉,不因地球的转运、月潮的起落而有一丝的黯然。有此高大形象为世间榜样,前方的风景当有阳光。

孔子所谓的奉君守礼行事,也是一种求道,在此途中自然也会遇到种种非常之事,各种魔境都会出来,如他人的流言蜚语、诬陷与诽谤等。正确的态度是不管他人的是非言论,一心做好自己的事,不要放纵,不可自得,更不能心有戚戚,要自然坦诚,按正确的礼仪忠诚侍奉君主,时时刻刻不越雷池一步,到时谁是谁非,一目了然。

3.19

定公问:"君使臣,臣事君,如之何?"孔子对曰:"君使臣以礼,臣事君以忠。"

【译文】

鲁定公问孔子:"君主怎样使唤臣下,臣子怎样事奉君主?"孔子回答说:"君主应该按照礼的要求去使唤臣子,臣子应该以忠来事奉君主。"

【要解】

鲁定公姓姬名宋,是鲁襄公之子,昭公之弟。鲁昭公继位之后,三桓专权,一次和昭公发生了大的冲突,鲁昭公被逼离开鲁国,流亡到齐国。在齐国待了七年,最后死在齐国。三家就把昭公的弟弟定公立为国君,登位的定公同样没有实权,处处受三桓挟制,形成了君非君、臣非臣的局面,心里很是不高兴,便问孔子如何处理君臣之间的关系。孔子的回答是一以礼,一以忠。

"礼"与"忠"从字面意义上讲是截然不同的两个概念,一个是按照礼仪行事,一个是从本性出发,对君主忠诚不贰。按理来讲,君主应该品性端庄,公正无私,胸怀天下,格局宽广,站得高看得远,只需把握住大的方向发号施令即可,具体事情交由下面的众臣来做。作为大臣,无须考虑大的方针政策,只要认真做好具体的事务就算是尽了职责,所以,要求是忠心耿耿,听从君主的安排,做好有关事务。从本章的语言环境来看,孔子还是侧重于对君主的要求,他认为君若使臣以礼就不会有不忠之臣出现。

如果君臣都能行入正道、各守本分的话,这两者又没有多大的区别。由心中发出的礼是一种忠,真正的忠也是一种礼。君依正道而定政策,依礼而支配群臣,群臣顺从于君主,踏踏实实做事,也可算忠于正道了。可怕的是到了君不君、臣不臣的地步,无论如何"使臣"和"事君"都是白搭。因为他们都偏离了正道,丧失了仁义,何来君臣之礼、依正道行事一说?正如孟子所说:"君之视臣如手足,则臣视君如腹心;君之视臣如犬马,则臣视君如国人;君之视臣如土芥,则臣视君如寇仇。"孔子讲这话的前提是,都得是好的君,好的臣。

3.20

子曰:"《关雎》,乐而不淫,哀而不伤。"

【译文】

孔子说:"《关雎》这篇诗,快乐而不放荡,忧愁而不哀伤。"

【要解】

《关雎》是《诗经》的第一篇,快乐却不过分,忧愁却不哀伤,即能坚守中正,乐悲两忘,不背中庸。长时间以来,世人把《关雎》这首诗看作是歌颂美好爱情的,写一君子"追求"淑女,思念时辗转反侧、寤寐思之的忧思,以及结婚时钟鼓乐之、琴瑟友之的欢乐。实则这首诗的隐意是文王欲求一位品德高尚的妃子(或文王妃欲帮助文王求得一位淑女),以高尚妇德帮助文王尽心竭力为天下服务,以达到大化仁治的目的,表达了君子对美好仁道的执着追求与得到后的无比欣喜之情。孔子借对此诗的评价,说明我们做事情也应该保持一种中道,在得与不得之间,不能过分喜悦,也不可过分悲伤,这是一种修养,也是一种礼德。没有高尚的品德,是难有这一情思的。

按世俗来讲,人有七情六欲,面对生活中的种种境遇,总会产生各种不同的欲望,或色,或物,或欲等,它们就如"窈窕淑女"一般,令"君子好逑""寤寐求之","求之不得"就"寤寐思服""辗转反侧",一旦得到就喜悦无比,否则就泪落涟涟,无限哀叹,宠辱皆惊,患得患失。失和得、悲和喜为世人难以割舍的生命常态,生生世世深陷其中难以自拔。其根本原因在于后天的贪嗔痴太重,过于注重外在利益,追求种种有色之欲,不知道本性才是生命之主宰。

佛说"诸行无常,一切皆苦。诸法无我,寂灭为乐"。人生是痛苦的,但有一种办法可以让它变痛苦为欢乐,那就是持中庸,求仁德,得中道。放到儒家就是让仁爱之性充满生命,永远支配我们的精神。"乐而不淫,哀而不伤"就是其中一标准,按照这一标准去修养自身,我们就易清除掉心性之外的种种负担,而让灵魂彻底解放,让生命真正自由幸福。

3.21

哀公问社于宰我。宰我对曰:"夏后氏以松,殷人以柏,周人以栗,曰:使民战栗。"子闻之,曰:"成事不说,遂事不谏,既往不咎。"

【译文】

鲁哀公问宰我,做土地神主应该用什么树木,宰我回答:"夏朝用松树,商朝用柏树,周朝用栗树,用栗树是想使老百姓战栗。"孔子听到后说:"已经做过的事不用再提了,已经完成的事不用再去劝阻了,已经过去的事也不必再追究了。"

【要解】

"社":土地神,祭祀土地神的庙也称社。哀公此处所问社应该是社主,古代祭祀土地神要立一个木制的牌位,这牌位叫主,意在供神灵凭依。宰我回答鲁哀公说,周朝用栗木做社主是为了"使民战栗",孔子听后很不高兴,故说了后面的三句话。因为宰我在这里讥讽了周天子。

宰予,字子我,"言语"科之首。他好学深思,敢于提问,擅长辞辩,是孔门弟子中少有的曾正面对孔子学说提出异议的人。本章的背景是鲁哀公被三桓压制,很是不舒服,问宰予"土地神祭祀"的问题,实际是借题发问国家政事。宰我当然明白,就自作聪明且带有一点偏见地把周代用栗木解释为目的是"使民战栗",这样便给鲁哀公一个不好的暗示,有点怂恿鲁哀公行"残""杀"的意味。这是孔子最反对的,所以便有后面的阐述。

"成事不说,遂事不谏,既往不咎"被称为孔子在处理下对上问题时的"三不"原则。

周朝用栗木为"主",并不是让民众产生惧怕之感,作为一后生不能如此擅自推断圣人之心;作为一大夫或下级,要对君主的仁道修养负责,不能把对方往错误的道路上引导;即便真的是对方错了,也不应该这样随便议论,扩大不良影响。

孔子是讲究忠诚的,但反对愚忠,看到君主有错误,也赞同要进行劝谏。如果木已成舟,就不要一味地指责或否定,而应该放下过去,往前看。孔子是智慧而有仁心之人呀!

3.22

子曰:"管仲之器小哉!"或曰:"管仲俭乎?"曰:"管氏有三归,官事不摄,焉得俭?""然则管仲知礼乎?"曰:"邦君树塞门,管氏亦树塞门。邦君为两君之好,有反坫(diàn),管氏亦有反坫。管氏而知礼,孰不知礼?"

【译文】

孔子说:"管仲这个人的器量真是狭小呀!"有人说:"管仲节俭吗?"孔子说:"他有三处豪华的藏金府库,他家里的管事也是一人一职而不兼任,怎么谈得上节俭呢?"那人又问:"那么管仲知礼吗?"孔子回答:"国君在大门口设立照壁,管仲在大门口也设立照壁。国君在堂上有放空酒杯的设备,管仲也有这样的设备。如果说管仲知礼,那么还有谁不知礼呢?"

【要解】

"三归":三处藏钱币的府库。"树塞门":在大门口筑一道短墙,以别内外,相当于屏风、照壁等。"反坫":古代君主招待别国国君时,要有一个土台放置献过酒的空杯子。

管仲,名夷吾,春秋时期的法家先驱,曾任齐桓公的宰相,辅助齐桓公进行政治改革,选贤任能,加强武备,发展生产,称霸诸侯。所以人们都说管仲是天下的贤人,是个大器。孔子却认为他器量小,不是大器,主要原因是他不知圣贤大学之道,而只知道强富一国之学,虽帮齐桓公成就了霸业,却没有成就更大的王业,不能把圣贤之道传播天下,宴清四海。

其次,他还不知俭,贪财物,有"三归"。虽然好多钱财是君主所赐,但毕竟生活浪费奢靡,即不能正身修德。作为真正的圣者,应该是先正己身,再正天下,止于至善的。另外,虽然管仲也知道有关礼仪规则,却不去坚守,做不到知行合一。

但是,孔子对管仲又非常佩服,曾称赞他几近于仁,率领诸侯尊重周天子,使天下安定、万民受福,能维护仁为主的中华文化。孔子重视德行大于政事,其立足点是天地,看得更为久远,对人的评价客观而有针对性,并非非黑即白的二元对立,而是实事求是,具体问题具体对待,褒贬各宜,一语中的,不差分毫。

3.23

子语(yù)鲁大师乐,曰:"乐其可知也:始作,翕(xī)如也;从之,纯如也,皦(jiǎo)如也,绎(yì)如也,以成。"

【译文】

孔子对鲁国乐官谈论演奏音乐时说:"奏乐的道理是可以知道的:开始演奏,各种乐器合奏,声音繁美;继续下去,悠扬悦耳,音节分明,连续不断,最后完成。"

【要解】

"大师":乐官名。"翕":和合、协调。"皦":给人的意境纯明。"绎":连续不断。

乐是人心的反映,音乐荒废,雅乐缺失,仁德便难以盛行。人心难以捉摸,一般有形的方法难以达到好的效果,而无形之音乐则是调和世人心地最好的手段。孔子在这里通过和鲁国乐师的对话,告诉世人如何用音乐来抚慰人心。

音乐自古便是教化人心的重要工具,是生命最自然而真实的心声,生命通过灵感而创造了音乐,音乐也便反映出创造者和社会大众的心声及整个社会的心境。闻其乐而知其德,据一个国家的人民喜欢什么样的音乐,就可以知道这里人民的道德水平到达什么地步,同理,也可以推断出一个国家的兴盛衰亡。人心与天心是相连的,音乐和道德是相通的。孔子提倡以乐治心,让心地和谐美善,不仅是为了欣赏那美妙的音乐,更主要的是实现礼教之目的。所以《礼记·学记》里讲:"建国君民,教学为先。"《尚书·尧典》曰:"诗言志,歌永言,声依永,律和声,八音克谐,无相夺伦,神人以和。"至美之乐一定和天地相应,孔子终生喜爱以韶乐为代表的雅乐,"在齐闻《韶》,三月不知肉味",可见,孔子的心也是能和天地相感应的。在这一方面,曾教授过孔子《文王操》的音乐大师襄子足以证明。

本章主要讲述了音乐的五部曲:开始作乐时,是和合而奏;其次是收放有致;再次是乐感光明皎洁;继而是相续不绝;渐进入高潮,然后收尾,最后结束。这五部曲可谓对一部完整优美音乐作品的精辟总括。更重要的是借音乐来论仁德的修养,步步有深意,环环相扣,借音乐言音乐,又不止于音乐,可谓神形皆备,含义无穷矣!

3.24

仪封人请见,曰:"君子之至于斯也,吾未尝不得见也。"从者见之。出曰:"二三子何患于丧乎?天下之无道也久矣,天将以夫子为木铎(duó)。"

【译文】

仪这个地方的长官请求见孔子,他说:"凡是君子到这里来,我从没有见不到的。"孔子的学生引他去见了孔子。他出来后说:"你们何必为没有官位发愁呢?天下无道已经很久了,上天将以孔夫子为圣人来号令天下。"

【要解】

"仪":当时卫国县名。"封人":镇守边疆的官。"木铎":木舌的铜铃,古代天子发布政令时摇它以召集听众。当地一位封疆之官见孔子后,只一次交谈,他便认识到了孔子的不凡和伟大,知道了孔子的历史使命,可谓孔子终生难得的一知己。同时,说明这位封人也是一位真正的贤者,有慧眼,能识珠,能发现孔子是当时胸怀正义、承传正道、宣讲仁爱的圣师,并且当众宣布这一发现,其欣慰之情溢于言表。

孔子一生为官时间不长,其成就主要在于仁德教育(而非普通的知识传授),为道德、行为、教育设定出一套有机完善的标准,被后人称为至圣先师、万古木铎。他能在幽暗无明之时,用他那强大不竭之心力替天行道,求正道,走正途,为天下人传仁爱,以尽归至善之地的伟大精神,以及所宣传、布施、践行的五伦、八德、五常、四维等,净化着污浊的世间,唤醒着昏睡的众生,推动着中华道德的发展历程。天之木铎,圣人孔子。历史选择了孔子,孔子成就了历史,相辅相成中,中华民族道德传统万古不衰。

3.25

子谓《韶》,"尽美矣,又尽善也"。谓《武》,"尽美矣,未尽善也"。

【译文】

孔子讲到《韶》这一乐时说:"艺术形式美极了,内容也很好。"谈到《武》这一乐时说:"美极了,但还差一些。"

【要解】

《韶》应该是虞舜时期的乐曲,《武》应该是周武王时期的乐曲。本章的意思是说,虞舜以文治天下,以德显大爱,无暴无恶,是典型的王道,当时天下盛行的音乐都是雅乐、正乐,故而尽善尽美。而武王毕竟发动过战争,以武功王天下,属于霸道,所以美而不尽善也。这一章应该是孔子借音乐来谈论历史政事,进而指出推行王道(礼乐)和霸道(武力)产生的截然不同的两种结果,而不是简单的音乐欣赏。

那么,什么是真、善、美呢?我们用最简洁的语言说明:美是原始的抽象本质,是起因;善是当下的外在表现,是结果;连接两者的过程或桥梁便是真。也就是说,美是事物的根本,它决定着事物的走向和最终结果,善是美的本质导致的必然结果,而具体的过程和发展经历便是真。良知是生命的根本,无比的美好,没有一丝的残缺;钱财福寿等是善,是因美的品质而来;真是具体的行为,前接美因,后连善地。美者是与生俱来的,本身就存在。要想得到善果,就必须用真心去努力奋斗。三者不可分离,相互为一,"会三入一""三乘合一",方可抵达最完美至善之境。

表现在音乐上,美就是音乐的根本,其内容合于天地之正道;善是音乐演奏的结果,给人的感受;而具体的过程则是真,不虚不假,每一章节都令人有真切的感悟收获。有人说世间没有绝对的美、纯粹的真,也没有终极的善,而笔者认为是有的,那就是始终合于天地之道者,如永恒的中和、虚而不虚、无明和无无明,而其必然是完美、全真与至善的。

3.26

子曰:"居上不宽,为礼不敬,临丧不哀,吾何以观之哉?"

【译文】

孔子说:"居于执政地位的人,不能宽厚待人,行礼的时候不严肃,参加丧礼时也不悲哀,这种情况我怎么能看得下去呢?"

【要解】

执政者要有宽大的胸怀,天地般的器量;为臣者要对上级和万物存有十分的尊敬之意;到祭祀时,所有的成员都应生发出诚挚的哀心。宽、敬、哀这三者既可以针对执政者来说,也可以分别指三种不同地位的人,没必要驻于一人一事上。

朱子《论语集注》中说:"居上主于爱人,故以宽为本。为礼以敬为本,临丧以哀为本。既无其本,则以何者而观其所行之得失哉?"即居上位的人要以仁心待人,这仁就是爱人。君仁才能够换来臣忠。仁的表现就是宽厚待人,宽是根本。为礼,是以礼待人,以敬为本,尊敬是根本。临丧是以哀为本。有了本,人才有生存的根基。

孔子主张实行"德治""礼治",特别是当政者更应做到。否则,国家也就无法达到仁道。不宽、不敬、不哀就是少德或无德的表现,其原因只有一个,即纯真的本性没有发掘出来,原本和天地一样宽大、美好的心性被外物裹挟,慧光黯淡,贪欲放纵,一旦身居要位,便贡高傲慢,自私冷酷。这样的人如果为君则天下遭殃,如果为臣则朝纲混乱,如果为民则世道冷漠。所以,仁慈的孔子气愤又失望地说:"吾何以观之哉?"

里仁篇第四

（凡26章）

本篇内容主要涉及义与利的关系、个人道德修养、孝敬父母等问题及君子与小人的区别等。

4.1
子曰："里仁为美，择不处仁，焉得知（zhì）？"

【译文】

孔子说："跟有仁德的人住在一起才是好的。如果你选择的住处没有有仁德的人，怎么能说你是明智的呢？"

【要解】

本章可以这样理解：内在之仁就是本心、本性、良知，外在之仁就是好的环境和有仁德的朋友。发自内心的仁才是最美的，如果不持守这个仁，身处不仁之地或结交不仁之人，那么，如何能得到大智慧呢？此处之"知"，非指一般的聪明、有知识，而是大的智慧。再从另一方面思考，如果真的做到了内仁，那任何的外在就无所谓不仁了，他已与天地万物相合，又哪里会有不好的事物呢？万物本是心的折射，是心灵变现。至于眼前有那么多的非仁义人事出现，那说明是我们的心灵出了问题，需反观其心，清净其心。佛曰："一切法门，明心为要；一切行门，净心为要。"

当然，对于大部分人来说，做到这点比较难。外部环境对内心的影响也是巨大的，近墨者黑，近朱者赤，稍不留意，我们的心就会因环境变化而变化。这个时候，选择有仁德的贤者和充满深厚氛围的仁德之所，便显得尤其重要与必要。《弟子规》上讲"能亲仁,无限好。德日进,过日少"。孟母三迁就是最好的择仁而处的例子。老子曰:"居善地,心善渊,与善仁,言善信,政善治,事善能,动善时。"蕅益大师有语"道以宅心","里以宅身",道是我们的心宅。离开了这个道,就是不仁,心就可能变坏。如果不懂得选择仁道而处心,只看重身体这一短暂的躯壳,却轻忽了最重要的生命性灵,就是不智慧。

4.2

子曰:"不仁者不可以久处约,不可以长处乐。仁者安仁,知者利仁。"

【译文】

孔子说:"没有仁性的人不可以永久安于简朴或窘迫的环境,也不可以体验到永久的快乐。有仁性的人安住于仁道,有智慧的人能给天下带来利益。"

【要解】

我们把"约"理解为为简朴、窘迫的生活或环境。把"利"理解为对天下大众有利,而非只对一己有利。这样更符合圣人的心理。生命的意义不在于物质的多寡、名利的大小、寿命的长短,而是能找到它的根源,开发出最大的价值,使自己成长,然后再去服务天下。所以,物质的享受不是我们的最终目的,一时的挫折不应该让我们的信念消失。为着钱财、地位、名誉而活的人往往形劳神疲,终丧失自我,痛苦埋怨不断。没有以上的认识,便难以自律,不能正确地安排自己的人生,也体验不到一个践行仁德的生命在奉献社会、求得真理的大道上不断前行时所能享受到的无上快乐。

"王天下"的仁者,不会只为一私之利而奔波,他包容宇宙十方大千世界的一切,与万物合一。处深山幽谷是乐,居繁华闹市也乐,至九五至尊、富可敌国不放纵奢淫,落陋巷布衣、箪食瓢饮不苦忧哀叹,约乐皆安,无我无私,一心只为"王天下"而竭心尽力,矢志不移。

如果我们一时做不到上述仁者,那就先做一个智者,懂得怎样行为对修仁德有利,对他人有利,对社会有利,这也是向仁德靠近的必要步骤。

4.3

子曰:"唯仁者能好(hào)人,能恶(wù)人。"

【译文】

孔子说:"只有那些有仁德的人,才能爱人和厌恶人。"

【要解】

坚守仁德者胸怀天下,视万物为己出,似一切对他来说都是好的、美的。但仁者心里清楚什么是对与错,好和恶,否则,他们就成了什么也不知的木石之人了。所以要清楚性、相、行这三者的本质和关系。性是本质,即万物的本性,无论何种生命,本质是一样的。同样的性会因对外界的反应不一,而体现出不同的相。有的人本性较为光明,一般事物难以感染他的心性,表现出来就可能是堂堂正气,光明正大;有的因受利益的影响较重而表现出眉头紧锁、喜怒于色之相,行动上就可能狭隘自私,自我自大;还有的自性严重被遮蔽,表现出来的相可能是面无表情,冷酷无情。这三者常随事物的变化交织于一身,增加了我们的认识难度。

人,一旦有了自私自利之念,就会形成智慧障碍。朱子说"盖无私心,然后好恶当于理",程子赞同此理,说这是"得其公正"也。只有大公无私者,既能识得好恶,又能转恶为好。

仁者能从本性上入手,进入事物的核心去认识判断,庸者则只会从自我的角度去看待事物的表象,难以分辨清好恶。仁者心存正道,无私无我。他们来到人世,懂得人世的种种悲喜之因,更知道自己的伟大使命,会助人分清善恶,明辨正邪。比如释迦牟尼、老子、庄子、孔子等圣德,即按照仁道的标准去判别有关人事的对错,却不会从自己私人情感的角度去分辨谁善谁恶。他们的标准是公道正义,是仁爱情义,无私大利。

有的人好心做了坏事,凡人不知,但仁者知,还会称赞此"恶";有的人本是做了坏事,他人却赞叹是好事,仁者也不会随意附和。有的人表面为善为义,实是怀有不可告人之心,真正的仁者也能明白,对之揭露指责。这就是仁者和凡生不一样之处。

4.4

子曰:"苟志于仁矣,无恶也。"

【译文】

孔子说:"如果一个人具备了仁的修养,就不会有讨厌或看不惯的人和事了。"

【要解】

上一章讲唯仁"能恶人",这一章又讲"无恶",角度不同,层次不一。说仁者"能恶人",是从相的角度,即事物的外表说的;"无恶"是从生命的本心讲的,二者并不矛盾。孔子怕世人对此有误解,走向二元对立的片面泥淖,所以,两章结合起来谈仁的本质及具体处理事物的表现,这便更明晰地解答了世间对仁的困惑。

所谓的志于仁,并非仅指我们常言的品行正直,心地善良,有爱心。它远远超越普通的社会道德层面,而到了天地境界。一旦达到这一境界,就不仅仅是不做坏事,或没有感觉到坏处这么简单。凡人做事往往思维单一,出于一己之心,有利便为,无利就避,难守公正,更难丢掉个人喜恶为天下大众或真理无畏奉献。心中长存仁道者却不是这样,他们思考问题立足于天地间,尊奉大道,坚守正义,宣讲真理,教化大众,故而就不会有"这个我感觉好,那个我讨厌"。正如一位怀有大爱的母亲,不会因大儿子长得丑、有不良行为而厌恶,因小儿子品行端庄而偏爱。都是她的肉,都有她的情,她的态度会是对大儿子耐心教导,希望他好好成人,对小儿子更加努力培养,使其成为社会的栋梁。爱是相同的,只不过教育的方式和目的有点区别而已。

4.5

子曰:"富与贵,是人之所欲也;不以其道得之,不处也。贫与贱,是人之所恶也;不以其道得之,不去也。君子去仁,恶乎成名?君子无终食之间违仁,造次必于是,颠沛必于是。"

【译文】

孔子说:"富裕和显贵是人人都想要得到的,但不用正当的方法得到它,君子就不会去享受;贫穷与低贱是人人都厌恶的,但不用正当的方法摆脱它,君子就不会摆脱。君子如果离开了仁德,又怎么能叫君子呢?即使是一顿饭的时间,君子也不会违背仁德,就是在最紧迫的时刻也能保持仁德,就是在颠沛流离的时候,也会按仁德去办事。"

【要解】

上两章辩证地讲述了善恶的关系,这一章又讲述了名利的关系,《论语》

可谓一部既讲述真理大道又切近生活人事的智慧之作,和老子所言的和光同尘一理。

正如孔子所言,生活中的利益和富贵都是人人所求的,但是如何求取它们,和求取到后又将如何面对,这是两个更重要的问题。我们都知道利益、富贵与生命、人生的辩证关系,可是就是看不开,放不下。其根本原因就在于不清楚这是由一种更强大而无形的欲望牵引着。利益、富贵是让我们心乱的根本,它们是通过我们的认知来影响我们心灵的,所以,凡人谁也难逃利益的驱使。佛告诫我们说"淫心不除,尘不可出。纵有多智禅定现前,若不断淫,必落魔道"。

处于利和道之间的心灵真的难以把控,稍有不慎便可能偏离正道,走向歧途。只有明见本性的君子,方可坚守仁道,看世间无喜无恶,宠辱不惊,一切安然。但是,君子也是人,也有人的七情六欲,也要吃饭穿衣、冬暖夏凉,行站坐卧和我们一样。正如佛是已成之人,人是未成之佛,两者间的区别是什么?看其本性动还是不动。如如不动者是佛,受名利引诱者是人。才高八斗、学识过人的苏东坡,虽然写出了"稽首天中天,毫光照大千。八风吹不动,端坐紫金莲"这样高大安如的诗句,却让佛印一个"屁"字给吹过江岸。庄周笑谓楚使者曰:"千金,重利;卿相,尊位也……我宁游戏污渎之中自快,无为有国者所羁,终身不仕,以快吾志焉。"此为圣仁,非凡生。孔子被困陈蔡,绝粮七日,愈慷慨讲诵,弦歌不衰,这是他"不义而富且贵,于我如浮云"之真实写照。

得失间心有戚戚者,小人;顺逆时意展荡荡者,君子。不违仁方可成仁,明白义才可取义;佛是一步步修来,圣须一事事成就。造次颠沛,只是考验。

4.6

子曰:"我未见好仁者,恶不仁者。好仁者,无以尚之;恶不仁者,其为仁矣,不使不仁者加乎其身。有能一日用其力于仁矣乎?我未见力不足者。盖有之矣,我未之见也。"

【译文】

孔子说:"我没有见过爱好仁德的人,也没有见过厌恶不仁的人。爱好仁德的人,是不能再好的了;厌恶不仁的人,在施行仁德的时候,不让不仁德的人影响自己。有谁能一天内把力量全部用在施行仁德上吗?我没有看见过力量不够的。这种人可能有,但我没见过。"

【要解】

求仁德必须用全力、大力、真力,一般人受各方面因素的影响而不能全力以赴去践行仁德,常常半途而废。孔子在此所说的力非一般气力或力量,而是指本性中那一无比巨大且神奇之道力。就是说不是我们力不够,而是没有用尽全力去真正地求仁德把本性中真正的心力使出来。如果真的使出了这一心力,求仁德也并非那么艰难。

人生如行旅,顺者速,逆者艰。求仁难,为恶易。从周公立德到成康之治,西周之兴用了十余年时间,"天下安宁,刑措不用"的盛世只维持了四十余年,以康王之子昭王伐楚而葬身汉水为转折,周朝如明日黄花,日薄西山,很快走向衰落。至孔子时代,周朝礼乐崩坏已有四百多年。回顾周朝八百年大业,真正能坚守仁德的时间屈指可数。再观眼前的世人,也是如此,天天喊求仁德,实际却三日打鱼,两日晒网,根本没尽全力。孔子深感世道之不古,人心之愚顽,故而有此劝告。

阳明先生说过,人人皆可成圣贤。这话本无错,只不过世间凡生多,仁与不仁少,去两头取中间便有了这个社会的大众主体,你我就陷入其间左右摇摆,好人坏人变换,成事坏事都做。日日反省思过,天天不见进步,心向善,行有恶,志不坚,意不安。故而圣人为之感叹:为仁者"盖有之矣",只"我未之见也"。

佛言:"夫为道者,如被干草,火来须避。道人见欲,必当远之。"仁,是人心所向,是社会所趋。尽管人心不古,民风难救,孔子仍然坚守那份本真和执着,知其不可为而为之,知其无人信而授之,这便是圣人的可贵之处。

4.7

子曰:"人之过也,各于其党。观过,斯知仁矣。"

【译文】

孔子说:"凡人都会有种种过错,过错不同的原因是处于不同的群体。分析观察这些过错的前因后果,就可以了解这一群体的仁义道德如何。"

【要解】

此处的"党"有两种解释:一是指类型,二是乡党、集体。

先说类型。因生命的不同,每个人的特点与个性也不一样,有的贪色,有的爱财,有的懒惰,有的则品质有问题,有的可能易受外部环境的影响。所犯过错不同,在求仁德的漫长旅途中表现出来的弱点也各有差异。

再说乡党或集体。就是一个群体在某一时期,因共同完成一件事而形成的结果。常言近朱者赤,近墨者黑,却很少有人思考,为什么会近墨而不愿意近朱?这是同类相吸、异质相斥所致。按理讲,人最原始的本性都是纯美的,只因自身的努力及近朱墨不一而有了截然不同的人生,所以,时时事事固守那份本身具有的仁德之心是非常非常重要的。不修心,一切都是空谈。

相由心生,境由心造,特别是当处于一个巨大的群体之中时,因为自己的心力不够,常会受到环境的影响盲目随从,这样自然就易犯错误。控制自己的欲望,减少心中的所求,远离那些非仁德者,才可避免城门失火、殃及池鱼的灾难。

4.8

子曰:"朝闻道,夕死可矣。"

【译文】

孔子说:"早上听闻到了大道之理,晚上死去都可以。"

【要解】

此处所闻之"道",应该是天地之道、仁德之道,而不是指一般的道理、知识、规律等。也就是后人所谓的"为天地立心"之"心",道心、人心或仁义之心,亦即天地万物之本,生命之源。表述不一,实则无二。

4.9

子曰:"士志于道,而耻恶衣恶食者,未足与议也。"

【译文】

孔子说:"士有志于(学习和实行圣人的)道理,但又以自己吃穿得不好为耻辱,对这种人,是不值得与他谈论道的。"

【要解】

紧接上一章,孔子继续讲,一个真正有追求的人一旦立志于仁道,应该放弃外在的物质享受,而追求更为重要的精神仁德。也许有人会拿孔子所说过的"食不厌精,脍不厌细"来反驳。是的,孔子说过"八不食""割不正不食"

"唯酒无量,不及乱"等,这一方面是从卫生角度谈的,另一方面是从礼仪方面说的,而上述句子则是从求仁道角度阐述的行为表现,对象不一,各有所指,不可混为一谈。

但凡为人,谁也离不开一定的物质条件。可是志于道者对待物质条件和普通人不一样,他们不会因今天的衣服能不能体现出自己的气质、明天坐的车高档不高档而心有戚戚。真正追求仁道的士,食可饱腹,衣可暖身,屋可安身即可。如遇华丽的大屋也居,却不会生贡高我慢,若需屈身茅棚寒舍,淡茹素食,也开心自得。如庄子、颜回、陶渊明等。这样的人生,如若没有强大的内心做支柱,是难以做到逍遥安适的。

一方面仰慕圣贤,欲求得仁德正道;另一方面却放不下名闻利养,求名望,要享受,世上何有二者兼得之好事乎?求大道可以获得无上的快乐,求短时的锦衣玉食只能满足一时的身体需求与面子,但是,好多志于道者还是放不下眼前这些微利虚名,以"恶衣恶食"为耻,这样的人怎么会有纯真的品性,正道的行为?"非淡泊无以明志,非宁静无以致远",欲达淡泊和宁静,必须放下虚荣自私、贪瞋痴慢等,否则,在求道的征程中,必将一事无成。

4.10

子曰:"君子之于天下也,无适(dí)也,无莫也,义之与比。"

【译文】

孔子说:"君子对于天地间的人事,既不以自己喜好而为,也不以自己厌恶而弃,只以最高的道义为准则。"

【要解】

上一章讲君子是什么样的人,这一章讲君子怎么行事。孔子在此提出了君子做事最基本的标准:"义之与比"。这是很高的道德修养标准。

佛曰:"人无善恶,善恶存乎尔心。世间万事,凡者见二,智者达一。"凡人都有七情六欲,都有各自的喜好。再加每个人的才识各有短长,禀性各有醇驳,面对诸多繁复之事务,众生不由得从自己的喜恶出发去思考与行动。但是,这样便往往会出现偏差。君子应该去掉低俗偏见,而以至高的道义做标准来行为,而且这是唯一的标准,不能有二,道义高于私欲私利,不能因私欲而左右、影响道义。具体来说道义有私义与公义之分:心怀公义者定然会考虑到天下大众之利益,而私心厚重者只会为一己考虑。有的人当时看其心是出于公义,为了堂堂正道,事后才知道私利更重;有的则看似为了私利,实则忍辱负重,舍一人为天下。二者不好区分时,就要看心性如何了。心性决定着生命的境界与品格,谁也欺骗不了自己的心性。他可以花言巧语,可以誓死抗争,也可以退避沉默,但唯有那颗良心,是维护道义最公正无私的法官。天道就是天地间最大的法官,也是至高的道义,任何伪装都难逃它的法眼。老子说:"宠为下,得之若惊,失之若惊,是谓宠辱若惊。"其原因正是不能持守至高的道义。

4.11

子曰:"君子怀德,小人怀土;君子怀刑,小人怀惠。"

【译文】

孔子说:"君子想着的是德行,小人想的是利益;君子用法制公正地待人,小人用小恩小惠收拢人。"

【要解】

"土"即可生产物质利益的土地,在这里可理解为利益。"德"与"土"、"刑"和"惠"是相对的。但孔子在这里并没有对小人进行指责,而是通过二者的对比,告诉世人什么是君子和小人。至于小人的那些做法,在孔子看来也很正常,符合他们一贯行事的原则与方法,只是和君子相比就差远了。

生命的精神境界有高有下,人各有志,难以强求。君子有高尚的道德修养,远大的理想追求,治国平天下的抱负,我们要大力肯定并提倡。"仓廪实而知礼节,衣食足而知荣辱",能在衣食还没有解决的情况下成为君子的人毕竟是少数。正确的做法是先让人们富裕起来,物质充盈后,再去教化他们,不断提升其道德品格,这就是君子最艰巨的历史使命。老子说:"鱼不可脱于渊,国之利器不可以示人。"

为什么君子要"怀刑"呢?不要理解成对世人实施无情的法治,动不动用法律去惩罚他人。而是说用某种全社会成员共同须遵守的道德规则(如礼制)来规范世人,教化百姓,使他们懂得什么是对错,什么是尊贱,从而向往美好的仁德。当然,孔子也不反对必要时动用刑法,以惩处邪恶,维护正义。对恶事恶人的放纵,就是对正义正道的否定。

4.12

子曰:"放于利而行,多怨。"

【译文】

孔子说:"放纵或放弃利益,会产生怨恨的结果。"

【要解】

这一章最为简单,又最为复杂,短短七个字,却包含非常丰富的内容。走出非此即彼的思维怪圈,我们理解为孔子告诉我们一个生活哲理,即面对利益,不能走两个极端:或放纵贪欲,不顾一切去追逐;或不考虑实际利益,装出清高的伪君子样,以此来标榜自己的与众不同。

面对生活必需之物质,圣人的态度是真诚如实而为,不强求,不虚假,根据情况灵活处理,只要不忘那个初心即可。需要钱财时就去按道义求取财钱,养家育儿;有为官才干的就去谋取一官半职,以仁德治理天下;有才学的就用知识、道理去教化百姓,该收取一定费用的也得收,尊重知识,也是对社会规则的尊重。这就是君子爱财,取之有道。但需要无私付出时,也心甘情愿,无怨无悔,不言报酬,不计功名。正如孔子招学生时,也收三束干肉,君主大夫们馈赠他财物时,他也无愧于内心而收纳。但到晚年又甘愿独守孤灯黄卷,埋首修订经书,默默无闻,奉献不止,无人给他一文报酬却孜孜不倦,乐此不疲。

迦叶佛有偈:"一切众生性清净,从本无生无可灭。即此身心是幻生,幻化之中无罪福。"意为不走极端,不执两面,中庸致和,阴阳合道。财钱本无罪,无财不足以养道,钱多易使人发昏,人生必须真实,初心不能遗忘。这就是圣人教诲,不离世俗,却又超越世间,不强求他人,也不放纵自己,这不是折中,也不是调和,而是智慧,更是实行仁道之必然。相较于佛家之空,道家之无,它更有人情味,更易于你我这样的凡人去依此而成为君子。

4.13

子曰:"能以礼让为国乎?何有?不能以礼让为国,如礼何?"

【译文】

孔子说:"如果能用礼让来治国,那么在治理国事上还有什么难的呢?如果不能以礼让来治国,怎么实行礼治呢?"

【要解】

本章两句问句,说明必须以礼制来治国,它符合孔子礼制的最终目的。而真正推行礼制是比较困难的,既有统治者方面的原因,也有底层大众的原因,更有宣传者的原因。难道就不用礼治了吗?不是,孔子的意思是正因为政务矛盾丛生,法治不能解决根本问题,还必须用礼治,礼治才是解决问题的根本办法。礼治就是仁治,仁治就是德治,德治符合道义,如此,整个社会就可以走向正道。虽然有时候礼治实施起来并不那么容易,这才更显示出君子的重要与必要,否则,还要这些人干吗?

《礼记》曰:"德不优者不能怀远,才不大者不能博见。"如何实施礼治呢?最高统治者、百官、大众三者都必须把各自心中的仁德发掘出来,特别是最高统治者,首先得从心底生发出那种无比巨大的仁爱精神,谦卑礼让,以身作则,再于百官自觉实行,再次为大众主动或被动随之。王得了礼,家便得了和,国也得了治,天下自然得太平,一得一切得,一切得一得,这是大学之道,亦为古圣先贤为人为国之智慧之妙法。《大学》里说"有德此有人,有人此有土",有土就是得国,得国便得民,得民便得心,得心者便事事如愿也。如果不以天下为己任、合道归一,那便不是真正的儒者,社会各成员都会越活越累,整个社会也将越走越艰难。

古之建国,教学为先,以礼治国是难,但必须去做,否则,贤者所讲的礼治只能是表面无用的文章。非礼治者,终难治天下;唯君子者,任重而道远。

4.14

子曰:"不患无位,患所以立。不患莫己知,求为可知也。"

【译文】

孔子说:"不要担忧没有官职名位等,要担忧没有使自己立位的建树;不要担忧没人知道自己,要担忧自己能否让他人增长智慧。"

【要解】

此解有几个层次:一、凡生一般追求做官、成名、立位等,并为之而患得患失,而君子不应这样。二、君子的主要成就在于确立自己最根本的仁德,这是他于世立身、立位最主要的基础。三、既然不追求名利,就有可能不被世人所知,但君子不以为忧。四、君子除了自己修到仁德之外,还应该去教化那些不了解自己志向和追求的人,让他们求得本性良知,获得无上智慧。总括而言,就是勿愁无官位,但愁得建树;世人不知君,立德开智悟。

这里还有几个问题需明白:一、君子的立位,并不只是当官或在社会上立身、扬名,而应该是在天地间所立的位次问题,即要有为天地立心之远大志向。二、君子也是人,生活中也有所患,但所患与众不同,他患的是自己的品德不够,言行不真,能力不足,仁道或存或亡。三、面对他人不知己的境况,自己如何做?不仅仅是充实、提高自己的文化知识与有关技能,或只管埋头做事,不理其他,而应该主动去教育他人,视"莫己知"者为兄弟、亲人,在整个天下推行仁义礼教,使众生皆悟良知,开智慧,得仁德。即"若人知心行,普造诸世间。是人则见佛,了佛真实性"(《觉林菩萨偈》)。

4.15

子曰:"参乎!吾道一以贯之。"曾子曰:"唯。"子出,门人问曰:"何谓也?"曾子曰:"夫子之道,忠恕而已矣。"

【译文】

孔子说:"参啊,我讲的仁道有一个最基本的思想贯彻始终的。"曾子说:"是。"孔子出去之后,同学便问曾子:"这是什么意思?"曾子说:"老师讲的仁道,就是忠恕罢了。"

【要解】

什么是"一以贯之"?《尚书·大禹谟》曰:"人心惟危,道心惟微。惟精惟一,允执厥中。"短短十六字,为我国上古时期有道明君大舜传禹王的修心之法,也是中华文化经典中记载的最早心法,被历代高贤称作中华文明正统之法。大意是人的本心(本性)是非常高大无比的,天地的道心是非常细微高妙的,人心和道心一样高大细微,精纯无杂(只有一,无二,无他,无无),所以,我们要永久地把持住它,让其永留心中不变。深得其精髓的孔子紧扣其要旨来修养自身,并以此为儒学和治国之道基。曾子是孔门弟子中最为优秀者之一,知道老师这一心法的内涵。

什么是"一"?简言之就是天地正道,它是道的代表,道最初的体现,也是万物之本、生命之根、人性之真、良知之源。换言之,就是佛性、道心、仁心。此心难悟、难寻,非常人可为。孔子的整个儒学体系以此为根本而衍成仁义礼智之学,并竭力推行于天下,故曰"一以贯之"。因为此"一"非彼"一",非常人可解能悟,聪明又会教人的曾子便想出一个门人能理解的词语"忠恕"来替代。忠恕近乎道却非道。对不能领悟的人来说,这种因材施教的说法已经很恰当了。

什么是忠恕? 就是"己所不欲,勿施于人",就是《中庸》里所言的"在上位不陵下,在下位不援上,正己而不求于人,则无怨。上不怨天,下不尤人"。就是将心比心,以人化人,化不得时,便反求诸身。

4.16

子曰:"君子喻于义,小人喻于利。"

【译文】

孔子说:"君子明白大义,小人只知道小利。"

【要解】

在孔子眼中虽然有君子和小人之分,却并没有高贵与低贱之别。君子是小人所成,小人是君子之初;成了君子后不时还有小人之心存在,虽为小人却也不乏君子之心滋生。人有生而知之者,也有学而知之者。生而知之者并不多,学而知之者也很少,大部分是生而不知、不学亦不知者,这便是小人。如果用君子的方式要求小人,那是强难小人,会把小人推到更危险的境地。如果用小人的方法指导君子,君子也会退回到小人的层次上来。所以,伟大的教育家孔子提出了一个因材施教的办法:君子喻于义,小人喻于利。

利小义大,利轻义重,利要服从义,要重义轻利,要想做到这一步,还得先利后义。一者见利眼开,眼开才可心动,心动方有机可乘,否则,没个甜甜的引诱,小人之心如何切入、如何教化? 让小人得利并不可耻,倘若不让君子吃饱穿暖,世人又为何要争为君子? 再说,义也常常存藏于利中,利是世俗的,世俗中的义才是真正的大义。没有了名利混杂的世俗,义也就成无本之木、无源之水。

生活中君子和小人有时候仅凭外表看不出来,他们有时都对利不拒绝,对名也不一定都抵触。明白了什么是义,利亦是义;明白了什么是利,义亦是利。义与利并没有质的区别,关键是本性之光出现没有。出现了看到的便是义,没有出现看到的只有利。

有位法师讲："释门中发菩提心者，世法亦成佛法。名利未忘者，佛法亦成世法，可为同喻。"君子以义转利，小人以利转义，如真的明白了二者的关联，以吃亏为福，这是君子；以得利为祸，这也是君子；吃亏不吃亏，得利不得利都无所谓，这才是真君子，也便真的"喻"了。

4.17

子曰："见贤思齐焉，见不贤而内自省也。"

【译文】

孔子说："见到贤人就应该向他学习、看齐，见到不贤的人就应该自我反省（有无同类毛病）。"

【要解】

本章谈的是个人道德修养问题。其主要修养方法是取别人之长补自己之短，以别人的过失为鉴，不蹈他人的覆辙。这是一种非常高尚且富有理性的修养态度，也是成就君子的重要前提。孔子认为成就至圣需经过几个阶段：先由小人做好士人，其次是成为君子，再是贤人，最后是圣人，圣人合道，可与天地等齐。

也许有人会说，孔子对小人是鄙视的，何来做小人一说？一个真实的人，有七情六欲，有对生活的追求，有正常的思想理智。小人不一定愚痴，也不一定永远不会开化，他们只是暂时品格低下、追求庸俗而已，却也具备成为君子的条件，若没有小人，又如何去修炼君子？小人亦是我们修行的一面镜子，有助于我们发现自己身上的缺点。

佛在《四十二章经》中言："夫为道者，如牛负重，行深泥中，疲极，不敢左右顾视。出离淤泥，乃可苏息。沙门当观情欲，甚于淤泥。直心念道，可免苦矣。"荀子曰："君子博学而日参省乎己，则知明而行无过矣。"见贤思齐，见不贤而内省。要做到这一点，就必然要静心凝神以省，深入心灵深处而不断寻求不良之心念产生的根由。做不到这一点，所有的反省都是隔靴搔痒，难以真正发现自己不贤的根由。人所有的起心动念都会在自己心灵的画布上留下印痕，印痕深了便会产生相应的惯性，所有的行为又都会造成一定的业力，也就是我们所说的习惯成自然。而贤者却不是这样，他们能时时自省，不断消除旧的不良业力，创造新的美好人生。

放下屠刀,立地成佛,魔身上也有佛性,这一特性在贤者身上更足,我们学习看齐的正是这个。

4.18

子曰:"事父母几谏,见志不从,又敬不违,劳而不怨。"

【译文】

孔子说:"侍奉父母,(如果父母有不对的地方)要委婉地劝说他们。(自己的意见表达了)父母却不愿听从,还是要对他们恭恭敬敬不违抗,替他们操劳而没有怨恨。"

【要解】

这一章讲关于孝敬父母的问题。这里的"几"一方面有轻微、婉转之意,即劝谏父母不要直言硬语,不可厉声高言,态度要恭敬,要有耐心;另一方面还可以指要从发现父母错误言行的细微之时便入手进行劝谏,不要等到了难以改变时才去劝告。"劳"是说父母如果不听劝,不愿改正,我们也不能停止敬孝,而要继续真心诚意侍奉他们,不能有任何懈怠烦劳之意。同时还可理解为忧伤忧愁之意,即谏而不入的话,做儿女的会担心忧虑,深恐父母最后酿成大错。"敬不违"就是前面讲过的色难,这个父母最难接受,也最为伤心。如此解来,此章就前后相通,符合孔子本身的孝义,而不似有些人所理解的那种愚忠愚孝了。

谁人都有父母,天下的父母没有一个无缺点毛病的。而且人越老毛病越多,越固执,越听不进他人特别是子女的劝告。这时,才更能考验出我们的本心是否善良,敬意是否纯厚,同时这也是我们修养身心最关键的时刻,经受住了这一考验,我们也才可以得到提升;否则,只这一棒子就可以把我们打回原处。《弟子规》里曰:"亲有过,谏使更;怡吾色,柔吾声;谏不入,悦复谏;号泣随,挞无怨。"荀子说"从道不从君""从义不从父"(《子道篇》),儒家真的不主张愚孝,不愿让父母一直错下去。

孟子说:"事,孰为大? 事亲为大;守,孰为大? 守身为大。不失其身而能事其亲者,吾闻之矣;失其身而能事其亲者,吾未之闻也。孰不为事? 事亲,事之本也;孰不为守? 守身,守之本也。"(《离娄上》)"惟孝顺父母,可以解忧。"(《离娄上》)要推己及人,视天下父母为自己的父母,一样地爱他们,这才是真正的仁义。这样的耐心与孝心也是符合天地规则的。

4.19

子曰:"父母在,不远游,游必有方。"

【译文】

孔子说:"父母在世,不远离家乡;如果不得已要出远门,也必须有一定的方案。"

【要解】

"方"除了地方,还可以理解为远游的办法、条件、保障等,类似于当下一整套完善的远行方案,古时信息交流条件差,远游之方向、地方等非常重要。谁说孔子不让儿女们外出创立自己的事业,只一心守护在家里侍奉父母?他不就是外出远游,建功立业,又尽孝尽忠的典型代表吗?谁言孔子所言对父母的孝是不合理的,不讲人情味的?一个"方"字里包含所有,表现出做儿女的要将家庭和自己兼顾,万一出现了矛盾,要以最恰当的方式处理。

养儿女是任务,亲儿女是义务,靠儿女是错误。不给他人添麻烦,这是现代文明人应守的规则。同理,不让在家的父母为远行的儿女担忧,这是另一层面的孝行准则。儿女可以远游,但要有条件、计划等,不要盲目行动而让年迈的父母为我们担忧,也不能只想着自己的宏伟事业而把应该承担的家庭责任丢开。

有人说"父母在,不远游"是先秦儒家关于"孝"字道德的具体内容之一,这一原则在今天已经失去了它的现实意义。真的吗?思考圣人所言的这个"方"字,就不难明白它的真义。

4.20

子曰:"三年无改于父之道,可谓孝矣。"

【译文】

孔子说:"三年没有改变孝道,始终牵挂,这样就可称作是孝了。"

【要解】

本章内容见于《学而》第 11 章。需明白的是"三年"可理解为多年,也可理解为守孝的三年,即跨过三个年头。孔子去世后,弟子们以子为师守孝三年,其中子贡则守孝六年(跨越六个年头),可谓至孝也。

为何三年不改其父之道？一者守孝三年,悲伤无限,无心也不忍心去改;二者"父道"是合人伦的、合正道的,不需去改。如果一直不改不行,那就三年后改。因为"三"在圣人看来是一个非常奇特的数字,是天地人三合之数,万物过了三年(多年)大都会发生这样那样的变化,故而后辈也应该依循事物而变,这才是合道的。道是永恒的,也是无常的,道非恒道也,老子对此认识得非常清楚。"父之道"既然是代代先辈留传下来的道,自然有其合理之处,也利于整个家族的发展。

庄子说:"孝子不谀其亲,忠臣不谄其君,臣子之盛也。"(《天地》)荀子言:"礼者,断长续短,损有余,益不足,达爱敬之文,而滋成行义之美也。"(《礼论》)汉族是一个注重家风建设和家道承传的民族,一个好的家族定有它秉持的家道、家风、家学、家教等,做晚辈的应该继承它们,不可使之中断。特别是那些曾经为国、为他人、为天下做出过重大贡献的、有着良好风尚的家族,其美好的精神品格、未竟的正义事业更应该继承,这既是对父辈最大的孝道,也是自己修身成仁的重要功课。只有延续了这一家风,才会有整个国家良好的道义传承。孔子之孝道是家国一体的,利家、益国也教民。

4.21

子曰:"父母之年,不可不知也。一则以喜,一则以惧。"

【译文】

孔子说:"父母的年纪不可不知道。一方面为他们的长寿而高兴,一方面又为他们的衰老而恐惧。"

【要解】

此章看似简单,其实有丰富的内涵。"年"除了年龄外,更指父母生养我们的那些岁月。特别是我们出生时,父母经历的那种既痛苦又担忧还带有欣喜的时刻。

子路小时家里很穷,常常到百里外地背米回家奉养双亲。后来子路随老师学成后做了大官,生活富裕了,好多仆人吃穿都很好,子路看到后非常难过。别人问他为什么,他说,父母已经不在了,虽然自己现在得到了好的受用,却不能为父母再去背米了。所以世人常常感叹:"树欲静而风不止,子欲养而亲不待。"

《孝经·圣至章》有语:"天地之性,人为贵;人之行,莫大于孝,孝莫大于严父。"朱柏庐说:"重资财,薄父母,不成人子。"(《朱子治家格言》)真正的孝不只是记住父母的年龄,还有为他们而喜悦或担忧。正如李叔同所谓的"悲欣交集"。

4.22

子曰:"古者言之不出,耻躬之不逮也。"

【译文】

孔子说:"古代人不轻易把话说出口,因为他们怕自己做不到。"

【要解】

有子曰:"信近于义,言可复(履行、实践)也。"曾子曰:"与朋友交而不信乎?"子夏曰:"与朋友交,言而有信。"《弟子规》云:"见未真,勿轻言;知未的,勿轻传。事非宜,勿轻诺;苟轻诺,进退错。"言必信,行必果,这是孔儒一贯的道德标准,也是我们奉行的行为准则。

什么是道德?道德虽然是一个虚化的概念,却有非常实在的行为准则,孔子认为就是仁、义、礼、智、信。仁是它的根本,义是它的原则,礼是它的举止,智是它的明达,信(此处是诚信)是它的守护。没有信的守护,难以奉行应循的礼,不可能有义作原则,明智通达进而到仁更是纸上谈兵。没有信的维护,常会口是心非,言行相互悖逆,知行难以合一。于己可耻,于人误导,更有损于世人对正道的信任和领悟,其罪也大矣。所以,一位真正行仁爱、有信义、有品格的人不会轻易承诺,不会轻易发言,没把握的事不做,没理由的话不说,言出则必行,重然诺,谨言慎行,培仁厚之善德。轻诺则寡信,是君子不齿的。在这方面,夫子最为典型。

4.23

子曰:"以约失之者鲜矣。"

【译文】

孔子说:"用礼来约束自己,再犯的错误就少了。"

【要解】

内以德养心,外以礼约行,内外兼顾,心性不放纵无羁,这就是行谨,过失就会少之又少。即使偶然有过,也只是无心之失也。诸葛亮云"夫君子之行,静以修身,俭以养德",如何静?如何俭?不贪求功名,不放纵心性,让繁杂的心安静下来,把物质之欲去掉许多,混浊的心湖自然慢慢趋于清澈,泥沙渐渐下沉,自己的影子也自会清晰起来,到那时,淫慢、险躁、奢骄,一切的一切就都成了过眼云烟而幻化为空。我是谁,我从哪里来,将向何处去,这些问题便也会随之得到解答。

道德当身,不以物惑。《楞严经》曰:"一迷为心,决定惑为色身之内,不知色身外洎山河虚空大地,咸是妙明真心中物,譬如澄清百千大海,弃之,唯认一浮沤体,目为全潮,穷尽瀛渤,汝等即是迷中倍人。"《道德经》说:"五色令人目盲;五音令人耳聋;五味令人口爽;驰骋畋猎,令人心发狂;难得之货,令人行妨。是以圣人为腹不为目,故去彼取此。"是不是把六识都关闭了,不看、不闻、不嗅、不感就可以让心安静下来呢?也不一定。如果真的把六识都去掉了,本性也就不存在了,正确的做法是就红尘修佛身,错虚空修法真,化六识为六智。解铃还得系铃人,克己复礼,天天观照自我,看心在不在道上,遇事有欲求没有,起心动念不能失偏,一旦发觉有贪念出现,马上回归善处,不断律己归正。如此,过失定会越来越少。

4.24

子曰:"君子欲讷于言而敏于行。"

【译文】

孔子说:"君子说话要稍迟缓些,行动要敏捷些。"

【要解】

世人都有一个毛病,就是能说会道不想做,欲成君子就得从最为简单却又不为我们关注的行为上入手,改正那些我们认为不是毛病的毛病,正是它们成为影响我们修行的最大障碍与陷阱。一个人最大的敌人是自己,是自己积攒而成的不良习惯,这些习惯就如看不到、感觉不到的病毒,潜伏在我们的心底,不时出来侵蚀着我们的心灵,干扰着我们的行为,不知不觉中让我们落入平庸，流于世俗。

世间最难的是什么？是行动。语言可以不假思索，张口就成，所以，好为人师者、师心自用者等等比比皆是，个个能言善辩、巧舌利嘴。从古至今便涌现出许多只说不做，或能说不能做的"口是行非"者。务空而不务实，这是欲成事业之大弊。再者，遇事时如果很随意地张口说话，更容易把原本平静单一的心性搅扰。有的人口比心还要快，说话不过脑子，这对于注重修行的君子来说是要命的。既为君子，就要有和凡人不一样的意志与追求，其中重要的一点便是要讷于言而敏于事，遇事认真谨慎，从实修起，渐渐做到心行如一。

言过其实必将失信于人，有损己之仁义之德；行有不及将难有作为，更难以修业进德。惟成德之君子，必须一心做笃实的功夫。"纸上得来终觉浅，绝知此事要躬行"。言行本应该是相一的，两者相互倚重而渐达于仁，此为真正的品格修行。

4.25

子曰："德不孤，必有邻。"

【译文】

孔子说："有道德的人是不会孤立的，一定会有思想一致的人与他相处。"

【要解】

古人常说，同声相应，同气相求。天地间的万事万物大都有趋同性、相聚性、求真性，都不会孤独而处。"物以类聚，人以群分"，心性的能量是巨大的，可以超越时空，不受客观条件的限制，不管是近是远，只要听闻到有和自己志向相同的伙伴，都会自觉关注，紧紧相随，这就可以形成一个更大的场，然后再放射出更强烈的吸引力，去吸纳更多相同志向者。

求道难，修德不易，欲在这漫长的征程中舍去一切功名，抛下种种物欲，带着理想和仁爱，走出一条最为艰辛而少人走的崎岖之路，没有非凡的勇气与毅力，真的难以抵达终点。好多人在中途下车了，止步了，修道途中人影寥寥，形单影只。但孔子告诉我们，再走几步，前面定会有一位或几位同伴在等着我们,给我们加油。

海内存知己,天涯若比邻。古时的普通百姓大都没有知识,智慧也少,但是一听说对方是清官、贤者,是正直无私的有德者,便对他们致以无上的敬意,任期到了拉住车子不让走,过节过年送点礼物表达那份敬意,他们就是有德者的芳邻。真正的修道者,应该是能忍受住落魄、耐得住寂寞、经得住名利考验的世间高人,如俞伯牙、伯夷、周公旦、陶渊明、范仲淹等,千百年来受到世人的赞誉,这也是德不孤的证明。

春秋后期,战火四起,道消德弱,但是孔子现身中原,有众弟子紧紧相随,有老子指点,有师襄相助,有孟僖子欣赏,有齐景公敬重,有楚昭王盛邀,有鲁哀公亲诔,有子贡为之六年守孝,更有子思、荀子、孟子、朱程、阳明等相随,百世接踵,千里比肩。德配天下,永不孤独,上善若水,高山仰止,仁者无敌,这就是高尚道德在世风日下的时代散发出来的无穷魅力。《太上感应篇》上说:"夫心起于善,善虽未为,而吉神已随之。"

4.26

子游曰:"事君数(shuò),斯辱矣;朋友数,斯疏矣。"

【译文】

子游说:"事君太过烦琐了就会受到侮辱;交友太过殷勤了就会被疏远。"

【要解】

事君和交友也是一门高深的学问,更是修身养性须做好的功课。如何做?第一要看对象。如果对方不是明君或心志明达者,德行不够,不能接受下臣和友人的劝告,那就没有必要数劝,话语点到即是,对方如若反感,便早早走人为好;如果对方还有德行,能知晓是非对错,则值得一劝。

作为智者,在进谏时也要看准时机,要照顾对方的面子,必要时还得用委婉的方式,找准恰当的语言,当然,需是真心实意为了对方,而不是出于一私之欲求名得利;否则,最好远离。道不同,不相为谋,君子是不能与小人同道的。小人怀土怀惠,不可与之相交久远。世间都道东方朔聪明,那是遇到了汉武帝刘彻,换崇祯、慈禧两位试试?

华夏自古崇尚"苟利国家生死以,岂因祸福避趋之"之忠诚精神,也有

"文死谏,武战死"传承,更有"士为知己者死"等诸多典范,但是一定要看对象,想清楚以心而谏的目的。否则,如袁崇焕,虽然尽忠了却没有换来一点实效。另外,还须牢记"君子欲敏于事而慎于言"之规则。夫子的教导真的需左右前后细细品味的,思悟《论语》,不要把章与章间的关联断裂了。

公冶长篇第五

（凡 28 章）

本篇内容为孔子和他的弟子们从各个侧面探讨仁德的特征。

5.1

子谓公冶长,"可妻也。虽在缧绁(léi xiè)之中,非其罪也"。以其子妻之。

【译文】

孔子说公冶长,"可以把女儿嫁给他。虽有过牢狱之灾,但不是他的罪过"。后来,孔子就将女儿嫁给了他。

【要解】

公冶长为孔子弟子、七十二贤之一。自幼家贫,勤俭节约,聪颖好学,博通书礼,德才兼备。据说因他懂鸟语,有一次不小心对鸟失了信用,鸟就陷害他,让他坐了牢。而孔子知道他的为人,且在选择女婿时不贪求有财、有势的人,最后就把女儿嫁给了他。

至于懂鸟语一说,据说是真的,现在当地还有"鸟叫蛙不鸣"之说。对此事,因孔子不提倡语怪力乱神,后世没有详细记载。但既然当时堂堂道德文化大师孔子能把唯一的女儿嫁给这么一个曾经坐过大牢的人,可以看出对方的品格是多么高尚了。

通过此章可知:一、德才兼备者最终可以得到应有的回报。二、人生不应追求财货名利地位,而应注重过人的才学与高尚的品德。三、即便在人生道路上遭遇这样那样的坎坷、冤屈,只要品性纯厚,再大的打击也无法将自身改变。四、世间自有公道,做到问心无愧即。五、要认识他人本质,不要被事物一时的假象所迷惑。

同时也从另一方面说明了"德不孤,必有邻"之理。能娶到孔子的女儿,真的是一种莫大的荣耀呀!

5.2

子谓南容,"邦有道,不废;邦无道,免于刑戮"。以其兄之子妻之。

【译文】

孔子说南容,"国家有道时,他有官做;国家无道时,他能明哲保身,免于刑罚杀戮"。把自己的侄女嫁给了他。

【要解】

南容,名适,字子容,具有过人的才干,知晓进退之道、为政为官之理,时时为国家考虑,能巧妙应对各种复杂事务,其谨慎贤明为孔子称许。在孔子心目中,这样的人可谓真正做到了进为国而奉献、尽职尽忠,退明哲保身、智慧处事,是孔子最理想的弟子代表。

孔子出身很苦,父亲早逝,生母颜征在是继室,他有一个同父异母的哥哥叫孟皮,有足病,家里很贫穷。孔子少年时就负担起了家庭生活,经历了各种苦难,由一位贫家子一步步成为千古圣人。他对哥哥留下来的这个女儿非常疼爱,如同己出,最后将这个侄女嫁给了南容,由此看出孔子做人的标准和为政的规则。仁德重要,但生命同样重要。这是非常实在而人性的表现,也是孔子仁义之学说最典型完美的体现。这样的老师才是真正的老师,智慧的老师。

也许有人会说,为什么孔子没有把自己的女儿嫁给南容,侄女嫁给公冶长?如果孔子真的这样做了,那世人会不会说孔子偏心,对亲生的女儿和侄女就是不一样?毕竟南容当过官,有一定地位、名声,经济条件要比公冶长强许多。估计孔子正是怕世人有这种议论,而有意这样安排,堵了他人的嘴。

5.3

子谓子贱:"君子哉若人!鲁无君子者,斯焉取斯?"

【译文】

孔子说子贱:"这个人真是个君子呀。如果鲁国没有君子,他是从哪里学到这种品德的呢？"

【要解】

　　子贱：姓宓(fú)，名不齐，字子贱。鲁哀公时任单父宰，为政三年，任贤用能，常常身不下堂，鸣琴唱和，把单父一地治理得物阜年丰，风淳俗美，史称"鸣琴而治"。

　　有观点认为当年孔子所处时代礼乐已崩溃，笔者以为此话稍有点过头。真实情况应该是虽然出现了明显的崩溃现状，但还没有大规模消失，鲁国所代表的周朝正统文化基本还在，本国的君子也还有，如子贱这样的人，一来能通过努力学习成为名副其实的君子，二来还能得到一定的任用，虽然有点大材小用，只是当了个小小的单父宰(小县的县令)。

　　子贱是如何治理单父的？据记载，主要为弹琴喝茶，与人聊天，自由潇洒，礼贤下士，不特别造作，不动用刑法，完全是孔子理想中的和善之政、礼治典范。正可谓修身就是治政，身修好了，政也治好了。这才是君子的真正目标。

　　结合有关史料可知，子贱其人，有爱、有才、有能、有德、有情、有义、有智、不贪、不恋、不求、不畏、不媚、不亢、不傲，知人善用，公正无私，灵巧机智，因地制宜，关爱平民，尊贤取友，见贤思齐，以成其德治，优秀品格多多，一言难尽，可谓真君子也。然而世人对子贱却并不十分了解。

5.4

　　子贡问曰："赐也何如？"子曰："女，器也。"曰："何器也？"曰："瑚琏也。"

【译文】

　　子贡问孔子："我这个人怎么样？"孔子说："你呀，就是一个器具。"子贡又问："什么器具？"孔子说："是瑚琏。"

【要解】

　　瑚琏是古代祭祀时盛粮食用的器具，贵重而华美。孔子把子贡比作瑚琏，肯定子贡有一定的才能，但还没有达到"君子之器"的程度。

　　子贡出身于商人家庭，20余岁就继承祖业开始经商，是当时有名的巨富，他又巧口利辞，能言善辩，办事通达，是卓越的社会活动家和杰出的外交家。在众弟子中,他与孔子的关系超出一般。子贡初拜孔子为师时,感到孔子并无什么了不起,后来慢慢改变了自己的看法,感觉到孔子学识高深莫测,称孔子为圣人,比孔子为日月,认为任何人不能超过。孔子死后,子贡为之守孝六年,足见子贡与孔子感情之深。子贡是孔子学说最好的代言人,是孔子最得意与忠诚的弟子之一,孔子的学说大多经由子贡宣传于社会。《论语》一书中子贡的名字出现 57 次,而颜回的名字仅出现 32 次。但这么一位优秀的人才,老师却直言他仅是一"器",很不客气,也很是客观。因为他太爱这个学生了,欲倾心培养,使其完美无缺。

真正的君子是不器的,其胸怀无比宽广,智慧无比高深,仁德也过人,所以无论做什么,都应该是出类拔萃的。子贡呢?各方面的才干确实出众,但因有大钱,出有车,食有鱼,有才干,便难免洋洋得意。可是孔子认为要成为一名君子,必须是谦逊低下的,要从内心真正谦逊恭敬,无论对待什么人事,都是一视同仁,无半分傲慢自负。可惜子贡在这一方面还有点欠缺,做得还不够完美。他已经是大器了,再往上提升一点,就可以成为不器的君子。因过分优秀而导致的傲慢自负成为他做君子最大的障碍,故而孔子便当面棒喝,令其醒悟。

5.5

或曰:"雍也仁而不佞(nìng)。"子曰:"焉用佞?御人以口给,屡憎于人。不知其仁,焉用佞?"

【译文】

有人说:"冉雍这个人有仁德但不善辩。"孔子说:"何必要能言善辩呢?靠伶牙俐齿和人辩论,常常招致别人的讨厌,我不知道他是不是做到了仁,何必能言善辩呢?"

【要解】

"佞":能言善辩,褒贬两义都有。本章中的"佞"从语义看近乎褒义。"御"原义是驾驶车马,此处指应付、应对。"口给"指言辞敏捷。

冉雍,字仲弓,出身低贱,为人敦厚,气度宽宏,在孔门弟子中以德行著称。冉雍曾做过季氏私邑的总官,他为政"居敬行简",主张"以德化民"。冉雍从小就口才不好,不善于言谈,不会迎合别人,孔门弟子中有些人看不上冉雍。孔子却并不看重这一点,反认为这个学生有帝王之才。孔子临终时在弟子们面前夸奖他说:"贤哉雍也,过人远也。"

古语讲"水深则流缓,人贵则语迟""静以致远"。一个修养有素、有道德涵养的人最智慧的处世态度就是能归守内心,遇事沉稳,静气以待。孔子向来不主张"佞",特别强调有仁德的人要少说话。更主要的是孔子借他人对冉雍的评论表明一个观点:相对于好些技能而言,仁德才是核心,才是修心的根本,有了仁德,方抓住了本性;否则便是重术不重道,丢本取末,会颠倒是非的。那种口才很好而少仁德者,口吐莲花,出口成章,为世人所羡慕。但口才好又常常会让人变得华而不实,诱乱人的心性,严重影响仁德的修养,这对个人的修行及整个社会都是不利的。倘若能说的胜于会说的,会说的胜于巧说的,巧说的胜于巧辩的,巧辩的更胜于能干的、会干的,整个社会便会出现一种凭口才吃饭、出名的趋势,真正埋头实干的却少为社会所关注,势必引诱得世人心魂不定,更加重了社会的浮躁和虚夸,这是非常可怕的。

5.6

子使漆雕开仕。对曰:"吾斯之未能信。"子说(yuè)。

【译文】

孔子让漆雕开去做官。漆雕开回答说:"我对做官这件事还没有想法。"孔子听了很高兴。

【要解】

漆雕开,字子开,因无罪受刑而致身残,为人谦和而有自尊,博览群书,正义刚正,具有"勇者不惧"的美德,在孔门中以德行著称。他发展孔子"性相近""习相远"的人性学说,提出"天理"和"人欲"的概念,认为有的人性善、有的人性恶。《孔子家语》说他"习《尚书》,不乐仕"。他比孔子小11岁,孔子对其像兄弟一般关爱。那时孔子学生和墨子常有争议。有一次,墨子说漆雕开是个残疾。孔子听后反驳说,但品德一点都不伤残。可见夫子对漆雕开非常欣赏。

从漆雕开一生的经历来看,这里的"信"可能是指心意,即他因冤入狱,身体受残,对官场无多大好感。而孔子之所以让他去为官,也符合孔子想通过弟子们来实现平天下的政治理想,并且孔子很是欣赏这位弟子的才能,否则也不会随便鼓励或推荐的。当老师听到弟子的这一回答后,听懂了他的心声,因为弟子的言外之意是有更远大的人生目标,我们推断应该是比做官更高远的追求,如仁义的宣讲,礼教的实施等。孔子非常高兴,赞叹他不慕名利。

人各有志,官场并非最佳选择,社会动荡时期,君子应有高远追求,而不可落于世俗名利之泥淖。虽然有出淤泥不染一说,却远非常人可以做到。漆雕开以亲身的经历证明了为整个社会奉献出自己的才智,社会也会有相应的回报。孔子的人性论一说,对人生和社会的启悟确是非同凡响。

5.7

子曰:"道不行,乘桴(fú)浮于海。从我者,其由与?"子路闻之喜。子曰:"由也好勇过我,无所取材。"

【译文】

孔子说:"如果我的主张行不通,我就乘上木筏子出海去。能跟从我的大概只有仲由吧?"子路听到这话很高兴。孔子说:"仲由啊,好勇超过了我,其他没有什么可取的才能。"

【要解】

子路,名仲由,伉直鲁莽,重朋友,讲信义,好勇力,事亲至孝,信守承诺,忠于职守,以擅长政事著称。除学六艺外,还为孔子赶车,做侍卫,跟随孔子周游列国。敢于对老师提出批评,勇于改正错误,深得孔子器重。子路是孔子弟子中个性非常鲜明的一个,和孔子的关系也非同一般,两人情同父子,亦师亦友,孔子平常对颜回只有夸奖,没有批评;而对子路基本少有表扬,只有打击。

历来对此章的解读,多认为是孔子对道不行时的一种无奈感叹,有隐居海外或寻求一理想彼岸以归隐之念。但是,纵观孔子勤勉不懈之一生,此推想似乎有点证据不足。而且对子路的评论好似也不合事实。"乘桴浮于海"可能是想到一个僻远少人的地方,过陶渊明式的隐士生活,而非一定是海外。这里仅是一个比喻的说法,这是和孔子一贯向往太平和乐的雅士生活相吻合的。"取材"可理解为对复杂事物的裁定、处理,即子路有勇无谋,难辨事理,而不是说子路没有什么才干。总括全章,孔子在这里是调侃、试探子路,借此来教育子路:你不要一听风就是雨,刚直率真,要多想想别人说话时的内在意义,要学会分析复杂的事理,透过表象看出本质,增加智慧。

孔子是一位非常随和又可爱的老头,和子路也经常开玩笑,但每次玩笑都有其目的。此章重点并非感叹自己的行为窘迫,而是敲打这位鲁莽而可爱的弟子,让他长点记心,多开开心性。

5.8

孟武伯问子路仁乎?子曰:"不知也。"又问。子曰:"由也,千乘之国,可使治其赋也,不知其仁也。""求也何如?"子曰:"求也,千室之邑,百乘之家,可使为之宰也,不知其仁也。""赤也何如?"子曰:"赤也,束带立于朝,可使与宾客言也,不知其仁也。"

【译文】

孟武伯问孔子:"子路做到了仁吧?"孔子说:"我不知道。"孟武伯又问。孔子说:"仲由嘛,在拥有一千辆兵车的国家里,可以让他管理军事,但我不知道他是不是做到了仁。"孟武伯又问:"冉求这个人怎么样?"孔子说:"冉求这个人,可以让他在一个有千户人家的公邑或有一百辆兵车的采邑里当总管,但我也不知道他是不是做到了仁。"孟武伯又问:"公西赤又怎么样呢?"孔子说:"公西赤嘛,可以让他穿着礼服,站在朝堂上接待贵宾,我也不知道他是不是做到了仁。"

【要解】

这一章是孟武伯向孔子请教孔子三个弟子是不是仁德的人,孔子分别做了评价。从中我们可去体会什么是仁,也可明白孔子对仁的标准。三人都是孔子得意的弟子,老师对他们非常了解,并非不知道他们到底达到仁者的标准没有,而是另有所指。

"仁"本指人与人之间相互亲爱,是人们最素朴、最直接、最根本的心性和情感思想结合的一种至高的道德原则、精神境界的标准。它的层次很高,仅次于圣,是孔子关于人的道德修养和精神境界最根本的观点,也是孔子思想体系的核心。把"仁"的思想施行于整个社会就是仁政,借此来修养自身就是仁德。这是孔子一生追求的社会政治理想和修养目标。在这段文字中,孔子对自己的三个学生进行评价,其评价标准就是"仁"。在孔子看来,他们虽然各有自己的专长,但所有这些专长都必须服务于礼治、德治的政治需要,必须以具备仁德情操为前提。实际上,他把"仁"放在了很高的地位,标准也就自然高了,一方面让孟武伯清楚有关仁的意义;另一方面告诉对方,这三位才华出众的弟子都称不上仁的,他们都还是器。只不过孔子爱护这些学生,不能直白相告说他们不仁,而是评析了三人不同的杰出才干,巧妙避开了对方的直问。同时,也有自谦的意味,这更突出了他对仁及仁者的无上敬重。

5.9

子谓子贡曰:"女与回也孰愈?"对曰:"赐也何敢望回?回也闻一以知十,赐也闻一以知二。"子曰:"弗如也;吾与女弗如也。"

【译文】

孔子对子贡说:"你和颜回相比,谁更好一些呢?"子贡回答说:"我怎么敢和颜回相比呢?颜回他听到一件事就可以推知十件事,我呢,知道一件事只能推知两件事。"孔子说:"是不如他呀;我同意你说的,是不如他。"

【要解】

此章紧接上一章有关谁达到了仁德标准的问题而来。颜回是孔子最得意的学生之一,也是少有的能守仁三月不变的智者(就是明心见性后能长时间定于仁之境界而不动摇),这是非常了不起的德行了。他勤于学习,肯独立思考,能做到闻一知十,融会贯通,孔子对他大加赞扬,希望其他弟子都能像颜回那样,在学业上尽可能地事半功倍。子贡在好多方面确实不如颜回,但孔子还是不顾学生的面子,提出此问让弟子回答,实际上是想借这个话题来教育子贡,让子贡好好向那个贫困卑微、木讷若愚却非常谦虚好学的大师兄学习。

按理讲,子贡各方面的条件远远优越于颜回,但学问却差颜回许多,原因何在? 优点成了缺点,富贵增长了自负,聪明引诱出多思,过人的辩才干扰了心性,地位放纵了自我。修仁德主要是从内心做起,处境无关乎荣辱,只需抛弃外在的一切法相,静养原本具足的那个仁心。正如《道德经》所言的"为学日益,为道日损,损之又损,以至于无为,无为而无不为"。外界的所有法相都将成为修行路上的障碍。子贡就是因放不下这些名利而只能闻一知二。

一个真的好聪明,一个真的好愚拙,但在修养本性方面取得的成就却恰恰相反。聪明反被聪明误,愚人自有愚拙福,这就是本章给我们的最大启示。这和老子所言的守愚抱拙近于道是相同的道理。

5.10

宰予昼寝。子曰:"朽木不可雕也,粪土之墙不可圬(wū)也,于予与何诛?"子曰:"始吾于人也,听其言而信其行;今吾于人也,听其言而观其行。于予与改是。"

【译文】

宰予白天睡觉。孔子说:"腐朽的木头无法雕刻,粪土垒的墙壁无法粉刷。对于宰予这个人,责备还有什么用呢?"孔子说:"起初我对于人,是听了他说的话便相信了他的行为;现在我对于人,听了他讲的话还要观察他的行为。在宰予这里我改变了从前的方法。"

【要解】

圬:抹墙用的抹子。诛:责备、批评。此大概是《论语》中孔子语言最活泼、历代学者阐释最为纷纭不一的一章了。宰予头脑聪明,口才出众,敢直言反对老师的一些观点。后来的宰予曾做过齐国临菑的大夫,游历期间常受孔子派遣,使于齐国、楚国,有名声,有成就,名列"孔门十三贤"之一。由此看,好似孔子错了。但是,宰予最后是因为帮助田常一起作乱,招致灭族的惨状。对此,孔子感到非常羞耻。那么,宰予到底有什么大的问题呢?整部《论语》主要记载了宰予的五件大事,多为"负面"形象,分别是一年孝安、既往不咎、井有仁焉、五帝问德,最后是昼寝,看似小事一桩,不值得老师大动肝火,可是孔子对他的不满真的到了一定程度。

具体的背景可能是,一次,宰予又追问五帝的事,孔子就把自己的猜测告诉了他,并说这只是猜测,先别乱说。宰予答应了老师,但一转身便告诉了他人。这让老师非常生气,马上叫他来对证,他怕了,可是此生胆也特大,干脆不去,找个借口回绝,大大方方地把老师丢于一旁。由是,孔子便对着众弟子说:观人要以行动为准,千万不要凭语言断人。口德不够,即便才华再出众,将来也会出大问题。从这一点讲,老师之痛骂正合其人,正切其病。

为人先为德,仁德第一,技能其次,这是孔子一贯的教育原则。对一个亲自教育出来的学生,有如此之天质,却因无仁爱之心,少孝道之义,对圣贤不忠不敬,不守口德,自傲自夸,最后导致灭门之祸,祸福无门,惟人自招,这真的是为师之遗憾呀!遗憾的是后世诸人并未醒悟,反认为老师失态了,有违其"不迁怒"之修养,实是可叹!

5.11

子曰:"吾未见刚者。"或对曰:"申枨(chéng)。"子曰:"枨也欲,焉得刚?"

【译文】

孔子说:"我没有见过刚强的人。"有人回答说:"申枨就是刚强的。"孔子说:"申枨这个人欲望太多,怎么能刚强呢?"

【要解】

申枨,字周,孔子七十二贤之一。据说申枨早年随孔子学习,很勤奋刻苦,精通六艺,每次和别人辩论,从不轻易让步。众弟子们认为他和子路都很率性正直,是真理在手,不委曲求全,刚直非常。孔子正是从对方好辩又不肯认输等方面看到了申枨后天性情中的那无尽而强烈的欲望,而得出了不刚之定论。

既然是凡人,都会有一定欲望的,但是,欲望应有一定限度,超过便是非分之想,应该消除掉,这就是朱子所说要存天理,灭人欲。过分的私欲是万恶之源,非善的追求是痛苦之本。此理表现在申枨身上,就是他与人辩论时从不认输退让这一行为。不认输并不一定代表真理在你手中。真正掌握真理的人必然是明白正道之人,绝对不会和他人进行面红耳赤的争论,他会明白事物间是没有绝对的对与错,黑白间的界限也非水火那般分明,天地万物的本质只有一个,那就是最为原始质朴无瑕之心性。"归元性无二,方便有多门。""知见立知,即无明本。"既然是一,那就无二,无你我他的分别,如此,又何必硬要分个你对我错?又怎么能面对天地万物刚直不阿,固守住那颗良知之心呢?

按逻辑讲,欲和刚不是一个对立的概念,它们构不成什么必然的因果。但是,孔子却透过非一般的逻辑,认识到了它们内在的本质关联。一个人如果本性不干净、不明彻,认识不到事物的本质,定会生出许多的贪嗔痴欲,而欲又是前三者的重要根由与必然体现。贪是对某一事物的执着、不满足，嗔是心性不宽广引发的怨恨不满，痴是因为不明而执着于某一认识、意念，欲就是由于心性的不可限定而滋生出来的不正之念、无尽之想、强烈的追求。生命的种种痛苦都是因欲而引起，因欲望得不到满足再继而引发嗔恨，因嗔恨而生痴执，因痴执而生膨胀贪婪，最后导致整个人生大厦的坍塌。

5.12

子贡曰："我不欲人之加诸我也，吾亦欲无加诸人。"子曰："赐也，非尔所及也。"

【译文】

子贡说："我不愿别人强加于我的事，我也不愿强加在别人身上。"孔子说："赐呀，这不是你所能做到的。"

【要解】

孔子说过，要放弃外在的引诱，一心向善，守住本性，方可成仁成道。对此子贡也非常认同，谨遵教诲，努力朝这方面去行动，故而有此心志表达。但是，子贡不知道，他讲的这个境界是仁的境界。"仁者爱人""己欲立则立人，己欲达而达人""己所不欲，勿施于人"，这样的境界何其高哉，能达者有几人乎？故而，智慧高人一筹的孔子并不认可子贡所言。

因为每个人与别人不一样，自己的心理意念、精神追求、道德品行别人不一定认可，生活在一个复杂而多元的社会里，任何人事都可能遇到，自己的言行可以主宰，却不可以把握他人的行动。孔子更明白子贡在求仁方面的意志并非么坚定，内心也有种种欲望，一旦遇到所求，心中之欲就会马上开花绽放，迅速长大，影响内心品格的修行。不单是子贡，社会中的大部分人都难做到，它涉及自己心性能否固守和所处环境是否纯净等问题。虽然老师讲过吾道"一以贯之"，可是得到这个"一"却是千难万难的事。佛言："当念身中四大，各自有名，都无我者，我既都无。其如幻耳。"最好的办法就是如遇己所不求之事，便要反求诸己，既然管不了别人，就先管好自己，面对种种诱惑，不生二心，不移本性，这才是最为关键的处世的不二法门。

5.13

子贡曰："夫子之文章，可得而闻也；夫子之言性与天道，不可得而闻也。"

【译文】

子贡说:"老师讲授的礼、乐、诗、书等知识,能够学得到;老师讲授的人性和天道的理论,不能够学得到。"

【要解】

通过此章,我们可以大致判断孔子之学分为两大部分,具体的、普通人可以感知到的有关文章及言传身教的内容,以及难以感知学习到的有关人性和天道方面的道理。前者层次较低,后者层次较高,而恰恰是后者,才是孔子之学的重点与难点。由此看,孔子还是一位深藏不露的生命科学大师、天地之圣师、万物之道师。

真正的人伦学、人性学或说生命的本性等是和天地万物紧紧联系的,即天人合一。言行体现人心,人心包含人性,万物也有人道,人道就是天地之正道,天地万物之道都一一包含在每一生命当中,这就是从上古圣贤们那里一脉承传下来的天地合一理论,必须用心去学习、实证,而不能如学习平常知识那般简单记忆。

其实《论语》20篇,篇篇都有人伦之理、人性之本、天地正道。它有故事,有对话,有情境,有表演,有阐述,有总括,有偈,有经,有理论,有戒律,真实可信又生动活泼,故而它的生命力长久,哲理广博丰厚,魅力无限,适合天下任何人细读精品。读懂了《论语》,也就掌握了天地真理。钱穆先生说中国人最应该读的书第一是《论语》,第二是《论语》,第三还是《论语》。性命与天道之理,必须真正从具体事件中去感受,从内心去体验,才有可能把握得住,领悟得到,不可把二者分裂开来。正如蕅益大师所言:"得生与否,全由信愿之有无;品位高下,全由持名之深浅。"(《弥陀要解》)

5.14

子路有闻,未之能行,唯恐有闻。

【译文】

子路听到一点道理,尚没有亲自实行的时候,唯恐又听到新的道理。

【要解】

此章重点讲述的是子路听闻老师的教诲后认真落实,不仅体现在口头上、理论上，更见于行动。此依据上章的意思而来，对老师所讲之理必然有所行动，真正去践行。听闻道理简单，体现于行动上则非一日之功，它不仅仅是简单照学照做，还得有自己真正的感悟，反观内心，从心性的角度去检验，这一步难上加难，却也正是孔门心法的厉害之处，难怪粗鲁、直率的子路落实起来非常困难了。可是，子路毕竟是子路，态度上恭谦有加，行动上不打折扣，思想上紧随老师，默默地完全照老师所讲的去行去做去体悟。但毕竟孔门之学非一般常规之识，即便子路再怎么认真，心智上仍有一定不足，非常害怕老师连续讲出下一内容来，而影响了自己对前一内容的学习。

　　子路是好学的，真正从师而为，也不笨，重落实，事事要见真效，精神实是可嘉。可惜的是，他不知道，从心出发要比从外在入手容易得多。心一开，万物皆清，天地便自然相融于一体；心不开万物便不开，留给自己的还是一片迷离。用心比用脑功效大得多，一个是先天，内求可以知本，一个是后天，外求只能知末。《楞严经》曰："空生大觉中，如海一沤发。有漏微尘国，皆依空所生。"知行本是合一的，一旦硬性分开，知永远是知，行永远是行，二者不合于一体，便始终不会读懂人世至道，也便难以领悟孔门之学了。

　　子贡聪明得可惜，子路实笨得可爱。《论语》就是这样在对比中让我们领悟到了夫子的智慧之道。

5.15

　　子贡问曰："孔文子何以谓之'文'也？"子曰："敏而好学，不耻下问，是以谓之'文'也。"

【译文】

　　子贡问道："为什么给孔文子一个'文'的谥号呢？"孔子说："他聪敏勤勉而好学，不以向比他地位卑下的人请教为耻，所以，给他谥号叫'文'。"

【要解】

　　孔文子，名圉(yǔ)，是卫国的大夫，死后，卫国国君赐予他"文子"的称号，后人称他为"孔文子"。孔文子曾把自己的女儿孔姞(jí)嫁给了太叔疾。但太叔疾又找了前妻的妹妹相欢，还为对方修了一所宫殿。孔文子大为恼怒，准备派兵攻打太叔疾。孔子劝孔文子打消了此念头。孔文子把女儿强行要了回来后，又嫁给了太叔疾的弟弟太叔遗。作为一个臣子，孔文子攻打国君是以下乱上,还随意地将女儿嫁来嫁去,都是不符合礼的行为,所以子贡对他死后被授予"文"这一谥号大为不解,就去问孔子。孔子说孔文子这个人有"敏而好学,不耻下问"两大优点。

由是可以看出孔子评价一个人并不以对方的外在行动来定,而是主要看其心性如何,品格如何。孔文子虽然有以下犯上之意,最后却没有实施。是有把女儿两嫁一事,可事出有因,主要过错不在自己。他的主要优点是"好学"。古时的谥号里"经天纬地"曰文,可见孔文子应该是通晓人性之学与天地大道之类大学问,而且在心性方面修养得还可以,知晓是非对错,心中能放得下,想得开,行为上也能及时改过,知行较为合一,非一般的表面遵守礼仪而内心却愤愤不平之类。另一方面,一个人如果在追求正道上不耻下问,礼贤下士,孜孜以求,且落于实处,非有高尚的心性不可为,非有真诚的心意不可能。故而,孔子认为给他谥号"文"是合适的。

礼的真义是仁,对女儿负责是真爱,摒弃邪恶是真义。"文"的本义是天地之道,合人道即合天道。孔文子之行做得符合"文"义。孔门人性之学奥妙无穷,须内外兼思,左右互辩,而子贡却不解。不知道世人解也不解?

5.16

子谓子产,"有君子之道四焉:其行己也恭,其事上也敬,其养民也惠,其使民也义"。

【译文】

孔子评论子产说:"他有君子的四种道德:内心与行为谦诚庄重,事奉君主恭敬,处理政务谨慎,爱护百姓能施予恩惠,管理百姓有道义。"

【要解】

子产,郑国大夫,春秋时期著名政治家、思想家。子产在执政期间,既维护公室的利益,又限制贵族的特权,进行了自上而下的改革,其中主要措施有:铸刑于鼎,令国民周知;实行学而后入政、择能而使之的用人制度;不毁乡校,愿闻庶人议政,开放言路等,社会各方面取得了一定成绩。子产虽然执政22年,身居高位,但是去世的时候却身无余财,一贫如洗。孔子听到子产逝世的消息都流眼泪,说他是古圣先贤的风范。

孔子认为治国安邦就应当具有子产的这四种美好道德。"行己"有内心也有外在,内恭外重,这是最为根本的,无此便难有其他美德。"事上"应该包括对待君主和具体处理政务两大方面,处理政务是事君的主体。"养民"应给百姓以实惠,而不是想方设法盘剥民众,这是他怜爱天下的体现。"使民"是指具体的管理方面按照道义的原则进行,不过度、不越法、不违时。这四个方面基本概括了子产的品德与行为,孔子是借此来教育世人这就是最典型的君子为政之道。首先自我品行端正,行为庄重,这是心性纯正的表现,然后无论干什么都不会出现大的纰漏了。上事君能恭,下理民能善,即便遇到收取赋税之类事,也可以适当的方式完成,而不会强行暴力,残酷无情。这就证明了己正则天下从,己善则百姓惠之政道。由心而政,因政完己,仁义与政事是分不开的。

5.17

子曰:"晏平仲善与人交,久而敬之。"

【译文】

孔子说:"晏平仲善于与人交朋友,时间越长久越令人钦敬。"

【要解】

晏平仲,就是晏婴,齐国重要的政治家、思想家、外交家。事奉过灵公、庄公、景公,辅政长达四五十年。他以有政治远见和外交才能、作风朴素而闻名诸侯。据载,身高1.5米多的晏婴和1.9米多的孔子有过好多故事。孔子在鲁国时,经常听说晏婴如何勤俭,如何爱民,如何劝说景公改过爱民,便觉晏婴算得上是爱民之贤明君子。后来两人有了多次交集,而当景公准备重用孔子时,晏婴却出面了,以四个"不可"为理由劝止了景公:倨傲不可为下,厚葬不可为俗,游说不可为国,自大不可究其礼。这令信心十足的孔子周游列国的第一站便由是而告吹,也因此开启了他漫长而艰辛的旅仕历程。但宽宏大量的孔子却并没有埋怨晏婴,相反,给予了他很高的评价。这也是孔子的交友之道。

与人交往可谓一门大学问,谄媚惹人讨厌,以势凌人让人忧惧,以钱往来令人不安,过于高洁会招众人的嫌弃,所以能够长时间受到别人的尊重实为难得。宋程颐说:"人交久则敬衰,久而能敬,所以为善。"人生恰似初相识,到老终无怨恨心,这也是一种境界。

孔子通过对晏子交友之道的评价来教育世人：朋友之间相处，本心的真诚是至关重要的，是获得对方认可的前提，持之以恒的爱、关怀是友情长久的保证，遵守一定的原则则是友情的必要条件，这才是好的交友之道。另一方面，为人处世时要发自内心地尊敬别人，这是一个人有教养、有品格的外在表现。这种教养深植于本心的培养，需要通过不断学习才能实现的。孔子希望学生向晏婴学习，做到"善与人交"，互敬互爱，成为一位有真诚之心、怀有道德的君子。

5.18

子曰："臧文仲居蔡，山节藻棁（zhuō），何如其知（zhì）也？"

【译文】

孔子说："臧文仲为大龟建了一间殿，把大山雕在龟殿的斗拱上，把水藻画在梁柱上，这个人怎能算有智慧呢？"

【要解】

"蔡"：古人把大龟叫蔡，此龟国君用以占卜。"山节藻棁"："节"是柱子上的斗拱。"棁"：房梁上的短柱。把斗拱雕成山形，在棁上绘以水草花纹，这是古时装饰天子宗庙的做法。"臧文仲居蔡"：臧孙家族三代都是给鲁国做掌管龟甲且负责占卜的大夫，臧文仲将龟放到一个特别华丽的房子里供养，超过了既有的礼制。

臧文仲，鲁卿，世袭司寇，执礼以护公室。废除关卡，以利经商，于国于民，尽职尽责。其博学广知而不拘常礼，思想较为开明进步，对鲁国的发展起过积极的作用。当时的人们都认为臧文仲很有智慧与品格。孔子却不以为然，理由有二。一是孔子反对占卜，认为寄国家大事于看不到的鬼神会混乱社会，搅扰人心。真正智慧的人是不去占卜算卦的，如遇大事，是心诚则灵应天地，天地自然会降吉祥。孔子注重祭祀，但祭祀是对祖先的尊重，而占卜则是对自己的不相信、不尊重。二是当时正处乱世，身为大臣的臧文仲之一举一动都会影响社会风气，君主让其掌管卜龟，他却为一只龟而极尽奢靡，借公利私，玩物丧志，又越等僭礼，这样的人不礼、不仁、不智，怎么能算是有智慧的人呢？孔子以此来告诫学生要谨言慎行，特别是为政者更要注意自己的一言一行、一举一动，莫要带坏社会风气。联系上章，两位同样是国家有名之重臣，都对国家的振兴做出了重大贡献，但是孔子对他们的评价却截然不同。体现了孔子特有的价值观、道德观。

5.19

子张问曰："令尹子文三仕为令尹，无喜色；三已之，无愠色。旧令尹之政，必以告新令尹。何如？"子曰："忠矣。"曰："仁矣乎？"曰："未知；——焉得仁？"

"崔子弑齐君，陈文子有马十乘，弃而违之。至于他邦，则曰：'犹吾大夫崔子也。'违之。之一邦，则又曰：'犹吾大夫崔子也。'违之。何如？"子曰："清矣。"曰："仁矣乎？"曰："未知；——焉得仁？"

【译文】

子张问孔子说："令尹子文几次做楚国宰相，没有显出高兴的样子，几次被免职也没有显出怨恨的样子。（他每一次被免职）一定把自己的一切政事全部告诉给来接任的新宰相。这个人怎么样？"孔子说："可算是忠了。"子张问："算得上仁了吗？"孔子说："不知道。这怎么能算得仁呢？"（子张又问：）"崔杼杀了他的君主齐庄公，陈文子家有四十匹马，都舍弃不要了，离开了齐国，到了另一个国家，他说'这里的执政者也和我们齐国的大夫崔子差不多'，就离开了。到了另一个国家，又说'这里的执政者和我们的大夫崔子差不多'，又离开了。这个人怎么样？"孔子说："可算得上清高了。"子张说："可说是仁了吗？"孔子说："不知道。这怎么能算得仁呢？"

【要解】

"令尹"：是楚国官名，相当于宰相。"崔子"：齐国大夫崔杼（zhù），齐惠公时为正卿，曾杀死齐庄公，在当时引起极大反应。"陈文子"：谥文，齐庄公时的大夫，与晏婴、崔杼等同时。

本章也是接上一章内容而来，借子张问孔子当时两个著名大夫的行为表现，表达了孔子对仁的标准与断定：他们都不是仁者。令尹子文之行事是对君主和国家的忠，不因自己的荣辱而把国事耽误了，一心为国为君的利益考虑，丝毫没有考虑自己的荣辱得失。崔杼弑君，犯上作乱，祸害国家，实属大逆不道。对此，不与逆臣共事的陈文子毅然抛弃巨额家财，离开国家外出寻找忠礼正直所在之地，屡次失望，屡次寻找，这样的人是清高，但也非仁者。

在孔子看来,"忠"只是对某人某集团忠诚不贰、尽心尽力的一种表现,即诚心。而这个诚心却并没有扩大,没有把更多的民众包容到自己的心田里来,还有所局限。"清"呢,则是能分清是非黑白,自觉远离污垢,不守财产,不贪名利,保持自己的清白之性,但距仁还有一定差距。仁者,爱人也,无论是自己熟悉还是不熟悉的,认识还是不认识的,都应是自己仁爱的对象,正如孟子所说的"老吾老以及人之老,幼吾幼以及人之幼"。他们心中虽然都有特别忠诚和爱的对象,但还没有达到无私大爱之境界,仅可算作一君子罢了。由此可见,成为一个真正的仁者是非常难的。特别是身处动荡乱世,置身于无情寡义人群间,虽有过人的才华、卓越的成就,却远避他方,只为明哲保身,而没有一颗真诚无私之心,也是不大可为的。

5.20

季文子三思而后行。子闻之,曰:"再,斯可矣。"

【译文】

季文子每做一件事都要考虑多次。孔子听到后说:"考虑两次也就行了。"

【要解】

季文子是鲁国大夫季孙行父,执掌着鲁国朝政和财富,一心社稷,忠贞守节,素以谨慎多虑著称,执掌鲁国朝政三十多年,厉行节俭,开一代俭朴风气。他处理政务总是小心翼翼,细微而谨慎,生怕哪里有不周全的地方而出现差错。按理讲,这是好事,表现了一个人成熟的修养与认真的态度。但是,孔子却说有两次就够了,没必要考虑太多。为什么?孔子清楚季文子有优柔寡断、太过细密的毛病,常常会陷入左右为难、不知所措的地步而错过良机。

孔子借此想告诉我们,遇到复杂事情时,重要的不是动用大脑思维去做客观的分析判断,而应该从内心入手,用心去寻找到最佳解决方法。这个心就是我们的本性,它非常光明,特别智慧,它是生命最本质的体现,能照清万物的本来,知晓自然的来龙去脉,一旦把这个根源找到了,定住了,再复杂的事情也就易如反掌了。此心就是"学而不思则罔"之"思"。有时候,它就是恍惚之间的顿悟。这一点王阳明先生做得非常成功,能做出一般人做不到的业绩,成为"三立"之大儒。

本性是纯天然的,不能有过多的后天意识干扰,更不能夹杂七情六欲。正所谓无为而无不为,无所用心是为用心。它与传统意义上的用心是两码事。那是用脑,脑与心是不一样的,心支配着脑,脑是心的使者。这个心决定着事物的一切,找到了它,也就找到了解决事物的根本。

孔子让季文子"再思"的目的,应该是想让他由繁化简,由简化一,最后回归本心。不走出这个困境,越是聪明的人越是会陷入左右为难的境地。

5.21

子曰:"宁武子,邦有道,则知;邦无道,则愚。其知可及也,其愚不可及也。"

【译文】

孔子说:"宁武子这个人,当国家有道时他就显得聪明,当国家无道时他就装傻。他那种聪明别人可以做得到,他的那种装傻别人就做不到了。"

【要解】

宁武子,名俞,谥号"武子",春秋时期卫国大夫,是一个处世为官均有方的大夫,能根据形势而选择不同的行为。对此,孔子基本是持赞许态度的。为什么?看一个人是老奸巨猾还是聪明有慧,不能光看表面,要看其本质。如果他不守其本心,没有向善向美的意愿,只是为保全自己而采取了某一机巧的处世策略,那他就是奸诈之人;相反,则是真正的智者、贤者。

别以为"邦无道则愚"简单,它比"邦有道则知"难多了。一心想为国出力,为民献智,实现自己的远大抱负,想尽种种办法让他人推荐自己,朝廷重用自己,最后利国利己,这是众生的追求。若让一位怀有八斗之才、已获无限利益者主动退出赫赫朝堂,回归幽寂山野独自清贫度日,那是真难。一旦能做到,那绝对不是一般人物。因为此愚即是智,越是大愚越需大智,器量小者根本不成,见识短者也不行。如晋初的李密,一份《陈情表》道出了自己坚定不移的志向,心存孝道,于家于国都不会因眼前的形势变化而改变。明末傅山被捆绑到京城时却装傻朝天大哭,不愿事奉清廷为贰臣。而如明末大文士钱谦益,放不下既得的那点名利,在他人及妻子的痛骂下无颜生存,想去寻死,跳到江水中却嫌水凉,这样的人能装出愚痴吗?老子说"大智若愚,大巧若拙",这境界真的非心怀大义大智者难达。

5.22

子在陈,曰:"归与!归与!吾党之小子狂简,斐然成章,不知所以裁之。"

【译文】

孔子在陈国说:"回去吧!回去吧!家乡的学生志于正道,努力不懈,但具体行为上忽略细微小事,虽然讲起正道之理来文华四射,却不知道如何裁断细微问题。"

【要解】

当时,鲁国季康子执政,欲召冉求回去协助办理政务,孔子得知这个消息后,也很是高兴,便说出了上面的这段话。那一年,孔子年已60岁,离开鲁国已有五六年了。他对家乡日夜思念,更对那些有修为的弟子特别牵挂,真想马上回去看看他们,再教导一番。因为他们太狂太简,即只是会谈空头理论,不知道如何在实践中取得成效,不会把文采的通达转换成现实的智慧,否则,它还是后天之愚识,非先天本性之智识。这个转换非常重要,也非一般人所能掌握。所以,孔子说,需要好好对他们进行一番细致的指导、裁断,让他们从虚幻的空境中走出来,最后明白仁义之本,登堂入室,成就正道。

有人说,不明佛理,难懂《论语》,如果读了《金刚经》《心经》《楞严经》等,再回头来理解本章,其主旨非常清楚。佛经是直言生命之本性,觉悟之次第,修行之途径,而《论语》是将生命之本质、社会之万象、生活之真理,借用平常事、平常语轻轻道出。打个比方,佛经是一通天巨柱,每一步都连接着相应的生命境界;《道德经》是围绕轴心的一辐轮,每一辐条都对应着不同的道德层面;《论语》是一块巨大的不规则多面宝石,从不同角度看,会有不同的光彩闪耀。

5.23

子曰:"伯夷、叔齐不念旧恶,怨是用希。"

【译文】

孔子说:"伯夷、叔齐不记对方过去的仇恨,(因此,别人对他们的)怨恨也就少了。"

【要解】

　　伯夷、叔齐是殷朝末年孤竹君的两个儿子。父亲死后,二人互相推让君位,一起逃到周文王那里。周武王起兵伐纣,他们认为这是以臣弑君,是不忠不孝的行为,曾加以拦阻,没有成功。周灭商统一天下后,他们以吃周朝的粮食为耻,逃进深山以野草充饥,饿死在首阳山中。本章的主旨说明一个道理:心底无私天地宽,圣人君子无恩怨。

　　孔子当年在任鲁国大司寇时,曾诛杀了以言乱民的少正卯,向鲁君建议并策划了削弱三桓势力的"堕三都"行动,因最终失败而被挤出权力核心阶层遭受冷遇,不得已出国游走。但无论在本国还是在流亡异邦,因为议论时政,臧否人物,坚守正义,多次险遭不测:宋国大夫桓魋拔掉他们习礼谈论之处的遮阴大树,并扬言要杀孔子;齐国贵族意欲谋杀他,逼得孔子"接淅而行",仓皇逃亡;困于陈蔡多日,差点结束性命。孔子的一生,无论在朝在野,憎恨他的人很多,说他坏话的也不少,但没有一人对他的人格、道德给予否定。

　　孔子遵守礼仪,光明正大,其真诚宽容坦荡的品格、不念旧恶的气度最终感化了季康子等人,盛邀他回国执政。在几十年漫长的岁月里,孔子培养了一批能文能武的学生,但始终没有利用学生们在各国政界的力量图谋任何政治权力。孔子胸怀宽阔,器量无比,没有私人野心,是不求取名利、更不计较个人恩怨的坦荡君子,才赢得了天下人的一片赞誉。无数的事实证明,真君子可能会有无数的政敌,但绝对不会有一个私敌。不念旧恶,便没有新怨。人世间的所有恩怨情仇都是自我所生,自我所灭,与任何人无关,亦所谓"凡所有相,皆是虚妄。若见诸相非相,即见如来"(《金刚经》)。

5.24

　　子曰:"孰谓微生高直?或乞醯(xī)焉,乞诸其邻而与之。"

【译文】

　　孔子说:"谁说微生高这个人直率?有人向他讨点醋,他(不直说没有,却暗地)到他邻居家里讨了给人家。"

【要解】

　　醯:即醋。微生高:有记载作"尾生高",春秋时鲁国人。《庄子·盗跖》所载尾生抱柱的故事就讲此人。本章中孔子不认可他的这一行为,从这件小事中看出微生高的一些缺点：不诚不信，借花献佛，迹近矫作，不正直，也不智慧。孔子在此并没有对其进行批评，也没有讽刺或否定，只是拿来做个例子告诉我们，什么是直，什么是信。

直是坚守正道不变、不移、不改。但生活中常常会出现理直事不直，事直理不直，或理事都不直及理事都直的情况。理事都直类情况好办，以直而办即可。理事都不直者，不办就可以，因为它是不合道的。对于前二者则不能那么死板僵化，应该权宜机变，在固守真心的情况下采取适宜的办法，周全而巧妙地处理。如"尾生抱柱"类虽有信在，理也真，但事做得却不直，因为代价太大，得不偿失。再如借醋之事，也是理直事不直，表现出他内心的那点私情假意。如果他真的想帮助对方，可以明言事情的真相，并带着此人去邻居家借，如此也就不会有不诚不信之嫌疑了。

直言相劝并不一定就合道，真言以告也非一定正确，善意的谎言可能是止道。简单说来，直就一个标准，看其内心有无私欲，是出于本善之心，还是聪明投机，假公济私。

"直心是道场"，不必千山万水寻访洞天福地，一颗正直坦诚的心就是真正的道场。此直也就是孔子所言真直，必须是直心、本心、大悲心、菩提心。直心就是至真之诚心，诚到极处，没有丝毫的私欲虚妄，如此才可以到达仁的境界。

5.25

子曰："巧言、令色、足恭，左丘明耻之，丘亦耻之。匿怨而友其人，左丘明耻之，丘亦耻之。"

【译文】

孔子说："花言巧语，装出好看的脸色，摆出逢迎的姿势过分恭敬，左丘明认为这种人可耻，我也认为可耻。把怨恨装在心里，表面上装出友好的样子，左丘明认为这种人可耻，我也认为可耻。"

【要解】

上一章论的是不直之人，此章论的是不直之事。直道可以入德，君子务本，修乎其内，不谄诈于外。孔子反感"巧言令色"的做法，这在《学而》篇中已经提及。他提倡人们正直、坦率、诚实，不要口是心非、表里不一。这符合孔子培养高尚人格的基本要求，也是修真从道必需的前提。

先秦时除了世袭血亲,富人、士人及擅长外交辞令者也可以为官,故而好多人想方设法去提高自己的口才,世间便有了巧言令色足恭者。一般人以此为荣,认为这是有才智、有能力的表现,孔子却耻之,反复说明,以示强调。

为什么世人常常要"巧言令色足恭"?想讨好上司获利得名,或讨好他人,落得个谦卑尊敬、有修养之美名。总归是有所求,而且这个求一般还是私欲之求。为什么要"匿怨而友其人"?有点小聪明,不想直白表现出自己内心真实世界,又想获得他人的亲近、信任、好感等,其目的还是有所求。此求比上述之求有了更多的虚伪,其用心与仁道截然相反。故而,孔子的态度也十分严肃,用语也很是无情。

作为鲁国史官的左丘明以《春秋》为本,而作《左传》。他知道《春秋》里讲的道义,也知晓这类人的表现和本质,故耻之。这一点与孔子不谋而合,他们都十分反感那种虚假不实、惺惺作态、做尽表面文章获取相应利益之做派,而提倡耿直正义、尊重内心、真实无华之品德。

5.26

颜渊、季路侍。子曰:"盍各言尔志?"子路曰:"愿车马衣轻裘与朋友共,敝之而无憾。"颜渊曰:"愿无伐善,无施劳。"子路曰:"愿闻子之志。"子曰:"老者安之,朋友信之,少者怀之。"

【译文】

颜渊、子路两人侍立在孔子身边。孔子说:"你们何不说说各自的志向?"子路说:"愿意拿出自己的车马、衣服、皮袍同我的朋友共同使用,用坏了也不抱怨。"颜渊说:"我愿意不夸耀自己的长处,不表白自己的功劳。"子路向孔子说:"愿意听听您的志向。"孔子说:"让老年人得到安乐,让朋友得到信任,让年轻人得到关怀。"

【要解】

这一章通过师徒三人的对话,表明了孔子仁爱无边的政治理想。子路是一个很大方的人,虽然他并不是很有钱,但很豪爽,很有义气,乐于布施,却也仅停留在物质层面。颜渊和子路相反,层次比子路高多了,完全关注的是内心本质的问题。一个是淡泊物质,却有点名利意识;一个是注重精神修养,不求任何声闻,心性内敛,以仁德处事。

而老师的三志反映了其大同思想,使老者安之、朋友信之、少者怀之,老中青三代都有,没有遗漏哪一类人,即把天下人看作自家亲人一样对待,爱人如己,无有分别,这是真正的大仁大义,达到了天下一体,真圣人也。

三人分别看重的是物质、品格、天下大同之仁德理想,道德层次很是分明。因为圣人能够放下人我对立,达到人我一体,所行所为全是德行的自然流露:对于老者,会尽心安抚他们,让他们身心安乐;对于朋友,让他们相互讲信义,不再害怕相互欺骗;对于少年,将以恩惠施加给他们,让他们能够幸福成长。如果不是到了无我、忘己的境界,是根本做不到的。

子路轻财重义,人人可学;颜子有善而不自称,真名士当如此;孔子忘我无己,非圣人至人不可为矣!子路忘物,颜子忘善,圣人忘己。师生三人分别代表社会境界、道德境界、天地境界。造诣最高的孔子其心境也合乎庄子所言的"至人无己、神人无功、圣人无名"之至纯境界。

5.27

子曰:"已矣乎,吾未见能见其过而内自讼者也。"

【译文】

孔子说:"罢了、罢了,我还没有见过能够看到自己的错误又自我责备的人。"

【要解】

这章有两层意思:一、他没见过能明察、反省自己的过失的人;二、犯了错却不自我反省改正的人怕是完了。能见到自己过失的人一般能够在内心责备自己。自责的前提就是要见自己的过;否则,怎么可能自责?自责是良知的发现,是真心的忏悔,也是改过自新的前奏。真正修养自身的起点便是自责,如果连自责也没有,任何花言巧语都是白搭。颜回的不贰过就是真正的自讼,袁了凡为修命转运而填功过格,曾国藩的"悔缺"之道等都是自讼,故而他们都有大的成就。那种常常叹息,不断懊恼,甚至萎靡不振,欲一死了之者不懂自责。更有的人,自己犯了错误,不去认真检查自己,反而把责任推到别人头上,这是一种十足的小人。

《弟子规》告诉我们:"勿自暴,勿自弃,圣与贤,可驯致。"能够不自暴自弃,就可以成为圣贤。怎么做?"驯致"。就是把那些不好的习气给改掉,不断地反省改过,而且绝不自欺,再不犯错。真正自责的人不一定会说出来,而是一点点改过迁善。"人非圣贤,孰能无过?过而能改,善莫大焉。"老子曰:"上士闻道,勤而行之;中士闻道,若存若亡;下士闻道,大笑之。不笑不足以为道。"能够一直以正道行走之人少而又少,这也是现实之必然。孔子之所以如此慨叹,是因为圣人那颗真心生发出了无限的悲伤。

5·28

子曰:"十室之邑,必有忠信如丘者焉,不如丘之好学也。"

【译文】

孔子说:"即使只有十户人家的小村子,也一定有像我这样讲忠信的人,只是不如我好学罢了。"

【要解】

这里的"学"为学习天地的仁义正道,而非知晓一般的知识学问。孔子在此说明,世间芸芸众生讲忠信的多,但像自己一样求道、证道的人却很少。这不是孔子在自吹自擂,而是感叹世间真心求道之人不多、大道即将失落,是为世人的愚痴不明而担忧,期盼世人及时醒悟。

孔子是一个十分坦率直爽的人,该谦卑时谦卑,该自信时自信,客观求是,一点不伪善,不做作,不矫情。他认识到了人性共有的特征,人生最难解的困惑,即诚信容易,但不断自省,改正那与生俱来的种种不良习性,重新做一个品德高尚的圣贤却很是艰难,由不知到智知、一心求正道者更是寥寥。

人生目的其实并不复杂,人生的过程并非都顺畅与喜悦,既然来到了这个世界上,那就必须寻求活着的意义,而不能白白活过这一生。否则,到一定程度后心灵必然会出现困惑,人生也将黯淡无光。虽然德不孤必有邻,十步之内,必有芳草。孔门下坚持不懈的众弟子也是求道者,散落在各地的那些贤者也是孔子的同伴,可惜的是这样的贤者太少了,这让圣人的那颗仁爱之心情何以堪?

《朱子语类》曰:"天先生伏羲尧舜文王,后不生孔子亦不得。"司马迁在《史记·孔子世家》中专门引以赞美夫子:"《诗》有之:'高山仰止,景行行止。'

虽不能至,然心向往之。""天不生仲尼,万古如长夜",正是有孔子这样敏而好学之智者,有他那样怀有一颗救民于漫长黑夜之圣洁心,这个世间才会有翼翼明星闪烁。夫子的木铎在响,前行势在必然。

雍也篇第六
（凡 30 章）

本篇涉及"中庸""文质""恕"等思想，还包括如何培养"仁德"的一些主张。

6.1
子曰："雍也可使南面。"

【译文】
孔子说："冉雍这个人，可以让他去掌管一方政务。"

【要解】
"南面"本为古时帝王之坐向，常代指君临天下。但据有关古注考证，不独为天子可称南面，凡为诸侯、卿大夫，有土有爵者，即有治民之权，皆可称南面。孔子在这里是说冉雍有君王之才，可以掌管一个国家，或管理一方，而非简单的做官。冉雍曾做过季氏私邑的长官，他为政居敬行简，主张以德化民，后辞去。

冉雍是孔子最得意的弟子之一，和公冶长一样，都是贫苦出身，但孔子却并没有鄙视他们，而是看重其超群之修养、过人之才学，一视同仁全力培养他们成为人才。根据学生的不同，指导众弟子从事不同的职业，让他们在各自的领域发挥自己的才学，为天下服务，实现远大之抱负，这是孔子育人的基本原则与目的。冉雍这个人品格高尚，才华出众，可以让他去掌管一方政务，这是孔子的用人标准。

世间为官者不少，但能在高尚品德的支配下去为官者却并不多。过去有俗语曰"千里当官为发财"。为官一任,可造福一方也可祸害一世,积德损德俱为容易,实是不可轻易为之。虽然当官并不妨碍发财,发财也是生活必需,但绝对不能为发财而去当官。能当上官,能发财,那也是祖德与己德累积之效果,非轻易可以获得;但是稍有不慎,一句话、一件事便有可能把此福德一瞬间耗尽,甚至有的转眼落得家破人亡、妻离子散之悲惨结局,远比那"当官不为民做主,不如回家卖红薯"可悲。

一心为天下的冉雍是出淤泥而不染的荷莲,是世人为官之榜样。此为本章主旨所在。

6.2

仲弓问子桑伯子。子曰:"可也简。"仲弓曰:"居敬而行简,以临其民,不亦可乎?居简而行简,无乃大简乎?"子曰:"雍之言然。"

【译文】

仲弓问孔子,子桑伯子这个人怎么样。孔子说:"此人可以,办事简要而不烦琐。"仲弓说:"居心恭敬严肃而行事简要,像这样来治理百姓,是不是也可以?(但是)自己马马虎虎,又以简要的方法办事,这岂不是太简单了?"孔子说:"冉雍,你说得对。"

【要解】

"子桑伯子"是人名,生平不可考。这段对话涉及一个人,两个命题。两个命题都是针对管理者而言。所谓"居敬而行简",就是在行动之前要心存敬畏,这样考虑问题就比较细致,一旦行动则风格简约,不烦琐,不扰民。而"居简而行简",就是行动前就草率简单,行动起来也简单,但不是深思熟虑的简单,而是马马虎虎的草率。从冉雍与孔子的这番对话中可看出,对子桑伯子的评价,冉雍有自己的一套深刻见解。孔子听后觉得很有道理,而这种理解正是管理之必然,治世之智慧。

一贯讲究礼仪的孔子其实更主张办事要简明扼要,果断利落。所谓"大道至简",但是道之下的万物则是非常复杂的,必须经过认真分析、反复推敲方可对它们的前因后果做出精准判断,所以又有博采众长一说。它们是一对矛盾体,相辅相成,又可以相互转化。万事都有过程,处事必须因时而制,简则必简,繁则须繁。在制定有关方案时,需放下万物,回归本性,静静地听取良知的声音,不可思虑过多,犹豫不决。具体到行简时则不能不注重细节而马虎了事,否则,真的会出现因简而疏,因疏而乱,因乱而功亏一篑的结果。简与繁是相对的,收和放也是相对的。要在战略上简一,战术上繁细,简繁得宜,收放自如。如此,才是一位真正智慧的管理者,用心的修养者。

6.3

哀公问:"弟子孰为好学?"孔子对曰:"有颜回者好学,不迁怒,不贰过。不幸短命死矣,今也则亡,未闻好学者也。"

【译文】

鲁哀公问孔子:"你的学生中谁最好学?"孔子回答说:"有一个叫颜回的学生好学,他从不迁怒于别人,也从不重犯同样的过错。不幸短命死了,现在没有那样的人了,没有听说谁是好学的。"

【要解】

"不迁怒""不贰过",简单的六个字评价颜回很中肯,也很高。由此可以印证,颜回好学,学的也一定不止一般的六艺,而应该是天地正道之学,是具体仁德之学,一定有行为上的真实体现,所以才能做到这"两不"。

"不迁怒"就是遇事不顺,或不合正道时,能克制住自己的不良情绪,按照温良恭俭让去对照反省,不把不满迁移到他人、他事上。在这一方面,特别难控制的是面对自己的家人和下属时。看一个人修养的高低,不能参照他对领导、同事等的态度,而应看他如何对待家人、下属。家庭是最好的道场,家人是最好的教化对象,单位的下属也同样。如果能在家里修养有致了,才可以说修养有为了,化得平和静气了。如果一出门便似乖兔,一回家势如猛虎,那是虚伪。在上级面前乖顺如哈巴狗,在下属面前暴怒如恶狼,也根本不是什么君子。

"不贰过"就是一旦发现自己的过错马上改正,绝不让同样的错误发生第二次,这需要强大的毅力作保障。是人都可能遇到一定的客观环境而引发出内心不良之意念,如果不能很好地克制,就会在其影响下犯各种不同的错误。心中无仁,自然不会把这些错误放到心上去一一改正;只有有了仁爱,有了正义,才会有不断向上之强烈追求,处理大小事情才会小心翼翼,生怕远离君子之道。改过必生智慧,护短内心非贤。难得的是颜回做到了,而且做得很好。可惜的是贤者早逝,茫茫天地,时至今日,如颜回之人更是寥若晨星,又怎能不令天地和历史同悲?

6.4

子华使于齐,冉子为其母请粟。子曰:"与之釜(fǔ)。"请益。曰:"与之庾(yǔ)。"冉子与之粟五秉。子曰:"赤之适齐也,乘肥马,衣轻裘。吾闻之也:君子周急不继富。"

【译文】

子华将出使齐国,冉求替他向孔子请求补助一些谷米。孔子说:"给他六斗四升。"冉求请求再增加一些。孔子说:"再给他二斗四升。"冉求却给了他八十斛。孔子说:"公西赤到齐国去,乘坐着肥马驾的车子,穿着暖和轻便的皮袍。我听说过,君子周济急需救济的人,而不锦上添花。"

【要解】

子华:姓公西名赤,字子华。一次,在孔子的举荐之下,公西赤要奉旨出使齐国了。考虑到自己走后家中老母无以为生,而老师又帮了这么大的忙,自己不好再开口。于是他便委托师兄兼孔子的管家冉有向老师讨要一些粮食。孔子听了冉有的请求,给了他六斗四升。冉有考虑到公西赤要去很长时间,就请求再增加一些,孔子答应再加两斗多。而冉有却给了八百斗。据考证,此八百斗是冉子自己给的,不是从大伙的公共粮食里拿的。

孔子为什么要这么小气?原来孔子心中有一个行为上的道德标准:真正的君子爱财、需财,也取财,但要分得清急与闲、贫与富,不能以亲情替代仁义。这是一种非常难得的思想境界,也是一个君子应该具有的仁义品格。米是大伙的,亲人有急,可以帮助,但若紧急,帮助一下即可,不能没有原则。否则,比他更需帮助的人怎么办? 天下更多的人怎么办? 放到今天,就是再有权、再有钱也不能任性放纵。从法理上讲,自己的东西完全由自己支配,但从情理、道德上讲,所拥有的钱粮从根本上讲还是纳税人的,我们没有权利把它们尽情消费或分配给并不急需的人。作为君子,不应是锦上添花,而应是雪中送炭,特别是在物质条件有限的情况下,更需有这份无私的爱心。仁者亦爱亲人,但不可放纵无度。

6.5

原思为之宰,与之粟九百,辞。子曰:"毋! 以与尔邻里乡党乎!"

【译文】

原思给孔子家当总管,孔子给他俸米九百,原思推辞不要。孔子说:"不要推辞。(如果多余)你给乡亲们吧。"

【要解】

原思:孔子的学生,孔子在鲁国任司寇的时候,原思曾做他家的总管。此章可以和上一章及微生高向邻居借醋一事联系起来思考。为什么原思不愿接受这份俸禄?一来可能是他家里富裕,二是觉得自己作为一个学生拿老师的俸禄不应该。但孔子却不这么认为,劳有所获,理所应当;如果家里真的富裕,用不着这点俸禄,那就给周边的穷人。对方虽然是学生,但师生平等,都有获利生存的权利,不可有轻重高低。

这便告诉我们几个道理:只要是正道的、有利于双方的合理的劳动报酬是可以拿的,这个不是贪占便宜,也不影响修行,更非不地道、没道德。学生是应该尊重老师,但老师亦需爱护学生,双方是互敬互爱的关系,而没上下尊贱之别,更不能随意剥削学生的劳动成果。否则就是以权势欺凌,远非君子所为,更不合于道义。

既然是别人应得的,那就得给对方,至于对方如何处置,那是他自己的事,与我们无关。

6.6

子谓仲弓,曰:"犁牛之子骍(xīng)且角,虽欲勿用,山川其舍诸?"

【译文】

孔子评论仲弓时说:"耕牛产下的牛犊长着红色的毛,角长得整齐端正,非常漂亮也有实用,虽然有人不想用它做祭品,但是山神天地难道会丢弃它吗?"

【要解】

"犁牛":耕牛,红毛长角。古代祭祀用的牛不能以耕农牛代替。"骍":红色。周朝以赤为贵,故祭祀用的牛毛色需为红,角要长得端正。但据考证,说古时用牛做祭品时,不一定要杀掉,只是做个样子,可放一点血,然后再牵回去继续耕用。

仲弓的父亲是低贱的人,而且行为鄙恶,孔子就用这个犁牛之子来做譬喻,说父亲鄙贱,儿子却很贤能。正如犁牛本身不能做祭品,周边的人们不大看重,更高大的山川之神还是要它的,总有一天,会有伯乐出现而欣赏它。

　　孔子是借此告诉弟子一个道理,一个人的出身并不是最重要的,重要的是自己应有高尚的道德和杰出的才干。即便有时没有人看重自己,任用自己,但只要自己注重品格修养,有真才实学,最终还是会有成就的,要相信自己,不要被一时的不顺而挫败。一方面这是对仲弓出身低贱、不自信的鼓励,另一方面也是对统治者不能慧眼识珠、不能选贤用能的批判。

　　孔子看待事物的方法是非常科学而有变化的,他没有血统论,反对世袭制度,不以出身贵贱而论一个人,不看父母及家庭环境,而是具体人事具体分析,更注重品格、才华,强调举贤任人的思想主张。

6.7

子曰:"回也,其心三月不违仁,其余则日月至焉而已矣。"

【译文】

孔子说:"颜回这个人,他的心可以长时间内不离开仁德,其余的学生则只能在短时间内做到仁而已。"

【要解】

颜回是孔子最得意的学生,他对孔子提倡的"仁"有至深的理解,而且能长时间将"仁"贯穿于自己的生活当中,而别的学生却不能够像他这样长久坚守。仁性本在我们心中,它的出现应该是自然而然的,非强行而出。换句话说,不违仁其实就是开悟了。明心见性后方能一直坚持光明境界不动,始终保持住自己纯洁无私、光明灿烂的本来之性,进入纯彻无瑕的圣洁之境,与万物相合,无有分别,爱他人也是爱自己,爱自己就是爱他人,即庄子所言的物我合一也。

孔子与颜回都达到了此境,好多时候,人们都不太明白仁的境界,影响了对此章及孔子、颜回两人思想道德境界的认识。所以,孔子三千弟子中,也只有颜回一个能抵达此境,而其他少数弟子则不可长期固守,更多的连开悟也没有达到。

《中庸》云"道也者,不可须臾离也",此"道",便是那天地正道,即达到大圆满境界方可证之至高境界。"天命之谓性",此"性"即为人人具足之明心。

"率性之谓道"之"率性"就是这里颜回时时处处不离之本心。《大学》里的"明明德"是指明白彻悟了真心、本性、至德。"亲民"就是同体大悲,无缘大慈。"止于至善"就是和天地全部融合为一之无上之境。"知止而后有定,定而后能静,静而后能安,安而后能虑,虑而后能得",最后的"得"包括此处的"三月守仁",与天地相合。

儒释两道是相通的。可惜的是世人多叩首佛菩萨,却不知敬孔颜。

6.8

季康子问:"仲由可使从政也与?"子曰:"由也果,于从政乎何有?"曰:"赐也可使从政也与?"曰:"赐也达,于从政乎何有?"曰:"求也可使从政也与?"曰:"求也艺,于从政乎何有?"

【译文】

季康子问孔子:"仲由这个人,可以让他管理国家政事吗?"孔子说:"仲由做事果断,管理国家政事有什么困难呢?"季康子又问:"端木赐这个人,可以让他管理国家政事吗?"孔子说:"端木赐通达事理,管理政事有什么困难呢?"又问:"冉求这个人,可以让他管理国家政事吗?"孔子说:"冉求有才能,对于管理国家政事有什么困难呢?"

【要解】

作为鲁国正卿的季康子知道孔子手下能人很多,便想请几个来帮他治国。最后选定了冉求,冉求成为他很得力的家臣。在冉求的帮助下,经季康子同意,68岁的孔子终于返回鲁国。当时冉求正在帮助季康子推行革新措施,季康子前来询问孔子有关他的弟子的情况。于是孔子对此三人做出了相应的评价。

仲由、端木赐和冉求都是孔子的学生,他们在从事国家行政事务方面各有其特长。具体是:子路性格豪爽正直,果敢而决断,但是容易急躁、鲁莽,有时候没把事情想清楚就去做了。子贡通达事理,会取财,很聪慧。冉求谨慎小心,做事严谨周密,理财和处理政务的能力特别突出,同时还精通军事,能排兵布阵。当老师向季康子介绍完三人的情况后,都回了一句:至于他们能否从政,你看着办吧。这并不是孔子的狡猾与推卸责任,而是体现了孔子一贯的守礼有节的行为原则,既尊重他人,又希望对方根据三人的特点而量才使用,人尽其才。而更重要的是孔子对季康子不信任:我的弟子是没问题的,关键在于你如何重用了。天下万物真无所谓有用和无用,人尽其才,物尽其用,那真得遇到明主呀!

6.9

季氏使闵子骞为费宰。闵子骞曰:"善为我辞焉!如有复我者,则吾必在汶上矣。"

【译文】

季氏派人请闵子骞去做费邑的长官。闵子骞说:"请你好好替我推辞吧!如果再来召我,那我一定逃到汶水那边去。"

【要解】

闵子骞,孔子高徒,在孔门中以德行与颜回并称,二十四孝中"单衣顺母"的故事说的就是他,是中华民族文化史上的先贤人物。"汶"在鲁国和齐国交界处。

此章内容的背景如下:费邑是季氏的封邑,季氏长期以来不臣于鲁君,所行不正,其家臣(邑宰)也上行下效,屡次背叛季氏,最著名的便是阳虎。阳虎本是季氏家臣,既无雄厚家底,也无政治背景,却凭一己之才,指挥三桓,执政鲁国,开鲁国"家臣执国政"的先河。季氏受家臣邑宰屡叛之苦,闻闵子骞有贤德,便欲使闵子骞为费宰,派人去请。不料闵子骞却婉言拒绝了。这也是上一章中当季康子问孔子子路、子贡和冉求可否从政时,孔子机智巧妙回答的原因所在。闵子骞认为季氏所行不义、不仁、不忠,不合正道,如果助其政事,这对于一个德行非常高尚的大孝子来说,无异于与狼共舞,助纣为虐,是万万不可的,所谓"道不同不相为谋",故坚辞不就。

这就是正义儒者之高尚志气,无欲节操。虽然闵子骞家里很穷,能遇到可获得名利之良机,应该是喜出望外的。但是,他以仁义为准,不与非仁义为伍,宁愿受苦为穷亦不同流合污,用实际行动印证了孔子所说的"以道事君,不可则止",很好地维护了正义仁德,其情可嘉,其义可彰。

6.10

伯牛有疾,子问之,自牖(yǒu)执其手,曰:"亡之,命矣夫!斯人也而有斯疾也!斯人也而有斯疾也!"

【译文】

伯牛病了,孔子前去探望他,从窗户外面握着他的手说:"这个人走了,这是命里注定的吧!这样的人竟会得这样的病啊!这样的人竟会得这样的病啊!"

【要解】

伯牛,姓冉名耕,为人质朴,擅长待人接物,官至中都宰,因恶疾早逝。在孔子弟子中,以德行与颜渊、闵子骞并称"仁德三杰",为孔门七十二贤之一。"牖"是窗户。

伯牛得了恶疾,孔子前往探望,由于此病可能传染,不能进到屋内探病,只好隔着窗户拉着冉耕的手叹息:这是命呀,这么好的一个人怎么能得了这种病呢?

对于天命这一问题,历来争议不清,自古民间就有好人不长命一说,还有什么天妒英才、英年早逝、红颜薄命等。现实生活中有诸多才华横溢、品德高洁之人早早去世而令世人无限惋惜。

面对眼前即将离去的弟子,宅心仁厚的孔子还是流下了无尽的眼泪。对此,我们的态度是顺应自然,多行善事,厚德消业,养德改命,注意养生,淡泊生死,安然来往。

6.11

子曰:"贤哉,回也!一箪(dān)食,一瓢饮,在陋巷,人不堪其忧,回也不改其乐。贤哉,回也!"

【译文】

孔子说:"颜回的品质是多么高尚啊!一箪饭,一瓢水,住在简陋的小屋里,别人都忍受不了这种穷困清苦,他却没有改变他本有的快乐。颜回的品质是多么高尚啊!"

【要解】

颜回为何能够放弃常人向往的物质享受,身处陋巷,清苦穷困,却还会有如此的快乐呢?

人生是非常艰苦的,孔门不提倡出家到寺院持戒守律,独守山月,或如道士一般在深山老林里,隐居埋名,风餐露宿。然相对而言,处于红尘中的修仁养德更为不易,眼看着身边他人在吃香的、喝辣的,求名得利,享受生活,自己却一箪饭,一瓢水,不慕富贵,独守清贫,这需要多大的定力才可以挡住这些诱惑呀!然而,颜回真的能做到,实实在在有他自己的快乐,不是装样给人看,更不是自我找罪受,他是真正安心地享受。最主要的是他明心见性了,我们没有;他的心境无比清静,心地一片光明,而我们的心里却乱七八糟,充满欲望,无边幽暗;他把那个无比高尚的仁守得好好,我们却把物质的东西看得紧紧,这就是两重天地,别样的世界。

当我们看到几只狗为了一块无肉的骨头而争抢得要死要活的时候,我们无奈地笑了,多么可怜低俗的家伙们呀!而狗是永远也理解不了我们闭目欣赏一段美好音乐时的那份快乐的。正如麻雀理解不了雄鹰在高空展翅不动之悠闲,原野上不停摇动的水草理解不了沉稳巨石的安宁享受,还如庄子能知道河水里游鱼的快乐,而惠施却不知道它们能相互对话一样,生命的层次是不一样的,其心性达到的境界差别也很大。进不到对方的心灵,就难以体会到对方的精神活动,这便是如人饮水,冷暖自知。

当年释迦牟尼拈花四顾,唯迦叶尊者微笑而应,佛便说:"吾有正法眼藏,涅槃妙心,即付嘱于汝。汝能护持,相续不断。"而他人不懂,一脸的茫然。这是以心印心,以心传心,佛法至高神妙之心法。孔门同样如此,唯孔子能知颜回之乐。

6.12

冉求曰:"非不说子之道,力不足也。"子曰:"力不足者,中道而废。今女画。"

【译文】

冉求说:"我不是不喜欢老师您所讲的道,是我的能力不够呀。"孔子说:"真正的能力不够是到半路才停下来,现在你是自己给自己划了界限,不想前进。"

【要解】

上一章说过,真正的修养是非常难的,要放下所有的名利,不能贪图物质享受,不能有任何不良的心念,所以,好多人便半途退出了,冉求便是其中之一。按理讲冉求的品德行为还是不错的,只是因修养非一般的事务,要从心入手,这让冉求深深地感到"力不足也"。此力不是外力,而是心力。心力就是意志力、信念力、心性之力,它需从本性中发出,落实到具体的生活中去,

——验证,不能有丝毫的懈怠。孔子知道其根由,马上给予否定。

作为老师,真的有些恨铁不成钢了。注意这个"画",冉求是为自己过人的才艺而局限,心被这些所谓的才能纠缠而画地为牢,死死困住了。这说明冉求所谓的赞同老师讲的道理,是假话,是违心的,从本心上根本没有认识到仁道的本来,否则,是不会留恋于眼前这些算账、理财、管理政务等技能的。这也正是学生心力不足的主要原因,人一旦被物所困,心力势必受阻。

人各有志。当时拜在孔子门下的弟子很多,但有多少人能志于道?大多数可能就如冉求一样,志于艺,求于食而已,更甚者也无非能做个官,让全家过上好日子,所以,也才有了"学会文武艺,货与帝王家"一说。升官发财,这是好多读书人辛勤从师求学之人生目标,一生的所有追求全部抵押于此,故而一遇坎坷就意志消沉,感觉人生失去了希望。这样的士精神境界非常低下,仅为追名逐利的一介读书人而已。想摆脱生死之束缚,去掉百般的忧伤苦痛,了知天地真理,那是枉然。

6.13

子谓子夏曰:"女为君子儒!无为小人儒!"

【译文】

孔子对子夏说:"你要做君子那样的儒者,不要做小人那样的儒者。"

【要解】

子夏,姓卜名商,"孔门十哲"之一,少时家贫,苦学而入仕,曾做过鲁国太宰。是孔子后期学生中之佼佼者,才思敏捷,以文学著称,被孔子许为文学科的高才。子夏为学时,因常有独到见解而得到孔子的赞许,但孔子认为子夏在遵循仁和礼的方面有所不及,故告诫他,要做君子儒,不要做小人儒。

儒者,最初指专为王室服务,从事掌管文书、主持司仪等类工作的术士,后兴盛民间,靠给他人主办婚丧寿庆一类事情谋生,孔子年少时就做过此类工作,后又指那些传授文化知识的人。荀子把儒分为俗儒、雅儒、大儒三类。俗儒就是小人儒,就是那些凭知识技能吃饭的人;雅儒是指以圣贤为榜样,却无法从根本上解决问题的人;大儒是指真正以古圣先贤为榜样,把握历史规律,从长远角度来解决现实问题的高士。孔子这里所指的君子儒是大儒。《左传》有言"太上有立德,其次有立功,其次有立言",要想做到这"三立",就需成为大儒、君子儒。

"君子儒"和"小人儒"是孔子提出的特别重要的儒家概念,它们是相互关联着的,君子儒要比小人儒的境界高超、深远,要求也更严格。但欲为君子儒,还先得做到小人儒,从具体的生活大事小事做起,从外到内,一步步修养自身。据此,我们知道了孔子开创的儒学的理想目标也是有层次、有差别的。《大学》里所讲的格物、致知、诚意、正心、修身、齐家、治国、平天下这八条目便是君子儒,其实现方法是"明明德""亲民""止于至善"这三纲领。

子夏天资聪明,人品高洁,文学出众,根器不凡,完全是一颗好种子,所以,孔子对他提出了更高的要求。

6.14

子游为武城宰。子曰:"女得人焉尔乎?"曰:"有澹台灭明者,行不由径,非公事,未尝至于偃之室也。"

【译文】

子游做了武城的长官。孔子说:"你在那里得到人才没有?"子游回答说:"有一个叫澹台灭明的人,从来不走邪路,没有公事从不到我屋里来。"

【要解】

"径"指井田上小路,井陌大道都是直的,径是弯的,这里引申为邪路。子游:姓言,名偃,与子夏、子张齐名,"孔门十哲"之一,曾为武城宰(县令)。澹台灭明:姓澹台名灭明,字子羽,武城人。当初澹台灭明拜孔子为师时,孔子见他长相丑陋,认为没多大才能。后来,澹台灭明前往南地游学,影响甚大。孔子听到这些消息感慨地说:"我凭语言判断人,看错了宰予;凭长相判断人,看错了子羽。"

在古时候,为官者除了处理好本职工作外,还有一项重要工作,就是要在本辖区发掘有贤德的人才向国家推荐。子游发现一个名叫澹台灭明的同学,认为他是贤者。一花一世界,一叶一菩提。透过一件细微之事,就可以断定某人的道德品行。澹台灭明能做到慎独无违,自觉遵守有关行为规则,不走邪道,可见其内心没有什么邪念。按理,同为孔门师兄弟,有事无事时常去对方家里走走、坐坐,再平常不过的了,即便没有任何私图,谈谈话,交流一下学习心得也无可非议。但是,澹台灭明没有,不是他没有公事或不知此理,而是主动避嫌,怕他人说自己利用这层关系在谋图私利,也不想影响子游的工作。这是非常自觉的有修养的贤士,也是严格按礼制而行事的道德君子。

成为一位君子有诸多条件,其中之一就是持戒。佛家有戒、定、慧之说,戒是达到定的前提,定是达到慧的前提,没有戒,一切都无从谈起。儒家也同样,就是尊礼与慎独,即便如在田地里走小径这样的小事也不去为,更不用说利用各种关系,违背法律,谋取私利,损害国家及大众利益了。

6.15

子曰:"孟之反不伐,奔而殿,将入门,策其马,曰:'非敢后也,马不进也。'"

【译文】

孔子说:"孟之反不夸耀自己,败退的时候,他留在最后掩护全军,快进城门时,他鞭打着马说,'不是我敢于殿后,是马跑得不快。'"

【要解】

公元前484年,鲁国与齐国打仗。鲁国右翼军败退的时候,鲁国大夫孟之反(名之侧)冒着生命危险断后。快进城门的时候,他说了上述话。孔子知道情况后,给予高度评价,认为孟之反不喜欢炫耀自己。

世人面对功劳一般有三种态度,一是无功而羡慕,二是有功而夸伐,三是有功而隐劳。三种态度反映出三种不同的心性:第一种有点心胸狭窄,羡慕、眼红他人的功劳;第二种有些炫耀,自得洋洋,不能把握自我;第三种品行崇高,不愿张扬,不居功自傲。前两种人数众多,品行一般,唯数第三种难以做到,但凡能做到者,都是心性比较崇高,有良好修养者。孟之反就属于第三种,是有德行之君子。也许会有人说孟之反这种表演也太蹩脚了,是不是在演戏呀?这是不了解当时的战斗情形,这样的戏你来演演看?

如果完全从自我利益考虑,面对这样具高修养、优质品行的人,我们真的理解不了他们这样做的目的。如甘愿受穷的颜回,我们认为是不会享受生活的傻瓜;有关系不用的澹台灭明是笨蛋;这个孟之反又是一蠢货:这就是最为典型的世俗之心理。孔子对此是非常了知的,所以,他举此例向世人表明什么是真正的贤者,孟之反之类便是。

老子说:"汝惟不矜,天下莫与汝争能;汝惟不伐,天下莫与汝争功。"因为"天之道,利而不害;圣人之道,为而不争"。一个人如果能不执着于私欲、名利、自我,就能逐步达到人欲日消,天理日明,仁德增胜。

6.16

子曰:"不有祝鮀(tuó)之佞,而有宋朝之美,难乎免于今之世矣。"

【译文】

孔子说:"如果没有祝鮀那样的口才,仅有宋朝的美貌,在当今的社会上处世立足就难了。"

【要解】

祝鮀是卫国的大夫,名叫子鱼,这个人是个佞才,却口才很好,借此而获得了卫灵公的宠信。宋朝也叫公子朝,是宋国的公子,这是个美男子,获得了卫灵公夫人南子的宠信,传说两人有染,卫灵公也很喜欢他,三人的关系非常混乱,严重影响了朝政。孔子身在卫国,看到了这种乱象,便发出了上述感慨。表达了孔子对世风日下、人心不古、追名逐利、道德败落现象的不满。

当年孔子曾在卫国居住,也曾被南子接见过,也曾对卫灵公抱过一定的希望。但是,看到这一现象,孔子完全失望了,如此品行浅薄、行为不正的君主岂能实现自己推行仁德之目标? 与这两位受宠之人相比,孔子的口才真的不在祝鮀之下,相貌也堂堂,气宇不凡,才华过人,俨然一位顶天立地的山东大汉",然而,只因他耻于谄媚巴结,不事曲意迎奉,不爱以色取宠,所以,最后还是不入君臣之眼,故而以走为上,毅然离卫。

本章中的感叹并非孔子的牢骚话,而是反语、讽刺,是提醒世人,在礼崩乐坏、道德不尚之乱世,无论是统治者还是普通人,特别是有识之士,都需认真反省,随时修身,不要被巧言令色者所惑。当然也有对无知统治者与现实的不满。

6.17

子曰:"谁能出不由户? 何莫由斯道也?"

【译文】

孔子说:"谁能不经过屋门而走出去呢?为什么没有人走(我所指出的)这条道路呢?"

【要解】

古时,双扇开者为门,单扇开者为户。一般是双扇门通向外面,单扇户由房间通往房间。由此可定此处之"户"是指出进屋内之室间。孔子借此喻人间天地大道,即只有通过修行仁义之德才可至天地完美之境界。但是,世间却少有人知道这一道理,有正道不行,反往那非正道上去挤,孔子又无奈地感叹了。

世人为什么不愿意修行大道?无非是不知正道,或虽知而心力不够,放不下各类名利,长时间裹缠于尘世杂务中不能超拔而渐渐沉沦泥淖,任老子、孔子、庄子、孟子等这样的圣贤再怎么呼唤,都是一头雾水,终不能改邪归正。甚至还有的说他们是为统治阶级服务,想尽一切办法来愚弄天下,真是无语!

"举世皆浊我独清,众人皆醉我独醒",当年三闾大夫屈原被放黜如此,庄子被世人认作是神经错乱亦如此,孔子周游列国14载屡遭白眼、备受冷落、往返无功更如此。这是历史使然,也是非正道使然。"中士闻道,若存若亡;下士闻道,大笑之,不笑不足以为道。"小人遍地如狗奔,君子寂寥若晨星。芸芸众生皆追名求利,连最基本的人道、人伦都不愿遵守奉行,何论天地正道?欲明心见性,何其难哉?明人道、行人伦是进入天道的第一步,也即孔子在此所言的要想出入内屋,必然得经过户门。如何做好人?守好三纲,依循五伦,做好十义,按《弟子规》所说的那样谨慎行事,待美好的人性备足了,才算是真正靠近了道门。"路漫漫其修远兮,吾将上下而求索。"

6.18

子曰:"质胜文则野,文胜质则史。文质彬彬,然后君子。"

【译文】

孔子说:"质朴胜过文采,就显得粗野;文采胜过质朴,就显得虚浮。文采和质朴配合适当,然后才能成为君子。"

【要解】

经过上述几章不同生命品格的对比分析之后,孔子在本章里提出了做君子须具备的"文质彬彬"之标准,为后人广泛接受。"质"是本来,生命原始朴实之特征。"文"是文华,是经过修饰、修养后呈现出来的特征。二者不可偏废,又需相互配合得当。否则,要么是无修养的野人,要么是虚荣浮夸的小人,都不是真正的美好之人。

"史"是虚浮不实的意思。过去记录历史非常精彩,对人或事往往会有一定的夸张渲染或修饰等。在这里的意思是如果外表装饰超过了本质,那就是虚伪、不诚实了。孔子反对做人走向极端,或没有一定修养,或过分装饰,显得虚伪,主张内外皆修,配合得当,如此才可以成为君子。孔子强调中庸,老子提倡归朴,庄子突出无恃,孟子又号召民政,圣贤各有所重,其实本质一样:去掉后天的种种不良习性,修得先天的纯真美好,由君子而至圣贤,社会才会日日趋向平和幸福。

孔儒不言空,也不究清静,更不讲上帝与天堂,它只注重脚下实实在在的路。可惜的是,我们连这最基本的文与质都结合不好。纵观几千年的社会,看上去是在不断向前发展,但是在好些方面却是倒着走的。

6.19

子曰:"人之生也直,罔之生也幸而免。"

【译文】

孔子说:"人的生存是由于正直,不正直的人也能生存,那只是他侥幸地避免了灾祸。"

【要解】

生命本为直,此直就是指和天地一体的那个一点也不虚假的本来之性。直了就保持住了具有真善美特征之本性,相反,就违背了这一本性而成为后天之性。后天之性有假丑恶,它是和天地正道相背离的,顺之者昌,逆之者亡。所以孔子就说,一个人活着凭借的是这个直,一旦没有了这个直,即便它能生存,那也是侥幸,最终绝对不会有好下场。

人法地,地法天,天法道,道法自然。宇宙里最大的是自然,万物都难以逃离自然无形的手掌,"天网恢恢,疏而不失"。一个人可以非常智慧,能力非常大,但生老病死这四项是怎么也逃不过的。只要与道背离到一定限度,道肯定不会亲近他。《易经》有言："积善之家，必有余庆；积不善之家，必有余殃。"荀子又道："积善成德而神明自得，圣心备焉。"善也是直，为善就是行直，守护住心中的那份直，就会有真善美之念源源不断，就会有恭、有慎、有勇、有忠、有信、有质、有智、有仁有义，更有孝悌、谦恭和礼法等，万一遇不测之事，生命的守护神会及时相顾，让你逢凶化吉。

6.20

子曰："知之者不如好之者，好之者不如乐之者。"

【译文】

孔子说："懂得它的人，不如爱好它的人；爱好它的人，又不如以它为乐的人。"

【要解】

这句话非常有名，常被世人引用来阐释一个道理：兴趣是最好的老师。但是联系上下文可确定，夫子说的是求闻证悟天地大道这件要事。孔子认为，求取天下学问有三个层次：知之，知道它是什么，对我们有怎样的好处，我们为什么要去求取它；好之，我们要真正地喜欢它，认识到它对我们所起的重大作用和意义；乐之，从内心深处产生无比的喜悦之情，而非一般片刻的高兴。

有的知识本身并不具备多少令人喜悦的内容，当到达某一程度时，好多人会对它厌倦甚至反感。再如学习某一技艺，到了极致时，反而可能兴趣顿消。世间所有的技艺都有一个极致，其乐也自然不会永久，而唯有大道之学可以令我们永远追求下去。

虽然有人也听闻了大道之理，可他们却产生不了什么喜悦，也无多少行动，这是什么原因？他们还没有真正了知什么是大道之理、圣贤之乐。假如让他们成一回神仙，看有无喜悦产生？所以，必须得先让对方乐起来，这个乐不是外表之乐，而是内心本性的发现，良知的智慧之光的闪耀。在这一光芒的照耀下，顿然明白了一切，无尽的法喜便油然而生，生命的动力也就自然而现，再大的困难也可克服，生命的意义也全部呈现。

6.21

子曰："中人以上，可以语上也；中人以下，不可以语上也。"

【译文】

孔子说:"具有中等以上才智的人可以给他讲天地之道,中等水平以下的人,不可以给他讲。"

【要解】

什么是天地之道?就是仁义之道,因为它太高深玄妙了,凡人一时难以理解,有时即便花费再多的时间与精力,他们还是不能全面明白。所以,孔子在此清楚地告诉我们,要针对不同对象进行不同的解说,只有根器良好者才可以与之相语,否则就是对牛弹琴。不是圣人有所鄙视,而是对方真的无法理解。

道虽是客观存在的,却是以虚空的形式,不可能为所有的人都认识,特别是上古还没有对道的观念形成共识的时候。"上士"是道性深厚的人,他们深知悟道的重要性,并对道的存在深信不疑且勤奋用功求道。"中士"是道性若明若暗的人,他们对道的存在持半信半疑的态度,对识道缺乏执着的信心。"下士"是缺乏道性的人,他们的自我主观意识强烈,固执己见,不能真正客观辩证地看待问题,如燕雀、智叟等的嘲笑一样。再如我们当年对传统优秀文化的摒弃等等。但最后历史证明了圣贤是永恒不变、光辉万丈的,而我们的思想却总在不断更正,左右颠覆。

有人会说,人不是生来就平等的吗?怎么又分为上中下三类呢?说人生来平等,是就本性而言的,每个人都有一颗光明灿烂的本心,如果没有开发出来则都是一片幽暗。开发的多或少决定了智慧的大小,人生轨迹也有了大的区别,时间一长,人与人就难以平等了。

6.22

樊迟问知。子曰:"务民之义,敬鬼神而远之,可谓知矣。"问仁。曰:"仁者先难而后获,可谓仁矣。"

【译文】

樊迟问孔子怎样才算是智。孔子说:"务必使百姓趋向于道义,尊敬鬼神但远离它,就可以说是智了。"樊迟又问怎样才是仁,孔子说:"有仁德的人艰苦努力在前,获取在后,这可以说是仁了。"

【要解】

　　樊迟，即樊须，字子迟。从小贫穷，但读书刻苦，还懂种田，兴趣广泛，求知心切，多次向孔子请教"仁"的学说。这里，他问的智与仁两个问题，已涉及孔学的核心问题。

　　智是智慧的意思，等同于佛学的般若，不是简单的聪明，是真正了解了生命之真谛和万物之本源。孔子认为要想获得智慧，须从两方面入手。一是要让百姓都趋向于道义，这是获得智慧的前提。道义是天地正道之本，也是人道之至，具体内容有孝悌、忠义、诚信、刚直、仁爱等。二是敬鬼神而远之。既不侮慢，又不狎昵，敬而远之，做好人事，方是正法。

　　管理者如何做到仁？首先得在具体事务中率先带头，躬耕勤奋，吃苦在前，享受在后，一心一意为他人服务。这里关系到一个真心和假心的问题，不能装样子，表演做假给他人看，而应该真诚无二地爱他们。面对成绩自己无一丝动心，不贪占任何便宜，不与民争功获利，甘愿默默无闻奉献。作为一位管理者，做到这点很难。但再难也得做，因为你高高在上，你是万民的榜样，你如何，下面的百姓便如何，你肩负的社会责任重大。

6.23

　　子曰："知者乐水，仁者乐山。知者动，仁者静。知者乐，仁者寿。"

【译文】

　　孔子说："智慧者喜爱水，仁德者喜爱山。智慧者不断进步，仁德者清静安宁。智慧者快乐，仁德者永恒。"

【要解】

　　为什么智者乐于水呢？水者，道也，大道若水，水利万物而不争。水的固、液、气三态正好是道性不同形式的表现，水的特征同样是道的特征，智者能从水中开悟道性，愿意与水同在，与水同乐。山者，固也，坚守不移，风雨不动，正如仁者得到正义之后的表现，故而他们能在山中得到无限的安乐。动者，变也，不断提升，永不止步，与时俱行，即"苟日新，日日新，又日新"。静者，止也，宁静致远，安宁恬淡，清静无为，"知止而后有定，定而后能静,静而后能安,安而后能虑,虑而后能得"。乐者,置身于真性光照之妙境也,无上喜悦,永无止境。寿者,长生也,无病无苦,喜悦无边,与天地同体,永恒万岁。

智者与仁者实是同一生命,是一体两面,是面面皆美,相辅相成。真正的智者也是仁者,乐水也乐山,成为仁者,自然也就是智者,他们同样能动亦能静,都乐于大道,也与大道同寿同命。这一章所表述的境界特别高远,孔子用语言简意赅,整齐对应,相互呼照,左右逢源,天人合一,全面而精确地指明了智与仁的内在本质及相互间的紧密关联,实是大智慧之语也。

6.24

子曰:"齐一变,至于鲁;鲁一变,至于道。"

【译文】

孔子说:"齐国一改变,可以达到鲁国这个样子;鲁国一改变,就可以达到先王之道了。"

【要解】

武王伐纣建立了周朝后分封诸侯国土,姜太公辅佐武王伐纣有大功,得到了齐国这一较大的封地。齐国一开始就比较注重武功,通过一系列的改革,特别是实行了盐铁政策等,经济迅速发展,国家的实力马上兴盛起来。鲁国是周公的受封之地,周公派儿子伯禽前去鲁国治理。他注重文治,以礼乐教化为主,对经济并不是很重视,生产力发展较慢,但礼制保存比较完备。后来的齐国首先成为春秋五霸之一,而鲁国则成为诸国礼仪之典范。

对于一个没有文明礼乐的国家,再怎么努力发展经济与军事总不能通达正道,必须有道德为支撑,经济、军事只是达到仁道的手段而非目的。孔子希望齐国能由发展经济向道德治国转变,和鲁国一样,进一步加强德治,一起向先王之道前行。鲁国也应该大力发展经济,把这一短板弥补起来。

相对而言,孔子还是反对大力发展经济而忽略礼仪道德教化的。没有思想教化,国民虽然吃饱喝足了,却还没有办法实行先王正道。孔子的政治理想是物质文明和精神文明都要过硬,要两手抓,如一车之双轮,一鸟之双翅,并列向前,最终目标是同归于正道。孔子周游列国,就是带着这样的一个政治抱负,希望整个天下都能够回归到像周朝初年周公时代那样,在吃饱喝足的情况下,人人知礼守义,明理趋仁,天下安平。

6.25

子曰:"觚(gū)不觚,觚哉?觚哉?"

【译文】

孔子说:"觚不像觚了,这是觚吗?这是觚吗?"

【要解】

"觚"是当时的一种用于饮酒的容器,也用作礼器,后来觚被改变了。所以,孔子认为觚不像觚。其寓意是这个可以用来祭祀的酒器被改得不成样子,其他的祭器也与之类似,随之有关对先王的祭祀等活动的礼仪也被世人给随意修改了,眼下的礼制已完全不再是先王之礼制了。以一件小小的礼器作例证,表明当时社会朝野上下礼乐崩溃,关系混乱,五伦完全被扭曲,礼制不行,正义凋落。如此还怎么去实施王道?

《礼记·大传》云:"亲亲也,尊尊也,长长也,男女有别,此其不可得与民变革者也。"《丧服小记》又云:"亲亲、尊尊、长长、男女之有别,人道之大者也。"这些都是孔子认定人伦不可更改的重要理论依据,他要传承、复兴西周礼乐,其目的是借此来达到礼乐背后的天道。王国维先生曾说:"周之制度典礼乃道德之器械,而尊尊、亲亲、贤贤、男女有别四者之结体也,此之谓民彝(人伦)。"(《殷周制度论》)天地最基本的一个原则就是人伦,这是天道,是任何时候也不可更改的,否则,就是背道而驰。

孔子在此是以小喻大,借物说心,以相道性,让世人明白,一个社会的混乱也是从一件件细微事上开始的。"千丈之堤,以蝼蚁之穴溃;百尺之室,以突隙之烟焚。"(《韩非子·喻老》)小事也是大事,小处失礼,大处失道,一人若失心,一器便失形,一祭便失礼,一国便失德。"名不正,则言不顺;言不顺,则事不成。"既然名已不正,我们的心也会受其影响,也就难以与天地相合。此与老庄之大小之辨、名实之辨异曲同工。

6.26

宰我问曰:"仁者,虽告之曰:'井有仁焉。'其从之也?"子曰:"何为其然也？君子可逝也，不可陷也；可欺也，不可罔也。"

【译文】

宰我问道："别人告诉有仁德的人，说井里掉下去一位仁人，他会跟着下去相救吗？"孔子说："为什么要这样做呢？君子可以到井边去救，却不可以掉入井中；君子可能被欺骗，但不可能被迷惑。"

【要解】

宰我智力超常，能言善辩，但信道不笃，对仁的理解尚有疑惑，故而向老师提出这么一个二难问题。孔子的回答是仁者一定会去救人，但要看具体情况。仁者同时也是智者，他不会不分青红皂白直接往井里跳去。既对宰我的这一问法表示不满，又给出了对仁者的解答，可谓一语双关，回答完美。

《中庸》告知我们处理好君臣、父子、夫妻、兄弟以及朋友间的关系为"五达道"，而调节相互间关系要靠内心高尚的品德和超级智慧，于是就有了智、仁、勇这"三达德"。三者是达到君臣有义、父子有亲、夫妻有情、兄弟有序、朋友有信重要的三大要素。三者中，仁又是其核心，没有一颗仁爱之心，是什么也达不到的。这是紧接上一章所讲人伦而继续讲仁在"五常"中的重要作用。

孔子说过："好学近乎知，力行近乎仁，知耻近乎勇。知斯三者，则知所以修身；知所以修身，则知所以治人；知所以治人，则知所以治天下国家矣。"（《中庸》20章）作为一个真正的智者，他必然也是一位仁者，更是一位勇者，而不会有勇无谋、贸然行动。

仁者、智者、勇者是一体三面，互不可分。只有真正融会贯通才可以既救天下于水火，又保全自己的善心。道家有一气化三清之理，佛家有一心满三界之说，孔子是一事明三理，即一分为三、合三为一，这也是儒释道三学共同的精髓所在。

6.27

子曰："君子博学于文，约之以礼，亦可以弗畔矣夫！"

【译文】

孔子说："君子广泛地学习天地万物真理，又以礼来约束自己，就可以不离经叛道了。"

【要解】

"畔"同"叛"。经者,先圣之言之则之教也;道者,天地正道也。有人把"文"理解为文化典籍,略显狭隘。如果真的只去学习古代的文化典籍,再怎么守礼循法最多也只是个学问丰富之人,到头来最多做个博古通今的学士,勤政廉洁的官吏,有的反而成了书呆子,很难成为智者、勇者及仁者,这也是历史上那些下大苦功死读书的人最大的悲哀。其原因就是他们根本不懂孔儒之学的精要到底是什么,在哪里,如何去学,从而不得不走向求名得利之俗道,身心疲惫,苦痛一生。所以,古人有言要多读圣贤之书,力成圣贤;否则,人生诸般痛苦是无论如何也消除不了的。

这又不得不说到那部只有260个字却涵盖了整个佛学精髓的《心经》,其旨要便是"观自在菩萨,行深般若波罗蜜多时,照见五蕴皆空,度一切苦厄"。而观、行、照、空、度几者内容《论语》里也说得一清二楚。如"博学而笃志"及本章的"博学于文"就有观之意,"学而时习之"就有行之意,"切问而近思""见不贤而内自省也"就有照之意,"君子坦荡荡""君子怀德"就有空之意,"仁者爱人""己欲达而达人"就有度之意。《中庸》也言"博学之,审问之,慎思之,明辨之,笃行之",其意与《心经》亦无差别。由是而看,《论语》就是中华之《心经》,《心经》有多层含义,《论语》也有无数内涵,其微言大义若不用心而解,终不可得矣!

6.28

子见南子,子路不说。夫子矢之曰:"予所否者,天厌之!天厌之!"

【译文】

孔子去见南子,子路不高兴。孔子直白地说:"如果我做了什么不正当的事,让天谴责我吧!让天谴责我吧!"

【要解】

当时卫国的实际掌权者是卫君夫人南子,南子是一位非常聪明且有能力之妇人,虽然她淫荡任性,声誉不佳,但她能明事理,重贤者,因蘧伯玉的推荐,南子很想见一见这位名扬天下的道德圣范,于是便给孔子送去一封信说,希望见孔子一面。孔子认真思考后便决定前往,行一下应该有的礼节,如果有可能,借助卫国这位实权人物来实现自己的政治抱负也未必不是一件好事。在相见的过程中,一个有君妇之仪,一个显君子之风,各尽其礼,相互间并没有发生什么。

而很直爽也很有原则的子路就不悦了,流露出不满:南子心性不端,非正道之人,我们不应该亲近她。如果去了,世人会有流言,玷污了老师圣名不说,可能还会影响仁道大业。孔子却并不以为然,他的道德已到至坚之境地,他见南子一点私欲也没有,心底无私天地宽,需见则见,见了便见了,去得自然,回得彻底,一点无挂碍,所谓"百花丛中过,片叶不沾身"。可见圣人孔子的人格修养和所达到的至高境界。

上上章讲的是宰我不解仁者,上一章讲了君子之修行,这一章讲的是子路不解师者。且不说世人不懂大道,连身边的弟子们都不能理解自己,当他们的老师,孔子可真难呀!

6.29

子曰:"中庸之为德也,其至矣乎!民鲜久矣。"

【译文】

孔子说:"中庸这种道德,应该是最高的境界了!能达到这一境界的圣贤很少了,世间缺乏这一道德很久了。"

【要解】

《论语》中提及"中庸"一词仅此一章。然而,自古以来对"中庸"的理解却千差万别。笔者认为"中"即道、即一,符合道之核心本质,包容天下万物之大圆满、大智慧。"庸"即常,常者,为永恒、不变、不易之意。中庸之道是孔儒思想道德的核心表述,是孔子仁义礼智信等行为规范的高度概括,它是天地正道在人世的最真实体现,也是仁者、圣者欲达到的最终目标规范。

《中庸》一文中对中庸下的定义是:"喜怒哀乐之未发谓之中,发而皆中节谓之和。中也者,天下之大本也,和也者,天下之达道也。"就是人没有发生喜怒哀乐等等情绪时即为中,生发了这些情绪,却能很好地节制,就是和。中的状态即内心不受任何情绪的影响,保持平静、祥和的状态,是天下万事万物的本来面目。能始终保持和的状态则是天下最高的道德。

中庸之道的理论基础是天人合一，其本质特征是至诚至善，正如《中庸》里所言"致中和，天地位焉，万物育焉"，"唯天下至诚，为能尽其性。能尽其性则能尽人之性；能尽人之性，则能尽物之性；能尽物之性，则可以赞天地之化育；可以赞天地之化育，则可以与天地参矣"。这一境界非常高妙，也非常远大，非一般人可以抵达。所以，孔子有上述感叹。

6.30

子贡曰："如有博施于民而能济众，何如？可谓仁乎？"子曰："何事于仁？必也圣乎！尧舜其犹病诸！夫仁者，己欲立而立人，己欲达而达人。能近取譬，可谓仁之方也已。"

【译文】

子贡说："假若有人，他能给百姓很多利益又能周济天下大众，像这样的人可以算是仁人了吗？"孔子说："岂止是仁人，简直是圣人了！就连尧、舜尚且还怕自己做不到呢！有仁德的人，就是自己想成为一个仁者，同时也帮助他人成为仁者；自己通达仁德之理，也要帮助他人通达仁德之理。凡事以自己作比再推及他人，可以说这是实行仁的方法。"

【要解】

这一章告诉我们什么是仁，如何行仁及其标准是什么等。一部《论语》就是教我们如何行仁，这一章可以说是其核心。什么是仁？简言之，就是无私地爱他人，施予他人各类利益。仁人之心就是生命之本性，就是从中自然流露出来的那份善意，没有任何虚假做作，更没有什么期望和要求。即便你这里全力施予，对方不但没有领受这一番好意，反而怨恨你的吝啬不公，你也没有一丝不满，继续无悔无怨地施予，这才是仁者。把这种仁德扩大到整个天下，就是圣者。仁者不能只在物质方面给予施舍，更需在智慧、精神方面有所施予，如佛家讲的比财布施功德更大的法布施和无畏布施，儒家即为将成为仁者圣者的道理、方法告诉天下，让他们也具有仁爱之心。

要做到这一点真的难，必须放下种种贪欲，把七情六欲减少到没有，从自身、从孝悌做起。《礼记·中庸》里面说"仁者人也，亲亲为大"，连自己的亲人都不爱,欲成仁,那是空话。亲人间有着最亲密的关联,他们身上有自己生命的全部,没有他们就没有自己。明心见性是至关重要的,能见性才可以知晓自己和万物的本来面目,到时才会恍然大悟,为什么儒、佛、道、基督等会讲无私大爱。

述而篇第七

（凡 38 章）

本篇提出了孔子的教育思想和学习态度，以及对仁德等重要道德范畴的进一步阐释等。

7.1
子曰："述而不作，信而好古，窃比于我老彭。"

【译文】
孔子说："只阐述而不创作，相信并喜好古代的道德，我私下把自己比作老彭。"

【要解】
"好古"就是爱好古道。孔子很谦虚，面对古代圣贤所留传下来的仁德之道，他的态度是忠诚地用语言或文字承前启后，继往开来，保留正道文脉而不再创立属于自己的思想理论。"老彭"：老子与彭祖。又说为殷贤大夫。

孔子一生所表达的观点都是他在理解了古圣贤思想基础上的一种感悟启发，而非自己所创立的思想理论。他周游列国 14 年，游说各诸侯大夫，晚年又耗费大量心血修订六经，自己却没有创造一句半言。原因是有古圣先贤所留传的精华足矣，如果后人不断创作，时间一长，难免会曲解先哲们的思想与智慧，那将是非常可怕的。更何况如果放任开来，谁能保证所传承的先圣思想不会走偏甚至与先贤们的思想发生对立呢？"大制不割"，天道是完美的，不需要再由谁来补充或创新什么。既然有尧舜禹、老子等诸贤相传于此，那就真实地继承宣扬它们即可。

从中华历史来看,《三坟》《五典》没有了,《八索》《九丘》消失了,现保存下来最早的史料是《尚书》,其第一篇是《尧典》。所谓的5000年历史有史料可考的仅3700多年。尊重历史,崇尚圣贤,继续中华文明几千年不断的仁义道德传统,谦虚的孔子以老彭为榜样,做得小心谨慎,严肃有致。历史也证明了孔子的这一选择是非常正确的,盘古开天辟地,女娲炼石补天,三皇五帝、尧舜禹、周文武王及周公旦,老庄孔颜曾,荀墨思孟,程朱陆王,中华文脉息息不断,绵绵有致。孔子创儒,承前启后,推衍2500余年,功至峰巅,善莫大矣。

7.2

子曰:"默而识之,学而不厌,诲人不倦,何有于我哉?"

【译文】

孔子说:"默默地记住古道仁德,学它不觉得厌烦,以之教人不知道疲倦,这对我能有什么困难呢?"

【要解】

孔子在此说的是有关古道仁德的修习,其方法也非常重要:"默而识之"。这一点人们往往忽略了,其实就是内敛、静坐、禅定,也是孔门内观大法,明心见性之无上妙法。唯有进入深层次的静定状态才可见到生命本性,了知世界万物的来龙和去脉,真正知道仁德的起源和不凡。"默而识之"四个字所达到的境界可高可低,可深可浅,唯有自知。《大学》说:"知止而后定,定而后能静,静而后能安,安而后能虑,虑而后能得。"儒释道三家无一例外都把它当作至高法宝使用。只有达到"知之",才有"学而不厌,诲人不倦"。此处的"之"指代的正是生命之本性,天地之道本。否则,一个没有明心见性的人如何成为教化世间众生之典范、天人之师?

再说得透白一点,此处的"默而识之"就是深层静定态中的自知、自明与自证,就是老子说的"知其白,守其黑,为天下式"。也是《心经》那句"行深般若波罗蜜多时,照见五蕴皆空,度一切苦厄"。圣贤所见,何其相似尔?孔子也是得道之人,是中华的大菩萨,他所发现、播种的仁德之道家家晓喻,人人得福。《论语》就像一部中国版的《心经》,只不过它行文更日常化而已。可惜的是世人少有知晓者,对《心经》顶礼膜拜,却把这一章理解为一般性的教学!

7.3

子曰:"德之不修,学之不讲,闻义不能徙,不善不能改,是吾忧也。"

【译文】

孔子说:"(许多人)不修养品德,不讲求正道,不去行道义,不善的不能改正,这些都是我所忧虑的。"

【要解】

世人为什么不去修德?不求正道之学?有错不愿意改正?因为他们不懂事道物理,不知晓万物之真相,把眼前一时的假象当作至爱而追求不懈。而圣人是明白这一切的,故而孔子对此非常忧虑。《心经》在告诉我们万物本质后,接着便讲"色不异空,空不异色,色即是空,空即是色,受想行识,亦复如是"。这就是世人常常迷惘愚痴的原因所在,把色当常,认空为有,忽视了二者的统一而视为对立,故而深陷色空二相中不能拔离。这又如孔子在此所讲的仁、义、孝等都是从道德中产生的一样,我们不可把它们对立起来,应该结合于一体去认识。孝是善,仁是义,义亦是仁,几者结合便是道德,也是原本之心性,万物都归于这一本性之中,源于这个"一"。作为不二的这个德行是"不生不灭,不垢不净,不增不减"的,所以,依孝道而至天道也是合道而行的,千年万代永不会终止。这就是《心经》和孔子所讲的天地至理。世人却一般将此章理解为孔子只是讲了道德修养、读书学习和知错即改三个方面的问题,让本章的主旨大大缩水。

明白了这一道理,有过则改,无过则勉,多行义举,就有道而问真,勤修身而养性,便成为每一位志道者的必修功课。可惜的是,凡人却并非如此,常常颠倒错乱,心生种种挂碍,凝结于苦集灭道中不能自拔。心怀善念的孔子非常忧虑。

7.4

子之燕居,申申如也,夭夭如也。

【译文】

孔子闲居在家时,悠闲自在,仪态温和,轻盈妙婉,容色和愉。

【要解】

"燕居":安居、闲居。"申申":悠闲自在而不失敬。"夭夭":树木自然舒和之态。

这是圣人闲居之标准,也是得道之人的自然生活常态。无人无事时,独自居家,自在悠闲,但衣冠整洁,大大方方,不随意拖沓,不放纵任性。对身边之人事,如有错不改者,不明本性者,远避仁义者,虽有忧伤,却看得开,想得清,坚持而不执着,尽力而不埋怨,担忧而有喜悦,忧愁中有仁爱,端庄中有自然,自在又舒畅。

这一章是针对上一章孔子的担忧而记,告诉我们,圣人在担忧天下的同时,同我们一样,也有闲居的时候,但圣人闲居时又和我们不一样,闲居时仍然能够做到慎独,起居坐卧均一丝不苟,又不做作,不虚假,不扭捏作态,而是在自然舒适中体现出真诚的喜悦,从心所欲而不逾矩,生命本性申申而现,夭夭而发,无比美好自然。这也是得道之人的自然表现。

弟子们之所以记载下老师的这一日常表现,是想告诉我们,真正开悟得道者看似和凡生一样,细细观察又大不一样,他们能守礼知仪,顺应内心之性随意自然地饭食起居,能把日常生活的点滴无间地融入大道之中,一举一动皆合乎天地之道,时时散发着天道的光辉。

7.5

子曰:"甚矣吾衰也!久矣吾不复梦见周公!"

【译文】

孔子说:"我衰老得多么厉害呀!我好久没有梦见周公了。"

【要解】

得道之人还会老吗?这个问题很是复杂,正如有很多的人问,佛祖为何还会得病,还要离世?答案是这样的:一、生老病死,这是人世间的规律,佛灭度也向世间显示诸法无常,任何生命都一样。二、既然世间无我、无法、无众生相,那也就无佛相、无你我。三、凡大成就者,表面看他们有生老病死之状,实际上内心根本没有生老病死之苦,这便是"身受心不受"。

孔子老了,但他并没有因此而悲伤,只是有一事略有遗憾:好久没有梦到周公了。说明曾经常常梦到,他们心心相印,经常"相见"。心向往之,神则随行,开一代清明先河之周公,承传了上古圣贤的正道,把仁爱、礼仪布施天下,创造了西周这一尽善尽美的社会,而令孔子日日追慕,时时倾心。孔子将自己系于周公之后,以周文化的继承者和传播者自居,将之视为受命于天的一种责任,并终其一生都在为此努力。可惜天不假时,人道难违,美好的仁政理想难以实现,这便加重了他对先圣的仰慕之情。晚年的孔子一点迟暮颓废之气也没有,而是更加精进不息,勤学不辍,学《易经》,订六经,传承先圣之精魂。

7.6

子曰:"志于道,据于德,依于仁,游于艺。"

【译文】

孔子说:"以天地正道为最终志向,以大道之德为原则,按照仁义而修行,利用各类知识技能自在快乐地生活。"

【要解】

这一章是孔儒终身修行的原则、目标及方法的高度概括,也是孔学内容的至精提炼。道、德、仁、艺四种不同境界,作用不同,相互依赖,又合四为一,将生活、工作和修行紧密结合在一起,在红尘中提升道德,真实可信,具体而微。

和佛道出家念经、辟谷养生不一的孔儒修行有它一套完整独特的规范,就是把握原则,依据道德,坚持目标,利用有关技艺,不离生活,实现崇高理想。《礼记·学记》说:"不兴其艺,不能乐学。故君子之于学也,藏焉,修焉,息焉,游焉。夫然,故安其学而亲其师,乐其及而信其道,是以虽离师辅而不反也。"它阐明了孔子所谓"游于艺"的最终目标。

孔儒从诞生的那一天起,就没有固定的专业团队,没有严格的纪律制度,更没有对唯我独尊的领袖之顶礼膜拜,不提倡远离红尘,也不强调祈神打坐,孔子把最高的目标定下,并开出不可逾越的道德底线,围绕一个中心,到具体的现实生活中修养自性。故而孔儒不是宗教,却比宗教的作用还要重大,范围更广,经历时间更漫长。它符合天道,更符合人道,遵从了人性,天下大众人人可为,没有任何门槛与条件,这真的是中华独创,千古未有。

7.7

子曰:"自行束脩(xiū)以上,吾未尝无诲焉。"

【译文】

孔子说:"自愿拿着十余干肉为礼来见我的人,我没有不给他教诲的。"

【要解】

弟子拜师有所表示,这是尊师,也是尊道,十条腊肉是拜师礼。在那个读书还属高档奢侈消费的时代,想成己、读书、从师就必须有诚意,有付出,何况孔子传授的是人间正道,非雕虫小技。其实这仅是进入孔门的一个惯例,如真有贫者,完全可以不从。不然,孔门就不会有那么多出身寒门的学生如颜回、子路、卜商、冉求、仲弓、原宪、伯牛等。孔子绝对不嫌贫爱富,相反,他坚持"有教无类"的平等原则,将许多贫寒的弟子培养成了君子。那种动辄说孔子是贵族,爱财要钱,向上门求学的人索取干肉,是封建社会教育的代言人之类的论断,是极不负责任的。

其实,从师交束脩,这在春秋以前就已存在,孔子只不过承传了这一风俗,并无什么过分之举。《西游记》中唐僧师徒一行四人取经到了西天灵山,阿难与迦叶向他们索取人事,孙悟空等非常不满。佛祖的理由是真经不轻传。孔子这里要束脩,道理也一样,天师不轻从,大道不轻传。连十条干肉也舍不得拿出来的人,能有多大的尊敬、求知之心?正如连三炷香、一碗灯油都不舍得布施的人,还有资格说对佛道虔诚吗?以礼约身,以肉试心,这也是众生需遵守的规则。孔子遵循的是人道,一切按人道而行,于情于理于义都是说得通的。

对此章还有别解:"十五岁以上的人,备一定礼物来求学,我是没有不教的。"表现了孔子有教无类的胸襟。

7.8

子曰:"不愤不启,不悱不发。举一隅不以三隅反,则不复也。"

【译文】

孔子说:"教导学生,不到他想弄明白而不得的时候不去开导他;不到他想出来却说不出来的时候不去启发他。教给他一方面的知识,他不能推知其他三方面的知识,便不再教他了。"

【要解】

"愤"就是思考到了极致,苦思冥想仍然领会不了的样子;"悱"就是心里明白，嘴上却不能明确说出来的样子。"隅"是墙角，有幽暗之意。两个梯度，一个拐点，构成了孔子在心性开发上特有的指导内涵。

在春秋时代，能传授六艺的大有人在，孔子受到世人的追捧，定然有别人没有、不知或不能的东西，其中就有通过六艺来传授礼仪、孝悌及至为高深的仁德之道。前者易学，后者难学。孔子在《论语》中多次提到的有关教学方法，大都与此有关，或均由是而出。

孔子在此提出了"启发式"的教育思想，这与所教授的内容和生命的个体差异有极大关系。孔子一贯强调人性的自我开发，他人的教育总归属外在因素，而仁德的了知及品格的提升最好从内部入手。心灵是非常复杂而自我的，自性又属于每个独特的生命，需得自我主动去求得。人与人慧根有别，意志及领悟能力也不尽相同，如果采用同一种方式授课，势必成效不佳，事倍功半。

静坐冥想悟道之人常常会有这种感觉：对一个问题好多天也思考不透，恍兮惚兮中突然有一灵光照亮幽暗的心室，豁然开悟，真有《维摩诘经》所说的"令问维摩，闻名之如露入心，共语似醍醐灌顶"般道从中来的欣悦。一旦明悟了，天底下诸多事情便一一彻明，再复杂的问题也随之化解。如此说来，孔子又是一位高明的禅师，平日看似让你喝茶去，让你睡觉去，其实是想借此指点你，启悟你。关键是你得有这个慧根，能对接住老师那束智慧的光芒。

7.9

子食于有丧者之侧，未尝饱也。

【译文】

孔子在有丧事的人旁边吃饭，不曾吃饱过。

【要解】

本章说的是孔子日常生活中的某一细节，也正因此才让我们清楚地看到一位心地善良的圣者。孟子有"四端"之说，具体是："恻隐之心，仁之端也；羞恶之心，义之端也；辞让之心，礼之端也；是非之心，智之端也。"孟子认为恻隐、羞恶、辞让、是非四种情感是仁义礼智的源起，故称"四端"。

恻隐之心是一种人类普遍的感情，是对他人遇到不快之事而哀痛的一种同情，它代表悲哀、怜悯和伤感，这种感情是人类特有的一种情怀，是善良仁义的发端,也是做人的基本要求,是每个人都应具有的情思。但为什么我们平常人做不到呢?因为我们纯真的本性没有出来,理智上认为应该尊重对方,也会表现出一定悲伤,但程度却大减,应吃则吃,大快朵颐,有的甚至欢乐自如,这就是良知不明的表现。如果人的天然仁性全部开发出来,那这个生命一定是异常纯真善良的。

过去好多孝子在为双亲守孝期间不思食,不念睡,哀毁过节,以致丧满时病得不成人样,这就是发自内心之情所致。今人则对此情形感到不可思议,怎么会这样?孔子心里时时有他人,有浓浓的悲悯之情,能与他人心心相印,正如慈悲的佛菩萨一样,是我们景仰学习的榜样。

7.10

子于是日哭,则不歌。

【译文】

孔子在吊丧那天哭泣,不再唱歌。

【要解】

"歌"是快乐的体现,孔子在困境中却高歌不辍,说明他根本不把困境当困境,怡然自得。临丧时,他人悲,己亦悲,且日哭不歌,表明他的悲哀是出自内心的真诚表现。"哭则不歌"和"丧者之侧,未尝饱也"一样,都是世人最自然的情感表露。一个人由喜转悲比较容易,而由悲转喜则比较难。前者可以是平常心、平常人,后者则可能是恻隐之心重的人。孔子是著名音乐大师,也非常喜欢弹唱。这次是遇到他人有丧事,前去吊唁,哭泣不停,且不再歌唱。这是孔子这位仁者对待生活的真实写照。

也许有人会说,真正的圣者应该是宠辱不惊、无悲亦无喜才对。此言又差矣。所谓圣者宠辱不惊,是面对宠和辱时淡定与不动心。而悲情满怀是真正的仁性表现,否则他就难以成为一个真正善良的人。孔儒虽然讲仁,但非常清楚慈悲的非凡意义,所以圣人是满怀慈悲且时时把它落实到生活中去的。这就是儒者的精神。

恻隐之心是生命最基本的道德,只有具备了这种情怀,才能谈及个人品德的提升与完善。也只有通过这种情怀,才能推己及人,在彼此的心间搭设一条真爱的桥梁。不仅如此,恻隐之心还像一汪流淌在心灵河床上的不竭甘泉,悄然地滋润着人们的内心,让人们拥有仁爱之心和悲悯的情意,进而引发无数纯洁而善良的品格,只有这样才有可能成为一个完美的仁者。

7.11

子谓颜渊曰:"用之则行,舍之则藏,惟我与尔有是夫!"子路曰:"子行三军,则谁与?"子曰:"暴虎冯(píng)河,死而无悔者,吾不与也。必也临事而惧,好谋而成者也。"

【译文】

孔子对颜渊说:"用我,我就去干;不用我,我就隐藏起来,只有我和你才能做到这样吧!"子路问孔子说:"老师您如果统帅三军,会和谁在一起共事呢?"孔子说:"赤手空拳和老虎搏斗,徒步涉水过河,死了都不会后悔的人,我是不会和他在一起共事的。我要找的一定是遇事小心谨慎,善于谋划又能完成事务的人。"

【要解】

这一章分两层意思,一层是孔子对颜回的评价,并借以表达自己的处事原则;一层是和子路的对话,表明了自己对合作对象的要求。二者间看似关系不大,实则有着内在的关联。"用之则行,舍之则藏"表现了孔子的积极进取精神和善于转换处事方式的生存态度,这是孔子进退自如、用藏适度之法,也是与时俱行的智慧表现,如阴阳太极一般,随时和天、地、人相适应,而不是呆板僵化、愚笨固化的腐儒。

当年鲁君重用孔子,让他做大司寇一职,后摄相位。他竭心尽力地劳作,把圣贤之道融入治理当中,大刀阔斧改革朝政,鲁国盛况空前,国力迅速增长。后来堕三都失败,孔子被冷落排挤,他二话没说,率众弟子离开鲁国,周游他乡,宣传自己的政治学说。在近70岁的时候孔子才回到鲁国,成为国老,他的处事态度又变了,专心致力于六经之修订,其目的还是为了他的政治道德学说。从此可以看出,无论进退,孔子都没有失去内心那强大的意志力,没有放弃坚定不移的政治理想。真的达到了老子所言的"居善地,心善渊,与善仁,言善信,政善治,事善能,动善时"。

另外,孔子处事不与有勇无谋的人同行,愿与"临事而惧,好谋而成"者合作,这就是智者的明智选择。不怕遇到神一样的对手,就怕遇到猪一样的队友。带兵打仗、指挥三军是这样,宣讲仁德、实现政治理想更是这样。虽然面对的是可爱的子路,没有因爱有什么顾忌或偏袒,而直言告诉他智慧的重要性,这是本章的核心所在。

7.12

子曰:"富而可求也,虽执鞭之士,吾亦为之。如不可求,从吾所好。"

【译文】

孔子说:"如果富贵合乎仁道就去追求,即使是执鞭的下等差事,我也愿意去做。如果富贵不合于仁道就不去追求,还是按我的爱好去做。"

【要解】

此章表明了孔子对富贵与仁道的态度,如果二者发生冲突,不可调和时,即舍富贵而取仁道。和孟子所言的"舍生取义"一样,当"鱼"和"熊掌"二者不可兼得时,孟子选择了义,放弃了生。这不仅仅是一种生活态度,更是一种人生观、价值观、高远的志向和坚定不移的道德信念。孟子说"生亦我所欲,所欲有甚于生者,故不为苟得也;死亦我所恶,所恶有甚于死者,故患有所不避也",孟子并没有疯,也没有着魔,他只是把"义"看得太重要了。和孔子不同的是,孟子的选择更为坚定无畏,大义凛然,视死如归,而孔子更为坚定与智慧,转换为另一种方式,继续从事自己所喜好的去做,如教育弟子,修订六经等。

自古修道必须得有财做生活保障,孔子提倡的是入世修炼,不反对做官发财,但君子爱财,取之有道,立身处世要有所为有所不为。他有自己的原则,即必须首先符合仁道,为了仁道可以放弃尊严与富贵。此地不行,就到那地,此国不通,再转他国,此时不适,静待他时,总之是不放弃,不改变。从另一角度讲,财富本身与仁道并不冲突,且越是靠近仁道,财富也越是丰裕,当然,这要看你发如何之心了。

孔子为了仁道放弃过富贵,但苍天有眼更有情,它不会让为自己辛勤服务的人上无片瓦、下无立锥之地的。"素王"这一冠冕也成为圣人的另一尊号而流芳千年。孔氏子孙更是绵绵不绝,代代有成,荣极天下。

7.13

子之所慎:齐、战、疾。

【译文】

孔子谨慎小心对待的是斋戒、战争和疾病这三件事。

【要解】

表面看三者都是一国之重事,天下之要事。从根本上讲,它更关乎人的内在本性。如排在第一位的祭祀,必须怀有一颗清静敬畏之心去为之,它关乎三界无数生命的相互关联,而不仅仅是做一下样子。天地人是一体的,祖宗三代的福德也是紧紧相连的,对于鬼神人们可以敬而远之,但孝道必须进行,祖先不可遗忘,天地不可淡漠甚至亵渎。有了如此敬畏之心,自然不会轻易发动战争去杀人或被人杀。整个天下一片祥和之气,每个人的心里一片光明之境,那就不会有疾病发生,更不会有大量的生命在短时间内消失。

战争的发动必然是某些人欲望达到顶峰的表现,它的根本在于贪与痴,好斗,如果放下它们,心胸包容了天地,世界便定然是一片和平气象。孔子本身是非常精通军事的,也曾教育出好几位著名将领,但是他很少言及战争,他存怀的是平和,是爱是仁。疾病的产生多是因心念而起,看上去是偶尔,实则是必然。《黄帝内经》云:"正气存内,邪不可干"。

所谓圣人就是与天地合其德,与日月合其明,所以,孔子把"齐"放到"战"和"疾"的前位,是有其重要原因的。

7.14

子在齐闻《韶》,三月不知肉味,曰:"不图为乐之至于斯也。"

【译文】

孔子在齐国听到了《韶》乐,有很长时间尝不出肉的滋味,他说,"想不到《韶》乐的美达到了这样迷人的地步。"

【要解】

《韶》乐是舜时古乐曲名,主要抒发圣贤之志,非常庄严美妙。"乐"是六艺之一,所谓以礼治身,以乐来养心是也。相对于其他几艺,它属于文化类别,是心灵方面的修养必备。孔子对于音乐非常重视,尤其是古圣贤王所作的这些音乐。他在齐地学习《韶》乐,非常认真,废寝忘食,整个生命都沉浸在无比美好的境界中去了,与音乐中的世界合二为一,上升到了一个连自己都不曾料想到的奇妙状态,由是而赞叹,韶乐既有这般神奇妙用,为什么不好好享受一番,静心感受先王之贤德呢?

真正欣赏音乐时必须放下万念,静心以空,然后随着音乐的曲调而放飞自己的心灵,和主人公的心性和应,按照优美的旋律一起升华自己的精神。所以静心是第一位的,安心是非常重要的,但安在哪里却有讲究,不能在物质层面,不能在生活琐事,更不能在贪邪淫欲上,必须安住在正道上、正念上,和真善美同韵同律,"挫其锐,解其纷,和其光,同其尘,湛兮似或存",这个时候,便会有法喜充满,有圣德融入,和山河大地互为一体。

出入于红尘之际,化身于万千之间。音乐的神奇就在这里,孔子是音乐大家,他经常这样享受与先圣们的合德之美,"志于道,据于德,依于仁,游于艺",一个"游"字,把音乐的主客双方之心灵美态表现得淋漓尽致,令人向往。至此,名利财富等等之心岂能生出?

7.15

冉有曰:"夫子为卫君乎?"子贡曰:"诺;吾将问之。"入,曰:"伯夷、叔齐何人也?"曰:"古之贤人也。"曰:"怨乎?"曰:"求仁而得仁,又何怨。"出,曰:"夫子不为也。"

【译文】

冉有(问子贡)说:"老师会帮助卫国的国君吗?"子贡说:"嗯,我去问他。"于是就进去问孔子:"伯夷、叔齐是什么样的人呢?"(孔子)说:"古代的贤人。"(子贡又)问:"他们有怨恨吗?"(孔子)说:"他们求仁而得到了仁,为什么怨恨呢?"(子贡)出来(对冉有)说:"老师不会帮助卫君。"

【要解】

卫出公辄是卫灵公的孙子,他的父亲叫蒯聩,跟卫灵公的夫人南子有怨,因谋杀南子未遂而被卫灵公驱逐出国到了晋。灵公死后,夫人南子就说卫灵公有遗命,指令要立公子郢来做国君。郢推辞说有辄在,让立辄。卫人就立辄为国君。后蒯聩在晋国赵鞅帮助下回卫国,要把国君的位置夺过来。齐景公因跟晋国有怨,就出兵来帮助弱小的卫国,不让蒯聩回国,蒯聩就只好离开卫国。蒯聩和他的儿子辄争位时,孔子一行正好在卫国,受到卫君辄不错的礼遇。面对这一形势,他们是独善其身,坐山观虎斗?还是远走他乡,以免遭受城门失火殃及池鱼之祸?或是出力出智,助其一方?老师几句话,子贡便明白了老师的态度。

有关伯夷和叔齐的故事我们都知道。二者一对比,一对兄弟有道有义,相互谦让君位,最后为道义而死;一对父子无情无义,相互争夺君权,祸及卫国。孰是孰非,哪是正义,哪是非义,本是一目了然的事,然而这两位弟子却不能明白,因为这里还有一个重要的因素:现任卫君对孔子一行待遇不薄,且孔子等人也没有马上离开卫国的打算。怎么办?不帮是无礼、无情、无理、无义,帮了也是无礼、无情、无理、无义。孔子的态度非常明确,不能因对方对我们有点小的礼遇就失了大的道义,如果为了维护礼仪和道义而被对方驱赶离开,失去了眼下舒适的生活,那也是自愿的选择,决不后悔,更无一丝的怨言与憎恨,但舍生取义的原则一定不能违背。子贡顿然明白了,老师不会帮助卫君的。

7.16

子曰:"饭疏食饮水,曲肱(gōng)而枕之,乐亦在其中矣。不义而富且贵,于我如浮云。"

【译文】

孔子说:"吃粗粮,喝白水,弯着胳膊当枕头,乐趣也在这中间。用不道义手段得来的富贵,对于我来讲就像天上的浮云。"

【要解】

"饭疏食饮水,曲肱而枕之",对于一般人而言是难以忍受的,有时还会觉得自卑、羞耻。对于有远大理想、有高远追求的人来讲,却可以完全乐在其中。高头大马招摇过市,灯红酒绿醉酣梦里,锦衣玉食,华丽堂殿,前簇后拥,这是凡人向往的生活,否则便认为是不成功的人生。但是,世间还有另一种快乐的人生,幸福的追求。颜回是一箪食,一瓢饮,居陋巷,不改其乐;孔子是吃粗粮,饮白水,视富贵如浮云,乐亦在其中。两人均有可乐的情境,均超越了凡生之欲望,这就是圣贤的道德水平,非我们常人可比可为。

当年身为王子的释迦牟尼,当看到田野里辛勤耕作的农人因生老病死而忧愁万分时,便主动放弃王子身份,出家寻求脱离人生苦忧真法。几十年后,找到了究竟大法,开始四处布道。孔子也在用自己亲证的真理,让世人以高尚的道德为追求,放下贪嗔痴,修行仁义智,永久超脱世俗的羁绊而享受那无以言说的幸福。

人生难免受苦受罪，一时的幸福需用无比巨大的代价获得，这笔买卖做得很是不合算。你是买方也是卖方，得失都是自己的，与他人无关，但与你的心态一定有关，与你的选择更有关。你是高出低进，还是低出高进，这涉及一个人的智慧。为了一时一人之利而奋斗者，即便成功，幸福感也微乎其微；为了整个天下、为了道义而去受苦受累，虽然有短暂的失去，但可以获得心灵的丰盈，所以世上总有安贫乐道的君子。

7.17

子曰："加我数年，五十以学易，可以无大过矣。"

【译文】

孔子说："再给我几年时间，到五十岁学习《易》，我便可以没有大的过错了。"

【要解】

"五十以学易"还有另一种翻译："或用五年，或用十年学习《周易》。"此说也有道理。《易》指《周易》，是中华传统经典之一，相传系周文王姬昌所作，古代用于占卜的一部书。可能孔子在早年也读过此经，一生对易经特别喜爱。50岁后，鲁国政坛上发生了一系列大事，再加后来孔子周游列国发生的诸多事情，让孔子深感困惑。待60多岁重归鲁国，以韦编三绝之态度再次静心攻读，突然大悟，彻底清楚了天命与人命的紧密关系，再回思自己这一生之命运，发出了如此感叹。

"大过"是圣人对自己人生诸事的反省结论，即使是一些在常人眼里的小错，在圣人眼里也是大过。如削弱三桓、堕三都的失败，不能让季氏觉醒、还政于鲁君，被困陈蔡让弟子受罪，在卫做官的子路惨死，追随自己一生的颜回贫困体弱而早逝，推荐弟子冉有辅佐季氏却并不能全顺心愿，周游列国14年而终不得志，被时人讥为"累累若丧家之狗"等等。孔子认为这一系列不顺心的事情都是自己造成的，如果早在50岁之前把《易》读懂，明白了天道和人命之关联，便完全可以不犯上述错误。

孔子老而好易，会通天人之道后，提出了仁、义、礼、智等范畴，建构了博大的易经哲学体系。(《童子问易》)《易》作为群经之首，大道之源，"穷理尽性以至于命",是链接天理与人伦的最佳纽带。晚年的孔子把《易》学作为"六艺"的最高学问,作《易传》,把大道之理浓缩于《易》的卦符与系辞中,是他对人世的又一大贡献。

7.18

子所雅言,《诗》、《书》、执礼,皆雅言也。

【译文】

孔子有时讲雅言,读《诗》、念《书》、赞礼时,用的都是雅言。

【要解】

何晏在《论语集解》里说:"雅言,正言也。"什么是正言？就是先圣们依照天地正道使用的、能精确表达正道之义的言语。这个正言与官方推行的普通话概念不一样,与当时国都丰镐的地方官话也不一样。至于是什么样的一种读法,我们现在无法考证,只有想象了。

《诗》是无邪之乐,有好多篇章是歌颂先王之德的,且本身又是诗歌,宜诵宜读,按雅言读来,朗朗上口,优美动听。《书》是记载先王之言行的,如同与诸先王对话,更需按先王们的话语进行学习,以示敬重,如发音、语速、轻重缓急、抑扬顿挫等等方面,类似于我们今天的模拟朗诵。一贯对礼仪特别重视的孔子历来讲究一个"正",正名、正言、正行、正心、正道,小到席不正不坐,割不正不食;中到己不欲不施,匹夫不可夺志,不成人之恶,中人以下不语上;大到不意、不必、不固、不我、不失言、不学礼无以立……此处表明孔子对先王之道是非常敬重的。通过正言进而正名,再正义,再正心、正意,最后达到与圣贤相合,表明了孔子的一番苦心。

本章表明孔子对于《诗》、《书》及礼仪行为的重视,并且是从他自己在日常行为中的修持角度强调的。这就告诉我们,圣人就是我们的榜样,一举一动都是符合先王之道的,特别是对《诗》《书》这两部经典的阅读及具体的赞礼。《左传》有曰:"礼,经国家,定社稷,序民人,利后嗣者也。"《国语·晋语》也有言:"夫礼,国之纪也。"孔子说过:"名不正则言不顺,言不顺则事不成","为政必先正名"。这样一来,我们就理解孔子为何要这么重视用雅言及说正言了,是为了达到正名、知义、行义这一天地理想。

7.19

叶公问孔子于子路,子路不对。子曰:"女奚不曰,其为人也,发愤忘食,乐以忘忧,不知老之将至云尔。"

【译文】

叶公问子路孔子是什么样的人,子路没有回答。孔子(对子路)说:"你为什么不这样说,他这个人,发愤用功连吃饭都忘了,快乐得把一切忧虑都忘了,连自己快要老了都不知道,如此而已。"

【要解】

叶公,姓沈名诸梁,是楚国的政治家,封地在叶城(今河南叶县南)。古叶邑百姓深受水患之苦,叶公执政后便兴修水利。叶公将施工图画在私宅的墙壁上,在每个沟渠的出水口画上龙,以"水龙头"命名,盼望雨旱适宜,后来便有了"叶公好龙"这一故事。然而有人不明就里,就大放厥词:"云从龙,风从虎,叶公画龙却不画云以辅,说明他根本不喜欢龙。"叶公品德高尚,素来爱好亲近贤者,听说孔子是位不凡人物,故而向子路打听。孔子便教子路他应该如此回答。这一章是孔子对自我的定义、评价。

孔子没有选用一些空洞的概括性的语言表述自己,也没有谈自己的人品道德,而是分别从忘食、忘忧、忘老三方面来说。简要不烦,避虚就实,一语多义,常人真的难以理解。一忘食,表明夫子发愤努力修行正道,已淡泊了常人所追求的物质享受,进入了高层次的心灵世界;一忘忧,说明孔子不再挂念人世的各类烦忧,能够放下七情六欲去享受其特有的心性乐道;一忘老,在孔子的心里已无时空的流逝及年龄的衰老,精神至纯,心性净明,不动、不生、不灭。

夫子对叶公是了解的,教弟子这三句话,告诉叶公的同时,也借以教化众弟子和世人,修习仁道就得如此,喜乐无限。高手隔空对话,无须多言,几句即断出对方高下。这正如禅师参禅,锋机间智语迭出,妙巧悠远,令人回味无穷。

7.20

子曰:"我非生而知之者,好古,敏以求之者也。"

【译文】

孔子说:"我不是生来就知道仁德,而是爱好古时正道,勤奋敏捷地去求得的人。"

【要解】

孔子是属于渐悟型的,不是生而知之者,是学而知之者。一介平民如何才可做到学而知之?孔子的经验是"好古,敏以求之"。就是十分喜欢古代之圣贤、圣贤之仁德、仁德之正道,把他们当作榜样,时时向往,事事效仿。

"敏"者,依《说文解字》释为孕妇对胎儿的触动反应强烈,后引申至聪明机灵、反应迅速等。笔者认为它是指生命本初(未诞生时)对外界的反应。二者的区别非常大,心灵反应快速且感受真切,身体感应缓慢且易为外相迷惑。孔子所谓的"敏以求"是指用先天之心去感知,先天之性去效仿古圣先贤,而不是指平常的学习。学古道,求仁德,需用先天之心,须从本心良知入手,以心印心,心心相通,而不能仅依后天之情思。当然后者也需要,孔子也真的是这样下苦的,这只是前提,更重要的是需要把心灵打开,调动本有的灵性去做功,否则,再怎么下苦也难入圣境。"君子欲讷于言而敏于行"也是指心与言的关联,而且敏之心远远要比讷之言快而高,这是我们明白此章要义的一个关键。纵观世上那些大圣贤、大德行者,有哪一位不是用此心此法去求得至高道义呢?

如何用先天心?必须放下外缘,回归本性,达到心性之无分别态。遇事不执、不怨、不恨、不喜,一切都依尽心力、成人事之原则去做,不管他人如何待我,我只一心真诚待他即可,渐渐地与天时相应,和地利融一,和人事成一体。到那时,本性便渐渐而出,光明透亮而至佳境大成。

7.21

子不语怪、力、乱、神。

【译文】

孔子不谈论怪异、暴力、变乱、鬼神。

【要解】

孔儒的核心思想是以人为本,关注现实人生和人类社会,重点讲的是人道法则,所以,不宜讲变异、非常、暴力、叛乱与鬼神等。从小的方面讲,这些事理不是现实生活的主体，不能直接深入生命的本性，不利于纯洁无瑕之本性的全面开发，有时处理不好还会影响到具体生活。孔子是圣人，知道人的真正完善应该求诸自身，而不是寄托给怪、力、乱、神等，自己才是命运的主人，平常才是生活的真相，仁爱才是生命的要核。那么，孔儒不讲鬼神吗？也讲，但相比而言，讲的很少，只有那么寥寥几句。

既然鬼神不能讲，那么臣杀君、子杀父这类残忍不合礼制及道义的事情能讲吗？炫耀暴力、张扬武力、争战杀伐、流血之事能讲吗？不正常的混乱、杂乱、丑恶、淫秽之事等能讲吗？都不能讲。但不讲并不表明它们不存在，只是讲述它们无利于社会的平和正义，无益于百姓的隐恶扬善、教化归仁。世人多不知道孔子的一番用心，认为孔子凡谈到怪、力、乱、神者，就一棍子打死，全盘否定，这是不可取的。

孔子讲人、讲常、讲正、讲仁、讲百姓社会诸事，他屡言知天知命，却从不固言天与命，这就是佛家所说的"言语道断"，一说就错。所以，要把握好它的尺度，把握住教育的方向，不走偏，不掉入迷信的泥淖中。对于难以言说的鬼神等，孔子点到为止，实是上策。

7.22

子曰："三人行，必有我师焉；择其善者而从之，其不善者而改之。"

【译文】

孔子说："那些修仁德的人群里，必定有人可以做我的老师。我选择善的品德向他学习，看到他不善的地方就引以为戒，改掉自己的缺点。"

【要解】

"三"者是虚数，这里应指那些明白天地人互为关联之理之人。"行"是具体实证、践行。知晓天、地、人三者关联的人，在行为处事方面的智慧与品德应该高于常人，也是孔子不断修正自己的老师。修行也是有层次的，在佛家讲闻、思、修、行，即先听闻有关的正法，然后去思考、观察、辨别，待确定了它正确无误之后，便开始具体的修为。到了一定程度，必须落实到生活中去检验。这四者无一可省，且有前后顺序。闻是前提，思是必须，修是关键，行是目的。儒家也同样，只不过成了学、思、修、行。即《论语》里开篇讲的"学而时习之"及后面讲到的"学而不思则罔"。这里的"行"就是"习",就是实修,"思"除了静虑之意外,也有思考、辨别之意。

世界上少有生而知之者,大部分成功者都是按照闻、思、修、行这样走过来的。闻了正法,并不等于就行了正法,知与行之间还有很大的距离。但既然听闻到了正法,而且又在修行的大道上,他们必定有属于自己的诸多优点,这个时候,好学而敏以求之的孔子自然不会放过这一学习的良机,于是就虚心向这些正道实践者求教。地狱门前道人多,孔子明智,有辨别,非简单盲从,故而有"择其善者而从之,其不善者则改之"之行为。

7.23

子曰:"天生德于予,桓魋(tuí)其如予何?"

【译文】

孔子说:"上天把仁德赋予了我,桓魋能把我怎么样?"

【要解】

公元前492年,孔子从卫国去陈国时经过宋国。宋国主管军事的桓魋听说后,就带兵要去害孔子。当时孔子正与弟子们在大树下演习周礼,便连忙离开了宋国。途中,他说了这句话。也有人说其实桓魋并没有想杀孔子,而是故意扬言赶孔子走。主要原因是担心孔子对自己构成巨大威胁,忌恨孔子曾说自己滥用民力。孔子说这句话的意思是什么?孔子知道自己身上所赋予的历史使命,这个使命就是把上古既有的仁德之道传承下来,宣布于天下,教化世人,而眼下自己还正在进行着这项伟大的使命,在任务完成之前,上天会给予各方面的护佑,任何人对自己都无可奈何,所以自己是不会有什么危险的,巧妙地表达了内心的泰然和自信。

孔子是一个使命感很强的人,他当时60岁,正值耳顺之年,能够以知天命的心理应付眼前遇到的困难。面对桓魋的挑衅滋事,能不动声色,坦然说出"天生德于予"这样的豪言壮语,并将自己的命运与"天""德"等联系起来,这种胸襟与气概确实令我们敬佩。这也告诉我们一个道理,承担使命者既光荣也艰辛,但只要按照天道行事,再大的危难都可以化解。你只要努力做,自有天地相佑。

7.24

子曰:"二三子以我为隐乎?吾无隐乎尔。吾无行而不与二三子者,是丘也。"

【译文】

孔子说:"学生们,你们以为我对你们有什么隐瞒的吗?我是丝毫没有隐瞒的。我没有什么事不是和你们一起干的,我孔丘就是这样的人。"

【要解】

人与人是有一定差别的,特别在根器上,心性大不一样,现出的慧光也有多有少,这便决定了一个人是否能把有关问题看得透,悟得明。夫子弟子无数,贤者七十二,每个人的慧根不一,对待老师的态度也不一,最后收获也各有不同。时间长了,众弟子们的水平高低有别,有的学生就怀疑老师是不是给那些优秀学生吃偏饭了,故而有所质疑,老师便说了上述话语。

这一情况和佛家的一个故事非常相近。当年常随释迦牟尼佛修炼的有1000多人,佛祖每天和弟子们一起托钵乞食,一起食用。完后,佛祖把脚洗干净,自然地在蒲团上面打坐。天天这样,简单清净,自在安乐。有一天,弟子中解空第一的须菩提尊者忽然悟出了佛祖的这番苦心,感动得痛哭流涕,赞叹如来的无上恩德,言佛祖善教,天天都是在教我们如何在生活中修炼。孔子跟佛一样,就是利用日常生活进行作、止、语、默的教学。老子也说:"善行无辙迹,善言无瑕谪,善数不用筹策,善闭无关楗而不可开,善结无绳约而不可解。是以圣人常善救人,故无弃人;常善救物,故无弃物。"真正的高人是不会故意显三露四的,真正的教化就是春风细雨,绵绵入心。

圣人智能广大,道行深远,弟子们有的根器较差,学之不能及,理解不了老师和自己整天在一起坐卧饮食的用意,故而有所疑。他们不知道同一片天空下雨,但不同的地面长出的草木也不一样的原因,不在于天下雨时的不均,而在于自己心性的不平、不正、不守。如果真的能做到反省自我,不怨天尤人,那一定会有大的进步。否则,只会越来越愚笨。孔子的教学方式是独特的,也是高超的。

7.25

子以四教:文、行、忠、信。

【译文】

孔子以文、行、忠、信四项内容教授学生。

【要解】

"文"大多情况是指文献、古籍,我们在此基础上再加入正道义理等更丰富之内涵。理由如下:一、"文"者,道也,即天地运行之本质规律。《尚书·舜典》曾曰:"经天纬地曰文,照临四方曰明。"《易经》中火贲卦的《象》辞亦曰:"刚柔交错,天文也。文明以止,人文也。观乎天文,以察时变,观乎人文,以化成天下。"一个简单的"文"字里,其实包含了天地人三才。二、此章所讲四方面的内容,都是属于品格方面的,与技能无关。三、只有将"文"的本意搞清楚了,才可以真正做到行、忠、信,"文"是后者的基础,是生命修行中必须明确的根本。"行"指落实,"文"的内涵、要求及上古先哲们所传经典里所载的那些义理要落实到行为上。"忠"是尽己,对人尽心竭力的意思。"信"是诚实不变、坚定不移的意思,这是行为办事的原则。这四科其实已包含了孔儒"八德"的全部内容,是每个人必须学习且须落实到位的。

这四者由天及人,由古达今,先内再外,由理达事,理论与行动相统一,思想和处事相统一,内心和外表相统一,道德与才能相统一,可谓是全面发展又各有侧重的教育方法。"文"中有古圣正道,有过往历史,是我们学习的起点与目标;"行"是落实,是验证"文"中的智慧;"忠"是原则,一以贯之,不可有所违背;"信"是保障,坚守不移,竭心尽力。《弟子规》上讲:"不力行,但学文,长浮华,成何人?但力行,不学文,任己见,昧理真。"告诉我们要文行并重,文行合一,知行并进,这也是王阳明先生所提倡的。只讲理论研究,或只盲目行为,均难以成为圣贤。我们现在学《论语》也是这样,在清楚了孔子思想道德的基础上,必须在具体的行动中落实"文",不然,那便不是"行",不是"忠",也不是"信"。

7.26

子曰:"圣人,吾不得而见之矣;得见君子者,斯可矣。"子曰:"善人,吾不得而见之矣;得见有恒者,斯可矣。亡而为有,虚而为盈,约而为泰,难乎有恒矣。"

【译文】

孔子说:"圣人我是不可能看到了,能看到君子就可以了。"孔子又说:"善人我不可能看到了,能见到始终如一(保持好的品德)的人也就可以了。没有却装作有,空虚却装作充实,穷困却装作富足,这样的人是难于保持美好品德的。"

【要解】

《道德经》曰:"大道废有仁义,慧智出有大伪,六亲不和有孝慈,国家昏乱有忠臣。"春秋末期的社会礼乐开始崩坏,大道渐消,庸俗盛行,由老子再至孔子,他们似乎都感觉到了一种日落西山之趋势。相比于大道,仁义次之,但是次之的仁义也在衰落,真正的圣人难以得见,一种绝望时时浮上夫子的心头。那么就退而再求其次,寻找君子吧,然而君子也是寥寥,再退而求其次,能遇到一些善人,也算是一种心灵的安慰。但是,还是失望,再度失望,即使是能把美好的品德一直保持住的好人也是稀少的。放眼望去,整个天下芸芸万千,却个个庸庸碌碌,有欲无求,不知道圣人为何,不去努力做一个大善人,也不想怀有高尚的品格而一直坚持到底,整个社会弥漫着一股浓郁的虚伪浮华气息,人心浮躁,不务实事,不求圣德,这样的世间到底是一个何等的生存空间?自己的伟大使命将如何完成?这让一心求圣成圣的孔子情何以堪?

从老子对大道的消亡而发出的感慨,到孔子对有恒者的期盼,这是老子的失落,也是孔子的无奈,更是历史的无奈。

如果究其根由,孔子认为源于"亡而为有,虚而为盈,约而为泰",如果是普通的百姓也就罢了,恰恰是这些大都自诩为君子者带动着整个社会走向歧途。作为真正仁德追随者的孔子,心里无比悲痛与绝望。他所奉行的文、行、忠、信"四教",还会有预期的收获吗?

7.27

子钓而不纲,弋(yì)不射宿。

【译文】

孔子只用(有一个鱼钩的)钓竿钓鱼,而不用(有许多鱼钩的)大绳钓鱼。只射飞鸟,不射巢中歇宿的鸟。

【要解】

"纲":大绳。"弋":用带绳子的箭来射鸟。"宿":歇宿的鸟。

有人言此章是指孔子有仁德之心,对动物尚且如此,对待他人与社会是如何得仁爱了。笔者认为它是列举或比喻,借狩猎一事来说明孔子的一个重要主张:既然现实社会的道德水准江河日下,那我们对世人的要求就不能太苛求无情了,必要时需宽大为怀,放宽仁义道德的要求,由低到高一步步来教化,否则,一棒子把众生都打倒,这个社会便无望了,仁德的推行也就彻底失败了。孔儒和佛道所走的修行之道不大一样,他面对的是整个世俗的社会大众,如果也提倡禁食荤腥、不行男女之事,那就真的断绝了他们的生存之路。如后来的朱熹提出了灭人欲、存天理之修身原则,就不为大众理解而备受诟病,也让孔圣人躺着中枪。若面对的是有基础的君子,如子贡、子路等,孔子的要求是很严格的。

因人而异,因材施教,先给他们一点食物,让他们如小鸟小鱼一般生存、长大,然后再来教化。孔儒的仁德教化是普世性的、宽松型的、有渐次的,他不是高高在上的宗教主,对众生不似佛教那般有严格的规定,而是在困境中求生存求发展,这也是孔儒之所以能在整个东方大地流行千年,深受大众喜欢而成为三学思想中最为主流的一个重要原因。

7.28

子曰:"盖有不知而作之者,我无是也。多闻,择其善者而从之;多见而识之;知之次也。"

【译文】

孔子说:"有这样一种人,一点智慧也没有却在那里宣讲,我不是这样的。广博地学习,选择那些善德者紧随其后提高自己,广泛地增加自己的见闻,用心默而记识,这才是智慧现出的根本呀!"

【要解】

本章最容易陷入世俗泥淖的是对"次"字的理解,"次"不是次要、次一等的意思,而是停留、不动的意思。孔子反对那种无知却自诩无不知,随意宣讲有关事理的人事。强调的是多与见,是从与识,即博见闻,精辩证,重实践,实自证,定自性所在后不离不弃的学习精神与方法。

"不知而作"就是上章讲过的"亡而为有,虚而为盈,约而为泰"。孔子在这里讲述了自己行为处事的三个方法:多听、多看、多见识之。到社会中亲自实践,紧跟那些善德者广泛地、不断地听闻善道,修习善行,匡扶正义。不多闻必多偏错,不多见必自困。

孔子认为"多见"是前提,"识之"是智慧的源起,即必须深入其根本。"见"不是表面化的见闻,而是经过自己的思考、实证后形成的见识。见解不等于见识,其见通透了才有其解其识,否则不过是盲人摸象。

"多见"除了反复见闻其他人事外,更指心性上的多次显现、反复明达,其"见"和《心经》里"行深般若波罗蜜多"后"照见"之"见"意同。就是要把心放空,把妄想、分别、执着放下,慢慢就会见到本性,本性一见,真理便会明了。欲见本性须心不动不移。求人不如求己,求己不如无己,一旦达到了无我、无众相之境界,你才会知道什么是真正的自己。他人毕竟是他人,自己永远是自己。

7.29

互乡难与言,童子见,门人惑。子曰:"与其进也,不与其退也,唯何甚?人洁己以进,与其洁也,不保其往也。"

【译文】

(孔子感到)很难与互乡那地方的人谈话,但互乡的一个童子却受到了孔子的接见,学生们都感到迷惑不解。孔子说:"我是肯定他的进步,不是肯定他的不足。何必做得太过分呢?人家改正了错误以求进步,我们肯定他改正错误,不要死抓住他的过去不放。"

【要解】

"互乡":地名,具体所在尚不可考。"洁己":洁身自好、努力修养、欲成为有德之人。虽说低俗之人难与其言大道仁德,欲使其为君子圣人更是难上加难,而互乡之人却连最基本的交流也难进行,这让孔子情何以堪?好在上天有好生之德,世无绝圣之路,小小偏僻之地竟然有这么一个孩童欲修仁德,这令孔子感到无比喜悦,马上接见。而弟子们则疑惑了:这么大的一位圣贤要与一懵懂的孩童对话,老师是不是无事找事?孔子却自有他的一番道理:孩子本是一张白纸,你想画怎样的图画都可以,他的心性未泯,童心正浓,对他讲大道之理,看似有点不合时宜,却未必就不起作用,只要将仁德这颗种子认真种下去,某一天、某一时就会发芽成长,甚至结出果实。再说了,即使对方有诸多的毛病与不足,但只要对方努力改过,我们就应该肯定他的上进心,对他鼓励支持,而不能一棒子打死。否则,这是断人慧命,罪莫大焉!孔子是真正的智者,无分别心,无自傲心,懂得孩童少年纵有千错万错,心性仍然比成年人要单纯得多,美好得多。所以,他特意见了这位主动上门求教的孩子,并以此为例,告诉众弟子们,要珍爱美好纯洁的生命,它是一般成熟生命难以相比的。更主要的是要知道一个道理:修养仁德,必须注重心性,它越是纯洁,修养起来越是容易,否则,越是艰难。既然心是明镜台,时时惹尘埃,那就在尘埃最少的时候去拂拭,效果岂不更好?

7.30

子曰:"仁远乎哉?我欲仁,斯仁至矣。"

【译文】

孔子说:"仁难道离我们很远吗?只要我想达到仁,仁就来了。"

【要解】

仁远吗?孔子认为一点儿也不远。它在哪里?就在你我的一思一想里,一意一识里,在每个人的一行一动中。为何看不到它的影子?因为主人不想见它,熟视无睹,对其冷漠,不理不睬,它便悄悄退居一隅,不再出现。而一旦主人真正发心欲求得它,珍爱它,保护它,那么,只要有一声轻轻的呼唤,它便瞬间现于我们眼前,让我们幸福快乐无比。关键是看我们有无那爱仁之心、用仁之行了。

仁,非常简单的一个字,却融合了义、礼、智、信、诚、忠、恭、孝等诸多道义,必须具备恭、慎、勇、直、恒等力而切实求之。有的人信心不足,感觉似有非有,难招仁来;有人的毅力不够,三日打鱼二日晒网;有的人做到此,失去彼,不能成全其义而与仁擦肩而过,痛失良机。所以曾子曰:"士不可以不弘毅,任重而道远。仁以为己任,不亦重乎?死而后已,不亦远乎?"在行仁之大道上,无捷径可寻,更无他人可替代,只有伏身躬耕,不懈不怠,用那颗至真之心方可将其唤出。

身在心中,心中有性,性里藏仁,仁在哪里心就在哪里,心在何方仁也在何方。聪明过人的阿难面对佛祖的追问,七次证心而不得,平凡的我们更需无数次的努力与召唤,方可抵达仁人之心境。发心吧,它是求仁得仁的第一步,也是真正成圣的开始。

7.31

陈司败问昭公知礼乎,孔子曰:"知礼。"孔子退,揖巫马期而进之,曰:"吾闻君子不党,君子亦党乎?君取于吴,为同姓,谓之吴孟子。君而知礼,孰不知礼?"巫马期以告。子曰:"丘也幸,苟有过,人必知之。"

【译文】

陈司败问鲁昭公懂得礼吗?孔子说:"懂礼。"孔子出来后,陈司败向巫马期作了个揖,请他走近自己,对他说:"我听说君子是没有偏私的,难道孔子还包庇别人吗?鲁公在吴国娶了一个同姓的女子做夫人,称她为吴孟子。如果鲁公算是知礼,还有谁不知礼呢?"巫马期把这句话告诉了孔子。孔子说:"我真是幸运。如果有错,对方一定会知道。"

【要解】

"陈司败"是陈国主管司法的官,生平不详。"巫马期"是孔子的学生。"吴孟子"是鲁昭公夫人。鲁国和吴国的国君同姓姬,周礼规定同姓不婚,昭公娶同姓女是违礼的行为,故称之为吴孟子,而不称吴姬。

对这件事历来的说法是,鲁昭公娶同姓女为夫人,违反了礼的规定,而孔子却说他懂礼,这表明孔子的确是为鲁昭公袒护,即"为尊者讳"。孔子以维护礼制为最高原则,这里自相矛盾,还无法解决,只能自嘲。

我们认为可这样解读:鲁君有过,懂礼的孔子不直言对方有过,反说他懂礼、知礼、守礼,这是借夸赞其善来让对方知晓,不扬其恶是仁者的表现。他人不理解,却指责孔子结党。鲁君违礼,全国人民都知道,他本人能不知?主管司法的陈司败既然问到此事,说明他也知礼,也会慢慢理解孔子说这一番话的用意,收回其议。

知礼者违礼,懂礼者议礼,知礼且懂礼还守礼的第三者出来评礼,这真的是一道难解的题。面对这一矛盾,孔子采取了以此矛化彼盾的办法,告诉了弟子们礼在生活中的真义,并转述陈司败及高高在上的鲁君,谁有过能改,这也还算是守礼。这才是孔子所说的"人必知之"的特别含义。真是妙绝一时,智慧无比。当然,这样处理事物的办法必须是面对有智慧的人,能真正懂得礼、义的人。否则,也是对牛弹琴。

7.32

子与人歌而善,必使反之,而后和之。

【译文】

孔子与别人一起唱歌,如果别人唱得好,一定要请对方再唱一遍,然后自己又和应他。

【要解】

古时宴客的时候,主人往往会与客人互相和歌,一以致敬,二以互乐。这件小事又表明了什么?如果仅仅停留在孔子喜欢音乐上,那是最低层次的。认为这是孔子尊重他人,随歌而和之,也还不能走进孔子的心里。说这是孔子好学的表现,见善而从之,还在事物的表面。此事表明了孔子心有他人,尊重有加,以歌和之,以礼应之,同时还虚心向他人学习,不嫉妒,无私心,高扬其美。更主要的是借此而鼓励他人向善向美不断努力,通过音乐之美达到心地之美,道德品行之美与善。

因为当时在大夫们宴会上的歌吟都是正乐,是大气磅礴正道之音。这充分体现出孔子知礼、守礼、行礼的真诚品格,心胸博大、气势豪迈、充满正气的仁者之气象。只有心怀仁德、谦逊好学者,才会在如此场合有如此表现。这是孔子美好纯洁心性的自然流露,不是专门做样子给他人看。一件小事完全可以看出圣人与凡生在品格上的不同。

7.33

子曰:"文,莫吾犹人也。躬行君子,则吾未之有得。"

【译文】

孔子说:"说到对古圣先贤仁德的了解,我勉强够得上别人的水平。如果躬行做一位君子,我还没有做到。"

【要解】

这是孔子的谦虚话,也是老实话。孔子在"文"的方面可谓鲁国第一人了,即使是当时整个中原也难找出具有孔子这般文史知识及仁德修养的几个人来，读过《史记·孔子世家》的人都知道，有诸多的问题好多名士都不知道，一问孔子，孔子回答得头头是道、有理有据，令众人无不叹服。特别是在对古代圣贤美好品德的修养方面，孔子更是如数家珍，随口道来。但是，孔子非常谦虚，从来不会吹牛炫耀。特别是在知行合一方面，孔子更是从来不敢和先圣们相比，而且对自己的要求也特别严格，生怕哪里出现差错。

我们也知道，欲达知行合一之境界并非那么容易，读的书再多，了解的圣贤故事再丰富，那都是他人的成就。人生的路途漫长而艰辛，要过无数的坎，经受无数的考验。特别是身处红尘中的生命，每日每时都在与人事相处，种种诱惑不断袭来，令人防不胜防，稍有挂念，便会入魔。从这一角度讲，孔子真诚地坦言自己做得还不够。

我们一般人对自身的道德品格要求太低，稍做点好事就感觉了不起，一看到别人的低俗、自私面就觉得自己成了君子，就会站在道德的制高点来指教他人。和孔子比起来，我们真的是无地自容。孔子对自己的要求太高太高了，他并没有因为身边的世俗而降低心中的道德标准，他真的是以圣人的标准严格要求自己的。知耻者才可进步，我们都应有孔子这样的知耻、知不足之心。

7.34

子曰："若圣与仁，则吾岂敢？抑为之不厌，诲人不倦，则可谓云尔已矣。"公西华曰："正唯弟子不能学也。"

【译文】

孔子说："如果说到圣与仁，我怎么敢当？不过（向圣与仁的方向）努力而不感厌烦地做，教诲别人从不感觉疲倦，只可以这样说。"公西华说："这正是我们学不到的。"

【要解】

这个"学"不仅学文字、学道理，关键是学圣贤的仁爱之心，圣贤们的言行举止，样样都要学，这就是学而知之者必经之路。对于孔子而言，教化他人也是一种学习，把对别人的要求拿来返照自己，这一点也是孔子成圣的一大妙招。这并不是说孔子和弟子同一个道德档次，而是他把自己放得很低，非常谦虚，要求弟子们做到的自己首先做到，与众弟子们一起学习，一起进步。只不过他对自己的要求更高罢了，所以，公西华便感叹道："这正是我们学不到的呀。"

学不到是因为放不下，心中装得太满，无一丝空隙。一个"放"字真的是有所成就的关键要素。放不下既得之名，丢不开已得之利，更舍不得这副臭皮囊，或为这副皮囊所累、所纠缠而心性始终不能打开，明不了心，见不得性，最后忙碌一场而一无所获，实是可惜。所以，夫子一直把教化他人当作自己的必修功课而孜孜以求，不离不弃。这正显示出他的仁爱之心、慈悲之心。只有慈悲，才能不倦；因为不倦，更加慈悲。达己达人，成人成己，这样的修行是夫子的最爱。

7.35

子疾病，子路请祷。子曰："有诸？"子路对曰："有之；《诔》(lěi)曰：'祷尔于上下神祇(qí)。'"子曰："丘之祷久矣。"

【译文】

孔子病得较重，子路为之向上天祈祷。孔子知道后问子路有无这回事，子路说："有的。《诔文》上说：'为你向天地神灵祈祷。'"孔子说："（如果真的能治病）我早就祈祷了。"

【要解】

孔子对有病祈祷并不反对，可是，他又认为生死有命，祈祷是没多大作用的。在年迈病重之际，孔子把生死看得很淡，索性不去做什么祈祷了。天道是非常公正、公平的，没有任何的亲近疏远。人的命运都是由自己确定的，天道也就是自己划下的人生轨道，这一点必须清楚。

孔子的使命不是为自己一人长寿而存活于世，而在于为大众传道授业解惑。这次病重，他知道自己不久将告别人世，所以能坦然面对，对祈祷一事也就并不看重了，病好了更好，不好了也算，上天既然在召唤，那就去吧。知天命的孔子就是这样对待自己的人生的，走也罢，在也罢，都那么自然而然。

7.36

子曰："奢则不孙，俭则固。与其不孙也，宁固。"

【译文】

孔子说："奢侈了就会越礼，节俭了就会寒酸。与其越礼，宁可寒酸。"

【要解】

"孙":同"逊",恭顺。"不孙"是越礼的意思。春秋时代各诸侯、大夫等生活极为奢侈,其生活享乐标准和礼仪规模往往超过了周天子,这在孔子看来,都是越礼、违礼的行为。尽管节俭会让人感到寒酸,但与其越礼,则宁可寒酸,以维护礼的尊严。生活过分奢侈的人往往心胸大,气魄超常,思想受限少,行为随意性强,更容易越礼犯规出错。而那些特别节俭的人则气量小,胆量弱,思想受限多,自主性差,不容易犯错逾越礼制。时间一长,前者就会收控不住自己放纵的心性而胡作非为,任性随意,这样的人非常可怕。而后者则一般不会出什么大错,最多给人以谨小慎微、胆小怕事之感,或礼数上有点缺失、鄙陋而已,无伤大局。前者是拿得过,后者是放不下,都是不合道的。孔子通过对物质生活的不同态度,让世人注意,人不可太过放纵张狂,也不可太过缩手缩脚。有时候前者比后者更容易让人走向歧途而失去正道。

《礼记》说"道德仁义,非礼不成",文、礼、道(仁)又是一体三面,不可分离。学文可知仁,知仁可达道,达道还需礼约,三者共处一体,才是真正的仁德君子。孔子强调一定要收敛住自己的心性,不要肆意为非。冲动是魔鬼,清贫的生活反倒可以安宁自己的心灵,有利于明心悟道。老子也早就告诉我们了:"天下神器,不可为也,不可执也。为者败之,执者失之……是以圣人去甚,去奢,去泰。"放得下,才能拿得起,先从节俭的生活开始,控制住自己的嘴巴与身子,进而管住那颗看不到的心,只有这样,才可以成为君子。特别是对现代人来说,这一点尤为重要。

7.37

子曰:"君子坦荡荡,小人长戚戚。"

【译文】

孔子说:"君子心胸宽广,小人经常忧愁。"

【要解】

君子处世以道义而行,决事循理迎刃而解,坦然舒泰矣,此所谓君子之坦荡荡也。小人则想不开,放不下,更拿不起,一进一退间都是担忧。孔子认为作为君子应当有宽广的胸怀,可以容忍别人,容纳各种事件,不计个人利害得失。心胸狭窄,与人为难、与己为难,时常忧愁,局促不安,则不可能成为君子。孟子曰:"我善养吾浩然之气……其为气也,至大至刚,以直养而无害,则塞于天地之间。其为气也,配义与道;无是,馁也。"(《孟子·公孙丑上》)一旦拥有此气者,便可为君子;无是,则是小人也。

《菜根谭》里讲:"心事宜明,才华须韫。君子之心事,天青日白,不可使人不知;君子之才华,玉韫珠藏,不可使人易知。"一个有高深修养的君子,他的心地像青天白日一般光明,没有一点不可告人之事,他的才学像珍珠美玉一般珍藏,绝对不轻易让人知道。真正的君子怀才而不自傲,有德却不自夸。有人会说,我放不下是因为我没有,他拿起得是因为他只是空想。真的如此吗?好像是,但再一追究却又不是,它与各自的心性大小有关。心性又是由什么决定的?性格。性格又由谁来决定?先天为主,后天为次。所以有人说性格即命运,只要改变了自己的性格,人生的命运亦会发生改变。这一方面,明朝袁了凡先生借功过格积德行善改命的故事最为典型。常言说,儒家拿得起,道家想得开,佛家放得下,合三为一者是君子,离三无一者是小人。

7.38
子温而厉,威而不猛,恭而安。

【译文】
孔子温和而又严厉,威严又不凶猛,庄重而安详。

【要解】
这是弟子对夫子的赞扬之语。孔子认为人有各种欲与情,这是顺应自然而有的,本无对错,但人所有的情感与欲求,都必须合乎"中和"的原则。即如《中庸》开篇所说的"喜怒哀乐之未发谓之中,发而皆中节谓之和"。就是说对喜怒哀乐等情欲要有一个适中的度来控制,过度的喜不叫喜,过度的乐也不叫乐。"厉""猛"等都有些"过","不及"同样是不可取的,最好的便是"恭而安"。孔子的这些性情特点可以说是符合中庸原则的。

什么是"温而厉"?就是与人交谈、和人相处时语气温和,态度恭谦,自然亲切。但同时也必须坚持原则,正直不屈,严肃无畏。"威"和"猛"不一样,"不怒而令人敬畏"是谓"威严","怒而令人生畏"则为"凶猛"。前者是由内心发出的强大、无可摇撼之气势,后者往往是为了让对方尊重而故意发出的令人害怕的态势或表情。"恭而安"是人内心世界平和自然,恭谦温良,安宁仁静之展示。心性不稳、内无主见、遇事慌张的人怎么能做到庄重和安详呢?有丰厚内涵、有平等仁爱、有坚定信念、有无上修养的人才能遇事庄重,待人平和,举止安稳,大气有节,显现出一种不亢不卑、沉稳安详的精神气质。

孔子一生谦和虚心,待人和善,但面对胡言乱政的少正卯,这位大司寇二话不说,在大庭广众之下经过严肃审判,公开处决。这是所谓的金刚不发威,难显菩萨心肠。读整部《论语》,我们可以感觉到夫子面对违礼逾制者的严肃与无情,同时和弟子们谈笑风生、平易近人之画面也时时浮现。

泰伯篇第八
（凡21章）

本篇涉及孔子及其学生在若干问题上的见解，以及孔子教学方法、思想及道德的进一步阐发。

8.1
子曰："泰伯，其可谓至德也已矣。三以天下让，民无得而称焉。"

【译文】
孔子说："泰伯可以说是品德最高尚的人了，几次把王位让给季历，老百姓都找不到合适的词句来称赞他了。"

【要解】
"泰伯"是周代始祖古公亶(dǎn)父的长子，周文王的伯父。周武王伐纣得天下后，就追尊周祖古公为太王。古公亶父有三个儿子，长子泰伯，次子仲雍，少子季历，根据礼法，长子是君位的继承人，所以古公应该传泰伯。可是，古公发现三子季历的儿子姬昌有圣德，能够把周国兴盛起来，便有传位给季历，再依次而传给姬昌之想法。泰伯就和二弟仲雍借到南方去采药而让天下于季历。后来季历就把君位传给自己的儿子姬昌，这就是商朝的西伯侯（后来的周文王）。姬昌的儿子姬发后来起义师伐纣成功，建立了周朝，这就是周武王。这就是本章所说的以德让天下的故事。

为什么会有这三让？泰伯、仲雍兄弟俩品德高尚，能放下自我，以天下为重。三弟季历亦多次让位于兄长，是按礼制而行。父亲亶父慧眼识珠，打破礼制之束缚,传位给道德高尚之子之孙,是有智有才。父子一家才德智礼行皆备,品行高洁,无私无我,天下为公,远超他人,所以,当时天下人及后来的孔子称无法用语言来称颂赞誉他们的无上功德。确因如此才有周文武两王及后来周公等三位圣王的出现,才有周朝八百年大业之兴盛。而世人只知周文武王之至德,却不大清楚早期亶父之智德、泰伯之真德。是泰伯的真德成全了文王的至德,文王的至德又成全了武王的武德,再次才会有周公之礼德。一家五人之德俱全,天下归于一统,大康成就,百姓安宁,礼制亦大成。泰伯上启传说中的尧舜禹三代先圣,下开老庄孔孟荀墨诸家先河,中华文脉千年万代方可允执厥中,一以贯之。

8.2

子曰:"恭而无礼则劳,慎而无礼则葸(xǐ),勇而无礼则乱,直而无礼则绞。君子笃于亲,则民兴于仁;故旧不遗,则民不偷。"

【译文】

孔子说:"只是恭敬而不以礼来指导,就会徒劳无功;只是谨慎而不以礼来指导,就会畏缩拘谨;只是勇猛而不以礼来指导,就会盲动闯祸;只是正直而不以礼来指导,就会说话尖刻。在上位的人如果厚待自己的亲属,老百姓就会兴起仁的风气;如果不遗弃老朋友,老百姓就不会对人冷漠无情。"

【要解】

"葸":拘谨、畏惧的样子。"绞":说话尖刻,出口伤人。本章前部分讲的是无"礼"指导和节制会出现的问题,后部分是说如何避免或解决这些问题。天下的事物都是相对的,都是依照阴阳相合相一的规则变化发展的,一旦走向极端,就违背了中和之法则,会出现诸多问题。所以孔子认为"恭""慎""勇""直"等不是孤立存在的,必须以"礼"为前提来约束,其目的实施才能符合中庸的准则,否则就会出现"劳""葸""乱""绞"等不良现象。

礼者,既非严酷法律,又非劝告教育,它起始庙堂,成于大夫,形于文法,现于平常,既直又弯,又冰又温,似软还刚,包容天下万物,适用人间诸事,可规范社会各个成员,成就诸般行业。它如一位德高望重的长者,时时以无上的威严、平和公正的姿态,无声地感染了对立的诸方,严肃又亲切地告诉对方:停止动手,此时都应该做君子,有话好好说。于是一场即将开始的争斗便消若云烟,几方同归于好。

天地间至高之大道便是礼在人世的含蓄表现,孔儒中的中和思想就是礼在民间的具体应用。其中最主要的执行人便是君子,以真诚之意对待身边的亲人,民间就会兴起良好的崇尚道德之风尚;否则,世间也就不会充满真诚的情感。《孝经》讲:"教民亲爱,莫善于孝;教民礼顺,莫善于悌。"君子身载传道之重任,不可不慎也。

8.3

曾子有疾,召门弟子曰:"启予足!启予手!诗云:'战战兢兢,如临深渊,如履薄冰。'而今而后,吾知免夫!小子!"

【译文】

曾子生病,把学生召集到身边说道:"看看我的脚!看看我的手(看看有没有损伤)!《诗经》说:'小心谨慎呀,好像站在深渊旁边,好像踩在薄冰上面。'从今以后,我知道我的身体不再会受到损伤了!弟子们!"

【要解】

"启"是开启,这里指曾子让学生掀开被子看自己的手脚。"小子"是他对弟子们的称呼。以孝著称的曾子生活简朴得令人下泪,他的真心传道令世间称赞,他的民德归厚之志向让世代共赞。有关他的啮指痛心、曾子烹彘、曾子避席、曾子居卫、孔子托孤等故事至今流传不断。71岁的一天夜里,病危中的曾子突然想起身下铺着一领华美的席子,是鲁大夫季孙氏送给他的。他认为自己一生没做到大夫,不应铺大夫的席子,于是就招呼儿女们把席子换下来。没等把换上的席子铺好,他就去世了。

临死前他要学生们看看自己的手脚,以表白自己的身体完整无损,是一生遵守孝道的。并且借用《诗经》里的三句,来说明自己一生谨慎小心,避免损伤身体,能够对父母尽孝。曾子一生行孝,直到自己去世前的最后一刻,真是仰不愧于天,俯不愧于人。

当然,曾子让众弟子们看自己完整手和脚的意思是,要时时想到父母,替他们考虑,不要让他们为我们的品格修养等担忧。《诗经·大雅·烝民》里有一句话叫"既明且哲,以保其身",这个身,不光是指肉体,更有看不到的德行、心灵之身。修身就是用智慧来行道立德,而诸德中孝道的圆满是第一位的,最为基础的。《孝经》里孔子就把曾子看作"当机众",曾子也真有这样的资格接受夫子真法的教诲。曾子成为老师临终唯一指定的托钵弟子,并不是没有缘由的。

曾子一生孝德完美,去世时身好心安,他欲通过真实的事例告诉世人,这就是善德的福报。

8.4

曾子有疾,孟敬子问之。曾子言曰:"鸟之将死,其鸣也哀;人之将死,其言也善。君子所贵乎道者三:动容貌,斯远暴慢矣;正颜色,斯近信矣;出辞气,斯远鄙倍矣。笾(biān)豆之事,则有司存。"

【译文】

曾子生病,孟敬子去看望他。曾子对他说:"鸟快死时叫声是悲哀的;人快死前话是善意的。君子应当重视的仁道有三个方面:使自己的容貌庄重严肃,这样可以避免粗暴、放肆;使自己的脸色一本正经,这样接近于诚信;使自己说话的言辞和语气谨慎小心,这样就可以避免粗野和背理。至于祭祀和礼节仪式,有主管这些事务的官吏负责。"

【要解】

"孟敬子":鲁国大夫仲孙捷,孟武伯的儿子。据说是孟子的曾祖父。"笾豆之事":笾和豆都是古代祭祀中的用具,这里指祭祀方面的事。孟敬子得知曾子生病,前去探问,并请教曾子有关问题。曾子劝告对方,要以修身为重,礼仪为重,至于祭祀这样的事,找专业人员来办。根据曾子前面所言,可以推知平时孟敬子和曾子之间并不和谐,曾子的观点对方并不认可或听从,曾子在弥留之际重申自己的态度:我到这一地步了,不会对你说什么假话,只会吐露肺腑之言,希望你认真听取,于你于国都有利。

曾子所说的君子应有三方面的可贵品德,估计是针对孟敬子平时具有的不良表现而言的。言外之意是先修养好自己的品德吧,做人是第一位的。换句话说,就是只要抓住了问题的关键和根本,先把自己的行为修好,下面的百官自然会听从管理,一心一意做事。这些道理即使现在看起来也是很有意义的,它对于每个人的道德修养与和谐人际关系有重要的借鉴价值。

8.5

曾子曰:"以能问于不能,以多问于寡;有若无,实若虚;犯而不校——昔者吾友尝从事于斯矣。"

【译文】

曾子说:"自己有才能却向没有才能的人请教,自己知识多却向知识少的人请教,有学问却像没学问一样;知识很充实却好像很空虚;被人侵犯却也不计较。从前我的朋友就是这样做的。"

【要解】

"吾友"在这里可能是指颜回。儒家的修身养性离不开言、行、证三要素。言,即你遇事为人所说出的话;行,是你在生活中的表现,待人处事的方式;证,就是你的内心到底如何思想,心性是否光明,达到何种程度,这些都有具体特征的。否则,天下能言会道的不少,会装模作样的更多,个个都可能是君子,那真是鱼龙混杂,良莠不齐了。一个人能做到不耻下问,说明他心存仁道,为了仁道能不断精进学习,淡然了分别心、无高低贵贱,正向无我前行。虚怀若谷,说明他已和万物相融于一体,心性基本开放。犯而不校,则能和敌对者相一,不再有什么怨恨和不满。这三者也是有次第的,不可颠倒混乱。

细细想来,如果一个人真的能做到如颜子所说的"人不善我,我亦善之",那就说明他已至老子所说的"善者吾善之,不善者吾亦善之,德善。信者吾信之,不信者吾亦信之,德信"(《道德经》49章)之境,具备了这两德,就具备了一颗圣人之常心,自然会以百姓心为心,而与天地相合了,那就是"心善渊,与善仁,言善信,正善治,事善能,动善时"(《道德经》8章),便是真正的得道了,随心所欲而能不逾矩。

不耻下问是去掉了我执我慢,虚怀若谷是进入了虚空无相,犯而不校是无我无众生相,即在由君子至圣人的路上了。曾子以颜回为榜样,努力精进,不愧为孔门正宗嫡传杰出弟子。

8.6

曾子曰:"可以托六尺之孤,可以寄百里之命,临大节而不可夺也——君子人与?君子人也。"

【译文】

曾子说:"可以把年幼的孤儿托付给他,可以把国家的政权托付给他,面临生死存亡的紧急关头而不动摇屈服。这样的人是君子吗?是君子啊!"

【要解】

"孤"指死去父亲的小孩;古人以七尺为成年,六尺是指15岁以下。"百里之命"是掌管百里土地上百姓的命运,指掌握国家政权。君子并非只是品德高尚,行为端庄,他还有过人的才华,坚定的意志,小者可以承受托孤之命,大者可以担当起伟大的使命,面对困难能不改志向,始终如一,坚守正道。如最为孔子所称赞的周公,辅佐年幼的成王七年,顶住世人的诽议和不解,一餐三吐,殚精竭虑,最后还一个清明安定的政局于天下,用实际行动回敬世人认为他想独霸朝堂的说法。

另外,曾子还讲到一点,"临大节而不可夺也",即面对危难之际,能不顾个人安危,保持美好节操,坚守既定原则,为国尽忠者,这样的人也是君子。而如孔子、颜回、曾子这样的君子,虽然没有遭遇国灭朝倾之难,却也能在正道将倾、大义渐失的情况下主动而出,承担了历史赋予的使命而放弃自身的种种利益,倾尽才德,力挽狂澜,振兴仁德之道,为国为民为天下,承传中华文脉,非君子者又如何能做到?

8.7

曾子曰:"士不可以不弘毅,任重而道远。仁以为己任,不亦重乎?死而后已,不亦远乎?"

【译文】

曾子说:"士不可以不刚强而有毅力,因为他责任重大,道路遥远。把实现仁作为自己的责任,难道还不重大吗?奋斗终生,死而后已,难道路程还不遥远吗?"

【要解】

古代,士作为社会成员里一个较为受人尊重的阶层,是排在农、工、商的前面的,因为他有知识,懂道理,更有一定的才能,特别是有非凡的志向和远大的理想,这就决定了他必须承担起相应的社会责任。作为社会里的一士人,他不能和普通百姓一样,整日仅为自己的生活谋取利益,还要为更广大的百姓服务。普通人为名为利,真正的士人不是明哲保身者,也不消极退让,更不会只求自我修养而不顾他人。他应该有顽强的毅力,坚忍不拔的精神,崇高的追求,果敢的勇气,去为道、为义、为仁、为他,这就是士道。虽然差君子一点,但也是高尚的品格,为天下敬重。

春秋战国时代是一个士人辈出的时代,有"四大公子"临危受命,不辞己难,倾命而为;有"四大刺客"奉献性命,义无反顾;更有无数的壮士奇才、文人学者、穿梭南北的纵横家、运筹帷幄的战略家、出入疆场的军事家等等蜂拥而现,游说各国,献计献策,著书立学,收徒设教,征战沙场。虽然其中有的并非正道,还有的只是为谋一己之利,但那种刚猛顽强、不屈不挠之可贵精神却令我们感慨万分。也正因为有无数士人迭出,才有了中华文明史上这一次百家争鸣时代的诞生,从客观上丰富壮大了中华文明的内涵,促进了中华民族的蓬勃发展。

曾子之所谓士者所追求的是天地正义,是世间仁爱,是全天下百姓的孝悌与安康,因此,要想成为孔孟颜曾这一类士人更为艰难,也尤为荣光。

8.8

子曰:"兴于《诗》,立于礼,成于乐。"

【译文】

孔子说:"(人的修养)开始于学《诗》,自立于学礼,完成于学乐。"

【要解】

东汉经学家包咸曰"兴,起也。修身当先学诗。礼所以立身,乐所以成性",可谓至义也。孔子曰:"诗三百,一言以蔽之,思无邪。"这个"思无邪"即所言所记都是符合人世正道的,人生从此起步可以确定一个良好的方向与目标,而不至于走向斜路。在此基础上,再开始学习礼仪,懂得平常生活行为之准则,如此一来便可以很好地修养自身。"成于乐"是指在用礼仪修养自身到达一定程度之后,便要开始学习乐。乐是无形的,主要针对的是心灵、是生命内在那丰富的情感天地,通过乐的学习,可以让生命更加高洁纯真,丰富又光明。

学习诗,可以言,可以怨,可以明正道;学习礼,可以为人,为事,规范行为;学习乐,可以修养心性,去掉各种污渍而让心魂光明坦荡。如此一来,一个人从立志到懂礼,再到内心的优雅美好,整个成长过程便和各个阶段的教育紧密结合起来,由外在到内心,从明五伦到知正道,再到言行举止,最后成仁为道也就顺理成章了。如果忽略了它们在成仁方面的重要功效,再多、再精的艺也无多大用处。远离了心灵,诗便不成为真诗,礼也非正礼,乐就更不是纯净性命的美乐了。

再者,诗、礼、乐三者是不可截然分开的,它们是一分为三、合三为一之关系,是完善品德之必须,有言、有行、有心,是由外到内,是知行合一,是真正修养自身之必然途径,也是儒家倡导天下仁德之重要手段。

8.9

子曰:"民可使由之,不可使知之。"

【译文】

孔子说:"如果百姓掌握了诗礼乐,就让他们自由发挥;如果因理解能力有限,不太懂得这些深奥内容,我们就要去教化他们,让他们知道成就大道的意义与作用。"

【要解】

清朝学者宦懋庸这样断句:"民可,使由之;不可,使知之。"这一解读非常清楚而准确地将儒家德化政治、顺民应天、开启民智的思想体现出来了。

孟子说:"行之而不著焉,习矣而不察焉,终身由之,而不知其道者,众也。"(《尽心上》)意思就是说天地大道是无所不在的,我们却对它不能察觉,我们的命运与生活都由它掌管着,我们却不知道,这样的人太多了。正所谓,百姓日用而不知。即使到了科技如此发达、知识如此丰富的今天,对大道理解或认可的又有几人?面对现实怎么办?是放任自流?还是全力相教?当然是后者,如是前者,那就不是孔子了。孔子是圣人,菩萨级别的修行者,不是只顾自己的阿罗汉。所以,即使有千千万万不知道者,孔子也要努力去教化他们。

怎么教化?孔子懂得教育大法,他依从世人的心性去因地制宜,因人而施教。这个"因地",就是因世人普通的心性,如执着、痴愚又好随众。那好,孔子就从此切入,按照凡生共有的这些特性去让他们照着君子们的言行去做便可以了。"小人喻于利",给点小利,小人就开怀大笑,明天就跟着来修习了。大多数人只知道果地,那就从果地入手,这样更容易也方便打动世人的那颗俗心。将知行打了个颠倒,先行后知,行中得知,行中明知。这就是孔子的智慧所在。就如现在好多人学《论语》,读《道德经》,对其更深奥的道理一时不大明白,没关系,只要知道这些圣人所言所行正确,对我们有利就可以了,先做起来,在具体的事务中去慢慢体味圣人之理,也不失为一种开智成道的方法。

8.10

子曰:"好勇疾贫,乱也。人而不仁,疾之已甚,乱也。"

【译文】

孔子说:"喜好勇敢而又恨自己太穷困,就会犯上作乱。对于不仁德的人逼得太厉害,也会出乱子。"

【要解】

孔子不希望老百姓犯上作乱,也不想让他们永远贫困愚昧下去。如果遇到如陈胜吴广之类者又将如何?当这些人遇到了天下不均时又将如何?修仁德,这是最好也是最根本的办法,是能让整个天下达到公道平和的最佳方式。

有人富贵,有人贫穷,有的人一生下来就是王公贵族,有的人奋斗了几辈子还是一介贫民。《太上感应篇》说:"福祸无门,惟人自召,善恶之报,如影随形。""一日有三善,三年天必降之福;一日有三恶,三年天必降之祸。"《易经》中也有同样的观点:"积善之家,必有余庆,积不善之家,必有余殃。君子敬以直内,义以方外,敬义立而德不孤。""直、方、大、不习,无不利。"孔子基本赞同这一观点,他告诉世人,如果以仁德相教,人们就不会去作恶造孽,而会去积德行善。对待百姓一定要以平和的态度、宽容的方式,不能强行霸道,过分使用武力。

面对蒙昧的百姓要采取仁与恕的方法教导他们,一方面要对他们施以仁德的教育,另一方面宽恕他们,理解他们,不强行剥夺他们求富去贫这一权利。所以,孔子提出了"乐天知命,安贫乐道"的君子风格,而令天下人效仿,以此来净化社会风气。

8.11

子曰:"如有周公之才之美,使骄且吝,其余不足观也已。"

【译文】

孔子说:"(一位君主)即使有周公那样美好的才能,如果骄傲自大而又吝啬小气,其他方面就不值得一看了。"

【要解】

这一章讲的是才与德的关系。德大于才,德是根本,才是条件,二者匹配了,作用非凡,否则纵然才高八斗,也不值得推崇。如果有才没德,就会恃才傲物,狂妄自大,严苛刻薄。这样的人一旦管理起国家来,百姓就要遭殃。最典型的便是隋炀帝杨广,风流倜傥,工文学,通音乐,好诗歌,崇尚儒学,爱好佛学,提倡道学,文功武治,在位期间开创科举制度,修建大运河,营建东都洛阳,亲征吐谷浑,三征高句丽,新建大兴城,兴办学校,访求遗散图书加以保护,成就非凡,国家一时兴盛无比。但因过分自负,蔑视群臣,骄奢淫逸,不顾百姓死活而导致国强民穷,终于引发天下大乱,直接导致了隋朝的覆亡。

有人说强盗并不可怕,因为盗亦有道,好多粗野的强盗手握利刃抢劫时,还要遵守"十不抢"的盗道。可怕的是有文化的强盗。因为他们已失去了应有的道德约束,文武双全的他们知道如何对付世人,可以无所不用其极,一旦行起恶来,少有人能敌。如果是才低而德高之人,即使才学不够,能力有限,也无伤大雅,最多不过是工作效率低下而已,不会出现什么大的纰漏。作为一国的至高管理者,可以没才,但必须有德;如果是下层普通百姓,也不可以弃德而去求才。因为厚德载物,多行不义必自毙。

8.12

子曰:"三年学,不至于谷,不易得也。"

【译文】

孔子说:"如果辛辛苦苦求学仁德多年,而志却不在当官求名得俸禄上,这样的人是非常难得的。"

【要解】

"谷":古代以谷作为官吏的俸禄,这里"谷"表做官。此章和上一章是互论,上章讲了为官者需有的品德,此章讲述士人应有的品德。

自古以来,读书好似都是为了求名得利当官,官本位思想成了千百年以来世人唯一的目标,"学成文武艺,货与帝王家"成为天下学子奉行不悖的人生哲学。孔子不反对学者做官,认为得到一定的俸禄也是合理的。但是不能把它颠倒了。再说"仕而优则学,学而优则仕",理论和实践相结合,官场和人生相匹配,这也是士必然之使命。

儒家的教育把修仁德当作人生必修之功课而大力提倡,并将它取名为"大学"。通过明明德而恢复自己的德行,成为君子,然后再去亲民,自度度他,自觉觉人,最后双方达到至善之境界,圆满成就。这就是为学之道,为士之道。

有人说知识分子就是社会的良知。此语中的也。一旦良知没有了,这个社会也就不会有正义的希望了。因此,这个良知必须保持高度的纯洁和独立,不能受到太大的打击和压制,否则,社会就会改变它的正确走向。同时,这还取决于士人们本身的品格,取决于他们面对名利的选择、面对大道的态度。孔子的担忧是非常有道理的,他的赞叹也是非常难得的。

8.13

子曰:"笃信好学,守死善道。危邦不入,乱邦不居。天下有道则见,无道则隐。邦有道,贫且贱焉,耻也;邦无道,富且贵焉,耻也。"

【译文】

孔子说:"坚定信念并努力学习仁德,誓死守卫并完善治国与为人的大道。不进入政局不稳的国家,不居住在动乱的国家。天下有道就出来做官;天下无道就隐居不出。国家有道而自己贫贱,是耻辱;国家无道而自己富贵,也是耻辱。"

【要解】

"笃信好学"之"信"非诚信,而是自信、相信正义真理之道。"好学"是爱好修学仁爱之本、天地正道。"善道"是指《大学》里所讲的至善之道,即天地间最高之正道。面对混乱不安的国度或恶劣之环境,你可以随时避让开,而不被卷入其中;天下处于正道时,你可以堂堂正正出仕为官,或现身为事,实现君子的抱负,否则,你就需要隐居幕后,默默修身。如果自身修养不够,看不清天下是无道还是有道,你的辅佐则可能是助纣为虐、为虎作伥。孔子在这里告诉士人如何把持好自己的人生,处理好出仕和入仕的界线尺度。其标准是看其是否在行道,有道还是无道。有道则相助,无道则远之。明哲保身而不同流合污，也是一种智慧。孔子并不死板僵化，面对复杂的社会，他有着非常明智而又不违人道的选择。当然，这不是胆小逃避，不是不负责任的自保。

同时，他也讲到了士人和国家的利益关系，提出应当把个人的贫贱荣辱与国家的兴衰存亡联系在一起，指出这才是为官的基点。如果国家的大政方针、社会风气符合正道，自己却一生贫穷，无名望地位，那需要认真反省改进。如果社会无道，自己却可以享受荣华富贵，那说明你肯定是合了邪道，违了正道，这也是正义君子的耻辱。

孔子其实还表达了另一层面的意义，那就是国与家与士是一体的，不可分开，双方相互影响又休戚相关，二者平衡和谐才是合理的，否则，会导致双方俱败的结果。

8.14

子曰："不在其位，不谋其政。"

【译文】

孔子说："不在那个职位上，就不去干涉那职位上的事。"

【要解】

此章内容涉及儒家所谓的"名分"问题。还是继续上章内容而讲，主要针对的是士人对自身的定位问题。孔子的意思是每一个人在社会中都有一定的分工，不管大与小，高与低，各司其职，各尽其能，不要相互错位混乱了，导致职责相互交叉不清不明，引起许多麻烦与纠葛，这是非常合理的，也是符合当时社会特征和需要的。一个无序混乱的社会必定是不好的。

孔子告诉我们，为政者各司其职，不要争权夺利、觊觎高位，要勇于承担，不可相互推诿；为民者做好自己的本职，不要整天好高骛远，眼高手低；最难定位的是士人，行动自由又有一定知识、能力，志向远大，时时想由低层高攀，以求得君主的赏识，这一举动本无可厚非，然而，有些人不能准确地根据自己的情况定位，把名利的心性收紧，反而常常越轨犯位，搅乱局势，名义是为了国家社会，实际上是出于私心名利。对此，孔子认为很有必要进行正名定位，其实也就是把控住自己那颗不安分之心，学会礼治，不要有僭越之嫌、犯上作乱之误导。《中庸》曰"君子素其位而行，不愿乎其外"，就是说世界的一切其实都在自己的心头,管好了这个心,也就解决了天下的诸般事务。一切法相皆由心而生,心外无法,法外无心。这一理论常人难懂,却是真理。

8.15

子曰:"师挚之始,《关雎》之乱,洋洋乎盈耳哉!"

【译文】

孔子说:"从太师挚演奏的序曲开始,到最后演奏《关雎》的结尾,丰富而优美的音乐在我耳边回荡。"

【要解】

"师挚":鲁国的太师,名字叫挚。"始":乐曲的开端。古代奏乐开端叫"升歌",一般由太师演奏,故曰"师挚之始"。"乱"是乐曲的终了,为合奏乐。此时奏《关雎》乐章,所以叫"《关雎》之乱"。本章紧接上一章,告诉我们如何修心、静心,让心灵崇高起来。

孔子非常推崇礼乐,常提倡以诗治口,用礼治身,用乐治心,渐使民众所言合理,所行合礼,以乐调心,最后做到和谐快乐,身心皆美,具有崇高之德行。身为音乐大家的孔子听这场演奏会,从师挚率领乐人登堂唱歌开始,到最后大合奏,以《关雎》的词谱来结束,自始至终都觉得非常美,美得如痴如醉,不知何在。这一章不仅表达了他对于鲁国音乐太师挚高妙演奏的赞美,更主要的是告诉我们,通过正道之音乐来修养身心,与音乐内容相合为一,可以进入多么纯美的境界呀!

8.16

子曰:"狂而不直,侗(tóng)而不愿,悾悾(kǒng)而不信,吾不知之矣。"

【译文】

孔子说:"狂妄而不正直,无知却不谨慎,表面上诚恳实际却不守信用,我真不知道有人会这样!"

【要解】

"侗":幼稚无知。"悾悾":诚恳的样子。"狂而不直,侗而不愿,悾悾而不信"这三者都不是具备好品质的表现,对此孔子十分反感。这一章从反的方面说明一个人如果不进行自我修养,没有高尚的德行,就会有种种不良行为而令人讨厌。

一个人之所以狂妄是因为收敛不住自负的心性,再加上不正直,就势必会走向邪恶。无知是因为不懂知识与道理,不闻正法,不想努力从明师学习,这样的行为难以符合正道的要求,如果不能谨慎小心,就可能盲目行事而好事办成坏事,小事闹出大乱,表面上诚信实际上却虚妄奸诈,这样的人更为可怕,与人交往只占利不吃亏,时时想着如何欺骗他人,遇事不讲原则,没有道德,可谓典型的无耻小人一个。原因是他们的本性幽暗,无一丝光明,无正义之意滋生,却自作聪明,常以巧言令色欺骗他人。

上述这三种行为也有层次的不同,越往后越可怕,最后到了本性邪曲、远离仁道,这个人基本就完了,这是我们务必注意的。

8.17

子曰:"学如不及,犹恐失之。"

【译文】

孔子说:"学习像(追赶什么,总怕)赶不上,(赶上了)又害怕失掉了它。"

【要解】

此章亦同上一章有联系,一个人品德修养不够就会表现出诸多不良行为,那就得好好学习。而这个学习又非掌握一般的知识技艺等以求谋生,而是有关为己之学、成德之学、仁道之学,这样的学习就如马拉松比赛,异常艰难,永远在路上,不可有一丝的懈怠。

夫子说的"知及之,仁不能守之,虽得之,必失之。"(《论语·卫灵公》)意思与之相近。一个人美好的品德是本身具足的,只因受后天的种种诱惑,良知被渐渐地蒙蔽了,幽暗不明了,所以就需要学习,觉悟后再落实到具体的行动中,实现知行合一。《中庸》曰:"回之为人也,择乎中庸,得一善,则拳拳服膺而弗失之矣。"复圣颜子就是这样按照老师的教诲"拳拳服膺而弗失之",时时反观对照,守护着那个唯一的善,生怕稍有不慎而让它跑掉,认真地践行着孔子所言"学如不及,犹恐失之"之教导。

良知是看不到的,时隐时现,时来时往,它见于我们表现出来的那些美好的品格:一丝突发的善念,一个真诚的感动,一句质朴的话语,一次善良的发心,一种羞耻、自责、忏悔之反思等。如若不时时将它们看护好,它们就会在转瞬间离舍我们,而令我们变得冷漠自私、粗暴埋怨、宠辱失常。《左传》曰:"慎始而敬终,终以不困。"意思是谨慎地开始,不怠慢地终结,就不会有窘迫之患,不会因疏忽而导致良知的失去,最后方能达到"终以不困"的目的。

8.18

子曰:"巍巍乎,舜禹之有天下也而不与焉!"

【译文】

孔子说:"多么崇高啊,舜和禹得到天下,不是强行夺来的。"

【要解】

孔子高度赞美舜禹两位圣人因品德高尚而得到了天下,突出了仁德之高超。

尧"其仁如天,其知如神,就之如日,望之如云"(《史记·五帝本纪》)。由于他德高望重,人民倾心于尧。到尧年老时,由四岳十二牧推举部落联盟军事首长继承人,大家一致推荐了舜。尧把自己两个女儿嫁给了舜,并对他进行了长期的考察,最后才放心禅让,这是真正为天下利益考虑。其间有人说尧的儿子丹朱是个开明的人,继承尧的位子正合适,尧严肃地给予了否定。后经过考察,认为舜确是品德好又有才能者,才把天下传给舜。舜又禅让给禹,禹为黄帝之玄孙,夏后氏首领,成功治理洪水,世人便把他敬为神人,将他与天地相齐名。他在位时虚心听取意见,谦逊退让,自奉节俭,是中国史籍记载中功高德劭的完人。

尧、舜、禹是古代汉民族历史中,自黄帝之后,黄河流域先后出现的三位德才兼备的部落联盟首领。这三位君主治理有方,当时社会获得很大发展,天下大和,太平无事,为后人称道。孔子非常推崇禅让制,对尧舜禹的禅让不惜口舌,大加赞扬。相比春秋战国时的争战,尤显它的珍贵与不易。

8.19

子曰:"大哉尧之为君也!巍巍乎!唯天为大,唯尧则之。荡荡乎,民无能名焉。巍巍乎其有成功也,焕乎其有文章!"

【译文】

孔子说:"真伟大啊,尧这样的君主!多么崇高啊!只有天最高大,只有尧才能效法天的高大。(他的恩德)多么广大啊,百姓们真不知道该用什么语言来表达对尧的称赞。他的功绩多么崇高啊,他制定的礼仪制度多么光辉啊!"

【要解】

紧接上一章,下面三章分别称赞了三位圣君为中华文明发展做出的巨大贡献。这一章是歌颂尧的。孔子在这里用极美好的语言称赞尧的伟大品格和功绩,尤其对他创立的典章及政治制度特别赞美,表达了他对古代先王的崇敬心情。

史载,当时尧帝出游观天下,有一位耕种老人击壤而歌:"日出而作,日入而息,凿井而饮,耕田而食,帝力于我何有哉。"(《帝王世纪》)意思是按照自然规律去种田生活,帝王对我有什么恩惠呢?说明尧采取的是顺其自然无为而治之方式,依天道四季而行,不扰民,不困民,让百姓和天地紧紧相合,即当时天地人达到了非常和谐的状态,这是尧法于天取得的巨大成就,也是孔子非常赞同且欣赏的大同社会。

《道德经》讲"人法地,地法天,天法道,道法自然"。尧是合道之圣者,他以仁德治理的天下也是如此,人心顺德行事,淳朴诚信,人与人和睦相处,各自按照天地的规则生活,整个社会井然有序,清平安宁,性命皆处在无为自然之中,与大道浑融为一,真正达到了老子所谓的"太上不知有之,其次亲而誉之……功成事遂,百姓皆谓我自然"之无为大治境界。故而孔子称圣尧如日中之光,光芒万丈,福泽天地。

8.20

舜有臣五人而天下治。武王曰:"予有乱臣十人。"孔子曰:"才难,不其然乎?唐虞之际,于斯为盛,有妇人焉,九人而已。三分天下有其二,以服事殷。周之德,其可谓至德也已矣。"

【译文】

舜有五位贤臣就能治理好天下。周武王也说过:"我有十个帮助我治理国家的臣子。"孔子说:"人才难得,难道不是这样吗?唐尧和虞舜之间及周武王这个时期,人才是最盛的了。但十个大臣当中有一个是女性,实际上只有九个人而已。周文王得了天下的三分之二,仍然事奉殷朝。周朝的德可以说是最高的了。"

【要解】

"舜有臣五人":传说是禹、稷、契、皋陶、伯益等人。"乱臣",据《说文》:"乱,治也。"此处所说的"乱臣",应为"治国之臣"。"唐虞之际":传说尧在位的时代叫唐,舜在位的时代叫虞。"有妇人焉":指武王的乱臣十人中有武王之妻邑姜。"三分天下有其二":相传当时天下分九州,文王得六州,是谓天下的三分之二。

在这一章里孔子提出了一个重要问题,就是治理天下必须有人才,而人才是十分难得的。禹治水,分定九州;稷好农耕,种植五谷;契是尧帝同父异母的弟弟,辅佐尧、舜,发明了以火计时的历法;皋陶为大理官,公正无私执法;伯益帮助大禹治水,凿挖水井,政治上也很有建树。此五者后来又都成为几个朝代的开山鼻祖:禹是夏朝的祖先;伯益后来成为夏王启的卿士,享年100岁;稷是周朝的祖先,契是商朝的祖先。

辅佐周武王的十位圣贤是周公旦、召公奭(shì)、太公望、毕公、荣公、太颠、闳(hóng)夭、散宜生、南宫适,还有一人是文母邑姜。九位男性主管治外,夫人邑姜帮他治理内院、后宫。从武王开始,华夏民族就有了贵德之妇治内之先河。周朝能传八百年,除了因有优秀的臣民外,还因有一位特别贤惠的夫人。文王的祖母太姜生王季,王季两位哥哥泰伯、仲雍都是圣人,又娶了太任,太任生圣人文王。文王娶太姒,生武王、周公,这些都是圣人。《礼记·大学》说道:"君子先慎乎德。有德此有人,有人此有土,有土此有财,有财此有用。德者,本也;财者,末也。"此言不差。

8.21

子曰:"禹,吾无间然矣。菲饮食而致孝乎鬼神,恶衣服而致美乎黻冕(fú miǎn);卑宫室而尽力乎沟洫(xù)。禹,吾无间然矣。"

【译文】

孔子说:"对于禹,我没有什么可以挑剔的了;他的饮食很简单而尽力去孝敬鬼神;他平时穿的衣服很简朴,祭祀时却尽量穿得华美;他自己住的宫室很低矮,而致力于修治水利。对于禹,我确实没有什么挑剔的了。"

【要解】

"黻冕":祭祀时穿的礼服叫黻,戴的帽子叫冕。"沟洫":沟渠。禹是与尧、舜齐名的贤圣帝王。他是禅让制度下最后一个部落联盟首领。后来在诸侯的拥戴下，禹的儿子启以阳城为都城，建立了夏国，中华文明由此进入一个新的发展历程。孔子通过禹三方面的表现来全力赞美对方无私的品格。与此相反的，夏商周三代之所以灭亡，都是因末代皇帝——夏朝的桀，商朝的纣，西周的周幽王贪淫无度，荒废政务，不顾百姓死活，最后穷凶极恶而亡国灭身。

食、衣、住是日常生活的三个主要方面。在这三个方面的表现能够清楚地反映出一个人的生活作风是节俭还是奢侈，特别是身居高位的君王，有条件追求更高的物质享受，也有义务更加严格要求自己，简朴节俭，勤政为民。作为一位高高在上的帝王，人们关注他的生活作风，并不在于他一人一家一族能节约多少衣服，或浪费多少食物，而是透过这一细节，看出一个人能否节制住自己的行动，管得住自己的欲望，回归于那纯真之性而具备仁德之心。心是万物之根，七情六欲是后天心性的自然表现，每个人不可能没有七情，但是发而中节，这是符合仁道的，否则便是违背正道。对此，老子说得很是明白："将欲取天下而为之，吾见其不得已……圣人无为，故无败；无执，故无失……是以圣人去甚，去奢，去泰。"（《道德经》29章）家国同理，唐朝诗人李商隐在《咏史》中也说得好："历览前贤国与家，成由勤俭破由奢。"为了一家一国之昌盛永久，必须去甚，去奢，去泰。尤其是帝王，否则，毁掉的是整个天下。

子罕篇第九
（凡 31 章）

本篇涉及孔子的道德教育思想、弟子对老师的议论及孔子的某些活动。

9.1
子罕言利与命与仁。

【译文】
孔子很少把利、命、仁三者放到一起来谈。

【要解】
本章历来备受争议，对它的解释主要有三种：一、孔子很少谈到功利，但赞许命运，赞许仁德；二、孔子很少谈到功利、命运和仁德；三、孔子很少谈到功利和命运，但他更赞成仁德。

《论语》中孔子确是少言利而多言命与仁的。但少谈并不等于不赞同，这三者孔子其实都是承认的。孔子对利的原则是君子爱财，取之有道；对命的态度是承认命运与鬼神，却不时时顺从命运、听从鬼神；对仁的态度是修习自我、安平天下。而凡生又特别容易计利害义，因小失大；命理又微玄至深，不易闻懂；仁道则很高很大，一般慧根者较难抵达。三者放一起来谈可能会事倍功半或适得其反。

利、命、仁三者其实是每个生命的必然，也是成人、立身、为业定然会涉及的问题，同时需要，同时存在，相互交织于一起，既有外在物质的，又有抽象精神的。但又都不能过分或脱离实际来谈。故孔子便独创了一套最实际的有效教学方法，分开谈，以仁为本，因人而异，对症下药，借事说理，步步深入，层层提升。

利可以求，命也可以信，仁一定可以成，但一切都要合节，控制在一定的限度之中，否则，就会陷入名利与命运的泥淖而难以自拔。至为关键的是必须把本心把握住，虽然它无形无踪，但它始终居于核心地位，决定着其他。"不贵难得之货，使民不为盗；不见可欲，使民心不乱。是以圣人之治，虚其心，实其腹，弱其志，强其骨。常使民无知无欲。"(《道德经》3章)"同于道者，道亦乐得之；同于德者，德亦乐得之。"(《道德经》23章)老子所言，其实也是如此。

此章是本篇的核心，下面几章是分别来谈这三者的。

9.2

达巷党人曰："大哉孔子！博学而无所成名。"子闻之，谓门弟子曰："吾何执？执御乎？执射乎？吾执御矣。"

【译文】

达巷党这个地方有人说："孔子真伟大啊！虽学问广博，却不以某一技艺而成名。"孔子听说了，对他的学生说："我擅长于哪方面呢？驾车还是射箭？我还是驾车吧。"

【要解】

"达巷党人"：古代五百家为一党，达巷是党名。这里是说达巷党这地方的人。此章是言命的。

孔子是一位凭借后天的努力而成名的伟大人物，如果按世俗的标准对其定义的话，他应该有如下之称号的：精通礼仪、音乐、射箭、驾车、历史文学、数学计算等六种才艺，是著名的诗歌理论及评论家、史学专家、礼仪大师、音乐大师、易经高手、文献专家，另外，还是外交家、演讲名家、法律专家、心理专家、著名的谋士、军事理论家、天文地理专家、杰出教育家、独特的政治家、伟大的思想家、著名的伦理学家、道德专家、社会活动家、儒家文化鼻祖、仁德思想代言人……但最后，孔子是谁？谁也不是，他就是孔子，一位普通而不平凡的老人。命运如此不公，但孔子却淡然面对，哈哈一笑：我就是一赶马车的。这就是圣人的仁德表现。命与仁的关系尽在其中。

真正的圣人就是这样的，不执一事而成其事，无所用心而成其心，博学而无所专长,圣贤而不居其名。正如老子说的"圣人处无为之事,行不言之教","立于不争而无忧,立于不争而有成",已至无为而无不为之境。《金刚经》有云:"世界非世界是名世界,如来非如来是名如来。""若以色见我,以音声求我,是人行邪道,不能见如来。"世人不识孔子,还真以为孔子就是一赶马车的。命哉,孔子!

9.3

子曰:"麻冕(miǎn),礼也;今也纯,俭,吾从众。拜下,礼也;今拜乎上,泰也。虽违众,吾从下。"

【译文】

孔子说:"用麻布制成的礼帽,符合于礼的规定。现在大家都用黑丝制作,这样比过去节省了,我赞成大家的做法。(臣见国君)首先要在堂下跪拜,这也是符合于礼的。现在大家都到堂上跪拜,这是骄纵的表现。虽然与大家的做法不一样,我还是主张先在堂下拜。"

【要解】

"纯":在这里应该是指黑丝。本章讲的是孔子如何对待礼仪的变革问题。本章列举了生活与政务两个很典型却也微小的事说明一个观点:即便是传统固定的礼仪也并非一成不变,死板僵化。但如果违背了原则,影响了心性的修行,那是不可以的。

不浪费财物,说明这个人对事物有所珍惜,是有敬爱万物之心的,这要肯定;如果在朝堂面见天子,为了省事而减去堂下拜见这一环节,说明心中已生出了对君主的傲慢,膨胀了自我,这是骄纵的表现,万万不可以。程子说过:"君子处世,事之无害于义者,从俗可也;害于义,则不可从也。"(《论语集注》)就是心性可以自由,但必须符合仁道,一定要在相应的限度里行事。一定的形式可以改变,但不能因为形式的改变而影响本性。

孔子提倡礼仪的目的并不仅仅是让世人遵守相应的礼规,而是借一定的形式去规范自我的内心,使其行为处事时时不离开修心这一根本目的。至于哪些礼仪可以省去或更改,哪些不可,不可能全部规定出来,只看自己有怎样的心理了,修仁德重在自我的觉悟,而不是外在的形式束缚。孔子是非常人性化的,但原则性也很强。他懂得人们的想法,更知道什么可以有限度地自由,什么绝对不可以放纵。生活细节与朝堂大节,节省勤俭和傲横无礼,这是截然不同的概念与表现,必须明白它们代表的不同意义。

9.4

子绝四——毋意,毋必,毋固,毋我。

【译文】

孔子断绝了四种毛病:不起杂念妄念,不强求,不固执己见,不以自我为中心。

【要解】

这四者都涉及修仁德这一要核,也关联到"心意"这个问题,都是对生命内在意识的合理把控,也是修养仁德的必然要求。

什么是意?现代科学认为"意识"是泛指除物质之外的一切念头、思想、智慧、灵魂、意志等精神活动结果。它依附于我们的身体,起源于我们的物质活动。人的心理活动其实就是一种意识活动。按佛理讲,人在眼、耳、鼻、舌、身、意这六识之外,还有第七识,它是后天之"我"执着认为的意识。另有第八识又是不生不灭的,是生命轮回的主体。如此,生命的意识大致可分为两部分:一部分是肉体感触的、无明的"假我"意识;另一部分是性净明体、本我意识。孔子所言的意、必、固、我都在前七识中,修养的目的就是去掉那些假我意识,而显现出最真的本我意识,也就是仁德之识。假我意识,就是我们平时面对诸事物时所生起的各种杂念、妄念、固执之念、自我之念、对错之念等等,这些无数的念想时时生起,搅扰了我们原本纯真的心性(第八识),而变得无明浑浊,常常把事物的假象看作是真相,颠倒了是非,不知道"我"到底是谁。孔子这里所说的四识,其实就是上述六识汇集而成的第七识的几种表现,它们都是后天意识,虚假不实的,都应该戒除掉。

"毋意"就是不要凭空猜测,要安而专一。"毋必"即不要主观判断,行事武断。"毋固"就是不要固执,不知变通。"毋我"即不要自以为是、居功自傲,要谦虚有礼。这四者戒除不掉,我们就难以找回那本真之我,在行为处事中就会颠倒梦想,远离真性,难以修成仁德。

9.5

子畏于匡,曰:"文王既没,文不在兹乎?天之将丧斯文也,后死者不得与于斯文也；天之未丧斯文也，匡人其如予何？"

【译文】

孔子被匡地的人们所围困时，他说："周文王去世后，周代的礼乐文化不都体现在我的身上吗？上天如果想要消灭它，那我就不可能掌握它了；上天如果不消灭它，那么匡人又能把我怎么样？"

【要解】

公元前496年，孔子从卫国到陈国时经过匡地。匡人曾受到鲁国阳虎的掠夺和残杀。孔子的相貌与阳虎相像，匡人误以孔子为阳虎，便将他围困。"如予何"是能把我怎么样？

孔子相信天命，更相信自己身上所承担的伟大历史使命，他坚定地认为中华的仁德之道从上古尧舜禹到中古的汤、文、武、旦不断传承，一直延续到时下的鲁国，鲁国里的自己便是天下仁道的传承人、继承者。天地正道永不会中断消亡，自己的性命也一定不会受到伤害。所以，遇到如此危难时，他非常淡定，内心没有一丝的恐惧，认为有天地的紧紧相护，小小的匡人又能把自己奈何？孔子的内心十分强大，强大到已和天地相融于一体，从使命感中感受到了生命的安全无忧，所以，他自信地对弟子们说出了上述这一番话，告诉弟子们，一定会化险为夷的。果然，经过一番交涉，匡人无奈，便放他们走了。

外出游说被他人误解，或围困、或驱赶、或迫害，这对孔子来讲已不是第一次了，而每次孔子都能化险为夷，转危为安，除了这种坚定的信心外，更与他超人的智慧和平静不乱的心态分不开，也和他平时里表现出来的仁爱精神、宽容行为、天地情怀分不开。这就是正人君子行为端庄、品行纯正、待人礼谦换来的结果，也是他长年提倡仁道得到的善报。

此章是对本篇首章的真实明证，也是对上一章的反面论证。正反对比，道在其中。

9.6

太宰问于子贡曰："夫子圣者与？何其多能也？"子贡曰："固天纵之将圣，又多能也。"子闻之，曰："太宰知我乎？吾少也贱，故多能鄙事。君子多乎哉？不多也。"

【译文】

太宰问子贡说:"孔夫子是位圣人吧?不然为什么这样多才多艺呢?"子贡说:"这是上天让他成为圣人才使他有这么多的才艺。"孔子听到后说:"太宰怎么会知道我呢?我少年时因为地位低贱,学会了许多卑贱的技艺。作为一位君子这些技艺多吗?不多呀。"

【要解】

"太宰":官名,掌握国君宫廷事务。"鄙事":指卑贱的事情。什么是圣人?怀有谦卑之心,具有真善之行,通过听闻而明白了天人合一之理,并且把它宣说于民众,教化世人。如果认真对照佛道两学的标准,圣人就是得道之真人,也就是佛菩萨。

太宰好似也知道孔子与众不同,故而前来问子贡。子贡是一直把老师当圣人看待的,肯定了对方的疑问。孔子却并不这样认为,圣人不是一蹴而就的,更不是平平常常会成功的,没有后天坚持不懈的努力,哪会有如此众多杰出的才能?没有曾经的低贱,哪能有成仁成德之信仰?孔子就是一步步由贫贱孤儿、普通士人,再到季氏大夫、鲁国重臣,直至闻名天下的君子圣人。虽然孔子相信天命,上天也选择了孔子,却并没有赐予孔子什么特别神通使其一夜间醒来便文武双全、才华过人。

生活中有好多人对肩负伟大使命者非常羡慕,向往他们的非凡成就,倾心他们的过人才学,却不想去历经那番苦累接受比常人更艰难的考验,不想克己奉行、鞠躬尽瘁,最终还是一事无成。要想完成天命,必须先完成人事。具体来说,就是把眼下各自的具体工作做好了,才有可能承担起更大的天地使命。这是天命和人命的关联,必须清楚。

9.7

牢曰:"子云,'吾不试,故艺'。"

【译文】

子牢说:"孔子说过,'我(年轻时)没有去做官,所以会许多技艺'。"

【要解】

"牢":郑玄说此人系孔子的学生,但在《史记·仲尼弟子列传》中未见此人。"试":被任用。此章和上一章意思相近,有的版本将它们合于一起。此章有三层意思：一、做官不是成就事业的唯一佳途；二、坏事往往也是好事；三、艺并不低下，它们也可以达道。

自古以来，文人大多喜欢做官，一者因为当时的社会生产力落后，有文化者非常稀少，一旦能掌握一些文化知识，国君或大臣都会前来邀请辅政，为自己的事业，也为天下的治理。二者官员的待遇明显要优渥于其他社会成员，士人们便纷纷效仿，争先恐后当官发财，成名立功。特别是后来科举制出现，便形成了一个特有的士族阶层，由是有了"学成文武艺，货与帝王家"这一特有的现象，知识分子不再以一个独立的阶层而存在。求真寻善，探求天地之道，改善社会之士族精神便越来越少了。

好在孔子处于相对自由的时代，没有走这条道，他曾进去过官场，却又马上主动远离了官场，放弃了完全可以拥有的名利财富，甘守清贫，按照自己的标准去学习各类技艺，一方面收徒设教，一方面修养自身，再传道于天下，最后再按照自己的世界观、人生观去修订史书，规范文献，保留正统文明之脉。正可谓天意有之，时代使之，官场弃之，社会驱之，自己成之。坏事成了好事，鲁国政坛少了一位优秀的政治家，世间却诞生了绝无仅有的一位君子、圣人，这是中华民族之幸，也是孔子之幸。这也是利、是命、更是仁。

9.8

子曰："吾有知乎哉？无知也。有鄙夫问于我，空空如也。我叩其两端而竭焉。"

【译文】

孔子说："我有知识吗？其实没有什么知识的。有一个乡下人问我，我对他问的问题什么也不知道。我只是从问题的因果两端去寻求答案，这样就把问题彻底搞明白了。"

【要解】

"空空"同"悾悾"，诚恳貌，这里是虚空的意思。对此章的解读历来比较复杂，有的甚至大相径庭。有的说孔子也有不懂的知识；有的说孔子无所不知；特别是对"叩其两端"的解读更是判若云泥。此章应该是言仁的。上章说过，世人对孔子的博学非常敬佩，常常向他请教。孔子也非常谦虚，有问必答，有答必中。有村夫非常诚恳地问他问题，孔子不从书本入手，也不凭经验与常识,而是深入事物的因地,再和现实的果地对照,因果结合,正确的答案自然便出现了。

"两端"者,因与果也。"竭"者,彻底也,就是探究到了事物的根子,此所谓"叩其两端而竭"。《大学》里讲"物有本末,事有终始""知所先后,则近道矣",此意与之相同。换种说法就是回到原点,看透一切。从因地寻起,把住根本起源,再一步步看它的发展与变化,最后到达现下的果地,问题就非常清楚了。这就是孔子认识问题的方法与途径,不似我们平常利用后天知识、经验、判断、思维与推理进行理性的探究。这是真正理性和感性的结合,是开悟后的追寻,是真正了知万物根本的最佳方法。

人若进不了因地而目光短浅,就有分别、有执着,有对与错,种种乱念杂想就一一出现,难以圆融明彻。

9.9

子曰:"凤鸟不至,河不出图,吾已矣夫!"

【译文】

孔子说:"凤鸟不来了,黄河也不出现图画,我这一生也快结束了!"

【要解】

"凤鸟":古代传说中的一种神鸟。传说凤鸟在舜和周文王时代出现过,它的出现象征着圣王将要出世,天下太平。"河不出图":传说上古伏羲氏时代,黄河中有龙马背负图画而出,它也象征着圣明君王的现世。凤鸟和洛图自古是上天降临大圣贤于世间最大的瑞兆,它们的出现将预示着圣人现世,天下将河清海晏,一片祥和。从上古时的尧舜禹到周文武王、周公及老子、孔孟,都有他们现世的吉兆,如老子母夜梦流珠,孔子的麒麟吐玉书,孟子母梦到神人泰山、祥云绕屋等。同理,这些圣人们去世时也有不凡的预兆。

晚年回到鲁国的孔子序书,传礼记,删诗,正乐,作春秋,序易象、系、象、说卦、文言等,一心整理上古文化。孔子在生命将尽之时,看不到凤鸟,黄河也没出现八卦图这些瑞象现世,孔子不由地感叹道:看来真正救世的圣贤不会出世,心中理想的王道不能实现了,故托求在文脉的传承上,以待后来圣者开创新的盛世局面。遗憾的是在孔子离世后几百年间的战国及后来更漫长的二千多年历史里,天下烽烟四起,干戈大动,王寇交替,霸道盛行天下,仁人不出，仁德不再。

但是，就在七十一岁的孔子发出如此感慨的这一年，即鲁哀公十四年，鲁国发生了一件大事，西狩获麟，不久便死了。联系孔子诞生时的麒麟降临孔府阙里一事，奇怪之事连连，令世人惊诧，也让孔子感觉到自己不久将离世。不是他惧怕死亡，而是为世间再无圣人忧心戚戚，这是忧天下而非忧己命。不久孔子便辞世。后来中华还是将圣人的称号送给了孔子，和上述诸圣相比，他是文圣人，是以仁德而统领众生的无冕素王。

9.10

子见齐衰（zī cuī）者，冕衣裳者与瞽（gǔ）者，见之，虽少，必作；过之，必趋。

【译文】

孔子遇见穿丧服的人、当官的人和盲人时，即便他们年轻，也一定要站起来，从他们面前经过时，一定要快步走过。

【要解】

"齐衰"：丧服，古时用麻布制成。"瞽"：盲者。"冕衣裳者"：冕，官帽；有人说这里统指官服，冕衣裳者指贵族。也有人说是穿着礼服，将要去祭祀的人。此章是说孔子对有丧事者、参与祭祀者和盲者这三种人抱有同情、尊重、恻隐之心。做到了内外如一、守礼如诚，这不是装样子演戏，而是真正发自内心的一种仁慈或敬重，是夫子本性中仁与礼的自然表现。

遇丧者心生同情悲悯，他人父母就像自己父母，他人悲伤如同自己悲伤；遇行礼者，心生敬重，与之同敬；遇残缺、疾病者，感同身受，不驻足观看，不轻浮指点，快步走过，以示同情。这些都是知礼者应有的行为，也是那颗真纯之心必然的表现。孔子能自然而真实地把礼仪落实到生活实践中，能从心灵深处把礼的内涵发挥出来，做到行、言、意三者的统一，充分表现了他柔软仁爱之心性，时时处处彰显着一种仁慈之貌，仁义之性。

孔儒之礼不是僵死的规范和教条、空泛的说教、累人的形式，而是建立在人与人之间恰当且温暖意义之上的，对每个人都适用，是每个人都需要认真遵守的文明礼仪。它必须通过生活中的一点一滴来体现，渐渐形成固定的行为习惯，行站坐卧，相遇、告别、驻足、言谈，一举一动都要遵守，自然真实，不虚假,不牵强。通过这种自然的表现让双方都能心生善意,互体友爱,彬彬有礼而又和蔼亲近,真正呈现出仁的内涵,义的真谛。透过孔子,我们可以观照自己,反省自己的言行举止是否符合心存善意、怀仁怀义之要求?对人的尊重,由心而发才是真诚。对礼的明达,约束言行才可纯真。

9.11

颜渊喟然叹曰:"仰之弥高,钻之弥坚。瞻之在前,忽焉在后。夫子循循然善诱人,博我以文,约我以礼,欲罢不能。既竭吾才,如有所立卓尔。虽欲从之,末由也已。"

【译文】

颜渊感叹地说:"(对于老师的学问与道德)我抬头仰望,越望越觉得高;我努力钻研,越钻研越觉得不可穷尽。看着它好像在前面,忽然又像在后面。老师善于一步一步引导我,用天地正道来教导我,用各种礼节来约束我,使我想停止学习都不可能。直到我用尽了全力,才好像能卓然自立。虽然我想追随,却没有办法。"

【要解】

颜渊一开始带着崇敬的心情向夫子求教,打开了心魂的大门,发现了其中的无尽奥秘而欣喜无比,求学的欲望根本无法停止。但是,任自己再怎么努力,眼前的这位师者却高不可攀,高深莫测,渺小的自己根本无法与之相比,只有景仰赞叹。此外,他还谈到了老师对学生的教育方法:循循善诱,以文博之,以礼约之,从内容到形式,由理论到实践,步步前行,坚持不懈。表明孔子以身作则,为他人树立了一个良好、完美的榜样,让弟子们可以时时效仿,不断前行。这是一位真正的师者,懂人性,有良策,传正道,授大业,毫无虚假功利,为后世难以企及的天人之师。

师者,必然懂道、知道,明理守一。否则,所传若非正道,则后患无穷。在所传内容里,知识次要,传道为重,道无形,传道却需有良法。为师者绝对不能浅薄幼稚,也不可洋洋得意、孤芳自赏。为师者必须是能让学生明白天地至高之道者,这一内容不传,便难称师者,充其量是技者、艺者。孔子的不凡在于他能将最伟大的真理,用最平常朴实的话语说出来。孔子是将天地万物纳入教育且不露一丝人为痕迹的教化高人,如果没有把天地真理掌握得出神入化,是根本不可能有这一教学高度与思想的。

9.12

子疾病,子路使门人为臣。病间,曰:"久矣哉,由之行诈也!无臣而为有臣。吾谁欺?欺天乎!且予与其死于臣之手也,无宁死于二三子之手乎!且予纵不得大葬,予死于道路乎?"

【译文】

孔子患了重病,子路派了孔子的门徒去做孔子的家臣(负责料理后事)。后来,孔子的病好了一些,他说:"仲由很久以来就干这种弄虚作假的事情。我明明没有家臣,却偏偏要装作有家臣,我骗谁呢?我骗上天吧!与其在家臣的侍候下死去,我宁可在你们这些学生的侍候下死去,这样不是更好吗!即使我不能以大夫之礼来安葬,难道就会被丢在路边没人埋吗?"

【要解】

臣,指家臣,总管。孔子当时不是大夫,不能有家臣。但看到老师年高身衰,作为最亲的弟子又不在身边,子路只好派另一弟子去照顾老师。万一老师不在了,也好安排有关丧礼等事。这本是非常合孝合礼之行为,但是,孔子却断然反对,竟然把对方骂了个狗血喷头。并不是孔子不懂人情世故,不解弟子的疼爱之情,而是弟子不解老师心灵更深处的真意:如果这样做了,世人如何看待我孔丘无所谓,世间的正礼不能保存才是大事。子路虽性率意真,但此举纯粹胡闹。

另外,孔子对死亡早就无所畏惧了,对死后如何安葬更不加考虑。虽然在当时的社会(我们今天也同样),一个人死去如何安葬,以什么规模祭奠,反映着这个人一生之成就和曾取得的地位,也表示着朝廷、社会对其的最终定位。但是,孔子根本不看重这些,这与他的自信有关,也与他的追求有关。他自信是周王朝以来礼仪的传播者,仁德的维护者,正义的接班人,死后如何安葬,上天自然会顾及并有所安排。再说,如果真的抛尸荒野,也是自己的命运使然,没什么遗憾的。这涉及一个人的信仰与理想,可能会影响世人的认识与追求。孔子的生是为正义而来,不能因为自己的死而影响正义的传播。

9.13

子贡曰:"有美玉于斯,韫椟(yùn dú)而藏诸?求善贾而沽诸?"

子曰:"沽之哉!沽之哉!我待贾者也。"

【译文】

子贡说:"这里有一块美玉,是把它收藏在柜子里呢?还是找一个识货的商人卖掉呢?"孔子说:"卖掉吧,卖掉吧!我正在等着识货的人呢。"

【要解】

"韫椟":收藏物件的柜子。"善贾":指识货的商人。"沽":卖出去。有人说本章反映了孔子求仕的心理,却不知道,孔子之求仕和一般世人之求仕有着截然不同的方式——"待贾而沽"。如果你要真有好货,是可以待贾而沽的,可以不主动前去销售,这是孔子对待自己学生为世所用、施展才华的原则方法。孔子自称是"待贾者",他遵循了一个原则:不主动,不强求,不虚假。我这里自有许多才智高远者,品德高尚者,行为端庄者,能处理国政,能当好总管,还能带兵打仗、外交周旋,也愿意为社会服务,匡正邪恶。至于用不用,用哪一位,你得主动来我门上,这才可显出你的诚意。否则,便降低了仁道之价值,淹没了圣贤之才,丘也不为。

孔子一生就是在传播仁德,教化世人,他把自己学生培养成一个个有用之才,品格崇高之人,只待有慧眼识珠者,施展于整个社会。这样的老板目光远大,不计蝇头小利,不失望悔叹,不懈努力,直至成为稀世珍品而收益无穷。一对高智商师生的对话,风趣幽默,情态毕现,生动鲜活,读罢令人莞尔。

9.14

子欲居九夷。或曰:"陋,如之何?"子曰:"君子居之,何陋之有?"

【译文】

孔子想要搬到九夷去居住。有人说:"那里非常落后闭塞,不开化,怎么能住呢?"孔子说:"有君子居住,就不闭塞落后了。"

【要解】

"九夷":淮夷,其北边与齐鲁接壤,在当时是比较落后的地区。"陋":鄙野,文化闭塞,指当地人不开化。孔子作为一个人格十分完善的人,完全淡化了外界事物,更放弃了物质的享受。他的心性特别强大,也十分自信,他只想去改善外界,却很难受外界左右。所以居于什么地方,对他而言都一样。当官就当官,不当官做什么都行,即使到一个贫困落后的地方也无所谓。在那里可以更好地教化百姓,把仁德之道传播给他们,种下智慧的种子,绽放出仁义的花朵。这是君子本有的职责,也是时事的需要。君子顺遇而为,无怨无悔。

佛家有语"相由心生,境由心转,心系诸佛,珠可助道"。命由己造,相由心生,世间万物皆是化相,心不动,万物皆不动,心不变,万物皆不变。境随心转则悦,心随境转则烦。作为一位堂堂君子,心里必须装着他人,遇事不能只想自己如何,而应该替别人着想,让别人感到温暖。

老子说:"上善若水。水善利万物而不争,处众人之所恶,故几于道。居善地,心善渊,与善仁,言善信,政善治,事善能,动善时。"(《道德经》第8章)到边远未开化之地居住,求利没有,想得名不成,在常人眼里那里自非善地。但是君子就有如水渊之善性,他只利他而不争,故他所在地方无一不是善地,无时不可善信、善治、善能、善时。心无物欲,方寸之间,皆海阔天空永无崖畔;胸怀坦荡,宛若长空,终日烦恼则无处藏身。在圣不增,在凡不减,与圣人居而不喜,与凡夫居而不忧,众人所恶的地方,正是修养的绝佳道场。

9.15

子曰:"吾自卫反鲁,然后乐正,《雅》《颂》各得其所。"

【译文】

孔子说:"我从卫国返回到鲁国以后,乐才得到整理,《雅》乐和《颂》乐各有适宜的安排。"

【要解】

公元前484年冬,结束了游历不定生活的孔子从卫国返回鲁国。在这漫长的14年艰辛历程中,孔子没有忘掉肩负的历史使命,他考察收集各地的音乐,亲自弹奏,不断提高自己的音乐素养,从中领悟有关圣贤的明德大义。当他回到久别的故乡时,埋头伏案,开始了对六经的修订,其中便有对乐的修正。

古时,诗、礼、乐三者是一个国家精神文明的大事、要事,同时又和大型的祭祀、庆典等有极大的关联,上自王公贵族,下至平民百姓,都与这三者有关,特别是在修养品格、改善社会风尚方面作用更是重大。孔子离鲁期间,鲁国及其他国家的诗、礼、乐内容随着社会的动荡越来越是淆乱,越来越不合有关礼制,诗、礼、乐开始离而为三,难以统一,有的甚至以其他非正乐而代之。一个国家的正道须由是而立,年迈的孔子便主动承担起了匡复周王朝之正乐这一艰巨的文化使命。

一个人的心性如何,往往可以通过他不由自主哼唱的歌乐看出,同时周围环境的音乐也可以影响他的心情,如那靡靡之音会让人精神不振,雄壮向上者能令人激情澎湃。再伴以纯正的歌词,雅致的情愫,听闻这种纯正之乐,浸泡于美好优雅的旋律之中,久而久之,便会改变那急躁不安的性情,进而提高品格,重新塑造灵魂。所以,在进行祭祀或庆典中,必须要有相应的歌乐礼仪,以肃人形态,庄人情表,化人心灵。特别是《雅》《颂》,更是《诗》义之至美者,有先圣之功德,有庄严的意境品格,有天地自然大气恢宏之正声,远远超越了其他歌乐。美者既正,余者随之而正,孔子又完成了一项匡正人心、校正世风之亘古伟业。

9.16

子曰:"出则事公卿,入则事父兄,丧事不敢不勉,不为酒困,何有于我哉?"

【译文】

孔子说:"在外事奉公卿,在家孝敬父兄,有丧事不敢不尽力去办,不被酒所困,做到这些事对我来说有什么困难呢?"

【要解】

这一章是孔子平常的行为表现,实则反映了他内心的美好品格。具体来说,便是克己奉公,孝悌有加,遇丧而哀,行为不纵。而且他做这些时是非常自然的,没有任何的做作,都是内心真性的自然表露。说明孔子的修养到达了一种很高的境界,做到了以心使体,以体显心,随心所欲,内外一体的完美状态。

"出则事公卿",这是为国尽忠、爱国忠君的精神体现。"入则事父兄"这是对长辈尽孝,对兄弟尽悌之仁爱。忠与孝是孔子特别强调的两个道德规范,它是对所有人的要求,而孔子本人就是这方面的亲耕力行者。如果说他之所以能做到这两者,是因为面对的是自己家人的话,那么,遇他人的丧事而尽哀,主动前去帮助,全心全意服务对方,那便困难了。孔子已至托体同悲、无缘大慈这一菩萨境界,真是难得。

最后一项是饮酒小事,仍可以看出孔子的自律。大事看品格,小事显精神。孔子非常喜欢饮酒,也能饮,但从来没有饮得过量,不合体统。特别是在丧事的场合,更是自律自觉,绝不放纵自己。孔子的心性修养已至心到、意到、行到之状态,达到了心、意、行三者的结合。非真君子,难以做到。

9.17

子在川上,曰:"逝者如斯夫,不舍昼夜。"

【译文】

孔子在河边说:"消逝的时光就像这河水一样啊,不分昼夜地向前流去。"

【要解】

此章字面意思非常简单,含义却高深难测。大致有下列解读:一、孔子以水不舍昼夜而奔流的习性来勉励人们要有不断学习、不断进取的精神;二、以"川流不舍"来象征时光流逝,表达对生命短促的感伤情绪;三、将川流不息这一现象看成是"道体""天德"的具体表现,是孔子对天道无限的赞叹;四、万事万物都按照川之流逝,千古永恒,无有改变;五、要尽早认识自己的人生岁月,把握好自己前行的方向;六、孔子望不息的河流,抚今追昔,满怀感慨:"圣人之道"的君子要自强不息。

我们这样解读:天地大道如这日夜不息之川水,亘古不变,万物亦如它一般,稍纵即逝,与之相比,我们短暂的人生更难以把握。所以,与其去感慨命运的莫测,叹息人生的苦短,不如去把握大道的本质,与天地合一,立志成为一名完美的君子,不息永恒,造福世间万物。孔子面对河川,心潮澎湃,回顾万物与人生,追思自己与他人,远望无垠的天地,心性恍然间融入无限的自然中,似"吾游心于物之初"之境,无限感慨油然而生,便说出了这句千古名言,此章蕴含着生命、自然、天地、万物及国家社会等无限内涵,可谓一语容万物,万物于一川。

孔子是超世之智者,伟大的教育家,他的话不能仅按常规去理解。读《论语》更不能用一是一、二是二的思维来思考。孔子有老子之智,同时也有庄子之慧,但他更有属于自己的满满的仁性。他在阐述有关仁道这一政治主张时,也常常思考到了天地和人道之关联,一川河水让他产生了无尽的思想,却只用这么短短的一句便精准地表达了出来。

9.18

子曰:"吾未见好德如好色者也。"

【译文】

孔子说:"我没有见过像好色那样好德的人。"

【要解】

孔子见了卫国的南子后,南子和卫灵公一起带孔子坐车到大街上显摆,这让孔子非常生气,感叹世风日下,德行不再成为人们的追求,而都在求色,故有这句千古名言。此处孔子所言之"色"不仅指人的外貌,还泛指身外各类易于迷人的事物。"色"的本意就是指事物的外貌、情景、模样等,如《老子》的"五色令人目盲",《孟子·梁惠王下》里的"寡人有疾,寡人好色",《周礼》里的"君占体,大夫占色",《心经》里的"色不异空"等,专指男女之色是后来才有的说法。

此语隐喻着只看见事物的外在,而不看重它的实质。南子见孔子是如此,只求与名人相见,并没有真心对待孔子,虚心向孔子求教治国之政。外出载孔子招摇,也是让世人知道自己爱有才德者,实际内心里却更爱有相貌之宦者,这也是世人看待事物的通病。孔子此章讥讽的正是此世相、此人物、此心理,想表达的是一种更高层次的世界观、认识观:任何外相都不可执着,否则会为这些外相所惑,影响心性的修养,小学而大遗。

《论语·卫灵公》亦说到此事。一件事,孔子重复了两次,可想而知它的寓意并非那么简单。它有讥讽如卫公这样的上位者之意,更有提醒不明事理的下官及世人之用。德是生命与社会本质的内容,看不到,摸不着,却远远要比那些看得到的事物重要。作为国君要知此道,作为世人要明此理,作为后人更要清楚此语。

9.19

子曰:"譬如为山,未成一篑(kuì),止,吾止也;譬如平地,虽覆一篑,进,吾往也。"

【译文】

孔子说:"譬如用土堆山,只差一筐土就完成了,这时需停下来,那我也要停下来；譬如在平地上堆山，虽然只倒下一筐，这时需继续前进，那我也要前进的。"

【要解】

"篑"：土筐。此章表明孔子行为的标准，即必须得符合正道、正义、正礼，然后他才去行为，否则，便拒绝。至于如何行为，则要看对方的目的是干什么，而不管过程与结果怎么样。孔子以仁德为自己行为的至高标准，而不看事物外在的大小、地位的高低、名誉的多少、容易成功与否等。如果是修纯真仁德，以礼乐教化世人，以中和调解事物，以忠信处理人事，即便再怎么艰难，可能还看不到什么希望，需要自己身处下位付出无穷的代价，自己也无怨无悔，一直前往。否则便马上停止，不为世俗增加一分力，不做违背仁德的任何事情。

孔子清楚地认识到正义之事往往是少人为的，而世俗之求则有千千万万，面对此情此景，君子应该明辨是非，"士志于道""依于仁""克己复礼""苟利国家生死以，岂因祸福避趋之"。努力前往，不为邪恶添一土，只为正义加一砖。为学日益，为道日损。你有你的世俗之享，我有我的仁义目标。这正如孟子所说的："生亦我所欲，所欲有甚于生者，故不为苟得也；死亦我所恶，所恶有甚于死者，故患有所不避也。"(《孟子·告子上》)儒家维护正义之精神由是而显，孔孟坚守仁德之原则也由是而成。

9.20

子曰："语之而不惰者，其回也与！"

【译文】

孔子说："听我说话而能毫不懈怠的，只有颜回吧！"

【要解】

为什么众多弟子中唯有颜回一人听老师讲课时津津有味，一点也不懈怠？因他过人的毅力？与众不同的求学态度？还是对老师特别的尊敬？都是，但都不是根本。最根本的是颜回开悟了，孔子也开悟了，两个开悟的人坐在一起谈话，可想而知那是一种怎样的境界与享受呀！岂有打瞌睡、懈怠之理？当年灵山大会上，大梵天王率众人把金婆罗花献给佛祖，隆重行礼之后大家退坐一旁。佛祖拈起一朵金婆罗花，仪态安详，却一句话也不说。大家都不明白意思，面面相觑，唯有摩诃迦叶破颜一笑。佛祖当即宣布："吾有正法眼藏，涅盘妙心，实相无相，微妙法门，不立文字，教外别传，付嘱摩诃迦叶。"

佛祖嘱迦叶是心传，是心心相授，无须任何语言。此处的孔子与颜回可能还有语言，但语言与语言不一样，这对师生都已证得了那颗菩提之心，故而不再拘束于法相，不再动用外在的六识去听闻、记忆、思考，所以他们的对话非常轻松、愉悦，更有无上的神妙可以享受。而他人则无福受用，只在一旁死死坐着，听到的只是普通的人话，而不是仁话，看到的只是老师讲课的情形，而无法知晓对方的心早已出离世间，进入了另一更高的维层。

佛祖与迦叶都是得本心者，故他们能心心相印，仅拈花一笑，没有其他任何表示，但一切尽在不言中。释迦牟尼最后对迦叶所嘱咐的话，也正好是对这种心境的最好证明。这种心态纯净无染，无欲无贪，坦然自得，不着形迹，无比美妙。短短的一句话包含了孔子对颜回的了知与信任，于是，颜回得了孔学之真传。其他人则根本不知所云，还在那里睡大觉呢。

9.21

子谓颜渊，曰："惜乎！吾见其进也，未见其止也。"

【译文】

孔子评价颜回说："可惜啊，他死得太早了。我只见他在不断进步，从没看到他停止过。"

【要解】

本章说一个人的努力是不能停止的，特别是在修养仁德方面。颜回就是这样一个典型，他出身贫困却并不因贫困而自卑，自从跟从孔子后便再无二心，一心一意相信孔子所宣讲的仁道是符合天道的至理，非常努力下苦，中途没有任何的懈怠。当时，鲁国有个叫少正卯的名人，也在进行私人讲学，而且讲得还非常好，吸引了好多人前去听课，就连孔子这里的学生也过去不少，但颜回纹丝不动，意志坚定，这让老师非常感动，也让同学们大为赞叹。

颜回的慧根是比他人好，心念力也比他人强，关键是他特别相信孔子所讲的是正道，是符合天地之理、人伦之道的，更是有利于整个社会的，在学习的过程中，才能够最早开悟。颜回的一生，短暂但辉煌，也给了我们许多思考。颜回根本不是世人说的那样死板，两耳不闻窗外事，一心只读圣贤书。他有自己更高远的目标,最终也实现了这一目标。孔子在此怀念颜回的同时,更主要的是强调一个人的修养必须如颜回那样,生命不息,修行不止。但也不是要我们不顾性命,轻易死亡。否则孔子也就不会"惜乎"了。

能不能性命与仁德两全俱美呢?应该是可以的。如卫国的君子蘧伯玉、道家的张三丰、虚云老和尚等。相对而言,仁德看不到、摸不着,收获与否只有自己心里明白,这便更需要有强大的毅力去战胜内心的各类欲望,一刻不息地精进。

9.22

子曰:"苗而不秀者有矣夫!秀而不实者有矣夫!"

【译文】

孔子说:"庄稼出了苗而不能吐穗扬花的情况是有的,吐穗扬花而不结果实的情况也是有的。"

【要解】

联系上下章可知,孔子在此以植物喻人才的成长,生命的不同结果。要我们像颜回那样,努力学习,改变命运。万一没有结果,也是命运使然,不可过分伤感失望。

《三字经》曰:"人之初,性本善。性相近,习相远。苟不教,性乃迁。教之道,贵以专。"生命的本性是一样的,都有一颗至为高贵的心,它和天地万物同样的纯真,也紧密关联在一起。但随着后天不同的发展,就显现出不同的生命状态,有的身体强壮,有的智慧出众,有的善于文华,有的擅长武功,甚至每个人的人生经历和寿命长短也有不同。但是,这些都是可以改变的,力修仁德,诚信为善,孝悌爱义都是改变命运必需的。颜回由一个普通农家子变成一代圣贤,子路则由一个街头浪子变成一代名士,他们都为社会做出了自己的贡献,受到后世的称赞,就是最为典型的例子。然而,有些方面则难以改变,如颜回的早逝,子路的惨死。

凡人只知道果而不明白因,孔子明白因果前后关联,他在对颜回发出无比伤感的同时,怕世人迷茫悲观,故又紧接着告诉世人,生命和生命不一样,有的植物来到这世上就是为了开花,有的则为了结果,有的则仅是长长苗而已。但结果的不一定就好,长苗的不一定就差,长寿的不一定对社会的贡献就比短寿的大,它们各自有各自的使命,各自的因缘,我们一定要清楚,不然,生活便处处有痛苦了。常言生死有命,富贵在天。既然长苗了便尽量开花,既然开花了,就尽量结果。万一不成,那就尽人事,顺天命,天地自然对万物有最好的安排。

9.23

子曰:"后生可畏,焉知来者之不如今也?四十、五十而无闻焉,斯亦不足畏也已。"

【译文】

孔子说:"年轻人是值得敬畏的,怎么就知道后一代不如前一代呢?如果到了四十、五十岁时还默默无闻,那他就没有什么可以敬畏的了。"

【要解】

春秋时期人们的寿命普遍低下,平均也就三十来岁,如孔子七十三岁,孟子八十四岁已是很高寿的了。此章告诉世人,要时时充满生命的希望,早立志修身。舜二十以孝闻,颜子十八归仁便是真例。刘宗周《论语学案》曰:"君子终身造诣皆自后生中发轫,从此自弃,便无长进之机,必堕落人后者。"故有语曰"少壮不努力,老大徒伤悲"。但是,再细思孔子平生所教所导,又有异焉。《中庸》所谓困知勉行者,圣人犹有望焉,如果处于困境中还在不停努力,成圣成贤还是有可能的。孔子也说过:"发愤忘食,乐以忘忧,不知老之将至云尔。""朝闻道,夕死可矣。"孔子的意思到底何在?一方面他强调少年的重要,认为待老年则难成大事;另一方面又告诉世人,活到老,学到老,至晚年苗而秀实,正是成就圣心的大好时光。

一切要看对象,看人性的不同,区别对待不同心志的生命。对普通人而言,少年是最为重要的,如出苗长茎,错过时光便难紧随天时地气而成气候。但若是根器出众者,有成就仁义正道之大志者,则一生奋斗至老亦不为晚。人与人真的不同,有的越老活得越加精明,清楚了人生的意义与目的;有的则越老越糊涂,世俗气越重,终是庸夫一介。通过对比,孔子的意思便一目了然了:若欲成仁德者,需少年立志,中年成功,晚年精纯。否则,活再久也不过是一庸庸肉躯,于己、于家、于社会终不过多消耗几碗饭食而已。有的人活着,他已死了。有的人死了,他还活着。如是而已。

9.24

子曰:"法语之言,能无从乎?改之为贵。巽(xùn)与之言,能无说乎?绎之为贵。说而不绎,从而不改,吾未如之何也已矣。"

【译文】

孔子说:"符合礼法的正言规劝,谁能不听从呢?依此改正自己的错误才是可贵的。恭顺赞许的话,谁听了能不高兴呢?但认真推究它的真伪是非,才是可贵的。只高兴而不去分析,只听从却不改正错误,这样的人我拿他没有办法了。"

【要解】

"法语之言"指以礼法规则正言规劝。"巽与之言"指恭顺赞许的话。"绎"原义为抽丝,这里指推究、鉴别。此章针对那些欲修养自身的人而言。有两层意思:一要言行一致,听闻正法后要马上改正身上的毛病;二要辨别令言的是非,不可让顺耳之言冲昏头脑,不辨真假,颠倒是非。

纵观孔子一生,令其忧心的事有四:德之不修,学之不讲,闻义不能徙,不善不能改。也即"闻、见、学、行"。"闻"就是一个人能听闻到正法。"见"是真正知道了道性的伟大,感受到了它的无上魅力。"学"则是行动,对照有关标准严格要求自己,有错必改,改则必正,正则无悔。"行"是长时间固守不变,事事用仁德的标准去对照要求,做一个符合天地法则的人,达到完美的人格。

生活中有好多人一张嘴灿若莲花,谈起仁义智礼来头头是道,无所不知,但就是不去落实。只愿充当他人的老师,从来不做自己的判官。这样的人非常可怕,到头来必是一场虚空。还有另一种人,做出了一些成绩便沾沾自喜,以为成了圣贤。当他人指出自己的某些毛病时就很不舒服,典型的"顺风耳"。《尚书·伊训》里说"与人不求备,检身若不及",反求诸己,方是知理。知错不改,再加一错,似水中捞月,云里望风。巧言令色要细辨,法语正言需依行。无事献殷勤非奸即盗,有事送逆言谨慎为从。

9.25

子曰:"主忠信,毋友不如己者,过则勿惮改。"

【说明】

此章与《学而》1.8 重出。

9.26

子曰:"三军可夺帅也,匹夫不可夺志也。"

【译文】

孔子说:"一国军队可以夺去它的主帅,士人之志向是不会改变的。"

【要解】

"三军":周朝军制是天子建六军,诸侯大夫设三军,到春秋时一军有12500人,三军即大国所有的军队。"匹夫":指有志之士。"夺"是改变之意。三军人数虽众,若心志不一,如遇困境,上司可随意更换将帅,将帅也可能改变志节。但是,真正的士者,一旦立下了求正道之志向,任何困难都无法改变他的志节,因为他的成道之志已扎根于本心深处,道心永固,如泰山般难移,有的还会舍身取志,为理想而献身。长平之战,廉颇坚守堡垒不出,秦王离间了赵王和廉颇,派赵括代替廉颇,导致长平之战大败。东汉末年武将严颜,初为刘璋部下,担任巴郡太守。后刘备进攻江州,严颜战败被俘,张飞命左右将严颜拉去砍头,严颜表情不变。张飞敬佩严颜的勇气,遂释放严颜并以之为宾客。管仲变节改事齐桓公,孔子仍对他赞誉有加,因为他还有爱,对社会国家尽献应有的那份责任,但相对志而言,此爱逊矣。荀子说:"笃志而体,君子也。"无志难为君子,此为千古不变之训。

"志"就是人的心志、志气、品节。"匹夫不可夺志",反映出孔子对于"志"的高度重视,甚至将它与三军之帅相比。对于士人来讲,他应有自己的独立人格,应维护自己的尊严,不受威胁利诱,始终保持高洁的"志向",这就是中国人完美人格观念的体现。志之变与否不在寡众,而在本心坚定与否;不在少壮,而在心意高与否;不在外形强弱,而在内心有无真志。志者,义也;义者,性也;性者,本真之心也,和天地等同,无力可摧可折,无物可诱可污,堂堂正正,明明中正,如日如光,云来雾散,亘古永恒。

9.27

子曰:"衣敝缊(yùn)袍,与衣狐貉(hé)者立,而不耻者,其由也与?'不忮(zhì)不求,何用不臧?'"子路终身诵之。子曰:"是道也,何足以臧?"

【译文】

孔子说:"穿着破旧的丝绵袍子,与穿着狐貉皮袍的人站在一起而不认为可耻的,大概只有仲由吧。《诗经》上说:'不嫉妒,不贪求,为什么说不好呢?"子路听后,反复背诵这句诗。孔子又说:"只做到这样,怎么能说好呢?"

【要解】

"敝缊袍":指破旧的丝绵袍。"狐貉":用狐和貉的皮做的裘皮衣服。"忮":嫉妒的意思。"臧":好的意思。"不忮不求,何用不臧":心中不嫉妒不贪求,什么行为能不好呢? 本章说修养内心的高大与完美远比外在的华丽高贵重要,但更重要的是把它落实到具体的行为中去,而不是仅仅挂在口头上。

子路为什么穿着破旧的绵袍与穿着高贵皮衣的人站在一起没有羞愧耻辱? 仅仅因为不妒不贪吗? 不是。更主要的是子路内心有了一种崇高的追求与信仰,有了足以让自己感到十分强大而自信的仁德,此仁德非一般的荣华富贵可以相比,它能让生命的精神无比高贵光华。子路追随老师多年,已渐渐养足了这一心力,在他的心里已没有什么嫉妒高贵、不满低贱之心意了,所以夫子引用《诗经》里的话语来夸赞这位日益进步的弟子。

古时,一位秀才可以和县官、富商同居于一桌进餐,如遇达官显贵,秀才可以不避让。这就是知识的荣耀给人带来的自尊,更何况子路此时还怀有老师所授更高远的仁德呢! 但如一味地以此为荣而沾沾自喜,不复更进,则不足道哉。孔子对子路先扬后抑,希望他不要满足于目前不贪、不嫉的现状,还要有更高远的志向,成就一番大事业。"人与天调,然后天地之美生。"(《管子》)人应效法天地的品德,它能让任何生命自信起来,伟大起来,完美起来。

9.28

子曰:"岁寒,然后知松柏之后凋也。"

【译文】

孔子说:"到了寒冷的季节,才知道松柏是最后凋谢的。"

【要解】

松柏之所以能经历严酷的风寒而不凋,在于它把源源不绝的能量输送到大树的每一枝叶上,漫长的岁月里,为它注入了各类无穷无尽的滋养,让它能直立百尺,挺拔向上,面对再严酷的风霜,都可以保持那翠绿的青色。人也是如此,必须有一种强大无穷的动力,有无限不竭的能量,有通畅的管道把生命的能量不停不息地传送到四肢与五脏,他才可以经受得起命运的考验,最后成为顶天立地的君子。这个动力就是心性之力,每个生命原本具足,又纯澈无染,源源不息,只要把它找到且打开,与之对接,那这个生命便与天地相合为一,任何困难都无法将之打败击碎,且四季常青,舒华四溢。

《道德经》第六章曰:"谷神不死,是谓玄牝(pìn)。玄牝之门,是谓天地根,绵绵若存,用之不勤。"天地之根也是人道之根,就是仁德之本,也是孝悌、忠信、博爱、慈悲之源,修身就是修出这个"谷神"来,让它成为我们的主人,这就是和天地对接为一体的无上法性。孔子认为,有远大志向的君子,要有骨气正气,像松柏那样,不随波逐流,能够经受各种各样的严峻考验。自古而今,好多儒者都以王勃之言来自勉:"老当益壮,宁移白首之心?穷且益坚,不坠青云之志。"这也是松柏之精神所在。本章和上一章所言,实为一旨。《论语》里好多篇章都是比喻,是从天人合一观出发来阐明有关人生道理的,这一点我们要明晓。

9.29

子曰:"知者不惑,仁者不忧,勇者不惧。"

【译文】

孔子说:"有大智慧的人不会迷惑,有高尚仁德的人不会忧愁,有勇敢精神的人不会惧怕。"

【要解】

在孔儒道德中,智、仁、勇是三个重要的修养身心的范畴。《礼记·中庸》说:"知、仁、勇,三者天下之达德也。"孔子希望自己的学生能具备这三德,成为真正的君子。此三者还有一个次第,它们之间有着十分密切的关联。

"知"是智慧,而不是知识,光有知识不一定就能成就自我,有时候知识越多还越愚笨,甚至越多越反动。孔子此处所言是智慧,通天达地,明彻一切根本之智。它是修炼君子最基本的前提,没有它我们就无法知晓天地的秘密、万物的本真,就难以判定是非真假,面对诸多的说教与理论,无法选择符合正道的途径和法则,也就难以行走在通往仁德的大道上。不知真理而在那里苦苦修养的士人更多,所以说,智慧是非常重要的。《朱子集注》曰:"明足以烛理,故不惑。理足以胜私,故不忧。气足以配道义,故不惧。此学之序也。"智是辨惑的功夫,仁是立身的境界,勇是固心之本领。三句话三个层次,三个步骤,三个境界。就是佛门里的般若、慈悲、无畏,道家里的无为、无己、无名。明白道心所在,放下空空万物,坚定如铁不退转。智、仁、勇是修仁德者的三个必备要素,也是必须经历的三个关键。

9.30

子曰:"可与共学,未可与适道;可与适道,未可与立;可与立,未可与权。"

【译文】

孔子说:"可以一起学习的人,未必都能学到道;能够学到道的人,未必能够坚守道;能够坚守道的人,未必能够随机应变。"

【要解】

"适道"这里是志于道、追求道的意思。"权"本为秤锤,这里引申为权衡轻重。孔子讲的是修行路上的三大层次:求道不等于得道,得道不等于固道,固道不等于合道。

常言修道者多如牛毛,得道者凤毛麟角。为什么?人们常归结为修道资粮不够,福德不足,机缘不成熟,慧根太浅,身处五浊俱全的末法恶世,等等,故而难有成就。其实这些都是借口。真正的原因是名闻利养放不下,声色犬马样样都想,酒色财气个个妄想,贪嗔痴慢不离心间。人心好静,而欲牵之。老子说"人能常清静,天地悉皆归",修行者只有真正做到清静,才能洞察到天地的奥秘。《阴符经》说"至乐性余,至静性廉",意思是娱乐到了极点,便会产生各种食色财名等多余的欲望;清静到了极点,人便感到灵魂的轻洁。要如上善之水那样,几于道,善利万物而不争,处众人之所恶而不弃,能随机化合,圆融顺达,"挫其锐,解其纷,和其光,同其尘",这才是大道之行。

9.31

"唐棣之华,偏其反而。岂不尔思?室是远而。"子曰:"未之思也,夫何远之有？"

【译文】

古时有诗写道："唐棣的花朵啊,翩翩地摇摆。我能不想念你吗？只是由于家住的地方太远了。"孔子说："还是没有真的想念,如果真的想念,有什么遥远的呢？"

【要解】

"偏其反而"：花摇动的样子。"室是远而"：意为住的地方太远。此章只言一个"心"字。真心在,无有远近;本性明,不论是非;真爱有,何言未思？"昔我往矣,杨柳依依;今我来思,雨雪霏霏。"这是性情为征旅所困而不能自拔,故有前后截然不同之境。"去年今日此门中,人面桃花相映红。人面只今何处去,桃花依旧笑春风。"此是情恋绵绵,不绝过往,所以物是人非,感叹失落。"岂不尔思？室是远而。"此为借口室远,不去思念而已。

本心是无边际的,其运行的速度是超光速,可随时穿越时空,它有量子力学里所讲到的互动性、交感性、双重性、同位性、对称性等,不受时空的限制,不为外物左右,永恒自在,无所不能。真爱是心性之体相,仁德是心性之善念,孝悌是心性之自然思忖,它不离我们的左右,永远与我们同在。佛学里讲心若不动,即心即佛;心若动时,即心即魔。《礼记·大学》云："心不在焉,视而不见,听而不闻,食而不知其味——此谓修身在正其心。"孟子深得夫子之道,故又道出"心之官则思,思则得之,不思则不得也"。心是万物之本,主宰一切。"诚重劳轻,求深愿达",唐太宗也深得其理,故而将此写入《圣教序》中,鼓励世人用心一也。

乡党篇第十
（凡27章）

本篇集中记载了孔子的容色言动、衣食住行,颂扬孔子是个一举一动都符合礼仪的君子。

10.1

孔子于乡党,恂(xún)恂如也,似不能言者。其在宗庙朝廷,便便言,唯谨尔。

10.2

朝,与下大夫言,侃侃如也;与上大夫言,訚(yín)訚如也。君在,踧踖(cù jí)如也,与与如也。

【译文】

孔子在本乡人面前很温和恭敬,好似不会说话。但在宗庙、朝廷却很善于言辞,只是说话很是谨慎。

上朝时,国君没有到来,同下大夫说话温和而快乐;同上大夫说话正直而公正;国君来了时,恭敬而谨慎,严肃适中。

【要解】

"恂恂":温和恭顺样。"便便":善于辞令样。"訚訚":和颜悦色又能诤言。"踧踖":恭敬而不安样。"与与":小心谨慎、威仪适中样。此两章内容基本一致,故放于一起解读。表现了孔子不夸耀、能自守、进退得宜、权机而现、无所不适的高度修养以及他谦逊、有节、守礼、忠信、明德等优秀品格。

说话,一定程度上反映一个人的学识与表达能力。如何说话,是一个人内在修养的重要表现。在什么场合、面对什么对象用什么表情说什么话,呈现怎样的仪态,这又是一个人能否守住自己内心情绪,顾全有关礼仪的真实检验。学识无比广博却能谦逊寡言,面对乡人能温和谦顺,身立朝堂侃侃而言又不失严谨,位比他人尊时可以低下谦和,面对高位者能真正坦荡,在国君面前能恭敬庄严。这不是在演戏,而是孔子内在修养达到一定高度的自然表现。

作为一位老师,孔子的辩才是十分出众的;作为知识特别渊博的礼仪大师,孔子的进退是有度的、适宜的;作为一位士大夫,孔子是尽职尽责、言行举止非常得体的。更重要的是,他说话、举止、情态能分得开环境,用得对场合,看得准对象,说得好话语,不在无知或少智的乡党面前侃侃而谈以示自己的高贵不凡,而是用非常低下温和的态度表达对他们的敬重。这就是平民孔子,做官时的孔子,朝堂上下的孔子,无时无刻不显现出其谦卑大度、正直无私、知礼守制、文质彬彬之形象。和那些稍有才学便四处卖弄,在不懂的人面前肆意夸耀,在懂行的面前变着法子显耀的人相比,孔子真的做到了表里如一,随心所欲而不逾矩。管得住自己的嘴才管得住自己的心,心是什么嘴便是什么。言为心声,行为意体,说什么样的话就表明你的内心产生了什么样的意识。装只能装一时,不可能装一世。想装一世君子,必须认真修养自己的品格。

10.3

君召使摈(bìn),色勃如也,足躩(jué)如也。揖所与立,左右手,衣前后,襜(chān)如也。趋进,翼如也。宾退,必复命曰:"宾不顾矣。"

【译文】

国君召孔子去接待宾客,孔子脸色立即庄重起来,脚步也快起来。他向和他站在一起的人作揖,手向左或向右作揖,衣服前后摆动,却整齐不乱。快步走的时候,像鸟儿展开双翅一样。宾客走后,必定向君主回报说:"客人不回头了。"

【要解】

"摈":负责招待宾客。"色勃如也":脸色立即庄重起来。"足躩":脚步快的样子。"襜":整齐之貌。据考证,孔子40到50岁左右始仕,为鲁中都宰。

《史记·孔子世家》又载,定公十年春,及齐平,夏,会于夹谷;孔子摄相事。说明在这一时期内,孔子已进入鲁国政坛中枢,开始了自己的仕宦生涯,由中都宰为司空,再为大司寇,摄相事。所谓摄相事,并非鲁国总理,应该是负责外交和祭祀事务之长官。

本章恰好地体现了负责接待诸侯事宜的孔子接到国君之令后的行为表现,体现出孔子娴熟自然、优雅大方、得体完美之君子形象。因为有这一完美的表现,孔子成为当时鲁国最为有礼、守礼、得体、办事完备之相官,也成为鲁国外交工作的优秀旗帜、重要窗口、国家的形象代言人。从周公传承而来的礼制在鲁国孔子身上得到了正宗而完备的展示。

此章描写非常生活形象,从接收到国君的命令开始,身体高大的孔子表情庄重,动作迅速,礼仪完美周备,有序而不乱,姿态优美,翩翩如仙,气宇非凡。当送走客人完成任务后,必定回来向国君汇报,至此礼仪工作才算正式结束。整个过程严谨细致,周详合体,一气呵成,没有一丝的牵强与虚伪,展示出孔子内心的完美无缺。真正做到了外交无小事,礼仪为国貌这一要求。一个文明儒者的形象跃然而出,实为身、口、意三妙行俱美之仁德君子。

10.4

入公门,鞠躬如也,如不容。立不中门,行不履阈(yù)。过位,色勃如也,足躩(jué)如也,其言似不足者。摄齐(zī)升堂,鞠躬如也,屏气似不息者。出,降一等,逞颜色,怡怡如也。没阶,趋进,翼如也。复其位,踧踖如也。

【译文】

孔子走进朝廷的大门,谨慎而恭敬的样子,好像没有他的容身之地。不站在门的中间;进门不踩门槛。经过国君座位时,脸色立刻庄重起来,脚步也随之加快,说话也非常谨慎。提起衣服下摆向堂上走时,是恭敬谨慎的样子,憋住气好像不呼吸一样。退出来,走下台阶,脸色便舒展开来,怡然自得的样子。走完台阶,快快向前走,姿态像鸟儿展翅一样。回到自己的位置,现出恭敬谨慎的样子。

【要解】

"鞠躬如":谨慎而恭敬的样子。"履阈":阈,门槛。脚踩门槛。"摄齐":齐,衣服的下摆。摄,提起。"逞":舒展开,松口气。"没阶":走完台阶。

古时天子皇宫五重门,诸侯王宫三重门。孔子从进入朝堂到退出台阶,从朝堂议事完毕,再到出来朝堂,最后复归其位。从表情到动作,从说话到站立行走,进退行止,整个过程把孔子的各个细节、情态表现得惟妙惟肖,这便是孔子,典型而完美的一位贤大夫的榜样。如果说与常人有什么不同的话,那就是他的一举一动、一言一行完全是按照礼制行动,一切都遵循有关规则进行,不张扬跋扈,不逾礼越矩,既庄严又轻松,既肃穆又大方。

更重要的是他的这些行为表现与内心永远是一致的,任何时候都别无二样。他的真心之性时时化为仁、义、礼、智、信,在行、站、坐、言中得到完美体现。他已做到了出凡入圣,化圣为凡,凡圣皆一。《四十二章经》说:"辞亲出家,识心达本;解无为法,名曰沙门。"无为法就是发自内心的不做作、不强行。沙门就是息心,把各种杂念去除掉,平静以待。平常心是仁,平常行是道。马祖道一亦对此有所感悟:"一切法皆是佛法,诸法即是解脱,解脱者即真如。诸法不出于真如,行住坐卧,悉是不思议用,不待时节。经云:'在在处处,则为有佛'。""个个人心有仲尼,自将闻见苦遮迷。而今指与真头面,只是良知更莫疑。"一代大儒王阳明之诗章实乃中的,朝堂上的孔子便是楷模。

10.5

执圭,鞠躬如也,如不胜。上如揖,下如授。勃如战色,足蹜蹜(sù)如有循。享礼,有容色。私觌(dí),愉愉如也。

【译文】

孔子出使诸侯国,拿着圭,恭敬谨慎,像是非常沉重以示庄重。向上举时好像在作揖,放在下面时像是给人递东西。情色庄重非常谨慎,步子很小像沿着直线前行。赠送礼物时,和颜悦色。和国君私下会见时,非常轻松愉快。

【要解】

"圭":一种上圆下方的玉器,出使邻国,大夫以此作为代表君主的凭信。"蹜蹜":小步走路的样子。"如有循":循,沿着。"享礼":享,献上。向对方贡献礼物的仪式。"觌":会见。

孔子奉君王之命,执圭出使邻国,其礼仪是非常庄重严肃的,没有丝毫懈怠。圭虽然轻,却是君王的凭信,代表的是至高无上的君王,其分量极重。

执圭之人必须庄重严肃,以示圭分量之重,这样才能体现出对君王的恭敬。《礼记》云:"凡执主器,执轻如不克。"说的就是这个意思。执圭之时,要拖着脚后跟向前迈步,行不离地,谨慎小心。两国相互赠送礼物时,孔子和颜悦色;两国举行庄重仪式时,孔子的表现也合乎礼仪。和国君私下会见时,又显得非常轻松愉快。

《中庸》云:"大哉圣人之道!洋洋乎发育万物,峻极于天,优优大哉!礼仪三百,威仪三千,待其人然后行。故曰:'苟不至德,至道不凝焉。'故君子尊德行而道问学,致广大而尽精微,极高明而道中庸;温故而知新,敦厚以崇礼。"周礼的繁缛,可见一斑。要真正精通《礼》之规定,恐怕从小到老也难学完。但是孔子学到了,而且还做得尽善尽美。

有人说,这样的礼制不要也罢。但是,在当时的社会里,维护社会秩序的政体正是这看似烦琐的礼制,礼中有法,法就是礼,法礼一体,没有它们的存在与普及,没有众多国君、士大夫及民间大量知礼懂礼者的鞠躬尽力,便难有夏、商及周王朝的大业维系。老子说:"大道废,有仁义;智慧出,有大伪;六亲不和,有孝慈。"中国的文明源头是正义仁道,礼的起源是上古先圣,而非下层百姓,它是符合天地正道的,其重要性和必要性可见一斑。孔子不遗余力地承传了这一文化历史,不是为了显摆什么,更不是为了服务于统治阶级。

10.6

君子不以绀緅(gànzōu)饰,红紫不以为亵服。当暑,袗絺绤(zhěnchīxì),必表而出之。缁衣,羔裘;素衣,麑(ní)裘;黄衣,狐裘。亵裘长,短右袂。必有寝衣,长一身有半。狐貉之厚以居。去丧,无所不佩。非帷裳,必杀之。羔裘玄冠不以吊。吉月,必朝服而朝。

【译文】

君子不用深青透红或黑中透红的布镶边,不用红色或紫色的布做平常在家穿的衣服。夏天穿粗的细葛布单衣,但一定要套在内衣外面。黑色的羔羊皮袍,配黑色的罩衣。白色的鹿皮袍,配白色的罩衣。黄色的狐皮袍配黄色的罩衣。平常在家穿的皮袍做得长一些,右边的袖子短一些。睡觉一定要有睡衣,一身半长。用狐貉的厚毛皮做坐垫。丧服期满,脱下丧服,佩戴上各种各样的装饰品。如果不是礼服,一定要加以剪裁。不能穿黑色的羔羊皮袍和戴黑色的帽子去吊丧。每月初一,一定要穿着礼服去朝拜君主。

【要解】

"绀緅":"绀",深青透红,斋戒时服装的颜色。"緅",黑中透红,丧服的颜色。"亵服":平时在家里穿的衣服。古人认为红紫不是正色,便服不宜用红紫色。"袗绤绤":袗,单衣。绤,细葛布。绤,粗葛布。"缁衣":黑色的衣服。"羔裘":羔皮衣,古代的羔裘都是黑羊皮,毛皮向外。"麑":小鹿,白色。"狐貉之厚":厚毛的狐貉皮。"帷裳":上朝和祭祀时穿的礼服,用整幅布制作,不加以裁剪,折叠缝上。"必杀之":一定要裁去多余的布。杀,裁。"羔裘玄冠":黑色皮礼帽。"不以吊":不用于丧事。"吉月":每月初一,一说正月初一。

《书经》曰:"冕服采装曰华,大国曰夏。"可见古人是以服饰华彩之美为华,以疆界广阔与文化繁荣、文明道德兴盛为夏。所谓华夏,源自服饰与盛大两意,中华民族自古便在服饰上下尽了功夫,做出了显著成就,又因更完美的礼制而得以承传。且不说它的礼仪内涵和相关的制度,也不言它里面有关君臣间的等级要求,单从美学角度来审视,便给人以无上的美感与十足的喜悦,试问古今中外,还有哪一族、哪一朝可以做到如此华艳和谐、大气得体、内涵无限呢?礼仪大师孔子能精通此道且谨慎为之,完美展示,实乃一代圣师典范!

一个民族的衣着打扮不仅关系到它的物质文明程度,更表现出内在的精神气度与品格。"质胜文则野,文胜质则史,文质彬彬,然后君子。"这就叫美,是内外合一之美,体现着天地和谐之大美之本质,而不仅仅是好看、得体、舒适与个性的张扬等等。与此同时便有了众多成语出现:温文尔雅、温柔敦厚、气度宽宏、衣冠楚楚、婀娜多姿、雍容华贵、风度翩翩、落落大方、温婉有仪、恭良娴舒……文化由礼而兴、而大、而教化天下众生为翩翩君子,这才是中华服饰之正道。

10.7

齐,必有明衣,布。齐必变食,居必迁坐。

【译文】

斋戒沐浴的时候,一定要有浴衣,用布做的。斋戒的时候,一定要和平常的饮食不一样;居住也一定要搬移地方。

【要解】

"齐":同斋。"明衣":斋前沐浴后穿的浴衣。"变食":改变平常的饮食。指不饮酒,不吃葱、蒜等有刺激味的东西。"居必迁坐":指从内室迁到外室居住,不和妻妾同房。

中国古代的斋戒主要分为三种:一是祭祀神灵,二是祭祀祖先,三是会见重要宾客。在这三大要事举行前,君王和百官除了在不同场合的衣着有严格的要求外,还一定要斋戒,如祭祀前一定要沐浴更衣,不饮酒,不食荤腥,以表示诚敬。上层人物平常和妻室居于"燕寝",斋戒之时则要移居于"外寝"(也叫"正寝"),和妻妾不能同房。留传后世的斋戒,或祭祀时、出征前、两国交往时举行有关庆典等,都不能按往日那样随意,一定要在饮食起居各个方面给予相应的"忌讳",以表达内心的恭敬之情。

这也是必需的礼,它规范着世人的心性,而不是为了展示什么形式。《弟子规》上也讲"丧三年,常悲咽。居处变,酒肉绝",就是守孝期间一丝一毫都不能饮酒吃肉。如唐朝的法律规定,举行大祭前和在斋戒时,官吏不宿于正寝,否则每一晚打五十竹板,这也是上古风俗的留存。即便到了现代,每逢举行重大的活动前,有关人员也一定要精心打扮准备一番,以虔诚的心态、百倍的精神、得体的衣着去完成,这就是礼仪之邦的文明传承。头顶三尺有神明,不要说自己私下做事谁也不知道。须明白的是,斋戒是为了守心。对普通人而言,无戒,一切皆难成。

10.8

食不厌精,脍不厌细。食饐(yì)而餲(ài),鱼馁而肉败,不食。色恶,不食。臭恶,不食。失饪,不食。不时,不食。割不正,不食。不得其酱,不食。肉虽多,不使胜食气。唯酒无量,不及乱。沽酒市脯,不食。不撤姜食,不多食。

10.9

祭于公,不宿肉。祭肉不出三日。出三日,不食之矣。

【译文】

粮食不嫌舂得精,鱼和肉不嫌切得细。粮食陈旧和变味了,鱼和肉腐烂了,都不吃。食物的颜色变了,不吃。气味变了,不吃。烹调不当,不吃。不到吃饭的时候不吃。肉未按正确方法切割，不吃。佐料放得不适当，不吃。席上的肉虽多，但吃的量不超过米面的量。只有酒没有限制，但不喝醉。从市上买来的肉干和酒，不吃。吃完饭后，姜不撤下，但也不多吃。

孔子参加国君祭祀典礼时分到的肉，不能留到第二天。自己家中祭祀用过的肉不超过三天。超过三天，就不吃了。

【要解】

"脍"：切细的鱼、肉。"饐"：陈旧的食物。"餲"：变味。"馁"：鱼腐烂，这里指鱼不新鲜。"不时"：不到吃饭时。割不正：未按正确方法切割。"气"：同"饩"，即粮食。"乱"：指酒醉。

谈到祭祀，自然离不开饮食，孔子对饮食也是非常讲究的。一不多吃、一不能乱。不多吃者，姜也；不能乱者，酒也。古人有"早上吃姜，胜过参汤，晚上吃姜，赛过砒霜"的说法，姜可升温提神，驱散寒邪，但过量食用则会耗气血、助火邪。酒是粮食精华，能驱寒助气，但过量易醉，乱性癫狂。郑板桥讲过这样一句话："酒能养性，仙家饮之；酒能乱性，佛家戒之。"孔子喜欢饮酒，但却能守住自性，能饮便饮，需止而止，不过量，不及乱，可谓君子之饮。关于祭肉的问题，一则因存放若超过三天，食物可能发坏，不可再食用。二则要及时领受君恩神惠，这也是对君神的一种尊重。

有人可能会说，如此一来，孔子的生活也太奢侈了。我们的看法是，不能因一时的物质水平达不到应有的水准而否定它的合理性，更不能因一些贵族人士有这样的要求就反对它的科学性。

小人因肚吃饭，君子用心进食。关于饮食，中国在这一方面更是历史悠久，源远流长，讲究特别多，上述仅是其中一少部分，但也完全可以看出其博大的文化，精妙科学的养生之道。孔子是一位美食大家，他能把美食、礼仪、衣着等和养生、修心几者紧密结合于一起，做到衣食住行样样依礼合理。

10.10

食不语，寝不言。

10.11

虽疏食菜羹，瓜祭，必齐如也。

10.12

席不正，不坐。

【译文】

吃饭的时候不说话,睡觉的时候也不说话。

即使是粗米饭蔬菜汤,饭前也要取出一些来祭祖,而且表情要像斋戒时那样严肃恭敬。

席子放得不端正,不坐。

【要解】

"菜羹":用菜做成的汤。"齐":同斋。"瓜祭":古人在吃饭前,把席上各种食品分出少许祭祖。"席":古代没有现在的高椅子和桌子,坐在铺于地面的席子上。

吃饭的时候不说话,睡觉的时候也不说话。这是为了让心灵安静、守一。如基督教里有吃饭前先感恩祈祷这一仪式,可以收摄心神,让自己安下心来,以便专一修身。佛家有所谓的"食存五观",即于饭食时,需作五种观想:计功多少,量彼来处;忖己德行,全缺应供;防心离过,贪等为宗;正事良药,为疗形枯;为成道业,应受此食。体现了佛的智慧和慈悲。这对脾胃也有好处,对养生与修心也大有好处。道家有一种功法叫睡仙功,睡觉前绝对不允许说话。就连幼儿园的孩子午睡前也不允许说话。话语多了,心念便多,情绪会杂乱,搅扰心灵的安宁归一。

吃饭时,即便是粗茶淡饭也要进行祭祀,这是对天地所赐五谷的感恩。惜福、知足、珍爱,感恩天地,这是每一个生命时时应该做的。基督徒在饭前祈祷也是此意。

"席不正,不坐"有两层含义:一是指放席子时放得不正,不符合礼仪,客人不上坐,以示让主人纠正这一行为;二是有人不按有关礼仪入座,颠倒了长幼尊卑的秩序,孔子也不入座,以正应守的规矩。过去入席的位置是很讲究的,不能随便入座。当然,也是随社会的发展而变化的,现在国际通行规则是以右为尊。而在广大的农村,仍然沿袭了古时以左为尊这一习俗。不管如何,入席的礼仪是必须遵守的,它体现着一种文明素养与品格要求。礼没有了,还会有仁吗?

10.13

乡人饮酒,杖者出,斯出矣。

10.14

乡人傩(nuó)，朝服而立于阼(zuò)阶。

10.15

问人于他邦，再拜而送之。

【译文】

乡人饮酒的礼仪结束后，孔子一定要等老年人先出去，自己才出去。

乡里人举行"迎神驱鬼"的仪式时，孔子总是穿着朝服站在东边的台阶上。

孔子托人向在其他诸侯国的朋友问候送礼，要向受托者拜两次送行。

【要解】

"乡人饮酒"：指当时的乡饮酒礼。"傩"：古代"迎神驱鬼"的仪式。"阼阶"：东面的台阶。主人立在大堂东面的台阶欢迎客人。"问"：问候。古代人在问候他人时往往要致送礼物。先秦时期有很多祭祀活动，其中冬季有两次重要的祭祀：腊祭和蜡祭。腊祭，祭祀的是先祖和五祀（门、户、井、灶、室中央）。蜡祭，年终合祭百神。腊祭之后，大家要聚到一起吃饭饮酒。过去老人50岁杖于家，60岁杖于乡。乡人饮酒贵龄崇年，故出入以老人为尊。孔子参与腊祭，走在老人之后，实是礼也。

逢乡人行傩礼，"迎神驱鬼"，孔子便穿上朝服，立在家庙的东阶上，此为孔子敬其乡党群众之意，也是既定的礼规。因为傩者为一乡之傩，是全乡众生之事，也是为我而傩。乡人心怀良善，为我祈福，我岂能无动于衷？既然为我傩，则我亦为所傩之主，故立于阼阶这一属于主人之位，这也是行礼。孔子信神鬼但不参与这类活动，只站立其位，以敬乡民，且以身作则，告诉他人：信而不迷，敬却不行。

"再拜而送之"：一拜是感谢对方接受自己的委托，将问候迢迢带给身在别国的朋友；二拜是拜在别国的朋友，表达自己的思念，接受自己的祝贺。

从以上三章可以看出，孔子对乡祭、乡规及朋友非常认真，全然遵从有关礼制。神鬼不能不信，但也不可乱信；祭祀不能不行，却也不能乱行。这一态度真的需我们认真思考。

10.16

康子馈药，拜而受之。曰："丘未达，不敢尝。"

【译文】

季康子给孔子赠送药品,孔子拜谢之后接受了。说:"我对药性不了解,不敢品尝。"

【要解】

这是一则很有趣的故事,鲁国权臣季康子听说孔子生病了,很是热情,派人给他送去了药材。这便给孔子出了个难题,按周礼是没有赐药这一礼仪的。如果比照赏赐食物的礼仪,孔子应该在拜谢之后立即尝一下,但是,药物不同于食物,在无法确定此药的药性之前,随便乱吃可能出大事。但如果拒绝对方的赏赐,也是不礼貌的行为。知礼却不死板的孔子便采取了一种变通的手法,轻松地化解了这一困境。他先按照赏赐食物的礼仪,拜谢之后收下来,却未立即尝试,而是向来人作了解释,实实在在告诉对方自己不能立即服食的原因。这一做法,既体现了对季康子的感激和尊重,也在事关身体健康的大事上保持了足够的谨慎。一言一行,把对礼仪诚敬之义表现出来,真是有礼有节,合理合情,让人叹服。

10.17

厩焚。子退朝,曰:"伤人乎?"不问马。

【译文】

马棚失火烧掉了。孔子退朝回来,说:"伤人了吗?"没有问到马的情况。

【要解】

笔者更赞同另一种断句:厩焚。子退朝,曰:"伤人乎?""不。"问马。真正有仁德的孔子不是一位狭隘的人道主义者,而是一位有着博爱精神的圣人,所以,他应该是两者都问的,但是人与马相比,毕竟人是主要的,故而先问,再问马。阅遍整部《论语》,涉及动物的篇章不多,弟子们便特意将此章收入,以表现夫子对待动物也同对待他人一样的尊重敬爱,平等而无有区别。表现出孔子博大的情怀与仁爱的品格。动物也是生命,与人一样,都需要以爱待之。这一点儒家和佛家持同样态度。

10.18

君赐食,必正席先尝之。君赐腥,必熟而荐之。君赐生,必畜之。侍食于君,君祭,先饭。

10.19

疾，君视之，东首，加朝服，拖绅。

10.20

君命召，不俟驾行矣。

【译文】

国君赐给熟食，孔子一定摆正座席先尝一尝。国君赐给生肉，一定煮熟了，先给祖宗上供。国君赐给活物，一定要饲养起来。同国君一道吃饭，在国君举行饭前祭礼时，一定要先尝。

孔子病了，国君来探视，他便头朝东躺着，身上盖上朝服，拖着大带。

国君召见（孔子），他不等车马驾好就先步行去了。

【要解】

"腥"：生肉。"荐"：供奉。"东首"：头朝东。"绅"：束在腰间的大带。

民以食为天，吃的问题很重要，在祭祀、君臣活动中这一问题也很受重视。对于君所赐之食物（包括熟食、生食和鲜活畜禽），应当有相应的态度。孔子在这一方面做得非常好，一点也不因为没有外人而随便处之。这是儒家慎独精神的体现，礼是通过规范自己的言行来修养内心品格的，并不是做样子给他人看。

孔子患了病，躺在床上，国君来探视他，他无法起身穿朝服，这是对国君不尊重。于是他就把朝服盖在身上，头朝东，把衣服上的大带也拖着，示意还以臣子的身份迎接君主。圣人做事，从不因外在条件的改变而改变，他是发自内心深处对君主尊重。

君有命要召见臣子时，臣子应马上前去，不可拖延逗留，让君主等候，而且还需驾车而往，不能徒步，以示对国家和君主的尊重，故时有待车之际。而孔子有时却不这样，君尊命重，如果情况紧急，他会不俟驾车即刻徒步趋往。这时，车驾便随后而行，以待臣乘，这样以君主之急而急既合于礼仪，又没有耽误时间。在礼仪和现实发生冲突时，孔子不僵化，会权变，他能想到两全其美之策。《荀子·大略篇》："诸侯召其臣，臣不俟驾，颠倒衣裳而走，礼也。"《诗》云："颠之倒之，自公召之。"所谓"颠倒衣裳而走"是没把衣裳穿戴整齐就跑，并不是衣冠不整，在路上或车上是可以整衣冠的。

10.21

入太庙,每事问。

10.22

朋友死,无所归,曰:"于我殡。"

10.23

朋友之馈,虽车马,非祭肉,不拜。

【译文】

孔子进入太庙参与国家祭祀大典的时候,每件事都要仔细询问。

(孔子的)朋友死了,没有亲属负责殓埋,孔子说:"丧事由我来办吧。"

朋友馈赠物品,即使是车马,只要不是祭肉,(孔子在接受时)也是不跪拜的。

【要解】

10.21章重出。解读参见《八佾》第15章。

"朋友":指与孔子志同道合的人。"殡":停放灵柩和埋葬都可以叫殡,这里是泛指丧葬事务。

"与朋友交而不信乎",一死一生乃见交情。儒者对待志同道合之友也是竭尽心力的,并不只是吃喝上往来,利益上交换,而是以相同的道义而相合,并不因有无利益而亲疏。如遇友人死而无所归,君子便主动而出,为之殡,如同办理自家的事一样,没有任何要求与条件。一个人死了没人管,不外乎两个原因,或家庭十分贫困,或子孙特别不孝。孔子主动提出,"此事我来办理"。真是雪中送炭、堂堂正义、大气磊落之君子。

但如果遇到朋友相赠的礼物,即便如车马这样贵重的厚礼,也不如祭肉重要,孔子是不会跪拜的,只有君主赏赐的祭肉才跪拜。不跪拜不等于不感谢,如果看在礼物之重而拜,这就违礼且有视礼之轻重而拜之嫌,这是君子不为的。为什么孔子把祭肉看得比车马还重要呢?因为拜祭肉是拜祖宗与天地,也代表着对祖宗与天地的态度。而朋友之礼是情、是义,可以再还,祖先与神灵却不可怠慢。

10.24

寝不尸,居不客。

10.25

见齐衰者,虽狎,必变。见冕者与瞽(gǔ)者,虽亵,必以貌。凶服者式之。式负版者。有盛馔(zhuàn),必变色而作。迅雷风烈必变。

10.26

升车,必正立,执绥。车中,不内顾,不疾言,不亲指。

【译文】

睡觉不像死尸一样挺着,平日居家不像做客或接待客人那样庄重严肃。

孔子看见穿丧服的人,即使是关系很亲密,态度也一定变得严肃起来。看见当官的和盲人,即使平时常在一起,也一定有礼貌。在乘车时遇见穿丧服的人,便俯伏在车前横木上以示同情。遇见背负国家图籍的人,也这样做以示敬意。做客时,如果有丰盛的筵席,马上变了神色,站起来致谢。遇见迅雷大风,一定改变神色以示对上天的敬畏。

上车时,一定先直立站好,然后拉着扶手带上车。在车上,不回头,不高声而快速说话,不用手指指点点。

【要解】

"齐衰":指丧服。"狎":亲近的意思。"瞽者":盲人,又说是乐师。"亵":常见、熟悉。"凶服":丧服。"式":同"轼",古代车前部的横木。这里指驭手身子向前微俯,伏在横木上,以示尊敬或者同情。"负版者":背负国家图籍的人。"盛馔":盛大的宴席。"绥":上车时扶手用的索带。"疾言":大声且快速说话。

在路上遇到着丧服者、官者与盲者,即便平时再怎么熟悉,夫子一定会做出相应的神色,以示同情、悲悯或敬重。即便正在乘车时,也会俯身于车边向对方表达。做客遇到主人备有丰盛的宴席,会马上起立表示真诚感谢。面对狂风大雨等天气,会以诚惶诚恐之情以示心中诚意。孔子心知天地,故均有所表示而不是淡然待之。

外出乘车,从上车到立于车中,每一步都按大夫的礼仪行之,决不随意站坐言谈,而是站有站相,坐有坐相。君子自重,人始重之。自重君子,实为内心之敬也。以上几章,选取了孔子生活中的几件事情,表明孔子在礼仪方面的行为表现。弟子们每每谈起,都津津乐道,极其佩服。

"版"字有三种不同解释。一是"邦国之图籍",即户口地图,这是国家的象征,非常重要,肩负此任者,自然也代表国家。二是"贩"之误,《礼记·曲礼》"夫礼者,自卑而尊人,虽负贩者必有尊也,而况富贵乎?"即为此证,指担货贩卖的小商贩。三说"负版"是丧服的衣领样式。三说各有其理,读者自择。

10.27

色斯举矣,翔而后集。曰:"山梁雌雉,时哉时哉!"子路共之,三嗅而作。

【译文】

(孔子在山谷中行走,看见一群野鸡在那儿飞,)孔子神色动了一下,野鸡飞翔了一阵落在树上。孔子说:"这些山梁上的母野鸡,时运好呀!时运好呀!"子路向他们拱拱手,野鸡便叫了几声飞走了。

【要解】

"色斯举矣":色,脸色。"举":鸟飞起来。"集":鸟群停在树上。"山梁雌雉":聚集在山梁上的母野鸡。"时哉时哉":野鸡时运好,能自由飞翔,自由落下。"共":同"拱"。"嗅":同"昊"(jú),鸟张两翅。

路遇一群山鸡,起而飞,倦而栖,觅食、交配、悠乐、自由,孔子便忽有感悟,是感叹自己生不逢时?是对自己的坚持、追求有所倦怠?还是对鸟倦知还,自己却有家难回之沮丧?

笔者认为都不是,而是能感知万物的孔子从中领悟到了顺应时季、依道而行、起落适宜、自在悠然、回归自然之生命之理。"寂兮寥兮,独立而不改,周行而不殆,可以为天地母。"(《道德经》25章)作为天地之母之道是真理性的本体,亲近了道,就必定是自然的、愉悦的。如眼前的山鸡,它们没有我们人类这么多的欲望与思想,也少有各种机智与谋巧,遇人则起,凭空而飞,适时而止,多么符合天地之道呀!老子说:"物或行或随,或嘘或吹,或强或羸,或载或隳。"(《道德经》29章)人不也需要这样吗?万事不可强求,亦不可不求,不可僵化死板,也不可太多机巧,当适中而为,悠闲安然!

从这一章里,我们可以看出孔子能和山鸡们同喜同乐,同行同息。由夫子教导出来的子路也领悟到了老师的意思,马上对山鸡拱手作揖,给懂得自然之道的山鸡以应有的尊重,感谢它们的相迎相送。这是孟子所言的"尽心、知性、知天",也是庄子所说的"天地与我并生,而万物与我为一","与天和者,谓之天乐"。孔子,真圣人也!

乡党篇虽然章章短小,叙事细微,事事平常,但都是孔子心性本真之自然表现,也是圣人为我们做出的种种真实榜样。最后以此章作结,告诉我们:天人合一,万物之道也。

先进篇第十一

（凡 26 章）

本篇重点内容是孔子对弟子们的评价，主要说明"过犹不及"的中庸思想及相关人生观等问题。

11.1
子曰："先进于礼乐，野人也；后进于礼乐，君子也。如用之，则吾从先进。"

【译文】
孔子说："能天生紧紧贴近礼乐的人，是本性淳朴者；经过后天修养而近于礼乐的人是君子。如果要选用人才，我还是主张选用前者。"

【要解】
这里的"先进"和"后进"不是传统意义上的先后，而是指与道关系远近的人。所谓的"先进"即指本性不需后天过分的修养而能接近于道本性的人，如老子、庄子等；"后进"是指经后天修养接近仁德或天道的人，如颜回、子贡、子路等。这里的"野人"就是心地十分淳朴，没有受后天种种利益的污染，始终保存原本心性的人；而如后天之君子，则是已经受过干扰但又经过修养重新恢复了本性之人。前者纯真无邪，仁德俱足，德行满满，不曾有过亏损。后者则毕竟有过玷污，如遇特殊情况，可能会有反复，甚至还会退转，道心不太坚固。所以，孔子说，如果"用"他们的话，相较而言，还是前者更光明纯洁一点。

六祖说过"本来无一物，何处惹尘埃"。这样的心境才是最真实无瑕的。

而如神秀所说的"时时勤拂拭,勿使惹尘埃",此时虽然拂拭干净了,谁能保证彼时不再被尘埃所惹呢?

本章还有一层意思,修习一定不能半途而废,要让生命的本性真正圆满无缺,如一轮明月光耀天宇,无一丝的阴影与残缺。孔儒提倡入世修炼,故前行的道路更艰难,收获到的也更为真实不虚。

11.2

子曰:"从我于陈、蔡者,皆不及门也。"

11.3

德行:颜渊,闵子骞,冉伯牛,仲弓。言语:宰我,子贡。政事:冉有,季路。文学:子游,子夏。

【译文】

孔子说:"曾跟随我从陈国到蔡地去的学生,现在都不在我身边受教了。"

德行好的有:颜渊、闵子骞、冉伯牛、仲弓。善于辞令的有:宰我、子贡。擅长政事的有:冉有、季路。通晓文学典籍的有:子游、子夏。

【要解】

"不及门":门,指受教的场所。这里是说有的弟子不在跟前受教了,但更主要的是指没有完全到达仁德之境界。"文学":指通晓诗、书、礼、乐等古代文献典籍。公元前489年,孔子一行遭遇陈蔡之困,当时跟随他的学生有子路、子贡、颜渊等人。公元前484年,孔子回鲁国以后,子路、子贡等先后离开了他,颜回又逝去。所以,当时的孔子时常想念他们。同时,认为几位大弟子的仁德修养还不圆满、不及门,要求弟子们不断努力,再上一层楼。

孔子的教育主要分四科:德行、言语、政事、文学。在这四方面分别有杰出的弟子,但总括起来评价,几位都稍有点不足,如颜回的言与文,子贡、宰我的德行,冉伯牛等人的文,子游的言、子夏的仁和礼。由此看来,孔子的要求是非常高的、完美的。这几者间,德行是第一位的,没有它,其他都无可称道。德是道的本质体现,有了德才会靠近道,合道才可以有更无穷的智慧与才能,其他三者都是达到道和德的途径与手段,本末不可倒置。世界上的知识大致可分为五大类,分别是科学技术、社会诸学、文化艺术、哲学、宗教学或曰神学。这五者相互印证,互为一体。能把五者结合于一体圆满成就者,绝对是世间少有的大师。孔子正是这样的圣者,他对弟子的要求也是如此的高超完美。

11.4

子曰:"回也非助我者也,于吾言无所不说。"

【译文】

孔子说:"颜回不是对我有帮助的人,他对我说的话没有不心悦诚服的。"

【要解】

虽然众弟子们的综合品格还未至完美,但也各有高超表现。下面几章,老师们对他们进行逐一点评。颜回在孔子面前始终毕恭毕敬,对老师的学说深信不疑、全盘接受。所以,孔子多次赞扬颜回。这里,孔子却说颜回"非助我者",不是在责备颜回,实则是紧接上章说,即便如颜回,也只是完全听从我的教导,而难以和我教学相长。孔子的本意是想师生共同提高,达到至高境界。

当时,私人讲学设教的并非孔子一人,孔子的名气也没有现在这么显耀。孔子也是学而知之者,生活起居与他人好似也无异,他人也常有诸多的怀疑,这也很是正常。只有颜回却对老师的教导不产生任何怀疑,而且淡泊物质生活,表面上寡言少语,实际上却无所不知,能闻一而知十,这让夫子无比的喜悦。其他弟子则不然,动辄发问,常答一知一,如子路者;最多知三,如子贡者,却亦寥寥;有的更如宰我者,无理却与老师辩驳,很难做到同气相求,同声相应,令夫子不能尽心而快。同时,这位优秀的弟子却不敢大胆对自己发问,不能对师者的进步再助一臂之力。孔子真的做到了学无止境,虚心纳下,他真心希望弟子能超越自己,师生共同至完美仁德之境。

师生间若无争论,哪能明白真理?正如没有阿难等人提问,哪来佛祖开坛示众?万事都有因缘,因缘不足,正法难出。孔子和颜回两人完全可以心心相印,共同抵达绝妙境界的。这是世俗之人难以察悟并做到的。

11.5

子曰:"孝哉闵子骞!人不间于其父母昆弟之言。"

【译文】

孔子说:"闵子骞果然是孝子啊,(在那种处境)仍然不说令父母兄弟相互不团结的话。"

【要解】

"间":非难、批评、挑剔。"昆":兄长。闵子骞为人极孝,有著名的鞭打芦花故事。孔子此语就是针对此事而说的。民间还流传有孔子训鹅的故事:一天孔子和弟子公冶长等人来到闵子骞家。闵子骞见老师来了十分高兴,就让妻子张罗做饭。可辞官后闵子骞的日子过得十分清苦,有米无菜,骞就说把那一对鹅杀了吧。孔子他们听到屋外鹅叫,会鸟语的公冶长听到两只鹅相互安顿对方,嘱咐一定要照顾好主人的生活。孔子便劝骞把鹅放了,顺便对两鹅进行了劝教:"下河不准伤鱼虾,你想活来它想活。头上按个红疙瘩,口衔青草念弥陀!"两鹅遵了孔子之命,从此只吃青草不逮鱼虾了。

史载还有两个孝的故事,一是《楚国先贤传》记:"孟宗最孝,母好食笋,冬月无之,宗入林中号,笋为之生。"二是《后汉书》载:"姜(诗)母好饮江水,嗜鱼脍,姜夫妇尽孝(其家距长江六七里之遥),力作鱼脍以奉。舍侧忽有泉涌,味如江水,每旦辄出双鲤,以供母膳。"孝是人间第一道,孝为德之本,百善孝为先。闵子骞之孝令世代称赞。

11.6

南容三复白圭,孔子以其兄之子妻之。

【译文】

南容反复诵读"白圭"的诗句。孔子把侄女嫁给了他。

【要解】

"白圭":指《诗经·大雅·抑》的诗句:"白圭之玷(diàn),尚可磨也,斯言之玷,不可为也。"意思是白玉上的污点还可以磨掉,我们言论中若有毛病,就无法挽回了。这是告诫人们要谨慎自己的言语。

儒家对言是非常重视的,从"君子一言,驷马难追"到"言必信,行必果",从"言思可道"到"言为心声",从"讷于言,敏于行"到"先行其言",孔子极力提倡"慎言",不该说的话绝对不说,"仁者,其言也讱""言之不出,耻躬不逮",希望人们言语要谨慎。其实这也是众家之所倡,鬼谷子也道"口者,心之门户,智谋皆从之出"(《鬼谷子》)。国人历来讲究言语要谨慎,所谓君子无戏言,往往祸从口出,一旦错话出口,就难以收回。特别是关系重大的事情,如代表国家、团体讲话的时候,一句不慎,后果可能不堪设想。

南容这位君子能够"独居思仁,公言言义",他独居的时候,思想仁义,慎独的功夫很好,不行不仁之事,能够守住自己的德行。公开场合言必义,时刻注意自己对大众的影响,是一位真正的君子。孔子把自己的侄女嫁给了南容,表明他很欣赏南容。

有关孔子嫁侄女于南容一事,可参阅《公冶长》第2章。

11.7

季康子问:"弟子孰为好学?"孔子对曰:"有颜回者好学,不幸短命死矣,今也则亡。"

11.8

颜渊死,颜路请子之车以为之椁(guǒ)。子曰:"才不才,亦各言其子也。鲤也死,有棺而无椁。吾不徒行以为之椁。以吾从大夫之后,不可徒行也。"

【译文】

季康子问孔子:"你的学生中谁最好学?"孔子回答说:"有一个叫颜回的很好学,不幸短命死了,现在再没有像他那样的人了。"

颜渊死了,(他的父亲)颜路请求孔子卖掉车子给颜渊买个外椁。孔子说:"(虽然颜渊和鲤)一个有才一个无才,但各自都是自己的儿子。孔鲤死的时候,也是有棺无椁。我没有卖掉自己的车子步行而给他买椁,因为我(上朝时)还要跟随在大夫后面,是不可以步行的。"

【要解】

"颜路":字路,颜渊的父亲,也是孔子的学生。"椁":古人所用棺材,内为棺,外为椁。"鲤":孔子的儿子,字伯鱼。"从大夫之后":跟随在大夫们的后面。孔子在鲁国曾任司寇,是大夫一级的官员。

有关颜回,参阅《雍也》第3章。

有关颜回的父亲请夫子卖车给颜回买棺椁而遭孔子拒绝一事,时人及后人均不大理解。因为与之相近的还有一件事,《论语集注》里胡寅说到,孔子曾经遇过一个馆人要治丧,但他没钱,孔子就把自己马车前两侧的两匹马典掉,帮助馆人治丧。对他人如此大方,而现在却回绝了自己最爱之学生父亲的要求，这是不是真的不近情理？颜回的父亲之所以要这样做，是想给儿子办一场大的丧礼，以彰显儿子的地位与荣誉。可是孔子却并不认可。其理由是如果把车卖掉，自己上朝时就没得车坐，想要紧随在其他大夫后面也就不可能，这是对国君的失礼行为。更主要的是颜回的身份还没有到棺椁齐用的地位，如果这样做了，也是严重违礼的。再说了，那当出去的马还可以赎回来，卖掉了马车却不可从集市随意购买，因为此车是朝廷所提供，做大夫不能随意处置。否则，也是违礼。

在重世情与贵礼仪之间，孔子没有偏重世情而看重了礼仪；在亲与疏面前，孔子更倾力于疏者；在能权宜和不可权宜之间，孔子采取了不同情况分别对待；在儿子和学生之间，他没有厚薄之分。这就是时时刻刻守礼的君子。孔子的礼体现着人间大爱、真诚之爱、无私之爱，但是这种爱并非没有原则、不分情况。动之以情，晓之以理，明之以礼，孔子的理由能令天下人信服、感动。

11.9

颜渊死。子曰："噫！天丧予！天丧予！"

11.10

颜渊死，子哭之恸。从者曰："子恸矣！"曰："有恸乎？非夫人之为恸而谁为？"

11.11

颜渊死，门人欲厚葬之，子曰："不可。"门人厚葬之。子曰："回也视予犹父也，予不得视犹子也。非我也，夫二三子也。"

【译文】

颜渊死了，孔子说："唉！老天要我的命呀！老天要我的命呀！"

颜渊死了，孔子哭得极其悲痛。跟随孔子的人说："您悲痛过度了！"孔子说："是悲伤过度了吗？我不为这个人悲伤过度，又为谁呢？"

颜渊死了，孔子的学生们想要隆重地安葬。孔子说："不能这样做。"弟子们仍然隆重地安葬了他。孔子说："颜回把我当父亲一样看待，我却不能把他当亲子看待。这不是我的过错，是那些弟子们干的呀。"

【要解】

有人说，不知《论语》编撰者的意思何在？一方面孔子不肯买车为颜渊做椁,一方面又如此悲伤,读后给人假惺惺之感。既然为守旧礼而令人悲伤如此,何不摈弃旧礼,落得个心地坦然?

这是不知夫子心境之误也。孔子也是人,也有常人之七情六欲,当自己最得意的弟子去世后,他悲痛欲绝。但如遇世间之俗情和礼制相冲突时,他便马上固守礼制。孔子是由凡人修成的圣者,他生活在十分真实又复杂的红尘之中,又具有十足的圣人之性,这才是最为真实的生命。我们不可用对立的二元论认识事物,用非此即彼的观点评价孔子。

在门人的坚持下,最后还是按世俗隆重的葬礼安葬了(可能棺椁具有)颜回,这令孔子更为伤心。他认为自己没有尽到一位父亲的责任而让颜回不得其位,失其所居。相比颜回如对父亲一样对待自己,夫子感到无比的悲叹。世俗既如此,老夫子又能怎样呢?他只能对天地呼告:这不是自己的过错,是弟子们做的。夫子之良心由是可见,真诚不二。度人之难,难在度人之人本身也在被人度;说理之严,严于说理之理本来亦将遭理说。佛不度人,人自度;人不自助,天难助。仁德之恢复,任重道远。

11.12

季路问事鬼神。子曰:"未能事人,焉能事鬼?"曰:"敢问死。"曰:"未知生,焉知死?"

【译文】

季路问怎样去侍奉鬼神。孔子说:"没能侍奉好人,怎么能侍奉鬼呢?"季路说:"请问死是怎么回事?"孔子说:"还不知道活着的道理,怎能知道死的情况呢?"

【要解】

孔子对神鬼与生死的态度是非常明确的,只不过因面对的对象不同而表现有异,如对子路之类不能尽言其知,所谓对中下等人不能语上是也。子不语怪力乱神,是因为对方听不懂,而不是不承认。孔子承认鬼神,故而对祭祀特别看重,否则他不会说什么"敬鬼神而远之""祭如在,祭神如神在""吾不与祭,如不祭"等话语。但是他将问题的关键放到了"能事人"这一方面。

那么,鬼神又是怎么回事呢?《易经》说:"原始反终,故知死生之说。精气为物,游魂为变,故知鬼神之情状。"《易经》还说:"原始反终,通乎昼夜,言轮回也。死于此者,复生于彼。人死为鬼,复生为人,皆轮回为之。"

量子力学的创始人之一、诺贝尔物理学奖得主普朗克博士也说:这个世界根本没有物质存在,所谓的物质,是意念在不断累积、连续产生的现象。

11.13

闵子侍侧,訚訚(yín)如也;子路,行行(hàng)如也;冉有、子贡,侃侃如也。子乐。"若由也,不得其死然。"

11.14

鲁人为长府。闵子骞曰:"仍旧贯,如之何?何必改作?"子曰:"夫人不言,言必有中。"

【译文】

闵子骞侍立在孔子身旁,一派和悦而温顺的样子;子路是一副刚强的样子;冉有、子贡是温和快乐的样子。孔子很高兴。但他又说:"像仲由这样,只怕不能善终呀!"

鲁国翻修长府。闵子骞道:"照老样子下去怎么样?何必要改建呢?"孔子道:"这个人平日不大开口,一开口就说到要害上。"

【要解】

"訚訚":和颜悦色的样子。"行行":刚强的样子。"侃侃":说话理直气壮。"为长府":为,这里是改建的意思。藏财货、兵器等的仓库叫"府",长府是鲁国的国库名。"仍旧贯":沿袭老样子。这里讲到孔子的四位弟子:大孝子闵子骞有好的德行,品格方正,心地纯善;性格率直的子路骁勇刚强,不屈不挠,无畏勇敢;聪明而善于管理、才华杰出的冉有及才能卓异的子贡则内心丰富,知足悦色。他们都是一副谦谦君子的样子,然而老师一眼看出子路的问题,对其提出了劝告。

老子说过:"人之生也柔弱,其死也坚强。草木之生也柔脆,其死也枯槁。故坚强者死之徒,柔弱者生之徒。是以兵强则灭,木强则折。强大处下,柔弱处上。"(《道德经》76章)世间之事理往往是柔弱胜刚强,老子认识到了生命的双重性而提倡贵柔、处弱,这是非常珍贵的。可惜世人多不懂这一道理,往往以刚强为上而鄙视柔弱。当然,老子与孔子并不是让我们无原则软弱,而是明进退,知权变,如水那般永葆长久。

再看闵子骞,当他得知鲁国要修长府的消息后,一改平时闷闷少言的习惯,只一句便中的,道出了季氏的跋扈和奢侈,表明了对百姓的怜悯爱护,拳拳之情了然而出。按理,他不在其位可以不理其政,但他的心非常纯善,听到此事便马上想到了事情的结果,故而不得不说,他的心里装的是鲁国,念念不忘的是百姓的利益。这样的人内心平静空明,能放下杂欲看透事物的本质,于家定有孝悌,于国必有大忠。老师对这样的人是赞美的。

11.15

子曰:"由之瑟奚为于丘之门?"门人不敬子路。子曰:"由也升堂矣,未入于室也。"

【译文】

孔子说:"仲由为什么在我这里弹瑟呢?"学生们因此都不尊敬子路。孔子便说:"仲由嘛,他已经升堂了,只是还没有入室。"

【要解】

"奚为于丘之门":奚,为什么。为,弹。"升堂入室":堂是正厅,室是内室,用以形容学习的深浅程度。堂堂一武夫,在老师的长期教导下开始学习弹琴,注重修养自己的性格了。然而老师却通过对方的琴声,发现了内心具有的杀伐、强悍、不平之气。这和老师一贯提倡的平和中庸、仁慈善爱不和,于是,老师明确地表现出不喜欢的态度。这一态度影响了弟子们对子路的看法,开始奚落他。孔子知道后,又马上转言:子路学习态度是非常好的,只是还未达到一定境界。

有观点说,孔子这里对子路的评价是就演奏乐器而言的。笔者不从。"德者,性之端也;乐者,德之华也。"(《乐记·乐象》)"凡音之起,由人心生也,人心之动,物使之然也。"(《礼记·乐记》)借乐而知心,知心而明理,明理则通境,此为乐之本然,岂能就乐言乐?古人历来对音乐非常重视,但凡一个有点修养的人都要借音乐表达自己的情怀,或通过音乐来改变自己。子路多年来一直紧随老师,认真学习,努力提高。但毕竟还是业力太重,心性难明,不能从内心深处把那许久以来积累而成的武打杀伐之气消除,所以,经入门、上阶、升堂,却一直难以入室,不能进入特别高深的纯粹境界而使心性变得清明、平和、悦然,如皎月般透亮而无声。潜水深流,巅峰静默,勇者无言,仁者不杀。由凡入圣的孔子知晓弟子的层次,真实地告诉对方,又鼓励子路继续向前。可谓殷殷之切,诲人不倦。

据说,子路听到老师的指点后,曾悔痛交集,七天不吃饭,瘦得皮包骨头。孔子高兴地说,子路在改正过错了。

11.16

子贡问:"师与商也孰贤?"子曰:"师也过,商也不及。"曰:"然则师愈与?"子曰:"过犹不及。"

【译文】

子贡问孔子:"子张和子夏二人谁更好一些呢?"孔子回答说:"子张过分,子夏不足。"子贡说:"那么是子张好一些吗?"孔子说:"过分和不足是一样的。"

【要解】

子张,也叫颛孙师,出身微贱,且犯过罪行,经孔子教育成为显士。子夏的生活较为清寒,《荀子·大略》说"子夏家贫,衣若悬鹑",这也造就了他孤独傲慢和坚强勇敢的性格特征。别人劝他出仕以改变处境,他表示不愿去争蝇头小利,以免"争利如蚤甲而丧其掌"。

子夏还有一个特点,就是在交友时有一定的选择,这一方面与子贡不同。子夏认为和比自己强的人交往,可以学到更多东西,这正是自己不断进步的前提,而子贡却相反。

孔子很了解自己的学生,就有针对性地对他们进行教育,发挥他们的长处,克服其不足,他所提出的"过犹不及"即为中庸思想的具体体现。《中庸》说:"道之不行也,我知之矣。知者过之,愚者不及也。道之不明也,我知之矣。贤者过之,不肖者不及也。""执其两端,用其中于民,其斯以为舜乎?"这是说,舜于两端取其中,既非过,也非不及,以中道教化百姓,所以为大圣。子张做得过分,子夏做得不足,两人都不好,所以孔子对两人的评价是"过犹不及"。

子贡是偏爱于子张的,通过这一问话可以看出。但老师及时纠正了他的这一看法,让他不能有分别心,不能存在二元的对立观,要从中庸的观点出发,从平和、客观、求实的角度去认识事物,始终保持一颗无私无偏之心。因为道是不会有所偏护的,它最为适中,也最为和一。"天地不仁,以万物为刍狗;圣人不仁,以百姓为刍狗。"圣人应该大爱无疆,坚守中庸之道。当年,须菩提乞食是乞富不乞贫,迦叶尊者是乞贫不乞富,两人各有其理由,佛陀就呵斥他们心不均平,都不合乞食法。二者的道理是一样的。

11.17

季氏富于周公,而求也为之聚敛而附益之。子曰:"非吾徒也。小子鸣鼓而攻之,可也。"

【译文】

季氏比周朝的公侯还要富有,而冉求还帮他搜刮来增加他的钱财。孔子说:"他不是我的学生了,你们可以大张旗鼓地去攻击他!"

【要解】

鲁哀公十一年(公元前484年),孔子在弟子冉求的帮助下,结束了十四年颠沛流离的生活,返回鲁国。某一年,季康子想改革赋税制度,想把军赋合到税中按常态征收,比率与税相同。其直接后果是鲁国的朝政更集中到了季氏手中,百姓的负担更重了。

季康子也怕产生不良后果,便想到了被尊为国老的孔子,希望孔子公开发表言论,支持他的财税新政,就派冉有去征求孔子的意见。孔子特别不赞同,但知道反对亦无益,故拒绝公开表态:"这事丘不懂啊。"私下里却把冉有叫来,让他阻止季康子的财税改革,私心很重的季康子不听从。第二年正月,正式颁行了新田赋政策。气愤的孔子就只能拿自己的学生冉有说事,宣布与冉有断绝师徒关系,让弟子们鸣鼓声讨他。孔子的这一举动其实是醉翁之意不在酒,项庄舞剑,意在沛公,想把此消息宣扬出去,借助更强大的社会力量,对季康子形成一个不小的压力从而改变既定税策。但是历来人们却不知夫子之心,指责老师脾气太大,冤枉了弟子,实是对夫子的误解。

为政之道首在为德,为德之道重在为民,心中没有了天下百姓,再怎么守礼又有何用?而现在是礼民同失,这让孔子情义仁心何以堪?一个国家欲兴盛强大,发展生产是主要的,有强大的军队是必需的,但总不能与民争财分利呀!"君子之行也,度于礼:施取其厚,事举其中,敛从其薄。"(《左传·哀公十一年》)这是孔子一贯的认识。可惜,孔子的这一痛骂还是没有起到应有的作用,没有改变为政以利、以权、以己。

11.18

柴也愚,参也鲁,师也辟,由也喭(yàn)。

【译文】

高柴愚直,曾参迟钝,颛孙师偏激,仲由鲁莽。

【要解】

历来都认为这是孔子对四位弟子性格毛病的指责,说这些学生各有所偏,不合中行。看似有理,实则有误。笔者认为这正是对四位弟子的赞赏,是对他们品格行为与众不同的一种肯定。

高柴,字子羔,孔子学生。他遵守礼制,孝敬父母,身躯矮小,状貌甚恶,但政治能力强,在孔子的弟子中曾担任过的官职最多,有费宰、武城宰、成邑宰和卫士师等。《孔子家语》中说高柴此人为人处事极度小心谨慎,走路不踩别人的影子,春天伊始不杀生,夏天来了不折花草,守丧三年没有微笑过,不是流泪,而是流血。他在卫国做狱官,治理狱讼很公正、和平又很有仁心。这样的人绝对是一典型的君子,怎么会愚笨?只是正直、刚强,维护礼仪不打折而已。曾参迟钝吗?说这个上承孔子、下启孟子,把孔子思想一脉相传的学生愚笨,笑话!"鲁",诚实也,即老子所言归朴、无染、接近原始道心之意,在此有诚信、坚定、稳重、执着、不移,遇事考虑周全,不轻易表态等意。也只有这样的人才可以成为一代大孝子,才能在众多优秀弟子中独托老师的衣钵。

颛孙师(子张)为人直爽,广交朋友,办事有力,过分追求完美,不落俗套。"辟"本义为法律、法度,用于性格则是刚正、公正公道、不偏私。这样的人在世俗眼里是有点不合群,这正是他优于常人的地方。最后再看子路,"喭"同"谚",即粗朴。指他说话办事不讲究,有什么便是什么,心地非常善良质朴,这样的人孔子是非常喜欢的。

生命不是简单划一的,往往有其多面性,世上的事物就是阴阳的复杂组合。对于努力做君子的人来说,必须保持适中而不能偏激,不能认定一理倔强到底,也不能无原则、无底线、怎么都行。既然性格天成,后天难以改变,那就借其势而为,保持本心良质便是优佳。这就是孔子对于生命的真正认知与肯定,也是《论语》的无穷魅力所在。

11.19

子曰:"回也其庶乎,屡空。赐不受命,而货殖焉,亿则屡中。"

【译文】

孔子说:"颜回的学问道德接近于完善了吧,可是他常常贫困。端木赐不听命运的安排,去做买卖,猜测行情,往往猜中了。"

【要解】

"庶":庶几,相近。"货殖":做买卖。"亿":同"臆",猜测、估计。点评完了上面四位弟子,夫子接着再点评下面两位弟子。两位弟子分别用两个字代表其性,颜回是"空",子贡是"亿"。"空"可以理解为物质方面的贫乏,更可以是心田里的空空如一。与之相反的是子贡,不受命,不甘心命运的摆布,放不下这一利益,总想去赚取钱财,加上他的才华与聪明,往往能猜准行情,获得巨额利润,却又让他无法完成圆满的仁德。

那孔子的态度到底是什么呢?如果物质生活与修养仁德不可兼和时,选择后者。以子贡的资质和后天的条件,本可以成为圣人的,可惜只差那么一步,便无法向前了。同样,颜回也本可以去做官,改善一下生活的,可是他没有。虽然他们俩都有让孔子遗憾的地方,没有做到十全十美,但是孔子对颜回的选择不感到失望,对子贡的行为也不十分欣赏。

有人说,如果这两种情况能相互结合多好呀!如孔子既做高官,又宣讲实践仁德。这是不大可能的,因为天地万物本就不十分完美,正因为不完美,才丰富多彩,才需要我们不断努力,以期达到崇高的完美。假如某一人一出生就是大佛,那他的生命还有何意义?成佛的过程正是人生的精彩所在。如《西游记》里唐僧一行取经之事。

11.20

子张问善人之道,子曰:"不践迹,亦不入于室。"

【译文】

子张问做善人的方法。孔子说:"如果不沿着前人的脚印走,其学问和修养就学不到家。"

【要解】

"善人":指本质善良但没有经过学习的人。子张就属于这类人。他有成仁之志向,故向老师请教如何通过善人而至贤人,再至圣人,直到具有完美仁德之人的方法。夫子告诉他一个办法:像古代圣贤那样,一步步前进才有可能最后成功,否则便难以达到目标。

"践迹"就是实践,沿着圣人的足迹前行,圣人如何想,自己如何想,圣人如何做,自己如何做。不能凭空而为、不落实于地,必须下非凡的决心,花大的功夫,接受巨大的考验,如名利上的、精神上的、性格上的等等,不忘初心,不偏执虚假,放下一切外相,抵御住各种诱惑,一门深入,最后登堂入室。这一过程是任何人不可省略的,除非生而知之者。即便如释迦牟尼、老子等也得经受众多的考验,六祖惠能也得千里迢迢到五祖那里求法,求得正宗衣钵后还得躲避仇人的追杀,隐居深山老林十多年,接受种种困苦。欲有成就,必须像古圣先贤那样吃苦受罪,即便如此也不一定能如愿。这是千古的明证,无有例外。

如何落实到具体的生活中呢?那就是从身、口、意三者入手,首先做到不造这三方面的罪业;再从持五戒做起,切忌杀、盗、淫、妄、酒;再进一步去除掉贪、嗔、痴。路途艰难又漫长,但只要有恒心,势必成真。

11.21

子曰:"论笃是与,君子者乎?色庄者乎?"

【译文】

孔子说:"听到人言论笃实诚恳就表示赞许,这是不大对的,还应看他是真君子,还是伪装庄重的人。"

【要解】

"论笃是与":论,言论。笃,诚恳。与,赞许。君子是人人欲求的,但好多人只是口头上的君子,读了几本经书,看了一些圣人的故事,知道了圣人的品格与行为表现,就常以君子自诩去评断事物、臧否人物。要分清一个人是不是君子,关键在于他的所作所为,而非言论。当然,更要看其本心是善还是恶,如果他心怀善意,装一时君子来教化或要求他人,其目的是让他人进步,这也无可厚非;如果是为了自己的某一利益,那就要制止或揭穿他的老底了。

花言巧语,装腔作势,夸夸其谈,装出伪善的模样来愚弄世人,这往往是伪君子们惯用的伎俩。真正的君子则是沉默寡言,不显山不露水,在那里躬耕实践着,他人夸赞不荣,指责不辱,内心庄严清净,行为端庄不假。你说他是君子,他不会承认;你说他不是君子,他却与大众不同。处小人不为小人,立圣贤更为谦恭。善护身业,不失律仪,不欣世语,乐在正论,这才是真正有德之人。真人不露相,露相非真人。真人者,得道之人也。

11.22

子路问:"闻斯行诸?"子曰:"有父兄在,如之何其闻斯行之?"冉有问:"闻斯行诸?"子曰:"闻斯行之。"公西华曰:"由也问闻斯行诸,子曰,'有父兄在';求也问闻斯行诸,子曰,'闻斯行之'。赤也惑,敢问。"子曰:"求也退,故进之;由也兼人,故退之。"

【译文】

子路问:"听到了就行动起来吗?"孔子说:"有父兄在,怎么能听到就行动起来呢?"冉有问:"听到了就行动起来吗?"孔子说:"听到了就行动起来。"公西华说:"仲由问'听到了就行动起来吗?'你回答说'有父兄健在',冉求问'听到了就行动起来吗?'你回答'听到了就行动起来'。我被弄糊涂了,想问个明白。"孔子说:"冉求总是退缩,所以我鼓励他;仲由好勇过人,所以我约束他。"

【要解】

"兼人":好勇过人。这一章是孔子针对不同性格之人进行的不同教学方法。世间众生品类不齐,根性不等,脾性不一,再加上家庭情况更是千差万别。遇到同样一事,必须采取不同方法。正如同样一个问题,优秀的老师面对根器、基础和理解能力不同的学生,要用不同的方法一样。否则,事情往往会失败。

孔子在这里虽然讲的是教育的问题,但是我们可以举一反三,把它引扩开来,放到具体的行为做事上,特别是修心养性上,根据实际情况寻找到那个最佳方法。具体就是持守中庸,走中道之路,修仁德之道,不及不过,不偏不倚。性子慢的加快,性子快的放慢,行礼不足的修礼,品格不够的养德,知识不博的学文,孝悌不够的行孝。一个中心不可改变或忽略,那就是仁,这个核心一定不能远离。不同的根性就用不同的药治,同样悟禅,面对不同的对象,师父让这个喝茶去,那个睡觉去,另一个则好好坐在那里内观静悟。即便如儒佛道三学,也各有自己明心之方法,这就是佛祖所讲的八万四千多个法门都是道门之理。

但万法归宗,宗归一处,最后都得回到生命之本心上来,不依它都是空空。这个心放到佛家叫佛心,明心见性;放到道家叫道心,炼气化神;放到儒家叫仁心,成圣成仁。三心本一,表现却不同。不对症下药,便难以修治好各自的毛病,想开悟也是枉然!

11.23

子畏于匡,颜渊后。子曰:"吾以女为死矣。"曰:"子在,回何敢死?"

【译文】

孔子在匡地受到当地人围困,颜渊最后才逃出来。孔子说:"我以为你已经死了呢。"颜渊说:"老师您还活着,我怎么敢死呢?"

【要解】

"畏"是被围困而不畏惧的意思。前面讲过,孔子因长得像阳虎而被匡人所困,师生各自分散而避,险些遇难。后来,大家慢慢聚齐。颜渊最后回来,孔子故有此问。孔子之问听起来好像不那么吉利,实则是一种惊喜又疼爱的表现,就如两个十分亲密的人之间的对话,什么话也可以说,毫无芥蒂,骂对方却是真正的爱对方,而不是那种客套的礼貌语,从中也显示出这对师生间深厚的情意。而颜回的回答更令人感动,也有深意。颜回知道老师肩负着承传上古先王的仁道之责,自己紧紧跟随老师,协助老师努力完成这一使命,才有了上述么直率坦诚的回答。

11.24

季子然问:"仲由、冉求可谓大臣与?"子曰:"吾以子为异之问,曾由与求之问。所谓大臣者,以道事君,不可则止。今由与求也,可谓具臣矣。"曰:"然则从之者与?"子曰:"弑父与君,亦不从也。"

【译文】

季子然问:"仲由和冉求可以算是大臣吗?"孔子说:"我以为你是问别人,原来是问由和求呀。所谓大臣是能够用周公之道来侍奉君主,如果这样不行,他宁肯辞职不干。现在由和求这两个人,只能算是充数的臣子罢了。"

季子然说:"那么他们会跟着季氏干吗?"孔子说:"杀父亲、杀君主的事,他们也不会跟着干的。"

【要解】

"季子然":鲁国季氏的同族人。"具臣":凑数、普通的臣子。"之":这里指季氏。当时冉求和子路都是季氏的家臣。季子然是季氏家族的子弟。孔子在回答季子然的问题前,首先对"大臣"作了定义。君就是尧舜禹汤、文王、武王、周公一样有道德的君主,事君就是辅佐这些君王以道令天下,以德治天下。如果国君不能采纳有关建议,那就停止、辞职,不与之相谋国事,更不同流合污,这才能够算得上真正的大臣。如此说来,子路和仲由都算不上大臣,他俩虽然为季氏家臣,辅佐季氏,却改变不了季氏的主张去实行仁政,既然如此,那就最好远离。孔子为何又不让他俩远离呢?孔子还是对季氏抱有希望的,毕竟季氏请回了孔子,重用了他的弟子,有时也能采纳一些建议,再说上面还有鲁国国君。如果离开季氏,任何希望都没有了,这就是孔子的用心所在。

孔子对待君臣关系是以礼和道为准绳的。这里,他既要求臣维护正义,也要求君实行仁德,两方都应遵循正道。否则,做正臣的可以拼死抵抗。这便是孔儒维护正义之刚猛精神,根本不似后来部分人理解的那样唯唯诺诺,乖顺温良,不知反抗之迂腐犬儒。"以道事君,不可则止""弑父与君,亦不从也",十六个大字,字字千钧,有如钢刀利剑,直指邪恶之君,孔子尊道之无畏由是而出。

11.25

子路使子羔为费(bì)宰。子曰:"贼夫人之子。"子路曰:"有民人焉,有社稷焉,何必读书,然后为学?"子曰:"是故恶夫佞者。"

【译文】

子路让子羔去做费地的长官。孔子说:"这简直是害人子弟。"子路说:"那个地方有老百姓,有社稷,(治理百姓和祭祀神灵)都是学习,难道一定要读书才算学习吗?"孔子说:"所以我讨厌那种花言巧语狡辩的人。"

【要解】

"贼":害。"社稷":社,土地神。稷,谷神。这里"社稷"即社稷坛,国家政权的象征。当时的子路为季氏家臣,有一定的权力,就推荐还在求学的子羔去做费邑的宰官。孔子反对,理由是子羔的学问修养还没有成熟,怕面对好多事情时不能把控自己,反被环境所诱惑,害了他人和自己。而子路则认为:让子羔去做费邑的邑宰,可以在治民和社稷方面边工作边学习,理论联系实际,这不是一举两得的好事吗?

"仕而优则学,学而优则仕"是儒家对学习与做官相互结合之经典教导。但此话的前提是"优"。优者悠也,悠闲、自在之意,即把官做到了悠就再去进修品德学习;学仁德、修养身心做得非常好了,才可去做官。二者相互结合,渐至知行合一,方是两事齐美之事。然而眼前之事却不然。子羔读书未成,心里还没明白什么是仁德,不知道礼与义之道,怎么能够让他去做官呢?孔子批评子路了,说他狡辩,是佞口,这种人非常可怕。即使面对的是子路,孔子也毫不留情地给予严厉的指责。

在实践中学习,在学习中实践,理论联系实践,摸索前行,探究开拓,这是多少年来我们一直提倡的工作方法,然而它为不智却身居高位、不明而自以为是、不德却以创新改革为借口之人找到了一个非常恰当的理由。"能言而不能行,故谓之佞。"孔子的眼明亮着呢!

11.26

子路、曾皙、冉有、公西华侍坐。

子曰:"以吾一日长乎尔,毋吾以也。居则曰:'不吾知也!'如或知尔,则何以哉?"子路率尔而对曰:"千乘之国,摄乎大国之间,加之以师旅,因之以饥馑;由也为之,比及三年,可使有勇,且知方也。"夫子哂(shěn)之。"求!尔何如?"对曰:"方六七十,如五六十,求也为之,比及三年,可使足民。如其礼乐,以俟君子。""赤!尔何如?"对曰:"非曰能之,愿学焉。宗庙之事,如会同,端章甫,愿为小相焉。""点!尔何如?"鼓瑟希,铿尔,舍瑟而作,对曰:"异乎三子者之撰(zhuàn)。"子曰:"何伤乎?亦各言其志也。"曰:"莫春者,春服既成,冠者五六人,童子六七人,浴乎沂,风乎舞雩(yú),咏而归。"夫子喟然叹曰:"吾与点也!"

三子者出,曾皙后。曾皙曰:"夫三子者之言何如?"子曰:"亦各言其志也已矣。"曰："夫子何哂由也？"曰："为国以礼，其言不让，是故哂之。""唯求则非邦也与？""安见方六七十如五六十而非邦也者？""唯赤则非邦也与？""宗庙会同，非诸侯而何？赤也为之小，孰能为之大？"

【译文】

子路、曾晳、冉有、公西华四个人陪孔子坐着。

孔子说："不要因为我年龄比你们长一些就不敢说。你们平时总说：'没有人了解我呀！'假如有人了解你们，那你们现在怎样去做呢？"子路赶忙起身回答："一个拥有一千辆兵车的国家，夹在两大国中间，常常受到别国的侵犯，加上国内又闹饥荒，让我去治理，只要三年，就可以使人们勇敢善战，而且懂得礼仪。"孔子听了，微微一笑。孔子又问："冉求，你怎么样呢？"冉求答道："国土有六七十里或五六十里见方的国家，让我去治理，三年以后，就可以使百姓饱暖。至于这个国家的礼乐教化，就要等有关君子来施行了。"孔子又问："公西赤，你怎么样？"公西赤答道："我不敢说能做到，只是愿意学习。在宗庙祭祀中，或在同别国的盟会中，我愿意穿着礼服，戴着礼帽，做一个小小的相礼人。"孔子又问："曾点，你怎么样呢？"这时曾点弹瑟的声音逐渐放慢，接着"铿"一声，离开瑟站起来，回答说："我想和他们三位说的不一样。"孔子说："那有什么关系呢？都是各人讲自己的志向而已。"曾晳说："暮春三月，穿上做好的春服，和五六位成年人、六七个少年去沂河里洗洗澡，在舞雩台上吹吹风，一路唱着歌走回来。"孔子长叹一声说："我赞成曾晳的想法。"

子路、冉有、公西华三个人都出去了，曾晳后走。他问孔子："他们三人的话怎么样？"孔子说："也就是各自谈谈自己的志向罢了。"曾晳说："夫子为什么要笑仲由呢？"孔子说："治理国家要讲礼让，可是他说话一点也不谦让，所以我笑他。"曾晳又问："那么是不是冉求讲的不是治理国家呢？"孔子说："哪里见得六七十里或五六十里见方的地方就不是国家呢？"曾晳又问："公西赤讲的不是治理国家吗？"孔子说："宗庙祭祀和诸侯会盟，这不是诸侯的大事又是什么？像赤这样的人如果只能做一个小相，那谁又能做大相呢？"

【要解】

"曾皙":名点,字子皙,曾参的父亲,也是孔子的学生。"居":平日。"率尔":轻率。"摄":夹于。"比及":等到。"哂":微笑。"如":或者。"宗庙之事":指祭祀之事。"会同":诸侯会见。"端章甫":端,古代礼服的名称。章甫,古代的礼帽。"相":赞礼人,司仪。"希":同"稀",指弹瑟的速度放慢,节奏逐渐稀疏。"撰":才能。"冠者":成年人。古代子弟到20岁时行冠礼,表示已经成年。本章应该是论语中篇幅最长的一章了,也是孔门主要弟子及儒家思想的集中体现。此章入选中学课本,内容大家都清楚,不再赘言。它讲述了孔子和他的学生们各自的政治抱负。孔子的政治理想是在发展经济的同时进行礼仪仁德的教化,最后实现生命个体的舒适闲逸,整个天下的平和自然。这与老子提出的自然归朴、清静而居的人世大同小异。

本章中有几个问题需明白。一是有人说孔子耻笑子路。这不符合圣人孔子一贯的行为,孔子不是那样随便耻笑他人的君子,应该是看到子路那天真直率样,不禁莞尔。再者是孔子对曾点的赞同,也仅是赞同他描述的那种社会美景,而不是肯定对方已悟到了这一完美臻境。当然,也不排除曾点当看到老师对三人的点评后,脑子一个转弯,顺势而言,以讨老师欢欣。三是老师为顾及弟子的面子而没有直面讲明他们的不足,而是在他们走后,借曾皙的问话进行了点评:这三人表面看人人都非常谦卑有礼,可以算是君子了,但他们都是前面说到的"后进",非"先进",没有修得纯真无私的本性,仍局限于现实,还有种种大大小小的挂牵,或顾虑,须各自反省,继续努力。

颜渊篇第十二
（凡 24 章）

本篇内容主要为几位弟子向孔子请教什么是仁。孔子还谈到怎样做君子等问题。

12.1

颜渊问仁。子曰："克己复礼为仁。一日克己复礼，天下归仁焉。为仁由己，而由人乎哉？"颜渊曰："请问其目。"子曰："非礼勿视，非礼勿听，非礼勿言，非礼勿动。"颜渊曰："回虽不敏，请事斯语矣。"

【译文】

颜渊问怎样做才是仁。孔子说："克制自己，一切照着周礼的要求去做，这就是仁。一旦这样做了，天下就归于仁了。实行仁德，完全在于自己，难道还在于别人吗？"颜渊说："请问实行仁的方法。"孔子说："不合于礼的不要看，不合于礼的不要听，不合于礼的不要说，不合于礼的不要做。"颜渊说："我虽然愚笨，也要照您的这些话去做。"

【要解】

小时候读到"克己复礼"一词，总是想不通，感觉老师讲得不正确，把自己的性子克制住，这不是戕害美好生命吗？恢复周朝礼制，这不是复辟倒退吗？还有朱熹提倡的什么"存天理，去人欲"，这不是不让人好好活着吗？现在才明白，孔子所谓克己复礼的本义是指克制（清除）内心那不安分守己之各类欲望，恢复周王朝那无比文明大气、庄重合体之礼仪及美好的社会体制，留存下符合天地正道的仁义之性、慈悲怜悯之情、善良平和之心。

再看孔子对颜回的解答，共分两部分。"克己复礼为仁。一日克己复礼，天下归仁焉"为第一部分，它是成仁之本，是最根本之纲。下面的"四勿"是具体之目。前者是知，后者是行，知行合一即可。视、听、言、动这四者是大众平常之习惯表现，实际上它代表或涵盖了生活的一切，就是点点滴滴上注意自己的言行举止，一有非礼之念想、行为马上察觉，随即改正，以此而渐渐改善内心之性，使之回归原始之淳朴美好仁义之态。难吗？看似不难，做起来却并不容易。

"克己复礼为仁"，这是孔子关于什么是仁的主要解释。在这里，孔子以礼来规定仁，阐明依礼而行就是仁的根本要求。所以，礼以仁为基础，以仁来维护。仁是内在的，礼是外在的，二者紧密结合，通过遵守礼的规定来修养仁德。这是孔子思想的核心内容，贯穿于《论语》一书的始终。

12.2

仲弓问仁。子曰："出门如见大宾，使民如承大祭。己所不欲，勿施于人。在邦无怨，在家无怨。"仲弓曰："雍虽不敏，请事斯语矣。"

【译文】

仲弓问怎样做才是仁。孔子说："出门办事如同去接待贵宾，管理百姓如同进行重大的祭祀。自己不愿意要的不要强加于别人。做到在朝廷上没人怨恨，在乡里也没人怨恨。"仲弓说："我虽然笨，也要照您的话去做。"

【要解】

冉雍作为孔子的弟子，与冉耕、冉求皆在孔门十哲之列，世称"一门三贤"。冉雍在做季氏私邑长官的时候，能做到居敬行简，以德化民。较颜回而言，他的悟性稍差一点，但品行却非常高尚。他问老师什么是仁，老师没有如回答颜回那样简言而语，直指本性，使其顿悟成法，而是根据他的根器告诉他如何在行动中去实施。总结这几点，即本质上要诚敬他人，方法上用渐悟。

《孝经》上讲"礼者，敬而已矣"，内心恭敬，外面表现出来就是礼，恭敬心十足了，礼也就十足。所谓"诚于中而形于外"也。当我们对一个人有十足恭敬心的时候，一点小的礼节都不会缺少、疏忽的，恰如见大宾、承大祭。"己所不欲，勿施于人"，依此做起，自然会敬重他人。这一原则、方法适合于任何人,如此做来,自然能达到"在邦无怨,在家无怨"了。孔子是转了一个圈来教导冉雍的,对颜回重点言天下,对冉雍重点讲自己,这就是次第。没有第一步,难有第二步。颜回已达第一步,需做的是第二步。冉雍需先做好第一步,这也是中下根器者需做的。

有人会说,自己不需要的也许正是他人所需要的,自己需要的正是别人不需要的,这又如何解?所谓"己所不欲"的内涵是指生命深处之意识、欲望,而非一般浅层次方面的欲求,不是饮食、衣着、性格、爱好等。主敬存诚,除怨待人,宽恕家国,念念归心,天下自然可归仁。

12.3

司马牛问仁。子曰:"仁者,其言也讱(rèn)。"曰:"其言也讱,斯谓之仁已乎?"子曰:"为之难,言之得无讱乎?"

【译文】

司马牛问怎样做才是仁。孔子说:"仁人说话是慎重的。"司马牛说:"说话慎重,这就叫作仁了吗?"孔子说:"做起来困难,说起来能不慎重吗?"

【要解】

"司马牛":姓司马名耕,字子牛。"讱":话难说出口,这里引申为说话谨慎。据考证,司马牛之兄司马桓魋是宋国的大夫,深得宋景公的恩宠,却一心欲谋害宋景公,弑君篡位。已拜孔子为师的司马牛坚信孔门学说,反对犯上作乱。他知道兄长这一行为是非常危险且不道的,劝阻又无效,但又不能明说,故而来问老师什么是仁。老师知道他的难处,告诉他说话一定要慎重,否则就会招来杀身之祸。是难。面对的是亲兄,强行劝说无效,却又不能告官,更不能让他人来出谋划策,不说自己又无计可施。这可是事关灭族之大事呀,如何是好?学生真的在犯难。

而孔子感觉到难的在于眼前的这个学生有一个毛病:爱说话,性子浮躁。这种人最容易坏事,故告诉他一定要谨慎其言,真正的仁者是"其言也讱"。言为心声,心中有事,言则必出。常言道病从口入,祸从口出。通过改正其言语之病而正其心,慎其行,渐至仁矣。否则,每出一言,总会因不当之处而招致祸端。朱子说:"盖圣人之言,虽有高下大小之不同,然其切于学者之身,而皆为入德之要,则又初不异也。读者其致思焉。"(《论语注疏》)以言入德,一门深入,也是一修身良法。

12.4

司马牛问君子。子曰:"君子不忧不惧。"曰:"不忧不惧,斯谓之君子已乎?"子曰:"内省不疚,夫何忧何惧?"

【译文】

司马牛问怎样做一个君子。孔子说:"君子不忧愁,不恐惧。"司马牛说:"不忧愁、不恐惧就可以叫作君子了吗?"孔子说:"自己问心无愧,那还有什么忧愁和恐惧呢?"

【要解】

司马牛兄宋国大夫桓魋犯上作乱,遭到宋国当权者的打击,全家被迫出逃。司马牛也随之逃到鲁国,拜孔子为师,并声称桓魋不是他的哥哥。这一章里,司马牛问孔子,如何做一个君子,孔子回答他要不忧不惧,问心无愧。事情终于如担心的那样爆发了,司马牛非常害怕,前来问老师对策,但找了个借口,就是如何做一位君子。较前一章所问,层次已是低了一层,由仁而成为君子。事情发生了变化,所问也因之而不同,上次是如何面对可能的危机,这次是如何化解已至身边的危机。

老师平静对答:问心无愧即可。孔子是从正义的角度出发去解答对方心里的担忧,也是一种非常有效的办法。对得起自己的良知,即对得起天地,没有违背正道,那便不要害怕。只有把那颗真心放得平平稳稳,才可以解除危机。如果真有其祸,再怎么躲避也是无用的。真正的君子不会惧怕事情的到来,他只是安心以待,以一颗正义之心化解邪恶之果。

君子坦荡荡,小人才长戚戚。心有戚戚,自然会招引来诸多麻烦。吸引力法则是现代心理学一条公认的法则,你想什么,什么就会来到。人心和道心本是一体,人心好万物皆好,否则,万物皆坏。

12.5

司马牛忧曰:"人皆有兄弟,我独亡。"子夏曰:"商闻之矣:死生有命,富贵在天。君子敬而无失,与人恭而有礼。四海之内,皆兄弟也——君子何患乎无兄弟也?"

【译文】

司马牛忧愁地说:"别人都有兄弟,唯独我没有。"子夏说:"我听说过:

'死生有命,富贵在天。'君子只要严肃认真对待所做的事情,不出差错,对人恭敬又合乎于礼仪,天下人都是自己的兄弟。君子何愁没有兄弟呢?"

【要解】

　　司马牛这位弟子根性较差,刚解决了第一个问题,第二个问题便来了,第二个问题没解决,又一个问题来了,真可谓小人长戚戚呀。心中有事,事事皆烦。心中无事,事事皆空。

　　兄长因叛乱而被追捕,逃亡四海,作为弟弟的自己与之断绝了关系,这是他坚守正义之表现,也说明他的内心深处还是有良知在,能存善去恶。但是,想到自己失去亲兄长的孤独与痛苦,故而不时地忧伤。这次夫子没有出现,而是由子夏出面回答他的忧戚问题,告诉他如何对待眼下的困惑:第一是生死有命,富贵在天;第二是只要做到真诚敬爱天下人,礼待他人,四周都是你真诚的兄弟。子夏的话应该是平时从老师那里所得,同时也是自己所悟,可以代表老师,又是作为同学兄弟给予对方关爱,可谓一举两得,用实际行动证明了老师所言不假。

　　有人说同学和亲人是不一样的,亲兄弟就是亲兄弟,有血脉关系,而朋友则没有。如果有人告诉你说,眼前这位是你失散多年的亲兄弟,大部分人心里会马上涌起一股热潮而对这位根本没见过一面的陌生人产生特别的情感,把对方当亲兄弟对待。如果对方马上又说,对不起,搞错了,他不是你的亲兄弟。你刚才生起的那种感觉会马上归于零。仅凭别人的几句话就产生了如此截然不同的情绪,这样的心性只是建立在他人的言语或一些证物上,这是非常不可信的、虚假的。《金刚经》告诉我们,不能以相见如来,要去我、去他、去分别心,以此来达到无我相、无众生相、亦无如来相之空空圣境。去掉是非分别之心,四海之内才皆兄弟。

12.6

　　子张问明。子曰:"浸润之谮(zèn),肤受之愬(sù),不行焉,可谓明也已矣。浸润之谮,肤受之愬,不行焉,可谓远也已矣。"

【译文】

　　子张问怎样做才算是明智的。孔子说:"像水润物那样暗中挑拨的坏话,像切肤之痛那样直接的诽谤,在你那里都行不通,你可以算是明智的了。暗中挑拨的坏话和直接的诽谤,在你那里都行不通,你可以算是有远见的了。"

【要解】

"浸润之谮":谮,谗言。这是说像水那样一点一滴地渗进来的谗言,不易觉察。"肤受之愬":愬,诬告。像皮肤感觉到疼痛那样的诬告,即直接的诽谤。"远":明之至,明智的最高境界。细读这一章的前后内容,好似有重复之嫌。其实是孔子故意为之,以起到强调之效。明与远是两个有交叉的概念,有关联又不同。孔子对眼前这位弟子是比较喜欢的,故而想把问题阐述得更加透明清楚。

什么是"明"? 智慧、明达,看问题清晰不糊涂。即通晓天地本真谓之明。这是一个很高深的境界,不仅仅是对眼前的一些问题看得明白,而是彻底明白了天地万物的本相,这是开悟的状态,也是明心见性之境。

孔子从生活中的谗言与诽谤说起,二者都是一个实质:不真、虚假。要做到明,必须做到真心不二,把控好自己的心性,坚守不移,不因外界的种种而改变它原来的明净纯洁,然后才可以抵挡住来自外界的各类或隐晦或直接的诬蔑和诽谤。就是"时时勤拂拭,勿使惹尘埃",这样心性就会如同一面特别明亮的镜子,而照映出世间万物的本相。如果在此境界坚持得久了,一直不动、不摇、不移,那就可以达到久远的目标,看到更深远的事物之本。这就是孔子所说的明与远。这仍然是修养心性大法,直抵心性之根,不绕他途。风雨不动安如山,岿然不动待外界。金钟铁罩层层裹,看你如何把吾染?

12.7

子贡问政。子曰:"足食,足兵,民信之矣。"子贡曰:"必不得已而去,于斯三者何先?"曰:"去兵。"子贡曰:"必不得已而去,于斯二者何先?"曰:"去食。自古皆有死,民无信不立。"

【译文】

子贡问怎样治理国家。孔子说:"粮食充足,军备充足,老百姓信任管理者。"子贡说:"如果不得不去掉一项,三项中先去掉哪一项呢?"孔子说:"去掉军备。"子贡说:"如果不得不再去一项,这两项中去掉哪一项呢?"孔子说:"去掉粮食。自古以来人总是要死的,如果老百姓对管理者不信任,那么国家就不能存在了。"

【要解】

　　本章里孔子回答了子贡连续提出的三个政务问题。孔子认为治理一个国家,应当具备三个起码条件:食、兵、信。但这三者当中,信是最重要的。这体现了儒学的人本思想、和之法则、爱之原则。如果只有兵和食,百姓对上面的管理者不信任,这样的国家就不能存在下去了,即使有再强大的军队,再多的粮食也是无用。现实中,最可怕的是前二者都有,而恰恰没有第三者。上面的管理者不被百姓信任了,百姓早就对之恨之入骨了,但由于管理者有强大的军队,有武器,又有可以供庞大军队开支的粮食,故而可以肆无忌惮地压榨百姓,欺凌民众,这是社会最为可悲的。然而,好多管理者却以此为自信,殊不知,任你手中的军队、经济再怎么强大,也无法保证这种残暴的统治长久下去,其终有一天会分崩离析,因为它已失去那个可以凝聚民众的核心了。相反,只要民众相信也依赖这个社会,哪怕衣食不丰,国防也弱,但人民还是愿意与国共患其难的。

　　人心齐泰山移,天地间最伟大的是人心,它与天地相融为一,任何力量都不可摧毁。老子说:"虽有甲兵,无所陈之。"《说苑·政理》曰:"治国之道,爱民而已。"《荀子·君道》亦云:"君人者,爱民而安,好士而荣,两者无一焉而亡。"爱民者,民亦爱之。无仁德之政,一切皆无。孔子在本章所讲之政治,是千古不易之真理。

12.8

　　棘子成曰:"君子质而已矣,何以文为?"子贡曰:"惜乎,夫子之说君子也!驷(sì)不及舌。文犹质也,质犹文也,虎豹之鞹(kuò)犹犬羊之鞹。"

【译文】

　　棘子成说:"君子只要具有好的品质就行了,要那些表面的仪式干什么呢?"子贡说:"真遗憾,哪有您这样谈论君子的!一言既出,驷马难追。本质就像文采,文采就像本质,都是同等重要的。去掉了毛的虎、豹皮,就如同去掉了毛的犬、羊皮。"

【要解】

　　"棘子成":卫国大夫。"驷不及舌":指话一说出口就收不回来了。驷,拉一辆车的四匹马。"鞟"：去掉毛的皮，即革。本章是卫国大夫棘子成和子贡的一段对话。子贡批评了棘子成的看法，并用恰当的比喻明确地阐述了"文犹质也，质犹文也"的观点，即《雍也》中讲过的"文质彬彬"。就是指君子的外表与行动要和他的思想、道德及品行等相匹配，如衣着整洁，佩饰典雅，言语流畅，举止大方等。否则，时间一长势必会影响他的本质。色即是空，空也是色，二者是一体两面，没有主要与次要，内和外，它们是一不是二，是二则错。君子应该本质与外表整齐统一，是内容与形式的完美结合。

本章中有一个问题，为什么子贡要提到"驷不及舌"这句俗语。主要是作为一国大夫的棘子成说出这话，势必会影响好大一部分人对君子的正确理解，这是很不好的。《易经》就说："君子居其室，出其言善，则千里之外应之，况其迩者乎？居其室，出其言不善，则千里之外违之，况其迩者乎？"一个人说出来的话，远近都会有人听到。所以，古人非常看重发誓，他们认为一旦发了则必须遵守，否则就会受到上天的惩罚。君子所为，要慎重言行，内外一体。

12.9

哀公问于有若曰："年饥，用不足，如之何？"有若对曰："盍彻乎？"曰："二，吾犹不足，如之何其彻也？"对曰："百姓足，君孰与不足？百姓不足，君孰与足？"

【译文】

鲁哀公问有若说："遭了饥荒，国家用度困难，怎么办？"有若回答说："为什么不实行彻法，只抽十分之一的田税呢？"哀公说："现在抽十分之二还不够，怎么能实行彻法呢？"有若说："如果百姓的用度够，您怎么会不够呢？如果百姓的用度不够，您又怎么会够呢？"

【要解】

"盍彻乎"：盍，何不。彻，西周的一种田税制度。古时的税法各朝不同，具体为夏朝用贡法，殷朝用助法，周朝用彻法，这些税法的税率都是十分之一，即百姓缴收入的十分之一。鲁国自宣公十五年（公元前594年）改变了这一沿袭了许久的税制，成为十分之二，百姓缴的赋税就加重了。就这样鲁哀公还嫌不足。原因在于季氏为首的三家专权，中饱私囊，夺去了大部分税收。有若是替百姓和国家的利益考虑,劝告哀公不要增加税收,要爱民保国,实行仁德之政。

荀子说"天之生民,非为君也;天之立君,以为民也"(《荀子·大略》)。即上天让百姓生存于世,并非为了国君,大地之所以确立国君的地位,是为了让百姓生活得更好。又曰:"得百姓之力者富,得百姓之死者强,得百姓之誉者荣。"(《荀子·王霸》)任何一位国君必须首先考虑百姓的利益,而不是满足自己的一私之欲。荀子在《富国》一文中还说:"田野荒而仓廪实,百姓虚而府库满,夫是之谓国蹶。"如果国君和百姓对立,不管百姓的死活,国家必将倾覆。有若在这里说,百姓足,君也足了,国君跟百姓的利益是一体的,水涨船高,如果百姓不足,那君定不足了。家与国也是社会的一体两面,缺一不可,一损俱损,一荣俱荣。当然还会有另一种情况,即国强民穷或民富国弱,如历史上的隋朝与宋朝。但相比而言,隋朝仅存在了短短三十八年,而宋朝却有长达三百多年的国祚。如果说向百姓收取的赋税特别重,国家还是财力不足,那一定有大量的中饱私囊者。此私囊者,定然是国家放纵之结果。

12.10

子张问崇德辨惑。子曰:"主忠信,徙义,崇德也。爱之欲其生,恶之欲其死。既欲其生,又欲其死,是惑也。'诚不以富,亦只以异。'"

【译文】

子张问怎样提高道德水平和辨别是非的能力。孔子说:"以忠信为主,使自己的思想合于义,这就是提高道德水平了。爱一个人就希望他活下去,厌恶起来又恨不得他立刻死去,既要他活,又要他死,这就是迷惑。所谓'确非因她富裕,爱心只能转移。'"

【要解】

"徙义":徙,迁移。向义靠拢。"诚不以富,亦只以异":这是《诗经·小雅·我行其野》的最后两句。此诗表现了一个被遗弃的女子对其丈夫喜新厌旧的愤怒情绪。

这一章里子张向夫子请教两个问题:一个是什么是崇德,一个是如何辨惑。孔子说"崇德"就是要讲忠信,以忠和信为生命内心的主宰,它是德行的根本。再把合适、合理、合情、合法的事引扩到更高深的事物上，这样就接近于崇尚、崇敬天地道德了。如果内心生起了疑惑，又怎么来辨别和消除呢？孔子提醒对方：若对待一个事物永远是对立的两面，不能全方面去思考，哪能把复杂的事物分辨得清楚呢？

二问题的本质相同，都是心性所致，心中没有一个明确的、坚定不移的中心，不知道什么是真，什么是假，以假作真，因相而迷，自性蒙昧，眼前之景物自然是一片模糊。孔子从浅显的品格入手，谈起忠信生于本性、存于本性，经常代表本性，二者异曲同工，所谓心诚则灵是也。蕅益大师有句话说得特好："境缘无好丑，好丑在于心。"美的我就爱，不美的我就憎恶，那全是自心在那里迷惑颠倒使然，全是自己分别执着所致。孔子引用《诗经》一句正是说明了上述道理，心是万物之本，心一动，情便移，一切就都变了，一切都是心魔造成的。

12.11

齐景公问政于孔子。孔子对曰："君君，臣臣，父父，子子。"公曰："善哉！信如君不君，臣不臣，父不父，子不子，虽有粟，吾得而食诸？"

【译文】

齐景公问孔子如何治理国家。孔子说："君主要像君的样子，臣子要像臣的样子，父亲要像父亲的样子，儿子要像儿子的样子。"齐景公说："讲得好呀！如果君不像君，臣不像臣，父不像父，子不像子，虽然有粮食，我能吃得上吗？"

【要解】

历来对"君君、臣臣、父父、子子"这一内容有不少争议，一说孔子规定了严格的封建等级秩序与制度，为统治者统治人民提供了强有力的理论指导。难道最民主、最先进的社会制度就不应该有如此的规范吗？如果说景公是统治阶级，是站在统治者的立场上的，那么请问，哪一个管理天下者不愿意如此？哪一方普通百姓不想如此？哪个文明、开放、正常的社会不是如此？

还有人说，因为春秋时期社会大幅变动，当时的等级、名分均受到强烈破坏，弑君父之事屡有发生，孔子认为这是国家动乱的主要原因，所以他告诉齐景公,要恢复这样的等级,国家就可以得到治理。这样的解读仍有偏差。孔子并不是只站在当时的社会角度,从统治者的利益出发来教导景公的,他的真正目的是让整个社会各阶层都有序可依,有道可循,有礼有守,有义可行。各归其位,各从其事,各明其心,先从自己的职责做起,什么身份就做好什么事,什么地位就谋什么权,不要越俎代庖,否则势必会灾难重重,于国于家于民于君臣都将后患无穷。

孔子并不是让你死死守护这一既定秩序不变通,尽愚忠愚孝,而是让人各守其位,各显其德,各尽其能,前者是后者的基础,后者是前者的目的,这个绝对不能忽略与颠倒。即便在民主社会下也是如此。私淑弟子孟子对之有更明确的阐述:"君之视臣如手足,则臣视君如腹心;君之视臣如犬马,则臣视君如国人;君之视臣如土芥,则臣视君如寇仇。"(《孟子·离娄篇下》)君臣等之间的关系是呼应的,不是敌对的。人伦是序,五伦是人道,此人道合于天地法则,不因时代的变迁而改变,是人类永久奉行之规则。

12.12

子曰:"片言可以折狱者,其由也与?"子路无宿诺。

【译文】

孔子说:"只听了单方面的供词就可以判决案件的,大概只有仲由吧。"子路说话没有不算数的时候。

【要解】

"片言":诉讼双方中一方的言辞,即片面之辞,古时也叫"单辞"。"折狱":狱,案件。即断案。"其由也与":大概只有仲由吧。"宿诺":宿,久。拖了很久没有兑现的诺言。仲由(子路)可以以"片言"而"折狱",证明在刑狱方面是有卓越才干的,所以老师才对他进行夸赞。《弟子规》讲"凡出言,信为先,诈与妄,奚可焉",人的言语一定要诚信,我们处世要慎言,特别要慎诺,无宿诺,慎言、忠言、诚言、守言。守诚就是守心,生命之本性永远不可改变。

曾子杀猪让诚信之风流传千古,季布一诺千金赢得了楚人的敬重,子路百里负米让孔子感动而赞:"生尽其力,死尽其思,真乃至孝。"因有至孝,故"无宿诺",人伦既守,诸事皆通,此为一体之故也。

12.13

子曰:"听讼,吾犹人也。必也使无讼乎!"

【译文】

孔子说:"审理诉讼案件,我同别人也是一样的。重要的是使案件不发生!"

【要解】

"听讼":审理诉讼案件。"使无讼":使人们没有诉讼之案件。上一章讲了子路断案的事,夸赞了他的公正与诚信,这一章孔子讲自己断案子和他人也一样,就是说凭借的也是公正与诚信。这是天下所有法律的基本原则,任何人要断案,必须遵守这一法则,否则法律的威严也便不存在了。但是,孔子又说了一句,最重要的是不要让诉讼产生,从根本上杜绝诉讼,这才是解决问题最关键的。法律的最高境界是公正公平,却不能消除人们心中的争执和矛盾,要想让社会安定平和,人与人互敬互爱,必须进行道德教化,从心里消除各类矛盾,这才是最重要的。以心换仁,以礼服人,以德治国,这是孔子政治思想的核心。

治国历来都讲究法,但是法律不是万能的,它的作用其实非常有限,管不了人的心理,制约不了人们的不满情绪,消除不了不良的道德思想,越是严酷的法律弊端越是严重。治国应该是法、理、情三者并重。法律必须制定,但不可滥用。理必须讲,此理应是符合大道的人事物理。最重要的是情,有了法只是有了行为的底线,有了理,做事有了标准,如果没有真实的爱人之情、宽容之情、怜悯之情、互敬之情,前两者根本无法有效地实施。世界上最公正无私的法律都不如教育伟大,因为法律治理的是行为,教育感化的是心灵。心灵是万物之主宰,控制一切。道德的根本又是什么?《孝经》上说:"夫孝,德之本也,教之所由生也。"德以孝为本,首先提倡孝道教育,再进而扩展到君臣、父子、夫妻、朋友等的教育,天下的各类问题便自然就解决了,这就是正本清源的做法。

12.14

子张问政。子曰:"居之无倦,行之以忠。"

【译文】

子张问如何治理政事。孔子说:"官员居于位心性不懈怠,行于实践要忠实。"

【要解】

把这章的核心意思全部解读出来,应该是这样的:作为官员,在处理政务方面一定要把心安定下来,不可有一丝的懈怠,行为上要忠诚于正义(而非上司),不能以私心凡情而谋诸事。政务难,国家大小事务天天有变,而且事事都关系到全局,非有一颗真诚的心不可,而且还得付出特别的心血与代价,持之以恒,不可中途停止。

这一点看似简单,做起来很难。好多为官者在未上位前胸怀雄心壮志,决心满满,准备付出所有来为国家服务,一旦权力到手,到得尊贵的地位了,便渐渐忘了初衷,不再全心全意为人民服务了,有的甚至变成让人民全心全意为之服务。对自己的良知不忠不说,对天下更是为所欲为,好似百姓的生存全依靠他一人。这是古今中外一些在位者的普通心理和行为表现。真有一朝为官,终身高贵之优越感。根本原因之一就是颠倒了主次,不明天地物理中唯有谦卑低下、尊崇万物才可获得仁德之道理。错位待之,其结果必然是损德失性,再落愚贱。正如汉刘向在《新序·节士》一文中所言:"受鱼失禄,无以食鱼;不受得禄,终会食鱼。"

如将此理扩大于一家、一团体之政务,同样要做到心安于正义不动,身勤于政事不息,忠诚对待眼前万物,倾自己的所有为他人奉献,为天地付出。正所谓以德修身多做好事积德,以才立命多读好书益智,不贪不沾以品行得声誉,全心全意当公仆赢人心。为什么好多人学习工作不能长久不懈、竭心尽力?多是心力不强、心性不够导致的,它是一切问题的根源,要想改善,必须得从心入手。居以心,行以忠,就是"诚于中而形于外",有其内必有其外,有其心必有其行。心相为一,内外一如,一修一切修,这和我们前面所讲的敬礼为一是一样的。

12.15

子曰:"博学于文,约之以礼,亦可以弗畔矣夫!"

【说明】

本章重出,见《雍也》第 27 章。

12.16

子曰:"君子成人之美,不成人之恶。小人反是。"

【译文】

孔子说:"君子成全别人的好事,而不助长别人的恶处。小人则与此相反。"

【要解】

"君子成人之美,不成人之恶"已成为中华道德文明的一项重要内容,也成为区分君子和小人的一项重要指标,千百年来世人常用这一标准来衡量是非对错,指导生活工作,提高自己的道德境界。

为什么君子和小人有如此不同呢?主要是器量的大小。第一,君子能容天下,以万物为器,不以一私一己为器,行站坐卧想到的都是他人,要全心全意为他人服务;而小人恰恰相反。第二,器量的大小又源于所站角度与高度的不同。君子站在天地的高度思考问题,看到的是事物的全部,而非一角一面,故而他的所行、所言、所思、所想都是全方位的,而非片面、一时的。小人反之。第三,君子居守的是本性,小人居守的是情性,君子的心灵无染,无比喜悦欣然,小人则时时处于阴暗之中,常有幽怨产生,或悲喜交替。所以,君子看待事物、处理人事都是带着无比喜悦之性而进行的,小人则脱离不了片面与自私。而最为关键的是君子知道天下万物都是一体,相互关联,互为因果,故而他在思想、行动时,不敢也不愿意只为自己着想,心中拥有的是你好我好大家才好的仁爱意识,成人成己。而小人不懂得这一道理,考虑任何问题都是片面绝对的,心中只有自己,只顾眼前。最后的结果自然是合道的君子乐哉悠哉,成人之美,戚戚的小人悲欢难平,只顾自身。

成人之美就是成己之美,损人之爱便是损己之爱。己与人,本为一。天地造人本无分别,有分别的只是你我狭小器量导致的荣或毁的不同结果。嫉妒是杀人之利刃,毁名之奇器,害己之重法。随喜、随爱、随仁,不断积累功德,方是前行之保障。

12.17

季康子问政于孔子。孔子对曰:"政者,正也。子帅以正,孰敢不正?"

12.18

季康子患盗,问于孔子。孔子对曰:"苟子之不欲,虽赏之不窃。"

12.19

季康子问政于孔子曰:"如杀无道,以就有道,何如?"孔子对曰:

"子为政,焉用杀?子欲善而民善矣。君子之德风,人小之德草,草上之风,必偃。"

【译文】

季康子问孔子如何治理国家。孔子回答说:"政就是正的意思。你带头走正路,有谁敢不走正道?"

季康子担忧盗窃,问孔子怎么办。孔子回答说:"假如你自己不贪图财利,即使奖励偷窃,也没有人偷窃。"

季康子问孔子如何治理政事时说:"如果杀掉无道的人来成全有道的人,怎么样?"孔子说:"治理政事哪里用得着杀戮呢?你欲行善,老百姓就会跟着行善。在上位的品德好比风,在下位的品德好比草,风吹到草,草必定跟着倒。"

【要解】

这三章都是季康子问于孔子,三章的意思都有关联,我们把它们放到一起解读,效果更好。总结三章,所问内容有所差别,而孔子的回答却有一个中心:己是唯一的核心,一切问题都起源于自己,解决它们的最好办法也是从自己身上寻找根源,由自己开始治理。具体就是由正心入手,到节制贪欲,再到实行仁善之政。以此来管理国家,治理百姓,有关的问题便不再成为问题,自己所担忧的现象也会自然消失。

由此可以看出,孔子认为治国重在正心、正身、正行,特别是在上位的统治者、管理者,要端正自己的品格心灵,明确自己的位置,做好自己的正事。在此基础上去掉过分的欲望,节欲存善,率领百官全力辛勤为民,垂范天下,天下自然归附。这也是孔儒诚意、正心、修身、齐家、治国、平天下之修行理念的体现。

"君子之德风,小人之德草",这一句是三章的总结。正如蕅益大师说到的:"正是君子求诸己,乃端本澄源之论。"正己心是本源,治天下是源之流,源远才可流长。"以杀人为政者,杀其躯壳,而恶心不死也。"(蕅益语)《大学》里也讲:"自天子以至于庶人,壹是皆以修身为本。"佛说:"愚人除境不除心,智人除心不除境。"这一现象古今中外概莫能外,若施善政,天下无贼,若行恶政,狱囚遍地。

12.20

子张问:"士何如斯可谓之达矣?"子曰:"何哉,尔所谓达者?"子张对曰:"在邦必闻,在家必闻。"子曰:"是闻也,非达也。夫达也者,质直而好义,察言而观色,虑以下人。在邦必达,在家必达。夫闻也者,色取仁而行违,居之不疑。在邦必闻,在家必闻。"

【译文】

子张问:"士怎样做才可以叫通达?"孔子说:"你说的通达是什么意思?"子张答道:"在国君的朝廷里必定有名望,在大夫的封地里必定有名声。"孔子说:"这只是虚假的名声,不是通达。所谓达,要品质正直、遵从、爱好道义,善于揣摩别人的话语,观察别人的脸色,经常想着谦恭待人。这样的人,就可以在国君的朝廷和大夫的封地里通达。至于有虚假名声的人,只是外表上装出仁的样子,行动上却违背了仁,可自己还以仁人自居,一点也不惭愧。这样的人无论在朝廷里和封地里都必定会骗取名声。"

【要解】

子张想有声望,来问老师。当老师明白了对方的心境后,对他进行了这番开导。子张所言之"达"今天也到处可见,而且社会也提倡这一思想或说人生观。听上去很有道理,无懈可击,实质上两者大不相同,也难以实现个人和国家的双赢。为什么?如果把国家比作是阳、个人比作是阴的话,这一阴一阳的结合就是完美之人生或社会,可是阴阳不停地互转,当运转到个人利益为大、国家利益为小时,你该如何选择?或者当国家利益处于绝对的中心时,你的个人事业如何去实现?而且这一现象随时都可能出现。阴阳之道非常复杂,并非简单的两者同位、同体、同利、同害,它们有统一,更有对立,有矛盾,更可能互存互灭。谁能说自己一定能做到公私兼顾,双方皆赢?没有一颗大公无私之心,欲成就中道,难哉! 所以,提倡国家与个人共位互利,道理上讲得通,实际上难以很好地落实,稍有不慎就会跌落到罪恶的深渊。好多专制主义者、个人英雄主义者常常借这一理由来达到自己的一私之欲,而这样的结果往往是贻害家邦,招祸天下。从实际出发,孔子提出了可以实现"达"的办法:质直好义、虑以下人、色行皆仁。

欲取之,先予之,这是奸谋;以小换大,这是买卖;以一己之失换取国家之利,方是君子之品格。

12.21

樊迟从游于舞雩之下,曰:"敢问崇德,修慝(tè),辨惑。"子曰:"善哉问!先事后得,非崇德与?攻其恶,无攻人之恶,非修慝与?一朝之忿,忘其身,以及其亲,非惑与?"

【译文】

樊迟陪着孔子在舞雩台下散步,说:"请问怎样提高品德修养,改正自己的邪念,辨别迷惑?"孔子说:"问得好!先努力致力于事,然后得到利禄,这不就提高了品德吗?去掉自己的邪恶,不强行去改正他人的过错,这不就是改正自己的邪念吗?由于一时的气愤,就忘记了自身的安危,牵连到自己的亲人,这不就是迷惑吗?"

【要解】

"修慝":慝,邪恶的念头。这里是指改正邪恶的念头。"先事后得":先致力于事,把利禄放在后面。"攻":改正的意思。本章中樊迟向老师请教崇德、修慝、辨惑,三个问题实是相互关联的。崇德就是以德为至高,不断追求仁德之道;修慝就是改正自己身上的种种毛病、不足;辨惑就是分辨清楚什么是对错。它们的关系是首先有德,有了德才会改正毛病,改正毛病就会公允地思考问题,也就不会出现错误的行为了。

我们再倒着往回看。有一句名言叫冲动是魔鬼,发怒是祸根。要让他灭亡,先令他疯狂。记住这一点,你就不敢轻易发怒了。如何做到?孔子在此告诉我们一个良法:只改己过,不理他人。发怒不如改过,指责不如忏悔。"君子博学而日参省乎己,则智明而行无过矣。"荀子的教诲也延续了"行有不得,反求诸己"之思想。

如何反省?这又涉及修德,就是先努力付出,再想获得。只管耕耘,不问收获,功到自然成,有多大的付出必定有多大的收获,这是天地定律,我们无须对它有什么怀疑。得,德之果也。在做事的时候,一定要想到它是否符合道德,如果符合那便埋头去做,任何私欲都放下,你的收获自然而来。万一来不了,别怨别恼,到时老天自然会还回给你,这就是天道使然。放眼纵观千年古今,有哪一位为天下人真心付出,而天地却没有给予相应的报酬呢?释迦牟尼、耶稣、老子、庄子、孔子、孟子、杜甫、欧阳修等,看看世人如何对待他们的?

12.22

樊迟问仁。子曰:"爱人。"问知。子曰:"知人。"樊迟未达。子曰:"举直错诸枉,能使枉者直。"樊迟退,见子夏曰:"乡也吾见于夫子而问知,子曰'举直错诸枉,能使枉者直',何谓也?"子夏曰:"富哉言乎!舜有天下,选于众,举皋陶,不仁者远矣。汤有天下,选于众,举伊尹,不仁者远矣。"

【译文】

樊迟问什么是仁。孔子说:"爱人。"樊迟问什么是智,孔子说:"了解人。"樊迟不明白。孔子说:"选拔正直的人,罢黜邪恶的人,这样就能使邪者归正。"樊迟退出来,见到子夏说:"刚才我见到老师,问他什么是智,他说'选拔正直的人,罢黜邪恶的人,这样就能使邪者归正。这是什么意思?"子夏说:"这话说得多么深刻呀!舜有了天下,在众人中挑选人才,把皋陶选拔出来,不仁的人就被疏远了。汤有了天下,在众人中挑选人才,把伊尹选拔出来,不仁的人就被疏远了。"

【要解】

"举直错诸枉":错,同"措",放置。枉,邪恶。意为选拔直者,罢黜枉者。"乡":同"向",刚才。"皋陶":传说中舜时掌握刑法的大臣。"远":远去。"伊尹":汤的宰相,曾辅助汤灭夏兴商。本章谈了两个问题,一是仁,二是智。关于仁,孔子对樊迟的解释似乎与别处不同,说是"爱人",看上去孔子在不同时候对仁有不同的解释,实际上都有内在的联系,核心是一样的。无爱不可言人,更不可说什么仁德与天下,爱是一切的基础与至高,是生命的起始和终结。樊迟好学,兴趣广泛,除学道德、文章外,还曾向孔子问"学稼"和"学为圃",受到老师的指责。较其他几位大弟子而言,他的慧根并不突出,故而老师回答他的提问时也特别简单而实在,没有绕一点弯子。在得到了老师的明确答案后,樊迟又追问了一个问题:什么是智?这又一个非常大的问题,"三达德"里他就问了两个,可见他的求知欲有多强。他为什么不问勇呢?因为樊迟本身有勇的,缺乏的正是仁与智。

孔子这次回答弟子仍然用了最为直接的答案：知人。就是能明辨什么人正直，什么人邪恶，什么人忠诚，什么人奸诈，并且能够近贤士，远小人。可是这位弟子还是不明白，但另一位聪明的弟子子夏明白了，给他举了两个例子，进行了解释。

关于智，孔子认为就是要了解人，选拔贤才，罢黜邪才，如此，不仁者便远矣。有了美好的仁爱之心，人的言行自然不会差到哪里去，偶有失误也是好人。否则，再表现得怎么完美，也是伪君子，不可重用。这才是本章的核心所在。

12.23

子贡问友。子曰："忠告而善道之，不可则止，毋自辱焉。"

【译文】

子贡问怎样对待朋友。孔子说："忠诚地劝告他，恰当地引导他，如果不听就罢了，不要自取其辱。"

【要解】

什么是"友"？是与"朋"相近的、相亲的人。如果说"朋"是志同道合者，求善道者，"友"便是有善心、有道意，但还没有坚定善意、确立道心，仅是和自己较为亲近之人，此人可度、可教、可化。但尚需一定的时间、条件与机缘，不可过分着急，否则，会化友为敌的。

世界上什么最难？改变一个人的心志与信仰最难，从此说来，教育是世界上最难办的一项事业，特别是传授善道、仁德之教化。因为它是教人放下眼前的利益，去为他人服务，不同于那些为赚取钱财和名利、提高智力或体力等生存之道的传授，世人大多很难在短时间内接受。就以孔儒学说为例，它不但在当时难被诸君王、大夫等接受，就是到了时下，仍然难以得到世人的普遍认可，一说做好事都愿意，一说放下、舍掉、牺牲便作难了，有多少人能真正相信且做到呢？特别是在对方有了自己的世界观、人生观的时候，更需注意。

现代有人说，三观不合者无法说话。不说三观，就是思维不一、知识层次相差较大的人，也难以很好地沟通。孔子在这一方面是典型的善道者，他周游列国十四年，没有强行教导过一个人，更没有执着于某一君王接受他的思想,但他对自己的信仰坚定不移,最多是看到三观不合者转身走人,或根本就不去亲近对方。所以,世间有讨厌孔子学说者,却没有一个不敬佩孔子为人者。在五伦关系中,朋友一伦是最松弛的,友是与自己平等之人,无父子、师生、君臣那般的制约,对这一类人的教化更需谨慎,也更为艰难。善化导人者,必定是随机设教,因缘施教,而不是为渊驱鱼,为丛驱雀。

12.24

曾子曰:"君子以文会友,以友辅仁。"

【译文】

曾子说:"君子以大道之理来结交朋友,依靠朋友帮助自己培养仁德。"

【要解】

君子以大道之理来结交四海志趣相投的朋友,同时又以品格高尚的朋友来提升自己,辅助自己为仁,这叫真正的交友之道。而不是在一起吃吃喝喝、闲杂聊天的酒肉之交,也不是写几篇文章、弹几曲音乐、搞几幅书画那样的志趣相投。古时修道时常言法、侣、财、地。侣者,可以结伴而行者,生活路、事业路、人生路、精神路都不可能单独一人,即使如庄子那样的离世高人,也得有一惠施这样的朋友。老子够遗世独立、超凡出尘的了,但如果无真诚的追随者或曰知己,天下也难知其大名,孔子也就不会千里迢迢前去拜访。关令尹喜更不会闻得其大名而早有准备,真心善待这位智者,留下五千言道德真经。

诗、书、礼、乐四者是通往仁德的必然途径。子曰:"君子和而不同,小人同而不和。"曾子在老师的基础上又发展一步,强调了友的重要,为世人之进步提供了又一条便捷通道,不愧为孔门真传弟子。"以文会友,以友辅仁",以道义结交朋友,以同道辅佐成仁,这句交友名言成为千百年来有高雅追求者时时不忘的交友准则,同时也成为每一位求真者的人生信条。民国时著名的辅仁大学之名便由此而出,可谓抓住了教育的本质:为人不可无友,交友是为了辅仁,辅仁是为了成仁。能真正遇到几个志同道合的朋友,也是人生一大幸事矣!

子路篇第十三

(凡 30 章)

本篇包含的内容比较广泛,有如何治理国家的政治主张,孔子的教育思想等。

13.1
子路问政。子曰:"先之劳之。"请益。曰:"无倦。"

【译文】
子路问怎样管理政事。孔子说:"做在老百姓之前,使老百姓勤劳。"子路请求多讲一点。孔子说:"不要懈怠。"

【要解】
"先之"就是为政者要自己身体力行,以身作则,身先士卒。"劳之"就是教百官和百姓都要勤劳奋进,不可贪图安逸享受。"无倦"就是"先之劳之",一直坚持下去,中间不能因苦累或其他原因而倦怠。这一点非常重要,它是前两者取得效果的必然保障,没有坚持,前面的"先之"和"劳之"只能是一场作秀,起不到多大效果。而世人最难做到的也正是这一点,无论是君王、百官还是百姓。做任何事都怕认真,而最怕的是一辈子做事认真不懈。一个国家的治理最怕的是坚持,从上面的管理者到下面的劳动者,一旦能长久坚持某一信念或政策,几年乃至几十年不变、不懈怠,那这个国家必定会兴旺繁荣,天下的和平也就自然可以达到了。

《尉缭子·战威》说:"勤劳之事,将必先己。"苏轼《晁错论》曰:"古之立大事者,不惟有超世之才,亦必有坚忍不拔之志。"战争也罢,成业亦罢,一是先之，二是久之，此两者为最基本要素。当年大禹治水，三过其门而不入，跋山、涉水、泥行、草居，可谓艰苦备尝，真的是身先士卒，一心为百姓服务，终疏治洪水，受到天下人称赞。晏子身为相国，却勤政努力，艰苦自律，四五十年如一日辅佐三朝君王，带领百官夙兴夜寐，终有齐国的繁荣，晏子也成为当时的一代名相。身教胜于言教，治理国家不身先士卒，而是三日打鱼二日晒网，或只打雷不下雨，下面的百姓仰望其身，自然不会风餐露宿地苦干。如此下来，想让国家强大，那是不可能的。

13.2

仲弓为季氏宰，问政。子曰："先有司，赦小过，举贤才。"曰："焉知贤才而举之？"子曰："举尔所知；尔所不知，人其舍诸？"

【译文】

仲弓做了季氏的家臣，问怎样管理政事。孔子说："先责成负责具体事务的官吏各司其职，赦免他们的小过错，选拔贤才来任职。"仲弓又问："怎样知道是贤才而把他们选拔出来呢？"孔子说："选拔你所知道的，至于你不知道的贤才，别人难道还会埋没他们吗？"

【要解】

仲弓作为季氏宰来问孔子政事，老师回答三点：按规章制度办事，放过官吏的小过，选举贤才。孔子的意思是首先重视每个人的职权，要制度化，不能乱来。在古代专制政治的时代，尤其在春秋战国时期，尽管也讲法治精神，但在君主专治体制下，往往有"言出法随"的情形。所以孔子告诉他不可犯这毛病，不可越俎代庖，不要随意任性，先要把制度建立起来，分工明确，各负其责，这样才可以各尽所能。如果下面的官吏犯了小过，要懂得宽宥，学会适当原谅，不要过分斤斤计较把问题放大让对方失去工作的热情。人非圣贤，孰能无过，有过改之，善莫大焉。所谓作之君，作之师，作之亲是也。真正有器量的领导，都应该有一种宽大气度，这是一种厚道的修养，也是爱人的表现。

再者，要能够"举贤才"，提拔有才能的人。但是在具体的实践中，会出现一种现象：难以知晓谁是贤者，谁是庸者。怎么办？孔子的答复是，就你所看到的去选拔，如果你不知道，只好等待别人去发掘了。如果别人也不知道，那可能是他自己不行，或没有机会表现出来。这时候，作为领导者，便要时时关注对方,并且尽量给对方提供或创造有利的机会,让有才者表现自己。治理一方,必须有一个强有力的、高效的团队,它体现着整个领导集体的智慧与执行力。否则,纵使你浑身是铁,也打不了几个钉。光杆司令是办不成什么大事的,更何况是治国?

13.3

子路曰:"卫君待子而为政,子将奚先?"子曰:"必也正名乎!"子路曰:"有是哉,子之迂也!奚其正?"子曰:"野哉,由也!君子于其所不知,盖阙如也。名不正,则言不顺;言不顺,则事不成;事不成,则礼乐不兴;礼乐不兴,则刑罚不中;刑罚不中,则民无所错手足。故君子名之必可言也,言之必可行也。君子于其言,无所苟而已矣。"

【译文】

子路(对孔子)说:"若卫国国君要您去治理国家,您打算先从哪些事情做起?"孔子说:"首先必须正名分。"子路说:"有这样做的吗?您想得太不合时宜了。这名怎么正呢?"孔子说:"仲由,真粗鲁啊。君子对于他所不知道的事情,总是采取存疑的态度。名分不正,说起话来就不顺当;说话不顺当,事情就办不成;事情办不成,礼乐就不能兴盛;礼乐不能兴盛,刑罚就不会得当;刑罚不得当,百姓就不知怎么办好。所以,君子一定要定下一个名分,必须能够说得明白,说出来一定能够行得通。君子对于自己的言行,是从不马马虎虎对待的。"

【要解】

卫君就是卫出公蒯辄,其父蒯聩被卫灵公驱逐出国,卫灵公死后,蒯辄继位。蒯聩要回国争夺君位,遭到蒯辄拒绝。卫国的政变对四周轰动很大,子路当时在卫国做大夫,死在这一场政变中。这章是子路请教夫子为政之道。孔子提出了自己的看法:"正名"。"正名"是孔子礼制思想的重要组成部分,大致内容就是"君君、臣臣、父父、子子"。只有名正才可以做到言顺、事成、礼乐兴、刑罚中、百姓从。否则,百姓手足无措,国家自然上下混乱。特别是当时的卫国。

子路听到孔子正名一说,大不以为然。他认为,如果要正名,就等于不让辄做君，人家请你来帮助他，你却让人家退位，这个名该怎么正？孔子直接批评子路不通达事理，随后为他解释了必须正名的理由：名与实是紧密相关的，言与行是不可分离的，礼乐和法治与国家的兴盛是紧紧相连的，一环是一环的前提与基础，看问题要抓住根本，不可只从眼下情形出发。正名就是正心、正行、正事、正国统、正天下。名中有深义，正是万物之基，万万不可小觑。

王阳明先生说："圣人盛德至诚，必已感化卫辄，使知无父之不可以为人，必将痛哭奔走，往迎其父。"阳明先生认为，如果让孔子来做，他肯定是教之以德，助君成德。深得孔儒精髓的王阳明是真正有智慧的大儒，不但看清了问题的真相，而且还提出了合理解决问题的方法。可惜辄当时没有采纳孔子的建议，最后导致了事情失败。不听圣人言，吃亏在眼前。

13.4

樊迟请学稼。子曰："吾不如老农。"请学为圃。曰："吾不如老圃。"樊迟出。子曰："小人哉，樊须也！上好礼，则民莫敢不敬；上好义，则民莫敢不服；上好信，则民莫敢不用情。夫如是，则四方之民襁（qiǎng）负其子而至矣，焉用稼？"

【译文】

樊迟向孔子请教如何种庄稼。孔子说："我不如老农。"樊迟又请教如何种菜。孔子说："我不如老菜农。"樊迟退出以后，孔子说："樊迟真是小人。上位者只要重视礼，老百姓就不敢不敬畏；上位者只要重视义，老百姓就不敢不服从；上位者只要重视信，老百姓就不敢不用真心实情来对待你。要是做到这样，四面八方的老百姓就会背着自己的小孩来投奔，哪里用得着自己去种庄稼呢？"

【要解】

"圃"：菜地，引申为种菜。"用情"：以真心实情来对待。"襁"：背婴孩的背篓。

本章其实说的还是正名之道理。农民正其名便是种菜种庄稼，君子正其名则是辅国政，推广礼仪与仁德。社会有分工，士人有专业。如果负责仁德和礼仪推广的君子整天把精力放在农耕上，岂不失位、失职？不是孔子看不起种菜的农人，鄙视农业生产，而是强调整个社会需要有完整的、有机的顺序与分工,不可随意混乱失序。

社会是一部庞大的机器,各有分工。居上位的管理者好礼、崇德、重义,下面的百姓自然就会敬服而死心塌地尽其力劳作,把自己的田种好,工做好,书教好,家人管理好。这样一来,社会有序,上上下下一片和谐,何愁没有粮食与蔬菜?孔子立足点高,看得久远,想的是整个天下百姓的礼仪与道德,是仁义的推广与落实,而非一地一苗一衣一食。如果礼乐不兴,天下无道,战祸四起,百姓性命都不能保,又将如何种地种菜?即使有地种,有粮食吃,不懂仁义道德,这样的社会又有何文明可言?别认为孔子的理想是务虚无用的,各自分工才是最为合理的。世人必须明白这一道理,不要整天想着上下越位,不自觉中把天下搞乱。

这里孔子举出了上位者需做好的三个方面:好礼、好义、好信。这是治国之根本,否则,整个国家这部机器就可能发生问题而出现南辕北辙之现象。一个国家的兴盛强大,固然离不开各行业的千万百姓,但更离不开品格优秀的管理者和懂得仁德礼仪的君子士人。

13.5

子曰:"诵《诗》三百,授之以政,不达;使于四方,不能专对;虽多,亦奚以为?"

【译文】

孔子说:"把《诗》三百篇背得很熟,让他处理政务,却不会办事;让他当外交使节,不能独立交涉;背得再多,又有何用?"

【要解】

"达":通达。这里是会运用的意思。"专对":独立对答。"以":用。《诗》等六经是孔子一生提倡教导弟子们学习的最基本科目,他认为《诗》与礼乐是密不可分的:"小子何莫学夫《诗》?《诗》可以兴,可以观,可以群,可以怨。迩之事父,远之事君,多识于鸟兽草木之名。"除兴、观、群、怨外,涉及修身、交往、政治三方面的功能。并以"不学诗,无以言"来教子,可见孔子对《诗》的重视。然而,孔子并非赞同那种死读书、读死书的人,他要的是能够把《诗》等这样的经典活学活用,要起到实用效果地读书。满肚子知识,一遇到事什么也不会,进退无法,这样的"书痴"孔子是反对的。孔子借《诗》一事,表明的态度是一定要把前人的智慧融化而成自己的修养与能力，无论在哪一种工作中，都能应用自如，而不是掉书袋、卖弄，或只拿一张漂亮的文凭而已。

书是用来读的，不是用来显摆的；读书是用来实践的，不是为了装点门面的；读书人是用来做事的，不是让他人羡慕夸赞的。经学以致用，从古至今，无出其右。孔子反对那种借书来夸夸其谈者、自我炫耀者、虚而不实者。作为一代文化大师的孔子很少只言书上如何讲而不用行动在实践中去证明。"虽多，亦奚以为？"这是孔子两千多年前的发问，值得每一位读书人反省。

13.6

子曰："其身正，不令而行；其身不正，虽令不从。"

【译文】

孔子说："自身正了，即使不发布命令，老百姓也会去干；自身不正，即使发布命令，老百姓也不会服从。"

【要解】

俗话说上行下效，上梁不正下梁歪。作为领导者，都应有榜样之意识，率范之行为，否则你就不可能有效地要求他人。虽说人之初，性本善，但后天的种种恶习也随着年龄、阅历的增加而增加，既然为人，便有各种不良倾向，如懒惰、自私、好吃恶劳、贪财怕死、求名得利等等，如何令其改正？除了大力提倡仁义礼仪外，还需制定相应的法规，但仅凭此还不够，还得通过自身的行为去教化、感化，所谓"子帅以正，孰敢不正"。

榜样的力量是无穷的，千句言教不如一次身教。既然道德、法律、条文、要求是公正的、符合仁道的，作为上位者不去执行，凭什么让下面的人去实行？既然你是上位者，道德、品格、思想境界、行为就应该比他人优秀，你也更应成为众人的榜样，否则你凭什么享受他人无法享受到的福利且发号施令？世间有分工，劳心者治人，劳力者治于人，你一旦成为劳心者，更应该在心力上多付出，应该比他人更加严格要求自己，表现出更高尚的行动来，而不是更邪恶、自私等。荀子说"蓬生麻中，不扶而直；白沙在涅，与之俱黑"，周敦颐又说"出淤泥而不染"，上者应该是最大、最高、最好的那一朵白莲，百官应该是密密之麻，百姓即便是再杂乱无序之蓬，时间一长，自然也直，这是自然界之规律，也是管理社会之需求。否则，百姓犯了法你如何处置？百姓不努力劳作,你如何支使？百官懈怠、贪污你又如何制止？整个社会风气污浊不堪了,你又从何入手去扭转？真的怨这届官僚不好,这世百姓不良？

《大学》里讲修身在正其心,心不正,身必歪,行必错,下面的大众必然难以从正。常说天下兴亡,匹夫有责,其实还应加一句:兴亡之天下,重在上者。君为本,民为末；王为渊,人为流,这也是正名。

13.7

子曰:"鲁、卫之政,兄弟也。"

【译文】

孔子说:"鲁和卫两国的政事,就像兄弟(的政事)一样。"

【要解】

武王建立了周朝之后,将土地分封给那些功臣、兄弟、子侄等。武王共有九个兄弟,其中康叔和周公兄弟两人是最亲密的。卫国是康叔的封地,鲁国是周公旦的封地,所以孔子说,鲁国的国事和卫国的国事就像兄弟一样。当初两国的国风都非常好,两位国君都是圣君,在治理国家、关爱百姓、崇尚仁道方面都做到了国泰民安,百姓都懂得伦理、恪守道德。而且两国的外交像兄弟间一样亲近和睦,可是到后来,就不值一提了。

鲁国的政权一直是三桓执掌,国君基本是一傀儡,卿大夫强悍蛮横,对内对外毫无主见,主政软弱无力,又沉迷于一时的和平之中。卫国也差不多。前面讲过灵公在位时君不君,臣不臣,上演了很多故事。卫灵公好男宠弥子瑕,故有"断袖分桃"的典故,后又宠爱公子朝。公子朝又和南子勾搭成奸,后来又合伙搞叛乱,把卫灵公赶出了卫国。没多久卫国人发动了叛变,把两人赶到了晋国,迎回了卫灵公。回国后的卫灵公居然又把南子和公子朝从晋国接了回来,继续过着左拥右抱、颠鸾倒凤的生活。卫灵公死后,孙子卫出公即位,在外逃亡的父亲蒯聩回国与卫出公争夺君位,赶跑儿子自己继位为卫庄公。后来又经过一番内乱,卫出公再次夺回君主之位。孔子生地鲁国,在卫国住的时间很长,看到鲁国的季氏、卫君这些人的无耻行为,非常气愤,但又无可奈何。

纵观有关背景,孔子此章的寓意应该是整个中华都是同一个祖先,同样的血脉,同样的兄弟,不应该相互争战,烽火连天。卫鲁两国君臣一家人反目成仇,没有仁德,人伦丧失,秩序混乱,家国一体,唯利是图,人心不古,夫子独怜。

13.8

子谓卫公子荆:"善居室。始有,曰:'苟合矣'。少有,曰:'苟完矣。'富有,曰:'苟美矣。'"

【译文】

孔子谈到卫国的公子荆时说:"他善于管理经济,居家理财。刚开始有一点,他说:'差不多也就够了。'稍微多一点时,他说:'差不多就算完备了。'更多一点时,他说:'差不多算是完美了。'"

【要解】

"卫公子荆":卫国大夫,字南楚,卫献公的儿子。"善居室":善于管理经济,居家过日子。"合":足够。鲁国和卫国都有一个同名的公子荆,这里指卫国的公子荆。公子荆结婚成家后,父亲给他一处封地让他去治理。他勤俭节约,一心为民利国,不图自己享受,心里注重的不是物质,而是君子的自我修养,道德完美。一般来讲,出身豪门的贵族生活大都较为奢侈,但是这位公子荆却非常善于治家而不奢侈,而且常常能够做到知足常乐、恪守己道,所以孔子特别赞赏他。

人为什么会烦恼?就是因为不知足。样样都求多、求好、求完美,实际上愈求完美,愈不能得完美。因为这颗有求之心,跟完美是南辕北辙的。人的欲壑很难填满,它是无底的深渊,愈想填满愈是填不满。一个不知足,便会带来无限的需求,这就把人一步步引往痛苦的深渊。《道德经》讲:"罪莫大于多欲,祸莫大于不知足,咎莫大于欲得。故知足之足,常足矣。"《清净经》也讲:"夫人神好清,而心扰之;人心好静,而欲牵之。"要去除这些牵扰,获得清静之心,必须"遣其欲而心自静,澄其心而神自清",这才是知足的根本。人们好多罪恶是心中有太多的欲望所致,祸害加身也多因为贪心不足,所以,人应该有知足的心态,在这一基础之上的满足才是恒久的满足。

另一方面,孔子称赞对方的意思不只是说公子荆如何好,而是借他一人之事表达了治理众家乃至整个天下的方法原则,告诉统治者不要过分追求物质享受,而应该以节俭为主,以修养道德为主,从上至下,让整个国民都淡化物质,追求崇高的仁德。

13.9

子适卫,冉有仆。子曰:"庶矣哉!"冉有曰:"既庶矣,又何加焉?"曰:"富之。"曰:"既富矣,又何加焉?"曰:"教之。"

【译文】

孔子到卫国去,冉有为他驾车。孔子说:"人口真多呀!"冉有说:"人口已经够多了,还要再做什么呢?"孔子说:"使他们富起来。"冉有说:"富了以后还要做什么?"孔子说:"对他们进行教化。"

【要解】

本章冉有问政,老师回答是庶、富、教。前面刚刚讲了卫国,它一直是个较小的国家,所以,必须首先增加人口,发展经济,让国家富裕起来。再者因国君等问题,民风不正,道德不纯,所以,必然再施之以教,让百姓懂得仁德、礼仪,守护人伦,以正名位。

为什么卫国不能首先发展军事呢?这便是孔子的智慧之处了。卫国国土面积本身不大,又处于四面强国之间,能平安立国已是很不错的了,若大力发展军事,首先再怎么发展也强大不到什么地步,反会引起四周强国的警惕,军事力量还没到达相应地步时,四周的敌人便到来了。所以,孔子从现实出发,告诉弟子,第一要庶,就是人口多,这是立国最基本的。如何多?除了保持本国社会安定、自然繁衍外,不就是从四边的国家里来招纳吗?不就是怀敌附远,以柔克刚,以德归民之策吗?其次是富。百姓移居是为了更好地生活,哪里富裕他们便到哪里居住生活,所以,必须得让百姓过上富裕的生活。《大学》里讲"财聚则民散,财散则民聚",这个富还得是长久之富,不能是一时之富。否则,到来的百姓还会离开的。最后是教化,这一政策无论是对上还是对下都至关重要。如何教化?这又回到之前讲过的正名、正位、正人心了。"建国君民,教学为先",一个不重视道德教育的国家即使再怎么富裕强大,一遇意外事件,马上就会出现大问题。

李卓吾先生对此批注道:"一车问答,万古经纶。"孔子和冉有在车上一问一答,问出、答出万古经纶,就是治国之真理,和谐社会之真谛。无论任何时代的任何国家都需遵守这三条原则,否则,别埋怨人民对统治者不热爱、对祖国不忠诚。

13.10

子曰:"苟有用我者,期月而已可也,三年有成。"

【译文】

孔子说:"如果有人用我治理国家,一年可以初见成效,三年就会大见成效。"

【要解】

"期月":一年也。朱子曰"此盖为卫灵公不能用而发""此孔子自诩为政当国之能,而不见用,所以浩叹"。"苟有用我者"一句里透露出如下信息:一是现下或好长时间没有人重用孔子。理由一言难尽,大体讲可能是孔子的理想太美好,而现实太骨感,再加众小人的左右干扰、前后阻挠等等。二是孔子真的有过人才干,有他曾经在鲁国的政绩可证明。三是现实如此,孔子无奈,但无尽感叹的孔子却无一丝抱怨,充分看出孔子高尚的品格与人格魅力。四是孔子之仁德理想与追求和当时的社会现实格格不入,美丑一对比,文明和落后一交锋,更可以看出英雄无路之痛,社会没落之态。五是从出走鲁国到现在,孔子感觉天下重用自己的希望不大了,特别是对曾经抱有希望的卫国之君极为失望。可是他的意志无有改变,理想没有什么减损,他不想适应这个社会,他还要是坚守君子的节操,继续宣讲儒家仁德思想。

历史证明,孔子一生为之奋斗之理想最终还是破灭了,但历史更证明了他的学说的伟大与永恒。这便是时代的悲剧,人类社会的喜剧。如果当时真的有哪位国君重用了孔子,中华几千年文明的历史也许将会改写,人类的命运也将因此而发生种种意想不到的变化,那时,苍天是否同意?天道将如何?仁德又会如何?大力提倡仁义礼智信的儒学又有怎样的结局?历史不可假设,但孔子真的永恒。

13.11

子曰:"'善人为邦百年,亦可以胜残去杀矣。'诚哉是言也!"

【译文】

孔子说:"'善人治理国家,经过一百年,也就可以消除残暴、废除刑罚杀戮了。'这话真对呀!"

【要解】

　　这是针对上一章而言的,如果有人重用自己,只需三年时间,便可以实现天下大治。如果用善人来治,那得需一百年,才可以消除掉残暴、废除刑罚杀戮。二者一对比,孔子更是感慨良久,现实就是如此无奈。

　　人与人不同,才能大小高低不一是小事,道德境界不同才是关键。如果依人的才干也划分,是为庸才、良才、天才、贤才、圣才。善人就是本质不坏、品性善良之人,属于中流,比上不足,比下有余者。如果和孔子之类的圣人、圣才相比,那真的是相差不止十万八千里,所以,两种人的治国之效果便泾渭分明了。

　　面对社会日趋下流、人心道德难回、人才难出更难用之现状,孔子真的是深思善人呀!他想着万一不能重用自己以仁德治天下,那好,自己也认了。有其他善人问世也可以,不能到处充满杀戮与残暴呀。圣人不再为自己的失位而担忧了,他心里担忧的是整个动荡不安的天下、百姓的利益生死。慈悲仁心由是可见。

　　《尚书》里讲得好:"作善降之百祥,作不善降之百殃。"无论如何,不能残暴,不能开杀戒,想通过战争取得最后的胜利,那是不可能的。世界上但凡把战争看得重、喜欢杀伐之人,往往没有好下场。这是天地对他们的报应,也是众生命对他们的惩罚。

　　本章还有一解:如果用善人教化百姓,让他们懂得向善、为善,求仁德,百余年便可以战胜残暴、除掉贼王暴君等等。这也符合孔子的一贯思想。我们也认同。

13.12

　　子曰:"如有王者,必世而后仁。"

【译文】

　　孔子说:"如果有王者兴起,也一定要三十年才能实现仁政。"

【要解】

　　上一章讲到国家欲长治久安需"善人""胜残""去杀"。这一章讲欲达仁者,需有王者兴,而且还得多年后才可见效。善人与王者是不一样的,此处的王者是如周文武王那样的圣者。但即使是这类大德来治理国家,也得用几十年的时间,可见它的艰难。三十年是一代人,也是天地社会的一个小的轮回。孔子所言三十年并非随意而出,他是圣人,知晓世道变迁之规律,更明白社会的发展特征,特别是教化一代人的艰难不易,社会欲至仁德必须有百年树人之长远规划,而不能以发展经济与军事那样的方式来发展教育,推广道行。世界上最难改变的是人的心灵,心灵一变,万物皆变,改造社会也需从民众心中入手,不能是假大空的说教,不能片面急功,或强行借武力施暴,使用霸道。

　　也有人说,先行了霸道再行王道。此理看上去好似有理,实则更难实现。当霸道之心充满整个身心时,你想让他放下经过千辛万苦得到的种种利益,由凌辱他人转换成慈悲万物,可能吗? 即使有种种制度规则的约束,也只能约束了一时一事,难以控制其一世。只要权力在他的手中,他便难以主动放下屠刀,立地成佛。像武王那样的王、霸两道都可以很好地实行又得到百姓拥护的,世间少有。

　　欲达仁,须王者先有仁,王者无仁而能实施仁政者,天下无有。百姓难化,上位者更难化,处于中间的士人、百官、中产阶层相对而言好转化。《荀子》中载:"君者,民之源也,源清则流清,源浊则流浊。故有社稷者而不能爱民,不能利民,而求民之亲爱己,不可得也。"儒家集大成者荀子亦主张由君主开始施行仁政,以实现天下太平。

13.13

　　子曰:"苟正其身矣,于从政乎何有? 不能正其身,如正人何?"

【译文】

　　孔子说:"如果端正了自身的行为,管理政事还有什么困难呢? 如果不能端正自身的行为,怎能使别人端正呢?"

【说明】

　　此章参阅《子路》第5章。

13.14

　　冉子退朝。子曰:"何晏也?"对曰:"有政。"子曰:"其事也? 如有政,虽不吾以,吾其与闻之。"

【译文】

　　冉求退朝回来,孔子说:"为什么回来得这么晚呀?"冉求说:"有政事。"

孔子说:"真的有事吗?如果真有大的政务,即使国君不用我,我也会知道的。"

【要解】

当时鲁国季氏把持着朝政,国家大事基本上都由他决定,特别是税收改制一事,孔子对此很是不满。而冉有又是季氏的重要家臣,在此事上没有全力相劝。这天,冉有退朝晚了向老师请安。老师知道弟子说谎,以此来批评冉有。孔子的意思很明白:作为家臣,你应该阻止对方不道行为。以前冉求也曾向老师说过,自己能力有限,难以做到仁德。老师则批评他不是无力,而是不用力,这一点在《季氏将伐颛臾》一章里表现得很明显。也许冉求确有点冤枉,季氏之为是季氏之事,下人真的难插手,更难改变其意。但孔子却不这么认为,他认为还是冉求没有尽力。现在,冉求晚来,孔子认为他是为季氏私人办事,而非为鲁国之政辛苦。弟子颠倒了主次,不明其职,不尽其力,这也是不能正其名之行为,理应受到批评。当然最应批评的是季氏,他真的做到了"以朝为家",独与家臣谋于私室了。儒家讲究一个认真,孔子也是一位特别较真的老头,他还是抓住这点小事来教育弟子,并传话给季氏,一切都要遵礼,不能把季家和鲁国搞为一体,胡作非为。

孔子对弟子的批评对吗?对。理由是老虎吃人是本性,但如果看管老虎的人没有尽心看护,为老虎吃人创造了条件,这就责无旁贷了。孟子曰:"仁之胜不仁也,犹水胜火。今之为仁者,犹以一杯水救一车薪之火也;不熄,则谓之水不胜火,此又与于不仁之甚者也,亦终必亡而已矣。"(《告子上》24章)一杯水是不大可能救得了一车薪,但如果每人都持三杯水呢?仁者无敌,只要人人成为仁者,必将覆灭巨大的薪车。孔儒的坚韧与顽强就在这里。

13.15

定公问:"一言而可以兴邦,有诸?"孔子对曰:"言不可以若是其几也。人之言曰:'为君难,为臣不易。'如知为君之难也,不几乎一言而兴邦乎?"曰:"一言而丧邦,有诸?"孔子对曰:"言不可以若是其几也。人之言曰:'予无乐乎为君,唯其言而莫予违也。'如其善而莫之违也,不亦善乎?如不善而莫之违也,不几乎一言而丧邦乎?"

【译文】

鲁定公问:"一句话就可以使国家兴盛,有这样的话吗?"孔子答道:"不可能有这样的原话,但有近乎这样的话。有人说:'做君难,做臣不易。'如果知道了做君的难,这不近乎一句话可以使国家兴盛吗?"鲁定公又问:"一句话可以亡国,有这样的话吗?"孔子回答说:"不可能有这样的话,但有近乎这样的话。有人说过:'我做君主并没有什么可高兴的,我所高兴的在于我所说的话没有人敢于违抗。'如果说得对而没有人违抗,不也是好的吗?如果说得不对而没有人违抗,那不就近乎一句话可以亡国了吗?"

【要解】

本章和上一章是有关联的,它涉及君臣的关系问题。一言可以兴邦,一言也可以毁邦。特别是作为一国之君,正确的政策可能兴邦,反之,则可能毁邦。孔子这里是对专制者的劝言,也是对众大臣们的建议。为君者要慎而又慎,考虑问题要周全,兼听则明,偏听则暗。为臣者不能听任君主随性行事,为所欲为,而要尽自己的职责,为君主出谋划策,全心全力为天下人考虑。

孟子曰:"君子以仁存心,以礼存心。仁者爱人,有礼者敬人。爱人者人恒爱之,敬人者人恒敬之。"(《离娄下》)君敬臣,则臣也会忠君,君轻臣,则臣必远君。如果一个国君高高在上,强权独揽,霸道专制,下面的人唯唯诺诺,没有谁敢出面劝谏,这样的国家是非常可怕的。既然君主把自己看得很重,表明他的自我之心非常大,就会目中无人,放纵无羁,得意妄为,灭国亡身也就不远了。如果他真的有一颗仁慈之心,胸怀天下众生,就不会如此放纵自我而蔑视众臣,而会把众臣当作自己的左右双臂,接纳他们善的劝告。如此一来,就可以避免诸多的弊端,克服种种困难,完善其政务。

荀子说:"君子宽而不僈,廉而不刿,辨而不争,察而不激,直立而不胜,坚强而不暴。柔从而不流,恭敬谨慎而容,夫是谓至文。"(《不苟》第三)治国如此,做人亦如此。

13.16

叶公问政。子曰:"近者说,远者来。"

【译文】

叶公问孔子怎样管理政事。孔子说:"使近处的人高兴,使远处的人归附。"

【要解】

　　有关叶公,我们在前面讲过,他叫沈诸梁,字子高,原是叶国人,后叶国归附楚国,他便成为楚国叶邑的官员,这也是一位有仁德的贤士。孔子告诉叶公治政的办法,总得来说是修仁德。具体便是去泰、去奢、去兵、去胜、去暴、善人,即孔子前面讲过的庶、富、教。如周文王等圣人那样,以仁心抚近,以亲民归远,具体如鼓励百姓多养牛羊、多种粮食,不准贵族打猎糟蹋庄稼,减轻刑罚,养老乞言,倾听民意,礼贤纳士,一系列措施使老百姓生活富足安乐,远方的人闻说后便会纷纷迁居来此,民心归向,最终周朝替代商朝统一了天下。而不能似商纣王那样横征暴敛,用民脂民膏建立豪华的鹿台只顾自己享乐,草菅人命,用炮烙之惨、剖心之酷来镇压不同的声音,以至于百姓怨声载道,近者逃,远者惧。

　　孔子讲话都是契理契机,随缘设教,此言还有一个目的,即让叶公转喻楚王,治国要用仁政,不能任性兴兵攻伐弱小他国,欲得天下,唯有仁德。当时地处南方的楚国是大国,一向欲得天下,经常恃强欺弱,出兵征战。有个成语叫问鼎中原,就出自楚庄王之口。他实行的是霸道而非王道,所以孔子在这里用最简单的几个字来劝谏:恤小爱邻,不要战争,由近及远,人民自然归附,国家一定强大。

13.17

　　子夏为莒(jǔ)父宰,问政。子曰:"无欲速,无见小利。欲速,则不达;见小利,则大事不成。"

【译文】

　　子夏是莒父的总管,问孔子怎样办理政事。孔子说:"不要求快,不要贪求小利。求快反而达不到目的,贪求小利就做不成大事。"

【要解】

　　"莒父":鲁国的一个城邑。上文说过,善人为邦百年,即使有王者兴,也得三十年(或多年)。故而为政不可急于求成,也不可能一蹴而就。因为但凡一国之政,方方面面涉及太多,而且相互交织,互为影响,稍有不慎便会牵一发而动全身。特别是人心之教化,道德之培养,定不是一日之功。如果心急浮躁,势必草草了事,或流于形式,或彼时而兴此时而衰,到头来还是前功尽弃。老子说:"孰能安以动之徐生?"又言:"大器曼成。"国家的治理和人的成长是同样的道理,有时候,生活就像扫地,你若急躁,便尘土飞扬;你若平心静气,则万事皆平,一切按规律行事,随缘、随性、随机、随事,正如明洪应明在《菜根谭》中所提出的:"宠辱不惊,闲看庭前花开花落;去留无意,漫随天外云卷云舒。"放到今天便是慢生活,慢慢体悟生活的种种美好,才有那颗安静纯明之心现出,到时智慧也就明达了。

孔子第一要告知我们平心静气,养性为重;第二是让我们勿贪小利吃大亏。《道德经》说"少则得,多则惑",凡人之心就是这样,一旦被眼前之利迷惑了,就会以手指为月而误失了那轮光明灿烂之月,这也是失心。蕅益大师批注此章时就言:"观心者,亦当以此为箴。"世间那些贪小便宜吃大亏者,往往如是。

13.18

叶公语孔子曰:"吾党有直躬者,其父攘(rǎng)羊,而子证之。"孔子曰:"吾党之直者异于是:父为子隐,子为父隐。——直在其中矣。"

【译文】

叶公告诉孔子说:"我的家乡有个正直的人,他的父亲偷了人家的羊,他告发了父亲。"孔子说:"我家乡正直的人和你讲的正直人不一样:父亲为儿子隐瞒,儿子为父亲隐瞒。正直就在其中了。"

【要解】

"直躬者":正直的人。"攘羊":偷羊。"证":告发。本章涉及一个非常重要而历来又有争议的论题:大义灭亲对吗?由是再推衍,忠孝不能两全时怎么办?媳妇与母亲同时掉水里先救谁?法与情如何调和?等等。这既是生活问题,也是道德问题,更是哲学问题。伦理上我们都没有把仁做到位,道德上失去了人性,哲学上陷入了一分为二的死胡同,便出现了无法解决的矛盾。孔子反对大义灭亲,说父为子隐、子为父隐才是直。孔子是行中道者,他没有区分这两者的不同,而是合于一体断理,故而孔子之行没有失去孝,保存了义,也维护了法,伦常是人道,人道符合大道,这便是直。否则,就是不直。一个直道将伦理、道德和哲学的矛盾全然化解,真的是抓住了问题的本质。

东晋经学家范宁说:"夫所谓直者,以不失其道也。若父子不相隐讳,则伤教破义,长不孝之风,焉以为直哉?今王法则许期亲以上得相为隐,不问其罪,盖合先王之典章。"(《论语义疏》引)此言得之。

13.19

樊迟问仁。子曰:"居处恭,执事敬,与人忠。虽之夷狄,不可弃也。"

【译文】

樊迟问怎样才是仁。孔子说:"平常在家规规矩矩,外出办事严肃认真,待人忠心诚意。即使到了'夷狄'之地,也不可抛弃。"

【要解】

表面看仁德比较简单但具体到现实问题上则很难分辨清楚。如前面说到禹的私人生活问题,是他终止禅让制而开启了嫡传制,我们该如何评价?所以,孔子只能是在他人问到仁的问题时才根据对方的情况讲几句,一般不会主动去向他人讲仁德之道的。实因它与社会、天地紧紧关联,没有一定的认知基础真的可能会事与愿违,救经引足,有时适得其反。

这一章里,孔子对"仁"的解释,是以"恭""敬""忠"三个德目为基本内涵。行为慎独,长期就道,这便是成仁的方法。其实,内恭、外敬,与人忠,这还不是真正意义上的仁,只是成就仁者最基本的方法与要求,依此来修养自身,时间一长,就自然成为习惯,心性自然归于正道,就不知不觉成为仁人了。这还是"非礼勿视,非礼勿听,非礼勿言,非礼勿动"的变相,也是克己复礼的表现,只不过孔子针对不同根器者采取了不同的说法而已。老子对此也说过"多言数穷,不如守中",也就是《金刚经》里所说的"若以色见我、以音声求我,是人行邪道,不能见如来"。若执着于外相,被环境所诱,心外求法,是不能真正明心见性、成就正果的。不管用何样的术语表达,都强调了回归生命本性的重要。

13.20

子贡问曰:"何如斯可谓之士矣?"子曰:"行己有耻,使于四方,不辱君命,可谓士矣。"曰:"敢问其次。"曰:"宗族称孝焉,乡党称弟焉。"曰"敢问其次。"曰:"言必信,行必果,硁硁(kēng)然小人哉!——抑亦可以为次矣。"曰:"今之从政者何如?"子曰:"噫!斗筲

(shāo)之人,何足算也?"

【译文】

子贡问:"怎样才可以叫作士?"孔子说:"在做事时有知耻之心,出使外国能够完成君主交付的使命,可以叫作士。"子贡说:"请问次一等的呢?"孔子说:"宗族中的人称赞他孝顺父母,乡党们称他尊敬兄长。"子贡又问:"请问再次一等的呢?"孔子说:"说到做到,做事坚持到底。不问是非地固执己见,那是小人啊!也可以说是再次一等的士了。"子贡说:"现在的执政者怎么样?"孔子说:"唉!这些器量狭小的人,能算得上什么呢?"

【要解】

"士":士在周代贵族中位于最底层。后来,士又成为古代社会知识分子的通称。"硁硁":敲击石头的声音,这里引申为像石块那样坚硬。"斗筲之人":筲,竹器,容量为一斗二升,此处比喻器量狭小的人。这一章的内容很有味道。子贡是擅长于言语的,问的问题往往言在此而意在彼。他在这里问老师怎样才能称为士?孔子回答一次,他追问一次,层层下落,直至孔子无法再言士而止,真的把士这一特殊阶层之人的本质与表现剖析得一清二楚,不愧为言语科的高才。总结一下孔子对士的看法与要求,大致是:最高的士是知耻且不辱使命,其次是孝悌,再次是守信不懈。而当时的执政者却无一能配得上这一称号,都是一帮器量狭窄的小人。

士人,作为我国古代知识分子的统称,既是国家政治的参与者,又是传统文化的创造者、传承者,更是真理正道的维护者、守卫者。士人是古代中国特有的一种身份,是中华千年文明历史上独有的一个精英社会群体,他们有属于自己的道德规范,更有远大的理想与追求。国家离不开士人,士人也不可远离国家政治、各类重大的社会活动。士族的品格如何,关系到一个社会的文明程度,国家对待士人的态度也涉及这个社会的走向和发展。所以,我们应该按照孔子所言,追求一等、二等之士,去除非士之品行。让士人的纯正精神得以发扬光大,让社会更加清明、健康、有序地向前发展。

13.21

子曰:"不得中行而与之,必也狂狷乎!狂者进取,狷者有所不为也。"

【译文】

孔子说:"我找不到奉行中庸之道的人而和他交往,只能与狂者、狷者相交往了。狂者敢作敢为，狷者有不肯做的事。"

【要解】

"中行"：行为合乎中庸。"狷"：拘谨，有所不为。什么是中道？中道也就是中庸之道，依中庸之道而行就是中行。中行者拥有过人的智慧，知晓事物的本性，按照正道之原则，不偏激，不消沉，从生命的本性出发，行走于事物最佳的状态中。中庸之道是圣人所行的道，也就是无过无不及，这个境界很高，凡夫难以抵达。

"狂"与"狷"是两种对立的品质。一是流于冒进，敢作敢为，狂放不羁，看重自我本真；一是鄙视傲物，不屑世俗，对自己不喜欢、不愿意的人事放弃、远离，守节任性。两者都有名士之风度气质，都对低俗的世风不满，超越尘世，独立卓绝。对此，孟子曰："孔子不得中道而与之，必也狂狷乎！狂者进取，狷者有所不为也。孔子岂不欲中道哉？不可必得，故思其次也。"（《尽心》）宋代的陆九渊也说："狂者进取，狷者有所不为。立之畴昔乃狂者之体，至其皇皇于求善，汲汲于取益，而不敢自安自弃，固有不终狷之势。"（《与曹立之》）如东汉八俊、竹林七贤、八大山人等，也是士人中难得的一种生命情态，人世也因之多了几分豪逸之气象。

拒绝了楚相的诱惑，一心向往逍遥游于天地间的庄周是真正的狂者；一言不合便与好友山巨源绝交的嵇康，受戮前从容弹奏《广陵散》，这是风流的名士；铮铮傲骨，宁饿死不再跨入黑暗官场一步的清高之士陶渊明为真淳君子；夺刀自刎，惊世骇俗的异端思想家明代大狂士李贽乃狂狷哲人。虽然他们还不是圣者，却也已经不再是庸者了，中华几千年历史也因他们而有了耀人的光泽。率性而为，不拘时俗；忘心而隐，不理世事。这样的名士，狂狷得令人心动神往。

13.22

子曰："南人有言曰：'人而无恒，不可以作巫医。'善夫！""不恒其德，或承之羞。"子曰："不占而已矣。"

【译文】

孔子说："南方人有句话说：'人如果做事没有恒心，就不能当巫医。'这句话说得真好啊！""人不能长久地保持自己的德行，免不了要遭受耻辱。"孔子说:"没有恒心的人不用去占卦了。"

【要解】

"巫医":用卜筮为人治病的人。"不恒其德,或承之羞":此二句引自《周易经·恒卦》。这一章内容看似有点杂乱,其实仍有一个统一的核心,就是人要有恒心(不变之真心)才可成事,有恒德才可高贵。如果做不到恒,干什么都不会成功。

古时巫与医是不分的,这并非古人愚昧,而是因为古人认为天与人、神与鬼是相通的,它们和人类的生活息息相关,有好些病、好多事可以通过一定的巫术去除掉。在当时生产低下之时,神巫大行其道,懂得这一方面的人便自然成为医生,看病治病。

为什么没有恒心的人做不成巫医呢?古人认为巫医是需要通灵的,而通灵必须有一颗真诚之心。孔子本不大赞成讲这些内容的,在这里仅是举一例来证明一个道理:办任何事情都必须有一颗忠诚不移的真心,它是任何事情成功的前提。由此而推衍,如果想成为真正的人,活得高贵而有尊严,不被他人羞辱,你就得有恒心去坚持做一件事:修养出永远也不退转的仁德。

这类人为何不需要占卜呢?心诚则灵,心不诚、不定、恍惚,说话不守信用,这是占卜的大忌。这样的心是难与天地相通感应的。孔子精通占卜,他对《易》的研究可谓深矣,故而引来说明没有一颗真挚的心是什么也做不成的,更何况想改变命运?

13.23

子曰:"君子和而不同,小人同而不和。"

【译文】

孔子说:"君子能做到融和万物而不同于万物,小人则是顺从于万物,却不能融和万物。"

【要解】

"君子和而不同,小人同而不和"的表现就是:面对纷争矛盾时,君子能克己以使群体和谐,但还能保持自己人格的独立,绝不违心地附和;小人则虚伪地谄媚、奉承,另一方面却又钩心斗角,分裂争斗,致使群体秩序混乱。由此可见,"和"是一种品格修养,尊重他人、有大局观与天下意识是民主风范;而"同"则是顺从、屈求、依附,是一种唯利是图的自私表现,一种典型的犬儒,软弱、势力。

君子品德高尚,心性明澈,能与万物相融于一。同时他们还知道万物各有其特性,各有其运行规律,能在包容万物的基础上,尊重万物的不同特性,也能够顺从万物而坚持自己不变之本质。而小人因本性之幽暗不明,只能看到眼前一时之物状,顺从眼前之事态,却不能以无比宽广之心怀去接纳融和天地万物。君子合二为一,一就是万;小人一分为二,万就是万。二者的区别就在于心性的明与暗、大与小上。

"和而不同"显示出孔子仁性的博大、思想的深刻和高度的智慧。对"和"与"同"不同关系的态度,体现了孔子对生命本质的清楚认知及对君子和小人不同品格的鉴别,可谓言简意赅,智慧高超。

13.24

子贡问曰:"乡人皆好之,何如?"子曰:"未可也。""乡人皆恶之,何如?"子曰:"未可也;不如乡人之善者好之,其不善者恶之。"

【译文】

子贡问孔子:"全乡人都喜欢、赞扬他,这个人怎么样?"孔子说:"还不能肯定。"子贡又问孔子:"全乡人都厌恶、憎恨他,这个人怎么样?"孔子说:"这也不能肯定。最好的人是全乡的好人都喜欢他,全乡的坏人都厌恶他。"

【要解】

孔子认为,大体上讲,衡量一个人的好坏,不能以众人的好恶为依据,而应以"善者好之,其不善者恶之"为标准。人世间的事情不可能做到十全十美,好人和坏人不会用一致的标准来评判事物,把两者分开,清楚各自的评断标准,再看他们的喜恶就清楚问题的关键了。凡人都有自私之心,于己有利者、自己喜欢者、能给自己带来好处者、亲近自己者、生养自己或自己生养者往往喜欢,其他则不然。人心不定,左右摇摆,故而好多人言不可信。说到底,还是一个人心是否公道的问题、见识的问题、修养的问题。非圣者、仁者往往难以做到公道,尤其是既朴实又愚昧的人。但生活中人们毕竟要对某些人事做出一定的评价。如何评价?孔子说,如果众好人都说好,众坏人都说坏,那基本便是好人了。既然现实生活中君子不多,善人又少,贤圣更是寥若晨星,那么,就以众好人的标准为标准吧。好人反对的一般是坏人,坏人讨厌的一般是好人。好坏人其实并不是对立的,但是现实却成为对立,所以,也就只好暂时这样来评判好坏人了。世风日下,人心难测,孔子此法也是无奈之举。

孔子说过:"唯仁者能好人,能恶人。"只有真正的仁者能知晓、分得清好坏人。但同时,在真正的仁者心中,又没有好坏之分,所谓的好坏都是缘于心境的明暗,心性一片澄明了,又哪里会有什么幽暗的现实与人生呢?在太阳眼里是没有什么黑暗的,有的只是如何更广大无私地普照万物。

13.25

子曰:"君子易事而难说(yuè)也。说之不以道,不说也;及其使人也,器之。小人难事而易说也。说之虽不以道,说也;及其使人也,求备焉。"

【译文】

孔子说:"为君子办事很容易,但很难取得他的欢喜。不按正道去讨他的喜欢,他是不会喜欢的。但是,当他使用人的时候,总是量才而用人。为小人办事很难,但要取得他的欢喜则很容易。不按正道去讨他的喜欢,也会得到他的喜欢。但等到他使用人的时候,却是求全责备。"

【要解】

"易事":易与人相处共事。"难说":难取得他的欢喜。"器之":量才使用。

本章孔子讲君子与小人的其他区别,体现在办事、取悦与用人三方面。三方面充分表现出二者的道德要求、行为表现及对待人的态度。这里面有原则问题,有修养问题,更有如何处世的态度问题。具体来讲就是君子的胸怀广,替他服务或办事很是容易,你有什么才能,他会量才而用,而且还不会苛求你,有点过错也能包容你。但是,走进他的心里却很难,博得他的欢心更难,他是品格纯正的人,也只与相同品格的人倾情交心,如果对方在这方面达不到一定境界,是难以与君子心心相印的。而小人恰恰相反,只注意具体的做事行为,谋求相近的利益,不看是否符合正道。所以,与小人交往简单也艰难,简单在于只要双方利益一致便可以相合。可是一旦出现细小的失误,小人就会马上翻脸不认人,看似有高标准,是在求得完美,实则是从一己之心之利出发而去判断好坏对错,称赞或指责,完全不顾道义仁德。

君子是以道为悦,道是至高至上的。而小人则是以一己之悦为悦,能使自己高兴的就是好的,否则就是不好的,不追求更大的道义。再深究一下,还是归结于那个本性,二者的区别就在这里。一个是为天下正义,一个是为一私之利;一个合道于内,一个合悦于外;一个修养内性,一个关注外相:层次差别特别大,由是他们达到的境界和具体的行为也截然不同。

以道充为贵,身安为富,常泰无不足、宽以待人、贵以养身者,此乃君子。以情为欲,以己为准,忧忧戚戚难有满足,严以求人,贵以私性,此为小人。

13.26

子曰:"君子泰而不骄,小人骄而不泰。"

【译文】

孔子说:"君子高大泰然却不傲慢,小人傲慢自大却不高大泰然。"

【要解】

什么是"泰"? 就是高大且稳如泰山,心性高洁,气量宽宏,端庄刚直。这是君子的品格,小人则恰恰相反。君子为什么能做到如泰山一样巍峨挺拔?因为他的心性大放光明,胸怀无比宽广,上可顶天,下可入地,中可包容天地万物,故而君子能与天地同一。故而在待人接物方面,能做到谦逊有礼、真诚待人。小人呢? 心性没有开发,时时处于幽暗之中,不明白万物之本真,以眼前之景之相为世界的本质,所以,一切以自己的性情为至高,而自以为天地间唯吾为大,那种傲慢情态就会自然显现出来。

自我是前行道路上的一大障碍,也是不能明心见性的一大业力。唐朝一位叫法达的禅师闻说六祖名声后,前去参拜,见了六祖磕头时却"头不至地"。六祖大师就说他心中"必有一物"。法达禅师说"念《法华经》已及三千部",这是很了不起的事了,念一遍《法华经》大约需要一天,也就是说法达禅师念了将近十年开悟的《法华经》了,足见其道行深厚。六祖便告诉他:"你的那个物便是自己,你还在执着这个肉身之假我,有了这么一个累赘,你怎么能够明心见性呢?"一句话说得法达禅师应时而生大惭愧心,悲泣间大悟,事后写出一偈:"经诵三千部,曹溪一句亡。未明出世旨,宁歇累生狂。"有我慢者,必为小人。君子如泰山高大的心性里,没有一丝的我慢,而只有天下,所以他不敢慢骄。智慧如老子者曾曰"去甚、去奢、去泰",此"泰"即为傲慢。

13.27

子曰:"刚、毅、木、讷近仁。"

【译文】

孔子说:"刚强、果敢、朴实、谨慎,这四种品德接近于仁。"

【要解】

这一章继续讲仁。这次孔子是从四个方面讲述的:刚强、果敢、朴实、谨慎。这四种品德接近于仁,而不等于仁。仁者无敌,世界上任何事物都难以与仁相匹敌、相对立,仁是至高无上的。刚强果敢,威猛无比,这是仁的其中一个特征。仁者因为内心和万物相合于一体,具有了无比威猛的力量,什么事物都不畏惧。正如仁清法师所言:"外现无比之威猛,内怀彻骨之大悲。"

再看木与讷。道家提倡回归自然,求朴求淳,不追逐华丽,成为一个木然的人,具有一颗木然的心。这个"木"不是什么也不懂,而是不求外在令色令言,只求返回原始无华的真心、道性。人一旦有了外求,便难以返回原始之心田而变得不再清静明纯。《道德经》说"见素抱朴,少私寡欲",即要抱道守真,怡养生命的真元,使之不为物欲所诱惑,不为私心杂念所困扰。做人要淳厚,行事要遵守公德,生活要俭朴,使本性慢慢返复到淳朴的状态,与道相合。

刚毅不屈有义,勇敢无畏有节,大智若愚有本,憨如木牛有性,软弱害怕有自私,巧言令色远离仁。从刚、毅、木、讷四者下手,又不能执着于刚、毅、木、讷四相。从内心修炼,抛弃外相之形,渐达于仁,这是孔儒修养之心法。

13.28

子路问曰:"何如斯可谓之士矣?"子曰:"切切偲偲(sī),怡怡如也,可谓士矣。朋友切切偲偲,兄弟怡怡。"

【译文】

子路问孔子道:"怎样才可以称为士呢?"孔子说:"互助督促勉励,相处和和气气,可以算作士了。朋友之间互相督促勉励,兄弟之间相处和和气气。"

【要解】

"偲偲"：勉励、督促、诚恳的样子。"怡怡"：和气、亲切、顺从的样子。关于士的问题，好多弟子都问过老师，老师的回答不尽相同。孔子这里是针对子路而言的，这一标准更为简单，因缘设教的孔子自有他的道理。

什么是朋友？就是因志同道合走到一起，那种以利相处的不能叫朋友，而只能叫合作伙伴。真正的朋友之间相处不是为了利益，而是为了道义，是为了提升自己的道德修养。什么是兄弟？就是有相同血脉、出于同一个家庭之人。他们相互间地位平等，性格熟悉，但爱好、志向却不一定相同，并且相互间定有利益存在，有长幼之别，此类人相互间便不能以勉励为主，而应该是恩情、友善为主，长惠幼顺，兄友弟恭。如果把二者颠倒了，那势必会影响双方的情感与关系。一者需以勉励相交，一者应以和顺往来。真正的士人应该知道它们的区别，友情和恩义结合，根据不同对象采取不同方式，处理好它们的关系，做到克己成人。

兄弟是天伦，由上一世而来；朋友是人伦，因这一世而增。一以血缘在一起，一以道义建立关系，故而朋友以道相交，兄弟以情相连。圣贤之学，教会我们如何处理好五伦关系。君子的道德修养也体现于人伦之中，做好了五伦，也可以称为士人了，因为他已有了真诚与恩义。

13.29

子曰："善人教民七年，亦可以即戎矣。"

【译文】

孔子说："有一定品格和才能的人，教化百姓几年，时间并不需长久，也可以强国富民，抵御外来侵略了。"

【要解】

善人，就是贤者，不比君子，更赶不上圣人，但他已懂得了仁德之行，知道治国必须是以仁义为主，辅佐以富庶。所谓的"教"主要指仁义礼智信方面，当然也包括一定的军事防御。因为仅是善人，道德与才能方面还差君子及圣人一大截，对于兵戎，还是有较强意识的。

上古在教民方面有规定，国家对下面的官员一年一小考，三年一大考，九年算一个时段，一个时段完结后，进行全方位的总结评比，即黜陟幽明，不合格者会罢黜，政绩突出者会提拔重用。七年，正好间于大考和总考之间，有无成效也差不多可以看出了。同时也验证了凡人用九年，善人用七年，而君子用三年这一说法。孔子重礼乐，更懂军事，也曾教过弟子们具体的军事知识。但是《论语》整书，极少论及兵事。孔子强调的是礼乐之治，是来远人，而不是服远人。这一观点，即使放到今天，也有其重要的指导意义。

如果从另一角度来看此章，孔子仍然是强调用礼仪道德教化百姓，通过强兵富国来阻挡他国的进攻。所谓的"即戎"是"却戎"，就是国力强大了，人民有仁德了，社会安定了，敌国自然不敢来侵，即便来侵也将是不战而退。

13.30

子曰："以不教民战，是谓弃之。"

【译文】

孔子说："那种不行善人之道，用'残''杀'企图使民众恐惧而治理国家的，是遗弃、背叛民众，最终也将被民众遗弃。"

【要解】

本章最为关键的是"以不教民战"这五字，历来的解读纷纭不已。孟子认为："不教民而用之，谓之殃民。殃民者，不容于尧、舜之世。"（《告子下》）朱熹认为："言用不教之民以战，必有败亡之祸。是弃其民也。"（《朱子集注》）钱穆认为："用不经教练的民众去临战阵，只好说是抛弃了他们。"李泽厚认为："不对人民进行军事训练，叫作抛弃他们。"还有人认为本章孔子是在强调国防观的教育化与普及化，强调要开展全面国防教育。

我们是这样断句的："以不教，民战，是谓弃之。""不教"就是不按照前面说的"庶""富""教"的"善人"之道，"庶""富"在于"教"，"不教"当然不能"庶""富"。"教"即"善人"之道，也是"民善"之道。如果"不教"，用白色恐怖来压制百姓，只能导致"民战"，就是通过让民众战栗、恐惧而治理国家。"弃"是违背、背叛。此解从反面更有力地论证了让国家长治久安的六字箴言"善人""胜残去杀"的必要性和合理性。"胜残去杀"，不能企图用"残""杀"让民众战栗、恐惧，国家不可能因此而长治久安。但历史上很多人都不明白这个浅显的道理，不明白让国家长治久安最稳固的基础在于"民之乐"而不是"民之战"，是"使民善"而不是"使民战"。

如果联系上一章，我们还可以理解为此章和上一章是正反论证的关系，上一章从正面阐述了善人之教的重要性，此章从反面强调了不教的严重后果，两章都表达了孔子提倡"仁教"这一核心治国思想。

宪问篇第十四

（凡 44 篇）

本篇主要内容有君子须具备的某些品德，孔子对当时社会上各种现象所发表的评论等。

14.1

宪问耻。子曰："邦有道，谷；邦无道，谷，耻也。""克、伐、怨、欲不行焉，可以为仁矣？"子曰："可以为难矣，仁则吾不知也。"

【译文】

原宪问孔子什么是耻。孔子说："国家有道，做官拿俸禄；国家无道，还做官拿俸禄，这就是可耻。"原宪又问："好胜、自夸、怨恨、贪欲都没有的人，可以算做到仁了吧？"孔子说："这可以说是很难得的，但至于是不是做到了仁，我就不知道了。"

【要解】

原宪，字子思（非孔子之孙），前面《雍也》里称为原思，他出身贫寒，个性狷介，一生安贫乐道，不肯与世俗合流。这一章是他向老师请教什么是耻辱。

心与形是一内一外、一本质一表象的关系，二者并不等同。形而上之仁和形而下之仁也是大不一样的。形而下是达到仁的某些手段，如不自夸自傲、不埋怨指责、不贪婪占有等，除此之外，还应有其他更多更严格的要求。孔子曾曰："能行五者于天下，为仁矣。"这五者是"恭、宽、信、敏、惠"，这里面的恭便是不伐，宽便是不怨，惠就是不贪，信与敏则不在其中。这就说明，仅凭上述三者不能判断对方是否达到了仁。"克、伐、怨、欲"也只是一个个攀登到仁境的必然阶梯。

耻者，羞愧也，这是生命良知的一种典型表现。孟子说："人不可以无耻。无耻之耻，无耻矣。""耻之于人大矣。为机变之巧者，无所用耻焉。不耻不若人，何若人有？"(《尽心上》)就是说一个人不能没有羞耻心，应把没有羞耻心当作为人的最大羞耻。人和动物最大的区别就在于人有羞耻心而动物没有。做了好事不洋洋自得、骄傲炫耀、自我标榜，这就是有羞耻感；对名利贪占强行图取，为了自己的利益什么手段也使用得出来，这就是无羞耻感。

假如邦有道，你是一位在朝者，要辛勤劳作，不能尸位素餐；否则，为了那些俸禄做不道之事便不是仁者。孔子在这一章里所讲的"耻"的内容很是丰富，既有举例说明，又有理论概括，还有本质与形式的关系辩证，可谓观点鲜明，回答精辟，论述透彻。

14.2

子曰："士而怀居，不足以为士矣。"

【译文】

孔子说："士如果留恋家庭的安逸生活，就不配做士了。"

【要解】

有关士的概念，我们前面讲过。大体来说士族有学士、策士、方士、侠士、勇士、术士及各类食客等。如战国四公子所养的众多门客，关键时刻纷纷出马，为主人的利益奔走呼号，出力供智，拼命献身。他们虽然品行不一，志向有别，服务的对象不同，手段各异，但都有一个共同特征：不安逸于家，有远大的理想，或无畏，或报恩，或为正义，或为国家而积极参与某些重大的社会活动，赢得了世人的夸赞。

相较于君子而言，这些士人们有的还没有高尚的道德品格，有的还不明白什么是真正的仁义，不遵守礼仪，更有的仅是为某个人服务，而不考虑更大的社会利益，但他们都能够朝着自己的理想去奋斗，实现自己特有的人生价值，不畏惧死亡，不计较名利，不贪恋家庭安稳的生活。所以，孔子对他们的不安居养身而给予称赞，号召世人要积极为国出力，而不能只为自己考虑。

随着时代的发展,可供士人生存的社会土壤越来越少了,好多士人销声匿迹,取而代之的是更为庞大的读书人群体。读书人群里也有个别可以称得上士人的,但为数已不是很多。再到后来,士人也就没有从前那般的辉煌与成就了,但真正的士人精神却永远留在史册上。

14.3

子曰:"邦有道,危言危行;邦无道,危行言孙。"

【译文】

孔子说:"国家有道,要正言正行;国家无道,还要正直,但说话要谦逊谨慎。"

【要解】

"危":直,高大正直。"孙":同"逊",谦逊、谨慎。本章是孔子对弟子们的劝告:要注意环境,根据不同的环境而行事言论,不可鲁莽草率,特别是为臣者一定要分清国家有道还是无道,在朝堂上要慎言慎行,不可轻易陷入牢笼。孔子要求自己的学生当国家有道时,直述其言,直行其事,不可明哲保身、退让隐藏;但国家无道时,就要注意行为和说话的方式方法了。只有这样,才可以避免祸端,这也是一种为政为事之道。当然,孔子的意思不是让我们做事时要滑头,而是提醒我们要认识到国道如何,如果有道便可以正言正行,讲道德,讲仁义,因为这样不需要担心招来什么祸害,国君是正义的,国家的朝纲还在,还有道德可讲。如果国家无道,君主无德,则一定不可言行太轻率了,要看对象与场合,不能不顾情形而太任性了,那样会白白送死的。如三国时刚毅傲慢的祢衡、口出狂言的许攸,明朝硬儒方孝孺、耿介清正的海瑞等,其精神可嘉,行为却不足取。

危行而言逊,做到这一点其实很不容易。一般人危行时往往会有与之相应的言论出现,面对不符合道德之事要进行讽谏,或直言相劝,以显自己的正直无私,更希望以此来让君王明白转意。但是,他们忘了一点:眼前的君王真的能回心转意,明悟你的一片真心吗?所以,智慧的孔子有强大不移的信念,在具体的行为言语中却并不那么固执愚笨,而是委婉伺机,不合者不为也。没有了生命,什么也无从言说,生命是唯一的,失去便不再可能回来。孔子是注重生命的智者,他是不会让弟子们去冒险的。

14.4

子曰:"有德者必有言,有言者不必有德。仁者必有勇,勇者不必有仁。"

【译文】

孔子说:"有道德的人一定有言论,有言论的人不一定有道德。仁人一定勇敢,勇敢的人不一定有仁德。"

【要解】

这一章和上一章也有是关联的。这一章解释的是言论与道德、勇敢与仁德之间的关系。这是孔子的道德哲学观,他认为言语、勇敢只是仁德的两个方面,三者间不能画等号,除了言、勇外,还要修养其他各种道德,从而成为真正有德之人。

心为德之本,本真德纯,德纯言真,言真行而有信。即德是根本,言是外表,巧言者内心不一定美好。人都会装的,有时弄起假的来比真的还要真,常常令人难辨真假。同理,仁者必须是本性明纯者,他不会畏惧什么,有时还会甘愿为正道献身。但是,勇敢的人不一定心存仁德,他们可能是为了一时的名利,或出于某一事件的需求,凭一腔热血而冲动。如子路是勇者,但他却没有达到仁之境界。战国四大刺客,每一位都是真正的勇者,可是他们无一人是仁者。

儒家讲智、仁、勇三达德,智就是智慧,仁就是仁德,勇就是勇敢,而仁是三者的根本。有仁之人必定有智,也必定有勇。反之则不然,有勇的人未必是仁者,也未必有智慧。有仁德的人必然会见义勇为,勇敢地去担当,去努力。反过来,勇敢的人可以在一事上奋不顾身,为某人而赴汤蹈火,但是,如果只是匹夫之勇,没有智慧,还不算是真正的仁者。当然,有了勇敢之精神,再修仁德就会容易许多了。清楚了这一点,也就明白了那些为某一信念而自杀的人其实有时并不值得称赞。孔子为我们澄清了德与言、仁和勇的区别,这一点我们应牢记,要在生活中会学会运用。

14.5

南宫适(kuò)问于孔子曰:"羿(yì)善射,奡(ào)荡舟,俱不得其死然。禹稷躬稼而有天下。"夫子不答。南宫适出,子曰:"君子哉若人！尚德哉若人！"

【译文】

南宫适问孔子："羿善于射箭，奡善于水战，最后都不得好死。禹和稷亲自种植庄稼却得到了天下。[为何？]"孔子没有回答，南宫适出去后，孔子说："这个人真是个君子呀！这个人真尊重道德。"

【要解】

"南宫适"：即南容，孔子的学生。"羿"：传说中夏代有穷氏的首领，善于射箭，武力高强。后被其臣寒浞（zhuó）所杀，寒浞娶了羿的妻室，生了两个儿子，一个叫浇，一个叫豷（yì）。浇就是奡。传说奡力气很大，在陆地上可以推着船走，又善于水战，奡杀死了夏朝的天子相。当时，天子相死的时候，他的夫人已经怀孕了，后来就生下了儿子少康，就是少康帝。少康帝长大以后，就把这个奡及他的兄弟豷给灭掉了，中兴了夏朝。"荡舟"：用手推船。"禹稷"：禹，夏朝的开国之君。"稷"，传说是周朝的祖先，又为谷神，教民种植庄稼。两位是上古时仁德之君臣。羿、奡武力过人，最后都没有得到一个好下场。而禹和稷却躬耕勤劳，治水种植，最后赢得了天下。

本章说明孔子赞同一个道理：天道好还，善有善报，恶有恶惩，积善之家，必有余庆；积不善之家，必有余殃，因果报应从没离开过天地万物。其实这一道理弟子南宫适心里也清楚，只是他没有明确说出来，而是以疑问的形式提出来，得到了老师的夸赞。

《尚书》说："作善，降之百祥；作不善，降之百殃。"若你行善积德，上天就降给你吉祥。如果做弑君叛国、戕害天下百姓等不善者，最后一定是"不得其死然"，有的甚至会殃及整个家族。生死是大事，从一个人的生死完全可以看出他一生的所作所为，这一点，我们不用多加怀疑。"恃德者昌，恃力者亡"，统治者要以德治天下，而不要以武力治天下，否则，最终都没有好下场。真正全心全意为人民服务的人才可流芳千古。

14.6

子曰："君子而不仁者有矣夫，未有小人而仁者也。"

【译文】

孔子说："君子中没有仁德的人是有的，而小人中有仁德的人是没有的。"

【要解】

仁,是一种极高的道德境界,能够达到仁境界的人,在现实社会中很少。因此,孔子论人事,对"仁者"这一称号极为吝啬,也很是严格,一般来讲他对君子定义较为宽容,常常将君子和小人对言。这二者也是相互交织的,人性遇事是会变化的,此时君子,彼时小人,有时连自己都不知道是君子还是小人。一般而言,世间是君子少而小人多,因为君子难为,小人易做。往上流前行难,朝下流顺行易。从狭义角度讲,君子群体中真正称得上仁人者只是少数,君子中的不仁者也有好多。从广义角度看,所有善仁者、志仁者或慕仁者都可称为君子,因为他们都有一颗向善成仁之心,行为上也超出一般人许多,却还不是仁者。真正的仁者是一时一刻都不离纯真本性,没有任何的幽暗与悲叹,他们的心地十分纯明,永远积极向上、仁爱无比,孔子称赞颜回三月不违仁,这是真正的仁者。

《易传·系辞下》曰:"小人以小善为无益而弗为也,以小恶为无伤而弗去也,故恶积而不可掩,罪大而不可解。"君子有缺点,仍不失为君子;小人自认为完美,仍不过是小人。君子再上升可为仁者,小人再努力先要成为善人。

孔儒之学的可贵之处就在于不要求世人一步到位成为仁者,而希望我们由小人渐到善人、君子再至仁者圣者,这是非常人性化的修行之途,而且可落实到具体生活中去,故而更难能可贵。

14.7

子曰:"爱之,能勿劳乎?忠焉,能勿诲乎?"

【译文】

孔子说:"爱他,能不为他操劳吗?忠于他,能不对他进行劝导吗?"

【要解】

孔子的意思是既然我们心怀仁德,对其热爱,便自然会对其忠诚有加,进而不懈地为之努力,让对方真正成为一位名副其实的君子。由是,就必须明确指出其过错,令其改正毛病,不断完善其品格与行为、早日进步,而不能隐瞒过错,百般迁就,甚至讨好顺从。常言道看似无情却有情,虽然严厉却是爱,真正的爱有时是很无情的、很严厉的,因为人性难改,特别是某些恶劣之性有时一辈子也不能改其多少。稍有不慎或放松,就会死灰复燃。

《国语·鲁语下》说:"夫民劳则思,思则善心生;逸则淫,淫则忘善,忘善则恶心生。"是为"爱之,能勿劳乎"的最好注脚。诸葛亮在《诫子书》说"淫漫(慢)则不能励精,险躁则不能冶性",即沉迷懈怠就不能励精求进,偏狭躁进就不能冶炼性情,道出了对儿子"爱之,能勿劳乎"的殷殷期盼。如果明明知道对方有问题,却有意惯着他,顺从他,想令他喜欢,这其实便是不忠了。《孝经》上讲:"故当不义,则子不可以不争于父,臣不可以不争于君,故当不义则争之。"这就是爱他,就是忠于他,包括师生、朋友、夫妻等其他方面。

爱与恨是一对矛盾,宽与松是一对组合,劳与闲、忠与邪都是统一对立的,稍有不慎就会走向其反面。所以,正确的态度是执中而行,爱而不溺,忠而不愚,劳而不懈,诲而不怨,据相而不执着相,求空而不执着空。为人如此,修行如此,悟道亦如此。

14.8

子曰:"为命,裨谌(chén)草创之,世叔讨论之,行人子羽修饰之,东里子产润色之。"

【译文】

孔子说:"郑国发表的公文都是由裨谌起草的,世叔提出意见,外交官子羽加以修饰,由子产最后修改润色。"

【要解】

"命":指国家的政令。"裨谌":人名,郑国的大夫。"世叔":即子太叔,名游吉,郑国的大夫,子产死后,继子产为郑国宰相。"行人":官名,掌管朝觐聘问,即外交事务。"子羽":郑国大夫公孙挥的字。"东里":地名,郑国大夫子产居住的地方。

有人说此章说明孔子知识极其丰富,连郑国草拟文件的全过程都知道得清清楚楚。还有人认为这是讲为文之法。其实这些仅是表面,本章真正的意思是想说明一国之政令,必须是谨慎又谨慎,认真再认真,不可有一丝的马虎,必是多方君子的协力配合。即使是君子,一人也难做到完美,需要精心合作,共同努力。特别是面对治国之大事,更不能掉以轻心。

《孝经·谏诤》说:"昔者天子有争臣七人,虽无道,不失其天下。"意为过去天子有七个诤臣,虽然天子无道,也不失其天下,因为有这七个诤臣对他规劝。"诸侯有争臣五人,虽无道,不失其国","大夫有争臣三人,虽无道,不失其家",即诸侯、大夫需有众人相辅方可成就大业。同理,一件事也必须有众人相扶,齐心协力,方可至完美。切忌单打独斗,自以为是。细读《论语》,夫子的好多教导是多方面的,放到哪一事上都有道理,放之四海而皆准,可见其智慧超越了世间,真的有佛之见识。

14.9

或问子产。子曰:"惠人也。"问子西。曰:"彼哉!彼哉!"问管仲。曰:"人也。夺伯氏骈邑三百,饭疏食,没齿无怨言。"

【译文】

有人问子产是个怎样的人。孔子说:"是个对人有恩惠的人。"又问子西。孔子说:"他呀!他呀!"又问管仲。孔子说:"他是个有才干的人,他把伯氏骈邑的三百家夺走,使伯氏终生吃粗茶淡饭,直到老死也没有怨言。"

【要解】

"伯氏":齐国的大夫。"骈邑":地名,伯氏的采邑。"没齿":死。郑国大夫子产的情况我们前面讲过,孔子对他的评价是"惠人",即他是一个爱国家与民众之人,是位良相。子西是郑国的大夫,叫公孙夏,跟子产是同宗兄弟。孔子对其的态度是有声无语的感叹,这是轻蔑的惯用语,孔子虽然没有表态,但通过语气我们可以猜测到他应该是贬义。夫子是圣者,很有口德,不随便指责他人。对齐国的大夫管仲,孔子说他为"人也"。这个"人"字在《论语》里往往跟"仁爱"之"仁"通用,即管仲是一个仁人。有关孔子对管仲的高评价,在《论语》中多次出现,此处并不是孤例。此章中孔子仅举了一事,一方公正执法,一方甘愿受罚,双方都成就了对方,都可称为君子。子产为政严,而管仲更厉害,孔子对他俩均称道有加,并没有因严厉而否定其人品、功德,同时更看重他们爱民惠民之大体而给予肯定的评价。这也正好验证了上章所讲的爱之深、责之切一说。

三人三个境界,三样人生。一是不屑提及,即普通小人罢了;一位是好人、善人,为国为民考虑付出;一位是君子,能把敌人感化得无怨无悔。没有对比也就不会明白小人、善人与君子的行为表现及道德境界。

14.10

子曰:"贫而无怨难,富而无骄易。"

【译文】

孔子说:"贫穷而能够没有怨恨是很难做到的,富裕而不骄傲是容易做到的。"

【要解】

世人都有一个毛病,每遇不顺,不是首先从自我身上找原因,往往是怨怪他人,埋怨客观;一旦诸事顺利,则又归功于自己的努力,认为是自己的才能所致,这是典型的小人思维与做派。究其原因是他们的心性不明,认识狭窄,还是属于盲人摸象、管中窥豹,不能客观全面地看待事物,更不能深入细致地分析事物的根由,所以,不是怨声载道,就是自鸣得意。

孔子认为,一个人如果贫穷了,难得没有怨言、怨恨;如果富裕了则容易做到不骄不躁,谦逊待人。如果深究其理,可以这样认为:一个人的贫穷与富裕并不是上天赐予的,也不在于他人帮不帮他,更不是客观现实对众生有何不同,这一切看似是现实的区别,根本上还是自己的那颗心招致而来的。财物上的多少是这样,人生顺利与否是这样,相貌长得如何还是这样,都是本因所招致。不闻仁道,难得仁心,便不可求得过多的财富。富者有福,福者仁求,有仁心者自然不会傲慢无礼,即使一时会生起,也会马上觉察而改正。

人生贫富也罢,顺逆也罢,高傲与谦逊也罢,全在于心性,心善事顺,心恶事逆。以善为善,善善相加,无处不善,无所不美。相反,则无处不恶,无处不逆。世人不明此理,故而有诸多不满、抱怨。

14.11

子曰:"孟公绰(chuò)为赵魏老则优,不可以为滕、薛大夫。"

【译文】

孔子说:"孟公绰做晋国赵氏、魏氏的家臣是才力有余的,但不能做滕、薛这样小国的大夫。"

【要解】

"孟公绰":鲁国大夫,属于孟孙氏家族。"老":这里指古代大夫的家臣。"优":有余。"滕""薛":是春秋时两个小国名。"赵魏":指春秋时晋国卿赵氏和魏氏。这一章是孔子评论鲁国大夫孟公绰的。孟公绰这个人为人廉洁,清心寡欲,做事也很有条理,是一个难得的人才,可是非全才,他是孔子非常敬重的人之一,孔子在教育弟子的时候常引用孟公绰的德行。但孔子认为他只适合做大国晋国赵、魏这两家的家臣而不可为滕薛两小国的大夫。这是孔老夫子非常中肯的评价,表示人的才能有限,应量才授官,不能一好百好,或一丑遮百好。

滕薛两国虽小,但麻雀虽小,五脏俱全,既为一国之大夫,整个国家大大小小的事情都要处理正确的,在综观全局方面,孟公绰就不能胜任了。而大国大夫里的家臣,跟小国的大夫办的事务是不同的,孟公绰擅长此事,不一定就擅长彼事。孔子在这里用他的例子说明,用人不能求全责备,要懂得取其所长,避其所短。孔子这两句话,可以作为用人的一个准则。

世间的事本就没有什么有用和无用之说,所谓的有用就是人合其事,事宜其人而已;所谓的无用只是没有匹配他的才智放到适当的位置罢了。贤与不贤一方面在本人,另一方面也在识相者、任用者。高超的管理者会把庸才培养成人才,低能的组织者会把天才使用成庸才。所以,识人、用人也是一件非常重要的事情,需要高超的眼力、开阔的胸怀、大度的气宇,取其所长,避其所短,这也是正直君子所为。

14.12

子路问成人。子曰:"若臧武仲之知,公绰之不欲,卞庄子之勇,冉求之艺,文之以礼乐,亦可以为成人矣。"曰:"今之成人者何必然?见利思义,见危授命,久要不忘平生之言,亦可以为成人矣。"

【译文】

子路问怎样做才是一个完美的人。孔子说:"如果具有臧武仲的智慧,孟公绰的寡欲,卞庄子的勇敢,冉求的多才多艺,再用礼乐加以修饰,也就可以算是一个完人了。"孔子又说:"现在做完人何必一定要这样呢?见到财利想到义的要求,遇到危险能献出生命,长久处于穷困还不忘平日诺言,这样也可以成为一位完美的人。"

【要解】

"成人":人格完备的完人。"臧武仲":鲁国大夫臧孙纥(hé)。"卞庄子":

鲁国卞邑大夫。"久要"：长久处于穷困中。本章谈人格完善的问题。夫子讲了两种标准，一种是有智慧、寡欲、勇敢、多才多艺、懂礼仪；另一种是见利能思到义，遇危险能为正义献出生命，久处穷困却能记得自己的诺言。这两种对世人而言都难做到，标准虽然不同，但都有一个共同的核心，就是千万不能远离了作为一位君子本身应该承担的使命与道义。

孔子还举了几个例子来说明。臧武仲是鲁国的大夫，他很有智慧，在鲁国做大夫的时候，巧妙地避免了祸患。孟公绰能够时时克制自己的欲望。卞庄子是鲁国卞邑大夫，一位很有名的勇士，据说他能够独立跟老虎格斗。忠孝不能两全时，他选择了孝，尽孝后，他又选择了忠，最后为国家献出了性命。冉求很有才艺，政事、六艺都是相当精通。如果将此四能汇集于一身，绝对是了不起的人。但是这还不够，还得再加一点，就是接受礼乐仁义的教育，用礼乐来进行修身，这样才可以称作是完人。

其实还有比这高超的，就是孔子所说的"成人之行，达乎情性之理，通乎物类之变，知幽明之故，睹游气之源，若此而可谓成人"。这已经是到了和天地万物合一之境界了。相比而言，这个更高，可谓真人。因为面对的是子路，要求稍低了一点，故有"亦可以为成人矣"一句。孔子认为，有完善人格的人，在见利见危和久居贫困时，能够思义、授命、不忘平生之言。尤其是提出了"见利思义"的主张，对后世产生了极大的影响。

14.13

子问公叔文子于公明贾曰："信乎，夫子不言、不笑、不取乎？"公明贾对曰："以告者过也。夫子时然后言，人不厌其言；乐然后笑，人不厌其笑；义然后取，人不厌其取。"子曰："其然？岂其然乎？"

【译文】

孔子向公明贾问到公叔文子，说："先生他不说、不笑、不取钱财，这是真的吗？"公明贾回答道："告诉你话的那个人错了。先生他到该说时才说，因此别人不厌恶他说话；快乐时才笑，因此别人不厌恶他笑；合于礼的财利他才取，因此别人不厌恶他取。"孔子说："原来这样，难道真是这样吗？"

【要解】

公叔文子是卫国的大夫公孙拔，文是他的谥号。公明贾是卫国人，姓公明,名贾。孔子听说公叔文子不言、不笑、不取,就问公明贾,对方是不是这样的一个人。公明贾如实介绍了对方的情况后,孔子即对公叔文子表示了赞扬,肯定这种行为。

孔子在这里通过评价公叔文子进一步阐释了"义然后取"的思想,只要合乎于义、礼,生活还得过下去,不可一言利便认定为小人,那不是孔子的本意。如公叔文子并非不说、不笑、不取钱财,而是说、笑、取利皆有度、有节、有道义做底线,这样的人也不失为君子。

孔子当年周游列国十四年,也得吃喝坐行,没有财钱哪里可行？如果永远不苟言笑,学生哪里会义无反顾地追随敬爱？"其然？岂其然乎？"这两句本身很有意思,语态、神情惟妙惟肖,表达的深义委婉毕现,这就是孔子的可爱之处。我们讲过,孔子是非常人性化的,他是一位真实不假之凡人,又是一位真实无二之圣人,他将出世和入世最为有机地结合于一起,成为世代效仿的典范。

14.14

子曰："臧武仲以防求为后于鲁,虽曰不要君,吾不信也。"

【译文】

孔子说："臧武仲凭借防邑请求鲁君在鲁国替臧氏立后代,虽然有人说他不是要挟君主,我不相信。"

【要解】

臧武仲,曾经做过鲁国的大夫,防是他的封邑。有一次臧武仲被孟氏定了罪,他就逃到了自己的防邑。之后,他就送礼给鲁君,求对方为自家臧氏立后,并任鲁国大夫,如不答应请求,将据邑以叛。鲁君就立了他的异母兄弟臧为,武仲就把防邑交给了臧为。

古时,一个人有无封地不能由自己提出,只能由国君根据对方为国家做出的贡献来确定,封地的大小也是如此。如果对方犯了罪,国君有权收回封地,封主是没有资格让国君改变其主张的,更何况眼下臧氏是戴罪之人。可是,外表谦和、内心强势的臧氏却滋生了造反的想法,可见对方心里的不满与傲势。这便是不忠、不义、不仁、不顺、不恕的表现,作为国家一大臣是非常可耻的。孔子认为臧武仲已经犯了要挟国君之罪。孔子非常识人,知晓对方真实的心理状态:虽然他没有进行叛乱,但是他已经有了这个心念。虽然不能以心念来定罪,可是对于叛乱这样的事来说,孔子是非常反对的。

这一章里我们看到圣人非常重视忠君爱国的品格。如果不能忠君,为了自己的利益处处跟国君及国家作对,甚至任凭自身条件进行要挟,这种人迟早会叛乱。忠,是八德之一,忠离不开孝,忠臣出自孝之门。一个人能够对父母有孝心,他才能够真正爱自己的祖国、爱自己的国君,所以儒家教育非常重视孝道与忠诚,要求世人把对父母的孝心移到对自己国家的忠诚上来,如此也就自然对天下的百姓忠诚了。

天下不能没有孝子,更不可以没有忠臣,忠与孝,一于家,一于国,都是出自心中那无私仁爱之情。这一点,古今中外都一样。

14.15

子曰:"晋文公谲而不正,齐桓公正而不谲。"

【译文】

孔子说:"晋文公诡诈而不正派,齐桓公正派而不诡诈。"

【要解】

这一章里孔子评论晋文公和齐桓公两位国君,他们都是春秋时曾经创立过霸业、当时又被诸侯相继推为霸主的牛人,曾率领诸侯实施所谓的尊王攘夷。虽然当时周天子已渐渐名存实亡,但是毕竟还有一个名义在,所以晋文公和齐桓公都领导着诸侯尊奉周天子,这是符合礼的。

晋文公曾经举行过著名的践土之盟,《左传》上说,公元前632年,晋文公以巡狩为名,邀请周襄王来温地盟会诸侯。这种行为实际上已经不符合礼了,用孔子的话来讲,这叫"以臣召君,不可以训",他以臣子的身份来召天子来盟会,有点挟天子以令诸侯的味道,不可以作为榜样,所以,孔子说他狡诈、心不正、僭越礼制了。而齐桓公比他好一些,于公元前651年在葵丘也曾盟会过诸侯,但能对周天子一切以礼真诚相待,所以孔子称他心很纯正,是真正的尊重天子,符合礼制。

孔子认为,政治的核心在当政者本身,其中最重要的是执政者的品格问题,所以"修己安人、修己安百姓"是第一要义。孔子对于齐桓、晋文的评价就是建立在这一基础上,尤其是在接下来的两章,可以更明显地看出孔子的这一原则。

也许有人会问，这不成了腹诽了吗？不是的。孔子在这里也不是仅凭对方的心理给这两位霸主下定义，确是根据他们的表现进行的。孔子是伟大的史学家，精通《春秋》，再者，孔子看问题的角度与深度也非常人可比，如果没有确凿证据，是不会这么评价的。孔子重在强调内心的礼义修养，即要不时地反省自己的内心，不能有半点虚伪来欺世盗名。

14.16

子路曰："桓公杀公子纠，召忽死之，管仲不死。"曰："未仁乎？"子曰："桓公九合诸侯，不以兵车，管仲之力也。如其仁，如其仁。"

【译文】

子路说："齐桓公杀了公子纠，召忽自杀以殉，但管仲却没有自杀。管仲不能算是仁人吧？"孔子说："桓公多次召集各诸侯国盟会，不用武力，都是管仲的力量啊。这就是他的仁德，这就是他的仁德。"

【要解】

"公子纠"：齐桓公的哥哥。齐桓公与他争位，杀掉了他。"召忽"：和管仲一样都是公子纠的家臣。公子纠被杀后，召忽自杀，管仲归服桓公并任齐国宰相。

齐桓公叫小白，曾是齐国的公子，他有一个同父异母的兄弟叫公子纠，齐国发生内乱，管仲和召忽两人帮助公子纠逃到了鲁国。齐国大臣们约定，公子纠和小白兄弟俩谁先回来就立谁为国君。在各自回国的路上，管仲带兵拦截公子小白，并一箭射中小白身上的带子，聪明的小白以装死脱身而得以抢先进入齐国，被立为国君，是为齐桓公。桓公抓到管仲要杀他，鲍叔牙就非常诚恳地规劝桓公，说管仲一定能够辅佐桓公称霸。很有度量的齐桓公便任命管仲为齐国宰相。后来管仲真的辅佐桓公九合诸侯，称霸天下。小白为国君后，公子纠就带着召忽逃回了鲁国。齐国以强势要挟鲁国一定要交出公子纠，或者把他杀死。鲁国不敢得罪齐国，就杀了公子纠。忠心的召忽为之自刎而死。子路认为，公子纠被杀，召忽为他殉节，这是杀身以成仁，而管仲却没有为公子纠自杀，由此看，管仲在忠义方面不如召忽。而孔子却不这么认为，他说管仲干的是大事，辅助了明主齐桓公，以礼义而九合诸侯、安定天下、维护周王朝,使老百姓得到安宁,这是他人难以做到的仁德。当然,召忽也是一位有血性的汉子,以死显忠,实是可赞。但他想到的只是一个人,而非天下,故孔子对管仲的赞赏远超召忽。

这一章明显表达了孔子对历史人物的道德评价及仁德理想。

14.17

子贡曰:"管仲非仁者与?桓公杀公子纠,不能死,又相之。"子曰:"管仲相桓公,霸诸侯,一匡天下,民到于今受其赐。微管仲,吾其被发左衽矣。岂若匹夫匹妇之为谅也,自经于沟渎而莫之知也。"

【译文】

子贡问:"管仲不能算是仁人了吧?桓公杀了公子纠,他不能为公子纠殉死,反而做了齐桓公的宰相。"孔子说:"管仲辅佐桓公,称霸诸侯,匡正了天下,老百姓到了今天还享受到他的好处。如果没有管仲,恐怕我们也要披散着头发,衣襟向左开了。哪能像普通百姓那样恪守小节,自杀在小山沟里,谁也不知道呀。"

【要解】

"被发左衽":被,同"披"。衽,衣襟。"被发左衽"是当时的边疆之俗。"谅":遵守信用,这里指小节小信。"自经":上吊自杀。"渎":小沟渠。子贡对管仲也有看法,有点不大赞同老师的观点。孔子对之又进行了一番阐述。一个国家的文明程度首先体现于百姓的服装,其次是宫廷的音乐,再是经济的发展,再次是军事的实力,再次是整个社会公民的礼仪程度。管仲就是全力推动这一进程的仁者。他首先从齐民的服饰开始教化,再从发展经济角度入手,改善百姓的生活,富裕国家,强大军队,物质和精神文明软硬两手抓,最终取得了巨大的成就,这不是仁者的行为又是什么?

从管仲辅助齐桓公开始用礼仪治国,发展经济,到鲁定公时期,孔子为鲁国大司寇,执相位,与齐国在夹谷会盟,当时齐国的宫廷音乐和舞蹈还留有大量民间的影子,可以看出教化一个国家的民众走向文明是多么艰难呀。而管仲却能开此先河,阻止了齐鲁之地被影响的可能,功德无量。孔子没有像匹夫愚妇那样,斤斤计较他的节操与信用,而是从更长远的角度对管仲进行了客观的评价。

中国自古对服饰有着天生的重视，孔子真的是看到了一个民族骨子深处那一生命原初基因，并且给予大力提倡。这就是礼仪治国最明显的表现。汤恩比先生讲过："解决二十一世纪的社会问题，必须靠中国的孔孟学说与大乘佛法。"孔儒之学的根本就是以仁德感召天下，以礼仪教化世人。管仲之治给我们深刻的启示。

14.18

公叔文子之臣大夫僎与文子同升诸公。子闻之，曰："可以为文矣。"

【译文】

公叔文子的家臣僎和文子一同做了卫国的大夫。孔子知道了这件事以后说："（他死后）可以给他'文'的谥号了。"

【要解】

"僎"：公叔文子的家臣。"升诸公"：公，公室。僎由家臣升为大夫，与公叔文子同位。公叔文子是卫献公的孙子，叫拔，他推荐给卫君自己的家臣僎。同升于公朝，一同事君，一同商议国家大事。也就是说，这个家臣的地位跟主人平等了，这对主人及家臣而言是很了不起的事。孔子听到这个事情后高兴地说，公叔文子死了以后，国君可以给他一个"文"的谥号了。

古时的谥号是针对地位较高者而言的，以此来概括他们对国家所做的贡献。按照周朝礼法，其谥号共有六等，依次为：经天纬地，这是圣人；道德博厚，此为贤人；学勤好问，是贤能有品德；慈惠爱民，是勤政爱民；愍民惠礼，是对百姓有慈愍之心，给百姓以恩惠；锡民爵位，就是提拔百姓中的人才。

卫国国君说公叔文子之所以为"文"，是因为修其班制，以与四邻交，使卫国之社稷不辱，而这六等里并无修制交邻，不辱社稷。看来这个谥号是卫国国君自己编出来的，不符合周礼礼法。所以，孔子在这里指出了卫国国君这样赐谥号理由不正确，随即孔子又说了一个正确的理由，就是他能够举荐家臣出来事君为国。

作为一位大臣，全力举荐自己的家臣入朝为官，而且还和自己处于同样的地位，这真需要大的度量、过人的慧眼。春秋时期很多大夫都是世袭的，孔子对世袭制度并不推崇,所以他赞叹齐桓公任用曾为阶下囚的管仲。孔子说过"先有司,赦小过,举贤才",对一个国家忠诚,有一点表现就是为国举荐人才,没有人才和不重用人才的国家是没有希望的。任人唯贤,也就是诚以事君,忠以爱民,这是孔子一生的期盼与追求。

14.19

子言卫灵公之无道也,康子曰:"夫如是,奚而不丧?"孔子曰:"仲叔圉(yǔ)治宾客,祝鮀(tuó)治宗庙,王孙贾治军旅,夫如是,奚其丧?"

【译文】

孔子认为卫灵公无道,季康子说:"既然如此,为什么他没有败亡呢?"孔子说:"因为他有仲叔圉接待宾客,祝鮀管理宗庙祭祀,王孙贾统率军队,像这样,怎么会败亡呢?"

【要解】

"仲叔圉":即孔文子。他和后面提到的祝鮀、王孙贾都是卫国的大夫。前面讲过卫国的国事,可以看出卫灵公是一个无道的国君,那么,弱小的卫国为什么没有灭亡呢?这是季康子所问,也是世人之问。孔子这样回答:因为卫君手下有三位重要的大臣辅助。

有关孔文子,孔子说他"敏而好学,不耻下问",这个人虽然德行有亏缺,还自私自利,但是他更有突出的优点,他很擅长接待宾客、治理外交,这便让卫国有了一定的外交能力,而不至于在诸侯面前受挫。祝鮀这个人其实也不是真正的君子,油嘴滑舌,本性浮躁。祝鮀的嘴,宋朝的美,这是南子的最爱。但是擅长祭祀的祝鮀能把祭祀工作做得完美无缺,也算是一个人才。王孙贾很擅长军事,带兵打仗很有一套,却是一个世俗小人。他曾跟孔子有过交往,想拉拢孔子,遭到孔子的拒绝。三位都是有才没德之人,但是因他们各有所长,卫灵公把他们放到了适当的位置上,辅助处理相关的国政,还取得了一定成绩。鲁国和卫国也有好多相同的地方,也是大夫执政。那么,孔子在此回答季康子之问,是想说明什么呢?用好小人尚且如此,如果重用了真正的君子,鲁国会如何?

14.20

子曰:"其言之不怍,则为之也难。"

【译文】

孔子说:"说话如果大言不惭,那么实现这些话就很困难。"

【要解】

本章是讲说话要诚实,不可不知羞耻而夸夸其谈,说到就要做到,不能只空谈。马融曾对此批注说:"内有其实,则言之不惭。积其实者为之难也。"就是说,心中如果成熟、有料,表现其口则可以自然处之,无有什么愧怍。否则,时间一长,此种夸夸其谈的心态便会越积越重,而导致事情一无所成。所谓的"内有其实"就是心中要有仁德,要有真实的品格与过人的本领,如此,说出的话才会落实到位,而不会只在那里耍嘴皮子。否则就是妄语,就是撒谎,就是欺诈,就是知行不一,华而不实。

这里面涉及两个概念:一是心怍,一是实难。即过分的言论出口,心里应该有愧,因为自己说的是假话,不真实,往往难以做到,这是针对有一定品格的人而言的。如果是毫无人格品行的人,那就不用多说了。世间这种随意夸海口的人层出不穷,真正落到实处的少而又少,这种人真的毫无羞耻可言。孔子对此是非常反感的,在此特别提出来让我们注意千万不要成为这样的伪才人。

知耻胜于勇,说到做到,讷言敏行,这应该是任何一位君子需具备的。什么叫"问心无愧"?就是遇事先求问真心,我应该如何做?做完后,再验证于真心,否则就会受到良知的谴责。这就是君子应有的修养。

14.21

陈成子弑简公。孔子沐浴而朝,告于哀公曰:"陈恒弑其君,请讨之。"公曰:"告夫三子。"孔子曰:"以吾从大夫之后,不敢不告也。君曰'告夫三子'者!"之三子告,不可。孔子曰:"以吾从大夫之后,不敢不告也。"

【译文】

陈成子杀了齐简公。孔子斋戒沐浴后随即上朝去见鲁哀公说:"陈恒把他的君主杀了,请君主出兵讨伐他。"哀公说:"你去报告那三位大夫吧。"孔子退朝后说:"因为我曾经做过大夫,所以不敢不来报告,君主却说'你去告诉那三位大夫吧!'"孔子去向那三位大夫报告,但三位大夫不愿派兵讨伐。孔子又说:"因为我曾经做过大夫,所以不敢不来报告呀!"

【要解】

陈成子,即田成子,又称陈恒,是当时执掌齐国权力的田氏家族第八任首领。他较受百姓拥护,但生活奢靡骄淫,放纵无礼,根本不把国君放在眼里。鲁哀公十四年(公元前481年),早有篡齐野心的田成子杀了齐简公,另立了简公的弟弟姜骜(齐平公)为君,自为相,独揽大权,横行朝野。

臣弑君,以下犯上,这在当时是一件非常重大的事情,马上便引来了诸国的种种议论。此时的田成子也感觉篡位时机尚不成熟,就对内稳定人心、争取民意,对外大力修好与各诸侯国的关系,主动退还了侵占的鲁、卫两国的土地,同时讨好晋、楚两国,并联络魏、赵、韩、吴、越国等,暂时将齐国安稳下来。又过了一百余年,他的子孙田和终于获得了周王的认可,取代姜姓,成为齐国国君。从此田氏齐国走上历史舞台,成为战国七雄之一。这是后话。齐国跟鲁国是邻国,又是同盟国,邻国发生严重的僭礼事件,齐君被杀,同属于周天子诸侯的鲁国按理讲绝对不能袖手旁观。作为国老的孔子听说后,马上沐浴,上朝向鲁哀公建议发兵讨伐陈恒,维护礼法,以正视听。然而,胆小自私的鲁哀公却以兵权在三桓为由拒绝了孔子,让他去找三桓说去。孔子无奈找到了三桓。当时的三桓中数季氏权大兵多,他若想出兵,其他两家自然也不能反对,可是季氏从自身利益考虑,同样拒绝了孔子的建议。一个皮球在国君和三桓间踢来踢去,孔子只有无奈地叹息。晚年的孔子精心设计的又一件大事就此破灭,也预示着孔子的政治理想彻底失败。

君子喻于义,小人喻于利,是君子便可杀身成仁,若小人定然会为自己考虑。三人可以兴邦,三人也可以毁国。历史是无情的,孔子是无奈的。

14.22

子路问事君。子曰:"勿欺也,而犯之。"

【译文】

子路问怎样事奉君主。孔子说:"不能欺骗他,但可以犯颜直谏。"

【要解】

如果为君者有错,下面为臣者应该怎么做?孔子在此告诉子路,要忠,不欺,有时也可犯颜直谏。否则也是不忠,不忠就会欺骗,欺骗就是违礼,不合道义。《弟子规》讲:"亲有过,谏使更,怡吾色,柔吾声。"劝谏上位者既要坚持原则,又要注意方式、讲究艺术。如果纵容国君做错误的事,那更是陷国君于不义。《道玄篇》第11章讲道:"君无臣不举,臣无君不主。君臣同心,天下莫能取。"孔子是明白事理的人,认为劝谏君王要尽心、尽力、尽情,做到了这三点,就无愧于本心了。

能做到这样的人很少,大部分为臣者不是智慧不够,就是脾气太直、出口太无礼,导致国君的不满。还有的是替自身考虑太多,不敢、不愿前去相劝。当然,面对的国君还应该是明君,能分辨正误,善于纳谏。否则,也会落得如比干、伍子胥、李纲一样的下场。世上难遇邹忌与齐威王、晏子和齐景公、唐太宗和魏征之君臣,而大都是鲁哀公、杨广、崇祯这样的人,更少有一鸣惊人、叔向贺贫、海瑞抬棺进劝之事例发生。

伴君如伴虎,一片丹心照汗青,能流芳千古者,往往得付出巨大的代价甚至性命,如触龙、茅焦、古弼、杨涟那样的幸运者实属寥寥。孔子对国和君的忠诚是无与伦比的,他的仁心丰厚,一心维护天地正道,寻觅至高仁德,所以,他认为,为臣者应该认清对象,坚定原则,把持住心中信念去犯颜直上。至于使用何种方法,最后效果如何,那就另当别论了。

14.23

子曰:"君子上达,小人下达。"

【译文】

孔子说:"君子向上通达(仁义),小人向下通达(财利)。"

【要解】

对本章中"上达""下达"的解释有多种,如果换一角度,此章还可以这样透彻地理解:达者,知晓事物的根本也。君子与小人因心性开放程度不一而有上下之分,追求也因之而不同,重要的是需知道什么是根本,什么是枝末。《大学》里面讲:"物有本末,事有终始,知所先后,则近道矣。"万物都有一个本、一个末,人也是这样。根本是什么?就是我们的本心、真性。《大学》里亦说:"自天子以至于庶人,壹是皆以修身为本。"自己的心性也是宇宙万物之本,眼前的万物都是由此而变现出来,它也言之谓道,也就是老子所言的万物之最为原始起源。能把心修好了,身也就修好了,家也齐了,国也治了,天下也平了，宇宙万物也就都和谐了。心造万物，境随心转，知道了本末，万物之理也就明达了。

君子就是首先能懂得道性之人，故而能不断修养自性而日渐上达；而小人却难懂道之本来，眼见万相就是万相，囿于事物外在，不知不觉而下达。而上和下的区别就在于能否明白自己的那颗真心本性。明白了，自然会生出仁义礼智之念，进而淡泊功名，大公无私，刚正不阿，一心为民，否则便只会顾及眼前的名利财富，汲汲又戚戚，越来越向下而流。

14.24

子曰："古之学者为己，今之学者为人。"

【译文】

孔子说："古代的人学习是为了提高自己的心性，现在的人学习是为了给别人看。"

【要解】

西汉儒学大家、孔子嫡系子孙孔安国解释为："为己，履而行之。为人，徒能言之。"即古时的学者将其所学拿来自己实行，为修养而学；今天的学者只将所学拿来炫示于人。孔先生将古之学者"为己"之"己"理解为"自己"，似乎仍没有解透它的本质。

我们讲过，"己"就是指生命的那颗本心，也就是宇宙之道心、太极之初、万物之本来、佛家里的佛心、基督里的圣灵。在孔儒这里用一个"己"来表示，这是最为生活化、人性化的表达，也最为通俗易懂。换句话说，"己"就是真我。对照《心经》来解，"己"就是空，"人"就是色，空色不二，它们本来是一体两面，不可分离，可是世人却恰恰将它们分离开来进行各自的解读。

明白了此理，本章可以有两种解读。一种是古代求学者是为了明达本性，今天的求学者是为了知晓他人或眼前的事物。这是两种不同格局的人。另一种是认为这两句互文：古时学者把为己与利人结合起来，今天的学者只为自己一人。前者既求天地真理，万物之道，自我本性，也求为他人利益，为天下幸福，这样的学者才可以渐次和天地相合，达到至高境界。正如孔子所言的成人成己，达己达人，诚心正义，修齐治平，这和上一章讲的理也是一致的、相关的。

可惜的是这一道理越来越不被人理解,真理变成了人理或事理,道心不再,佛性模糊,圣灵丢失,难得再有行天地之仁德者,这也才有无明,六识混乱,颠倒梦想,因色、声、香、味、触、法皆生于心,最后的结果必然是无智亦无得。

14.25

蘧(qú)伯玉使人于孔子。孔子与之坐而问焉,曰:"夫子何为?"对曰:"夫子欲寡其过而未能也。"使者出。子曰:"使乎!使乎!"

【译文】

蘧伯玉派使者去拜访孔子。孔子让使者坐下,然后问道:"先生最近在做什么?"使者回答说:"先生想要减少自己的过错,但未能做到。"使者走了以后,孔子说:"好一位使者啊,好一位使者啊!"

【要解】

蘧伯玉是卫国的大夫,名瑗,是位年逾百岁的老寿星。蘧姓在卫国已是名门望族,整个家族可谓俊贤荟萃,其中杰出的女性就有子贡的母亲。从这一关系看,蘧伯玉还是子贡的先祖。他自幼聪明过人,饱读经书,能言善辩,外宽内直,生性忠恕,虔诚坦荡,侍奉过献公、殇公、灵公三代国君。相传他"年五十而知四十九年非",是一个求进甚切并善于改过的贤大夫。蘧伯玉与孔子一生算是挚友,两人在分别仕于鲁和卫时就互派使者致问,无事不谈,无知不说,可谓孔子一生少有的知己之一。更主要的是蘧伯玉的政治主张、言行、情操对儒家学说的形成也产生了重大影响,他的言行和儒家学说的基本思想相合,为以后儒家学派的最终确立奠定了坚实的基础。孔子曾称赞他是真正的君子。

孔子在本章中透露出两个重要信息:一是通过使者说明蘧伯玉时时在"寡其过而未能","寡"就是减少的意思;二是孔子称赞这位使者聪明,会讲话,很称职,有德行,实际上是夸赞蘧伯玉非常会用人,借此赞叹对方在治理卫国方面表现出来的才干和胸怀。

圣贤是修来的,少有生而便是者,如老子、六祖惠能那样的大德,真的是世间少有。人生得一知己足矣,处于动荡、动乱、颠沛、失望之中的孔子能有这么一位同道知己,真的是三生有幸呀!孔子真的是太寂寞了!

14.26

子曰："不在其位，不谋其政。"曾子曰："君子思不出其位。"

【译文】

孔子说："不在那个职位，就不要考虑那个职位上的事情。"曾子说："君子考虑问题，从来不超出自己的职位范围。"

【要解】

本章是讲正名的，"不在其位，不谋其政"，这是被人们广为传说的一句名言，也是孔子对弟子们为官从政的忠告。他要求为官者各负其责，各司其职，脚踏实地，做好本职分内的事情。继承孔学衣钵之曾子在此又补充了一句，君子之思是不会超出自己权职范围的。此语出自《周易》艮卦的象辞，曾子引来证明并解释夫子的观点。

《道玄篇》第9章说道："天覆于上，地载于下，万物生其中。圣人正位，以安天下。居其大者任其大，居其小者任其小。"由是引出一个关键概念："位"。其实这又回到君臣父子这一人伦道德理论范畴上来了。如上文讲到的孔子劝鲁出兵卫国一事，在两方都不同意出兵的情况下，他也只能是默默以退，恪守一位乡野老人的本分。所谓谋事在人，成事在天，一切都是定数，自己也尽了本分，其余的便由它去吧！

此句还有另一高解：君子之思不出其位，是指不应该超越思维与心念该思之界线，此"位"即指心之位，心之所在。就是一心不乱，想什么就是什么，不把杂七杂八的内容搅和在一起胡思乱想。一旦越位，便会受外在诸相的影响而杂乱无序，干扰心性的明亮开发。《大学》里讲："知止而后有定，定而后能静，静而后能安，安而后能虑，虑而后能得。"此"定"便有定位之意，定心之说。心定一切定，心乱万物乱。定心就是最好的定位修身，这也是君子应该做到的。

《中庸》里讲："君子素其位而行，不愿乎其外。素富贵，行乎富贵；素贫贱，行乎贫贱；素夷狄，行乎夷狄；素患难，行乎患难。君子无入而不自得焉！"世间万象，你将定哪里？欲行哪里？这个选择很是艰难。唯有入于一心，返自本我，不攀外缘，方可自得。故而不在其"位"，便不要乱心去谋，谋也白谋。

14.27

子曰："君子耻其言而过其行。"

【译文】

孔子说:"君子认为说得多而做得少是可耻的。"

【要解】

此章还有几种不同的解读方式:君子以夸夸其谈为耻,行动中总是力求做得更好;君子以言过其实为耻;君子以说得多、做得少为耻。三种虽有不同,却大同小异,最佳的解读是三种意思都有。这也许是古文比现代文在内涵和表达方面具有的优越性吧,一词多性,一句几意,这也是古文言的常态,我们没必要太纠结。

在本篇20章里,孔子说过:"其言之不怍,则为之也难。"其意和本章基本相同。就是告诉我们要常有惭愧心,时生忏悔心,不要追求空谈,不可言过其实,要说到做到。否则,就是以空言求名得利,搅扰世人,同时也败坏了自己的心性,会越来越无耻。那些自我吹嘘者、贪图虚名者、洋洋自得者、不懂得修养自身者或图谋不轨者会有如此行径。他们往往为了达到一己之目的阴谋奸诈,博得他人的赞同或夸诩。

按佛理讲,言过其行即是妄语,妄语即是犯戒。五戒跟儒家讲的五常是异曲同工。不杀生是修仁德,不偷盗是修仁义,不邪淫是修礼治,不妄语是修诚信,不饮酒是修智慧。欲成就君子,五戒都需持,不可有一丝的闪失。否则就是破戒,就会产生无尽恶业而令种种陋习无法改正,所谓的成事立业及修行也就都成一堆空话了。

《道玄篇·假言章》说:"圣人假言以显道,言言无方。贤人执言以论道,言言有象。是故无方之言,意在画先。有象之言,意在画后。若贤人能离形弃智,存神抱中,居有象而不执,亦圣人也。"这是修行之真言,欲为君子,不得不如此而为。

14.28

子曰:"君子道者三,我无能焉:仁者不忧,知者不惑,勇者不惧。"子贡曰:"夫子自道也。"

【译文】

孔子说:"君子之道有三个方面,我未能做到:有仁德的人不忧愁,聪明的人不迷惑,勇敢的人不畏惧。"子贡说:"这正是老师的自我表述啊!"

【要解】

此话实在。解读《论语》至此已过大半,孔子之人之心也基本跃出。夫子真的是一位仁者圣者,特别是处于正道被毁、正义被减、仁德无法或无人来实践的现实时,那种苦思百忧之情——现于眼前,这实是因为夫子内心深处隐藏的仁德之爱、天下之思呀!孔子太苦、太悲、太无奈了。相对于道家而言,不是孔子不知道远避世尘、独自修身,而是现实不允许他退避世尘,他也不愿清静自安。他不能一走了之,把天下众生丢下不管。而一旦要管,就必须讲究一定的智慧与方法,就必须委曲求全,以待时机,这便给老夫子增添了无限的烦忧。

再从当时现实角度讲,根本看不到新的曙光升起、合道的君王上位、无数正人君子纷纷出现,满世界小人往来、追名逐利。从设教授徒开始,到身居鲁国上位,堕三都大业失败,再到离国出走、飘游四方,再到无人赏识、诸君冷落,再到迟迈老暮、孤灯修经、遗世独立,这需要多大的毅力和耐心呀!孔子的一生真的悲苦异常,无与伦比。

纵观夫子一生,他绝对是大仁、大智、大勇者。所谓的"我无能"是他的谦虚。子贡所言的"夫子自道也"是对老师在这三方面品格的肯定。夫子真的有忧、惑、惧之情,但那缘于他对自己更高的要求,他所谓的忧、惑、惧的内容和我们世人理解的不一样,已远远超越了世人的忧、惑、惧之情思。仁就是本真的显现,智就是般若觉悟,勇就是彻底解脱。就是为天下得仁,为众生离苦,为正道盛行,也就是至自觉、觉他、觉行三觉圆满之境。

三种德行一分为三、三合为一,它们不是三个不同的东西,不是孤立分开的。如果一德真正达到了,三者便都达到了。

14.29

子贡方人。子曰:"赐也贤乎哉?夫我则不暇。"

【译文】

子贡评论别人的短处。孔子说:"赐啊,你真的就那么贤良吗?我可没闲工夫去评论别人。"

【要解】

"方人"指评论、诽谤别人。子贡出身高贵,有钱、有才又有名望,故而最大的毛病就是经常爱指点、评论他人。对此,老师明确地对他进行了批评。人为什么喜欢指点评论他人?因为他还有分别心,是站在一定角度看待眼前的人事,故有好坏的标准,有自我,有我执和我慢,自以为是,经常会按照自我的标准去评判他人,也就自然会陷入二元对立的思维境地而有好恶之感,往往越是聪明的人这方面的毛病越是严重。老师一语中的,指出了这位大弟子身上的这一问题:你真的就那么贤良吗?身上就没有一点毛病?有什么资格去说别人呢?

讲一个故事,一天,子贡骑着高头大马去看曾子,曾子家里非常贫困,却非常喜悦地接待子贡。当子贡看到同学虽处于这样的境遇却无一丝的忧戚,自愧地转身走了。能证得圆满境界的人是根本不会有什么贫富之忧的。经常指点、议论他人的人往往是品格不高者、修养还欠缺者。如果经常看到他人不对,认为周围没一个好人,那肯定是自己不对,是自己的心不对不正出现的结果。假如你看所有人都是圣人,你也基本快成圣人了。心正的人看什么都是好的、对的,在佛菩萨眼里没有一个恶人。道是由阴阳二者组合而成,一旦真的达到了道的境界,便不再有阴阳,不再有对错,孔子就是这样的人。

当然,子贡的这种情况和老师经常谈论他人是两码事。老师是教导学生提高认识问题的能力,心底没有什么喜恶,而子贡却是从心中发出的片面甚至是错误的话语,两者的发心不一,结果自然也不会相同。

14.30
子曰:"不患人之不己知,患其不能也。"

【译文】
孔子说:"不怕别人不了解自己,只怕自己没有能力。"

【要解】
传统上把这里的"己"理解为"自己",完全说得通。但是,我们进一步探究,此"己"是否还可以理解为生命的本真?那么,这里的"不己知"就是不知道自己的本性,"患其不能"是指担心做不到本真的自己,即仁、智、勇几方面还没有抵达至纯之境,还需不断努力。所以,这一章我们译为:孔子说,"不怕世人不知道本真之我,怕的是我们自己做不到本真"。

这几章在内容上是紧密连贯的,我们须放在一起理解。老子《道德经》中云:"知人者智,自知者明。胜人者有力,自胜者强。知足者富,强行者有志。不失其所者久,死而不亡者寿。"如何自知?需得自胜;如何自胜?必须强行;如何强行?不失其所。所谓"不失其所"就是不能离开仁德之心本该在的地方,这是对孔子"患其不能"的最好解释。《道玄篇·德章》里也说"圣人在上位,不自大,不自贵,不自明,不自矜,此所以虚己待人也。是故不自大,以从天下之众也。不自贵,计以礼天下之贤也。不自明,以尽天下之见也。不自矜,以赏天下之功也。此所以谦德于己,而后发用施诸人。而天下之人,无不尊之矣"。世人皆求本事,唯圣人只要本性。本性得到了,那些细末小术还用得着去求吗?这个道理一定要知道。否则,人生的真正意义就难以明白。

14.31

子曰:"不逆诈,不亿不信,抑亦先觉者,是贤乎!"

【译文】

孔子说:"不预先怀疑别人欺诈,也不猜测别人不诚实,然而能事先觉察别人的欺诈和不诚实,这就是贤人了。"

【要解】

"逆":迎,预先猜测。"亿":同"臆",猜测的意思。上面讲过,孔子不让我们以分别心去看待事物,不让我们随意议论他人。鼓励提高自己的内心纯洁度,让本性大放光明,到那时自然会有种种智慧出现。

孔子这里所说的正是这一神力,心的能量是非常大的,你有什么样的心就会吸引来什么样的人与事,自然也会有什么样的心与你相呼应,这就是以心映心,以心知心。心真正放平了,他人有什么样的心,就会如一面镜子一样真实地反映出来。所以,不能以一颗杂乱心去随意猜测他人,不能先存有不良之心去验证他人的心也是不良的。孔子让我们不着相,要凭真正的智慧去感受他人的心灵。神秀说过,"身是菩提树,心如明镜台",心明如镜,任何细微的尘埃都会一一显现。一旦心乱了,如浊水一般翻动,自然什么也看不出来。

王阳明为什么能以一支人数寡少的乌合之众打败宁王庞大的精兵强将?为什么面对再厉害的盗贼,都可转眼平息?一介书生哪来如此高超的军事指挥能力?就是凭借他在龙场悟得的道性。道性是纯明的,能映现无量之智慧,稍加应用就可知晓他人的心。《中庸》里面有一句话说"至诚之道,可以前知。"什么是至诚？就是内心没有妄想、没有分别、没有担忧。"智人除心不除境,愚人除境不除心",贤愚因此而有分别。

14.32

微生亩谓孔子曰："丘何为是栖栖者与？无乃为佞乎？"孔子曰："非敢为佞也,疾固也。"

【译文】

微生亩对孔子说："孔丘,你为什么这样四处奔波游说呢？你不就是要显示自己的口才和花言巧语吗？"孔子说："我不是敢于花言巧语,只是感慨那些顽固不化的人。"

【要解】

"栖栖"：忙碌不安的样子。"固"：固执。微生亩是孔子家乡的长者,年龄比孔子大,所以可以直呼孔子之名。孔子周游列国十四年,到处游说有关君王、大夫,却屡遭冷遇,无一成就,在好多人眼里便定是有所求。再加孔子出众的口才,过人的智慧,便度君子之量的小腹之人嘲讽夫子了。

什么是"固"？眼前这位长辈便是,凭借自己多活了几年,便居高临下随意指责圣人孔子,直呼其名。他认为,世上的人不都是要求财与名吗？当初这位穷小子转眼成了文化名人了,他有什么可值得尊重的呢？孔子面对的、需要教化的正是这样的人。孔子能不委屈吗？但是圣人毕竟是圣人,没有发火,只是平静地回答对方:我只是感慨那些顽固不化的人。"疾"通常译为"痛恨",我们感觉有点过分,圣人不会如我们一样心生恨意、气愤如仇敌的。

世人难度度世人,不念小人尽小人。不由得想起文天祥的《过零丁洋》,全诗之境真的如此时的孔子："辛苦遭逢起一经,干戈寥落四周星。山河破碎风飘絮,身世浮沉雨打萍。惶恐滩头说惶恐,零丁洋里叹零丁。人生自古谁无死,留取丹心照汗青。"又想起这么两句诗来："洛阳亲友如相问,一片冰心在玉壶。"王阳明临终前,弟子们问他还有何安顿的？他平静回答："此心光明,亦复何言？"如果今日仍然有"乡人"指着孔子的《论语》发问："孔子一世劳苦若此,获何尔？"我们又该如何回应呢？

14.33

子曰："骥不称其力,称其德也。"

【译文】

孔子说:"千里马值得称赞的不是它的气力,而是它的品德。"

【要解】

此章主要是针对上一章以乡人为代表的世人对自己不解、不明、不懂而引发出的无限感慨。这匹本可以日行千里、跋山涉水、扬鬃奋蹄,如电似火般奔驰不息于天下的千里马,却被无眼的主人穷困于三尺槽枥,日食以陈粟旧豆。此不就是夫子的现实写照?能遇此境,是食马者不知其能千里,抑或是大千世间,茫茫中原,真无一位伯乐能睁开那双慧眼,识得这匹世间罕见的千里良驹?他本可以将天地正道传播于天下,救万民于水火,净心灵于名利,拔本性于红尘的,可是却落得个"策之不以其道,食之不能尽其材,鸣之而不能通其意"之结果,这让夫子无言泪下。

一个没有英雄诞生的民族是可悲的,诞生了英雄却不识的民族更是可悲。生于春秋、长于战乱、成于颠沛之中的一代圣人眼看着时光已逝,年华已老,天地间却仍无一丝仁德之曙光出现,眼前依旧茫茫漆黑一片,圣人之心何以堪哉?

是因为自己这匹千里马本性不良吗?仁德之心满满的孔子,大爱于世,无以言表。是因为日行千里的自己惊扰了主人们安睡的酣梦吗?孔子之愿和诸国君之求不是有好多一致处吗?强国富民,仁爱世间,不就是诸君王之愿吗?还是这匹骏马才华不够,承担不起主人赋予的重任?什么也不是,儒家讲仁,讲义,讲礼仪修身、纯洁本性,而当时是纷争不断、尔虞我诈之时,贪欲渐兴之世,此与孔学主旨格格不入。孔子是行仁道、树正德、视万民如父母之君子,而诸君王却是要土地、享歌舞、重犬马之世俗小人,双方的"三观"根本不合套,这匹千里马又岂能被重用?

世遇千里良驹死,岂抵君王一世欢。万古长夜路漫漫,天赐木铎空响鸣。

14.34

或曰:"以德报怨,何如?"子曰:"何以报德?以直报怨,以德报德。"

【译文】

有人说:"用恩德来报答怨恨怎么样?"孔子说:"用什么来报答恩德呢?

应该是用正直来报答怨恨,用恩德来报答恩德。"

【要解】

纵观世间的恩怨相报无非三种:以怨报怨、以直报怨、以德报怨。佛道和基督均提倡以德报怨:"为无为,事无事,味无味。大小多少,报怨以德。"(《道德经》63章)"凡事包容,凡事相信,凡事盼望,凡事忍耐。"(《哥林多前书》13章)这是至高的道德境界,可惜世人做不到,也不明白为何要甘愿受辱。以德报德,这是平等交换,面对他人施予的恩德,我们必须同样以真诚的恩德回报。如何面对别人的无德?有人说,打回去,以眼还眼,以牙还牙。孔子却赶忙阻止:不,这是小人所为,是无德所为。君子以和而存,不与小人一般见识,野狗咬了你一口,难道你也回咬野狗一口?最好的做法是以直报怨,以此来回敬对方的无礼、无德、无情,维护正义公道。

公平正直是孔子做人做事的最低标准,换个词也就是中庸之道,无过无不及。假如不回敬对方的不公,便可能放纵罪恶邪行。如果用武力回敬,那会加重社会的纷争,会引起更多的血腥暴力。最好是公正、行中道。具体来讲,比如别人打了你的脸,你诉诸法律,该罚款罚款,该拘押拘押,需赔偿赔偿,按天地正道惩罚他即可。

以德报怨凡人做不到,退而求其次,孔子提出了以直报怨,凡生稍加努力还是可以做到的,这为世间大众又开辟了一条通往仁德之重要路径。我们千万不能以此来认定孔子不如佛、道、基督等纯粹高尚。孔子面对的大多是芸芸众生,主要讲的是世间法,作为一位伟大教育家的他,知道如何教化这些乡野之民、世俗众生。

14.35

子曰:"莫我知也夫!"子贡曰:"何为其莫知子也?"子曰:"不怨天,不尤人,下学而上达。知我者其天乎!"

【译文】

孔子说:"没有人了解我啊!"子贡说:"怎么能说没有人了解您呢?"孔子说:"我不埋怨天,也不责备他人,从反己自修学起而上达天命。了解我的只有天吧!"

【要解】

"尤":责怪、怨恨。前面刚刚谈到孔子的孤独,这一章便自然出现了孔子内心独白:没有人了解我呀!整天围绕在他周围的子贡却不明白了,不是有这么多尊重您的弟子吗?不是还有如蘧伯玉这样的大夫吗?不是还有一些国君不时地向您请教政务吗?即使出现几个如微生亩这样的乡人,那也是正常的,怎么能说没有人了解老师您呢?孔子思虑的是整个天下的仁德礼仪,不是自己一人的名望利益,而子贡的心境却没有这么宽广,不能走进老师的内心深处,故而孔子叹息道:只有苍天了解自己吧!

孔子为何还要说不怨天尤人,下学上达这两句呢?这是孔子概括说明自己一生的行为表现,从中也可以看出孔子的人格道德。这两句的意思是说自己一生周游列国几十年,屡遭冷落,无情被拒,一事无成,但自己又问心无愧,从没有懈怠,更没有埋怨痛斥过天地,也没有指责抱怨过任何人,心念天下,不忘明圣,继承正统,惟精惟一,允执厥中,为什么得不到世间的一点回应呢?左思右想,无法解释眼前的现实,便回念到天地正道中来,看来只有上天知道这一切,能理解自己所想所行吧!

这一章是孔子对自己人生品格的总结,也是对自我的一点安慰,这也是孔子内心世界真实的表露,从而更可以看出他的遗世独立,卓尔不群,寂寞忧苦。但孔子毕竟是明心见性的人,懂得因果,自愿承天命而努力修养。孔子还在路上,只不过这条人间正道无边无际,孔子走得太难太艰辛了,前后望望,漫漫地平线上空寂无人,一个落寞的背影渐渐消失在淡淡的残阳里,与天地融合于尽……

踽踽再伏首,漫漫更天地。彼岸何处在?驱我瘦马蹄。

14.36

公伯寮(liáo)愬子路于季孙。子服景伯以告,曰:"夫子固有惑志于公伯寮,吾力犹能肆诸市朝。"子曰:"道之将行也与,命也;道之将废也与,命也。公伯寮其如命何!"

【译文】

公伯寮向季孙告发子路。子服景伯把这件事告诉给孔子,并且说:"季孙氏已经被公伯寮迷惑了,我有力量能够把公伯寮杀了,陈尸于市。"孔子说:"道能够得到推行是天命决定的;道不能得到推行也是天命决定的。公伯寮能把天命怎么样呢?"

【要解】

"公伯寮"：据说是孔子的学生,曾任季氏的家臣。"愬"：同"诉",告发,诽谤。"子服景伯"：鲁国大夫,姓子服名何,字伯,景是他的谥号。"肆诸市朝"：古时处死罪人后陈尸示众。公伯寮跟子路同在季氏家做家臣,不知因何事公伯寮向主人进谗言毁谤告发子路。另一大夫子服景伯把此事告诉了孔子,并且说自己有能力替子路辩护,还子路一个公道,甚至还可以以诬告罪把公伯寮治罪杀掉。而孔子却很坦然地否定说：天道是公道的,一切按照它的安排走吧。自己亲爱的弟子无辜蒙难,孔子的态度是宽容又正直。首先不要去杀对方,因为这是不仁道的；其次自己相信子路行事是合于天道的,自然会有水落石出的时候；再者,如果对方真的是诬蔑,那自然有法律惩处,我们没必要对他怨恨。这也恰恰印证了在前文里讲过的"以直报怨"。

"善恶终有报,天道好轮回。不信抬头看,苍天饶过谁。"如果不昧因果,一旦遇事不顺时,就不会怨恨顿起、呼天抢地、悲痛欲绝,或指天骂地,执着不放。假若通彻了天地之理,那就可以知晓一切的根由与过往,到那时,你的心境就一尘不染了。人与佛、道的区别就在这里,心性的明暗影响眼界,眼界决定胸襟,胸襟支配行为。

本章孔子再一次谈到天命思想。他认为仁道能否推行,在天命而不全在人为,即所谓"谋事在人,成事在天"。孔子所言的天命不是迷信,而是要遵循天道行事。

14.37

子曰："贤者辟世,其次辟地,其次辟色,其次辟言。"子曰："作者七人矣。"

【译文】

孔子说："贤人逃避动荡的社会而隐居,次一等的逃避到另外一个地方去,再次一点的逃避别人难看的脸色,再次一点的回避别人难听的话。"孔子又说："这样做的已经有七个人了。"

【要解】

本章孔子讲了为人处世的道理,教导学生要根据不同境遇、不同对象、不同场合而采取不同的态度与行为,也告诉我们身居逆境时应该如何做。本章还可以这样理解:贤者避世,君子避地,善人避色,好人避言。逐层递减,与各自相对应的境遇同步同行。环境造就人,人改变环境,两者是相辅相成的。贤者就是有智慧与德行者,如果身遇乱世,那他会选择一时的退位,安然保身。次一等的人则是避地,如果隐居不成,那就远走他乡,选择良好的国家或地区居住,服务贤明的君主。"危邦不入,乱邦不居",哪里适合自己便到哪里生活,天下只有困死的山,而没有困死的水。再次一等的避言,即听到君主讲的话很不妥当,或三观不合,不能再继续相谈下去了,马上转换话题,避开难听的言论,这也是一种智慧。那么,圣人避什么?我们以理推断,圣人是什么也不避的,一定有所回避,他就不是圣人了。圣人是有担当者,有道义者,为天下负责,他无法回避,更无法推脱,只有肩负重荷,奋力前行。

七人者即伯夷、叔齐、虞仲、夷逸、朱张、柳下惠、少连。另有一说法为:长沮、桀溺、荷蓧丈人、晨门、荷蒉、仪封人、楚狂接舆。我们从后者。后七者皆是和孔子同一时代之贤者,均在《论语》里出现过,孔子对他们十分敬佩。他们中有些人也劝过孔子避开、放弃,但孔子却不为所动,一直坚守着自己的信念到生命的终了。

14.38

子路宿于石门。晨门曰:"奚自?"子路曰:"自孔氏。"曰:"是知其不可而为之者与?"

【译文】

子路夜里住在石门,看门的人问:"从哪里来?"子路说:"从孔子那里来。"看门的人说:"是那个明知做不到却还要去做的人吗?"

【要解】

"石门":地名,鲁国都城的外门。"晨门":早上看守城门的人。本章谈到一位看门人,也是一位隐者,对孔子所行所为也十分了解,话语中充满十分的敬佩。钱穆先生说:"知其不可为而为,正是一种知命之学。……道之行不行属命,而人之无行而不可不于道亦是命。孔子下学上达,下学,即行道。上达,斯知命矣。然晨门一言而圣心一生若揭,封人一言(《论语·八佾》)而天心千古不爽,斯其知皆不可及。"(《论语新解》)这是对孔子及门人、封人最好的回答与注解。

"君子之仕也,行其义也。道之不行,已知之矣。"这就是孔子的君子本分,无人能够撼动。正如曾子所说:"仁以为己任,不亦重乎?死而后已,不亦远乎?"仁者孔子的伟大精神必将光耀千古。鲁迅先生说过这么一段话:"我们自古以来,就有埋头苦干的人……虽是等于为帝王将相作家谱的所谓'正史',也往往掩不住他们的光耀,这就是中国的脊梁。"孔子就是这些中华无数脊梁的开创者,他开创了一条不可为而为之历史先河。

上一章讲到"四避",而作为圣人的孔子什么也不避。那七人是贤者,孔子是比贤者更高的圣者。自古圣者有四种情形:一种是知其可为而为者,如伊尹、周公之类;一种是知其可为而不为者,巢许之类是也;再一种是知其不可为而不为者,如伯夷、柳下惠等;最后是知其不可为而为之者,孔子是也。门人清楚这四者,故而如此评价孔子,孔子伟大崇高之境界由是而出。

14.39

子击磬于卫,有荷蒉(kuì)而过孔氏之门者,曰:"有心哉,击磬(qìng)乎!"既而曰:"鄙哉!硁硁(kēng)乎!莫己知也,斯己而已矣。深则厉,浅则揭。"子曰:"果哉!末之难矣。"

【译文】

在卫国的孔子正在敲击磬,有一位背扛草筐的人从门前走过,说:"这个击磬的人有心思啊!"一会儿又说:"声音硁硁的,真固执呀,既然没有人了解自己,那就做好自己就行了。正如涉水过河一样,水深就穿着衣服蹚过去,水浅就撩起衣服蹚过去。"孔子说:"说得真对,可是放弃它却很难呀!"

【要解】

"磬":一种打击乐器的名称。"荷蒉":荷,肩扛。蒉,草筐,肩背着草筐。"硁硁":击磬的声音。"深则厉":水深则穿着衣服涉水过河。"浅则揭":水浅则提起衣襟涉水过河。"深则厉,浅则揭"是《诗经·邶风·匏有苦叶》的诗句。孔子在卫国遇到一位隐居的高人,从击磬中听出孔子内心的不平,就劝夫子:明智一点来当隐士吧,别管他们那些事了,正如过河一样,要根据不同情况采取不同的方法,灵活处理才是明智者。孔子虽然认为对方说得正确,却并不想改变自己的信仰,而是表示将坚定不移坚持到底。

这一章的内容还是紧接上面所说,借隐士的话来表明自己心志。孔子明知道在当时的乱世自己完全可以做一个不管世事的隐士,放弃自己的仁德理想,隐居山林或闹市,过着自由自在的生活,弹琴唱歌,沐春风,舞雩台,日出而作,日落而息,多么适意悠闲。可是,这又是自己做不到的,他要明知不可为而为之。

水深为什么不提衣服而是把衣服垂下去直接过河呢?照一般情形应该是脱了衣服或找个桥什么的过呀。这是今人的思考,古时没有那么多的桥与过河工具,除了坐船再无他法。没有船怎么办?终究是个湿,就索性不顾衣服了,直接过去。它的寓意是世道不那么乱时,那还可以参与一点政事,世道太乱,就另当别论了。而孔子却做不到,圣人的心志就是与他人不一样。

14.40

子张曰:"《书》云:'高宗谅阴,三年不言。'何谓也?"子曰:"何必高宗?古之人皆然。君薨(hōng),百官总己以听于冢宰三年。"

【译文】

子张说:"《尚书》说:'高宗守丧,三年不谈政事。'这是什么意思?"孔子说:"不仅是高宗,古人都是这样。国君死了,朝廷百官都各管自己的职事,听命于冢宰三年。"

【要解】

"高宗":商王武宗。"谅阴":古时天子守丧之称。"冢宰":官名,相当于后世的宰相。史书记载,高宗是殷朝中兴的皇帝,名字叫武丁,就是很有名的武丁中兴之主。此人德行很高,是商朝难得的一位帝王。他的父王叫小乙,去世后,高宗就依古礼,守丧时在凶庐住了三年,其间他没有跟外人交谈过,等于是闭关。于是子张就问孔子,三年不上朝、不临政事,天下怎么办?子张这一问,问出古时一个礼制。也许会有人又问,如果冢宰滥用职权怎么办?倘若冢宰有此想法,下面还有众多正直的百官可以抵制其不正行为,国家的政务也就完全可以放心,不会因为某个人的不轨而影响整个天下。这是整个社会世代承传之风尚,而非一朝一时之时尚。

《孝经》里面讲,古圣先王用孝道治理天下,能使天下和顺,"民用和睦,上下无怨",这是先王的至德要道。从孝推展开来,通过五伦就能够做到十义。十义做到了,施于有政,天下也就好治理了。古圣贤们都清楚这个道理,心身乃家国、天下及万物之本,此不正一切不正,此正一切正。修心必先修孝,孝道修好了,心也基本纯正了,其他就容易多了。这就是孔儒要首提孝道的根本原因。

14.41

子曰:"上好礼,则民易使也。"

【译文】

孔子说:"在上位的人喜好礼仪,那么百姓就容易指使了。"

【要解】

此章继续讲礼仪。重点是针对国君的,即国君要起模范带头作用,这样一来,天下万民都会依顺而来,管理起来也就容易了,整个社会也就有序了。具体内容可参考《子路》第4章。

14.42

子路问君子。子曰:"修己以敬。"曰:"如斯而已乎?"曰:"修己以安人。"曰:"如斯而已乎?"曰:"修己以安百姓。修己以安百姓,尧舜其犹病诸。"

【译文】

子路问什么叫君子。孔子说:"修养自己,保持严肃恭敬的态度。"子路说:"这样就够了吗?"孔子说:"修养自己,使周围的人们安乐。"子路说:"这样就够了吗?"孔子说:"修养自己,使百姓都安乐。修养自己使百姓都安乐,尧舜也怕难以做到呢。"

【要解】

这一章又是师生问答,特别有趣。子路和孔子关系很不一般,问起正事来也与众不同,两人的性格情态毕现,读来令人忍俊不禁。

子路问的是如何才能成为君子,而且越来越上劲了,步步追问,层次较以前也有了大的提升。孔子还是照往常一样,简单明了四个字:"修己以敬。"就是好好修养自己,保持一种严肃的姿态。简单吗? 简单,子路再追问,孔子再答。看到子路好似还要问,孔子干脆对他点明了:"这一点就连尧舜都难以做到。"言外之意,行了,你别再问了,马上去做吧,前面那几点就够你修几年的了。

孔子这里谈到了君子之修的几个步骤,先是修己心,再是去安定周围的人,再便是去安乐天下的众生。说起来也真的简单,就这么几步就可以成为君子了。可是,理论与实践真的相差不只千里万里,更主要的是落实,去实践,去生活中修养,而不能只停留在口头上。当然,子路不是那种夸夸其谈者,他虽然不敏,但务实,不弄虚套,所以子路最后也成为一名令人无比钦佩的君子。面对敌人的无情刀剑,还不忘安然结好冠带,保持一个君子应有的形象,这是何等的君子行为?老师所教之敬,他真的做到了。

14.43

原壤夷俟(sì)。子曰:"幼而不孙弟,长而无述焉,老而不死,是为贼。"以杖叩其胫。

【译文】

原壤叉开双腿坐着等待孔子。孔子骂他:"年幼的时候不讲孝悌,长大了又没有可说的成就,老而不死,真是害人精。"说着,用手杖敲他的小腿。

【要解】

"原壤":鲁国人,孔子的旧友。跟夫子的思想大异其趣,但两人却是知交。"俟":等待。"孙弟":同"逊悌"。"夷"是一种坐的姿势,臀部坐在地上,两脚张开,膝盖弓起来,像一个畚箕,很难看,不符古礼,而且还是一位老人。再者,迎接客人应该到门口,他却坐在那里等候一代礼仪大师。再联想起他幼时的表现,一辈子也没个长进,所以孔子对其进行了严厉的痛骂:不但不能给年轻人做个表率,反而影响下一代成长,干扰周边人的礼仪修行。所以,孔子举杖便打。

仅凭此举看,孔子好似不是平常那个举止文雅、言行有礼的君子,而成了一位气急败坏、举止鲁莽之村翁。可是联系整章内容,我们反而看出了孔子可爱的另一面,这是一位非常真实的老头,在对待礼仪维护礼仪方面的恭敬态度,远远越过对待朋友的恭敬态度。

对本章还有一说法:原壤此人对礼法非常不屑,但品质不错,是一个怪诞另类,和晋朝时那些不守礼节的狂士一样。他在母亲去世后唱歌,众人让孔子断绝和他的往来,孔子却没有。眼下孔子前来拜访,他也故意没按常规礼节迎接夫子。孔子举杖打他,他不还手,骂他,不还口。为什么?谁也没想到,原来这两位老戏骨演的是一出滑稽双簧戏,正如郭德纲和于谦两人说相声,故意拿对方开涮,一正一反让世人看清了什么是真正的修行:礼仪仅是一种形式,更主要的还是内心品格的修养。如此一解,反倒把诸多的疑惑化除了,而且《论语》也有了更深一层的要义。一个"反派"人物的出现,让我们更加明白了修行的要义:去相存心。真是出乎意料,妙妙妙!原壤从此可以"平反昭雪"了。

14.44

阙党童子将命。或问之曰:"益者与?"子曰:"吾见其居于位也,见其与先生并行也。非求益者也,欲速成者也。"

【译文】

阙里的一个童子来向孔子传话。有人问孔子:"这是个求上进的孩子吗?"孔子说:"我看见他坐在成年人的位子上,又见他和长辈并肩而行,他不是要求上进的,只是个急于求成的人。"

【要解】

"阙党":即阙里,孔子住的地方。"将命":在宾主之间传言。"居于位":童子与长者同坐。一位少年能言会道,经常为众人传达一些话语,有时候还会对答一些礼仪修行方面的道理,就在众人面前获得了一些称赞。有人便问孔子,这位少年是不是很上进?孔子却指出他平时的一些不良做法,如年龄尚小却装模作样坐在成年人的位子上,有时还和长辈们并肩而行,看上去他很懂事,也较为成熟。但他根本不懂得礼仪,不是什么上进的人,只是个急功近利的小孩罢了。

透过外表看本质,心有什么行便是什么。一个孩子不按照自己应有的位置坐,行走时不把长辈放到眼里,硬要和他们同列并肩,这说明什么?首先他没有孝悌之心,不尊重长辈;其次是不懂礼仪,不知进退规则;再者是目无尊长,急于表现自己。连最基本的行站坐卧的规矩都做不好,怎么能算一个有上进心、求仁爱正道的人呢?也许有人会说,这正表现了孩子求学之心切,想时时和长辈们在一起,多聆听他们的教诲呀!笔者认为,修心必须先从孝悌修起,这是万法的基础,入门第一课,这一课学不好,一切都免谈。至于像原壤那样的狂徒异人,那是故意不守礼法,而不是不知道礼法。

过去民间有"三岁看小,七岁看老"一说,此说虽不尽然,也并非没有道理。一个孩子的内在品行没有习好,将来融入复杂的社会想有所成就便难了。让孩子从小学礼是对的,但不可揠苗助长,急于求成。生命是一天天长大的,不能为了成长而忘掉根本。这应该是此章给我们的启示。

卫灵公篇第十五

（凡 42 章）

本篇内容涉及孔子的"君子小人"观、教育思想、政治思想及其他方面的言行。

15.1
卫灵公问陈于孔子。孔子对曰："俎（zǔ）豆之事，则尝闻之矣；军旅之事，未之学也。"明日遂行。

【译文】
卫灵公向孔子问军队列阵之法。孔子回答说："祭祀礼仪方面的事情，我还听说过；用兵打仗的事，从来没有学过。"第二天，便离开了卫国。

【要解】
陈：同"阵"，军队作战时，布列的阵势。俎豆：古代盛食物的器皿，被用作祭祀时的礼器。当时卫国的国力并不强大，卫灵公好色又无道，到老年时，国家出现了一些危机。由于卫国和鲁国的关系亲密，孔子对卫国很有感情，也真想帮助卫灵公实施礼治、仁政，强大国家，但是卫灵公却想通过战争来使国家生存下来。所以，他少有地向孔子请教，却是有关如何布兵打仗。孔子失望地否定了。可见孔子遇到志向不同者便马上离开，做到了避地、避人、避言。古时，真正的圣者是从来不把战争当吉祥之器来对待的，不到万不得已，决不动用它。它代表着血腥、杀伐、死亡与毁灭，是生命最可怕的敌人，也是国家最大的罪恶。

本章讲述的是孔子对待礼治和战争的态度，强调的是主张仁政，反对战争。孔子一生很少言战争而竭力主张仁德，但他对战争其实特别精通，而且还培养出好些能征善战的弟子，如子路、冉有、樊迟等。虽然卫灵公对孔子很不错，也很尊重孔子，但是孔子却不是那种为了目标而没有原则、丧失人格、一味讨好巴结对方的人，他一点也不留恋这里的优厚待遇，即使明天再怎么艰难，该走就走，绝不迁就屈从。这就是孔子的倔强，也是儒者本有的尊贵。

15.2

在陈绝粮，从者病，莫能兴。子路愠（yùn）见曰："君子亦有穷乎？"子曰："君子固穷，小人穷斯滥矣。"

【译文】

孔子一行在陈国断了粮食，随从的人病得不能站立。子路很不高兴地来见孔子说："君子也有窘困的时候吗？"孔子说："君子虽然窘困，但还是固守着节操；小人一遇窘困就会胡作非为。"

【要解】

愠：怒，怨恨。固穷：固守窘困。据《孔子家语》记载，当时楚昭王聘请孔子到楚国去，孔子很高兴，信心十足地率弟子们前往。走到陈国和蔡国之间遇到了麻烦，陈、蔡两国的几个大夫派兵把孔子一行紧紧围困于一乡野偏僻处，绝粮七日，众人只能靠吃草根等充饥，又饿又病，形势很危险。最后还是孔子派能言善辩的子贡出去叫来了楚国救兵，解除了此次困厄。当时，子路对此非常不解，既然是君子，行的是正道的天命，焉能有如此艰难之事？天地不是在帮助我们吗？已经困饿到如此境地了，怎么还不见有人来帮助呀？就来向老师发问。老师便对他进行了认真的开导。主要意思是：仁德的人不一定会被人信任，自古便是这样，但真正的君子不会因为穷困而改变节操。

孟子也说过："天将降大任于是人也，必先苦其心志，劳其筋骨，饿其体肤，空乏其身，行拂乱其所为，所以动心忍性，曾益其所不能。"两位圣人的认识既有天命论，也有现实论，他们把天人紧紧相合于一起来看待现实，故而才有了如此坚定的志向、不移的品格，也更坚定了他们实施仁德、完成天赋使命之行。而世人则不然，只看到眼前之困境或利益，不能有顽强不屈的意志来应对这些困难，稍有挫折就丢了信仰，内心恐慌，怨天尤人。

15.3

子曰:"赐也,女以予为多学而识之者与?"对曰:"然,非与?"曰:"非也。予一以贯之。"

15.4

子曰:"由!知德者鲜矣。"

【译文】

孔子说:"赐啊!你以为我是学习得多了才记住的吗?"子贡答道:"是啊,难道不是这样吗?"孔子说:"不是的。我是用一个根本的东西把它们贯彻始终的。"

孔子说:"子路啊!懂得仁德的人太少了。"

【要解】

孔子对子贡说自己一生的学问与思想有一个核心"一以贯之",紧紧扣住它,才会有如此博学与智慧。然后又对子路感慨,懂得道德之人真的是太少了!言外之意是说:"子路,你真的不懂什么是德呀!"两位弟子,两种根器,两种说教,这是孔子因人而异、善于设教的表现。对子贡可以讲什么是"一",对子路只能感叹"知德者鲜矣"。

什么是贯于孔子心中之"一"?我们讲过,就是"人心惟危,道心惟微,惟精惟一,允执厥中"中的那个"一"。我们要专一纯粹,行一不二,诚意笃行中道,不弃不离。此"一"于《易》叫无极,在《道德经》曰道,在《圣经》是圣灵,在《论语》为仁,在《道玄篇》是天心,在佛经为佛性,是《心经》的"观自在菩萨",是《黄帝内经》的"恬淡虚无""精神内守",在民间又叫德,孟子别称为心,程朱命名为天理,阳明定义为良知,它们无大无小,无近无远,不生不灭,不增不减,不垢不净,如如不动,是人的天赋本性,清静无为,纯洁妙明,永存天地人间。它是天地万物之本,抓住了此本,便可提挈万物,统领三界。孔子将它归结于仁,具体分化为仁义礼智信,温良恭俭让。孔子就是以此为本,一以贯之,诚心正意,格物致知的。所以,孔子成为上承尧舜禹、文武周公,下启颜曾荀孟,和老、庄并行之五千年中华正统圣道之继承者。然而,懂得这一道理的人却太少了啦!

15.5

子曰:"无为而治者其舜也与?夫何为哉?恭己正南面而已矣。"

【译文】

孔子说:"能够无所作为而治理天下的人,大概只有舜吧?他做了些什么呢?只是庄严端正地坐在王位罢了。"

【要解】

孔子认为,一旦紧紧守固住了这个本真之心,那么,即便治理天下也成为一件非常轻松之事,所谓"治大国如烹小鲜"是也。舜等人端坐于朝堂之上,垂拱而治天下。为什么我们站于讲台却不能搞好教育,端坐于主席台上却不能管理好一个团体呢?因为我们没有得道,不知道什么是生命之本性,没有找到原本属于我们的良知,还没有把孟子所说的"四心"开发出来,所以,只能是整天辛勤忙碌,疲惫不堪,可到头来还是一无所获。

"圣人不仁,以百姓为刍狗",圣人以天下为贵,而不以自己为贵,所以他们非常容易得到天下,使天下平安。得与失本是一体两面,想得到这一面,就不可能不拥有那一面,此为无有无不有,无为无不为是也。孔子当时也没有一心想成就圣人之名,他只是时时处处为天下考虑而常常忘记了自己,然而无所得的孔子最后成了圣人。

15.6

子张问行。子曰:"言忠信,行笃敬,虽蛮貊(mò)之邦,行矣。言不忠信,行不笃敬,虽州里,行乎哉?立则见其参于前也,在舆则见其倚于衡也,夫然后行。"子张书诸绅。

【译文】

子张问如何才能使自己处处能行得通。孔子说:"说话要忠信,行事要笃敬,即使到了蛮貊地区也行得通。说话不忠信,行事不笃敬,即便在本乡本土又怎能行得通呢?站着就仿佛看到忠信笃敬这几个字显现在面前;坐车就好像看到这几个字写在车辕前的横木上,这样才能使自己到处行得通。"子张把这些话写在腰间大带上。

【要解】

行:通达的意思。蛮貊:蛮在南,貊在北。州里:指近处。参:列,显现。如何落实无有无不有呢?这一章孔子借子张问行,道出了具体的行为要求:"言忠信,行笃敬。"不管到了何时何处,都把它放到自己的眼前,好像能看到它似的，时时提醒自己，行事讲诚信，言行要笃敬。这样严格要求自己，不论办什么事都可以通达无碍，无人能阻挡。

　　孔子要求我们通过这两个行为标准来提醒自己，行站坐卧，心中一定要有正义正德，对待任何人事都不能违背良知，不可违背天地正道，要说话算数，办事谨慎，待人平和公正，长期坚持不懈，就可以成为他人心中的圣贤。这样一来，无论是身边的人，还是远方不认识的人，都会对你无比尊敬，这样也就可以做到无为而无不为了。所以说，德载万物，仁成万事。信奉不疑的子张把老师的警句认真地书写在腰间大带上，时时不忘，事事照为，这种求实之精神实是可赞。

15.7

　　子曰："直哉史鱼！邦有道，如矢；邦无道，如矢。君子哉蘧伯玉！邦有道，则仕；邦无道，则可卷而怀之。"

【译文】

　　孔子说："史鱼真正直啊！国家有道，他的言行像箭一样直；国家无道，他的言行也像箭一样直。蘧伯玉真是一位君子啊！国家有道就出来做官，国家无道就把自己的主张藏在心里。"

【要解】

　　如矢：矢，箭，形容其直。史鱼是卫国的大夫，名佗，字子鱼，也称史鳅，卫灵公时任祝史，负责卫国对社稷神的祭祀。卫灵公执政时荒淫无道，不重贤者。品格高尚的史鱼看在眼里，急在心上，便多次向卫灵公推荐有德有才的蘧伯玉，卫灵公却始终不采纳。后来，史鱼得了重病，去世前，嘱咐儿子把自己的尸体放在窗下。卫灵公前来吊丧，见到大臣史鱼的尸体竟然被放置在窗下，就责问史鱼的儿子。史鱼的儿子就将父亲生前的遗命告诉了卫灵公。卫灵公听后很惊愕，说："这是我的过失啊！"于是马上重用了蘧伯玉，辞退并疏远了弥子瑕等小人，史称"尸谏"。孔子听到此事后赞叹道："死了以后还用自己的尸体来劝谏君王，以自己一片至诚的忠心使君王受到感化，难道这样的人称不上是秉直的人吗？"这也验证了《诗》中所说的"静恭尔位，好是正直"。《论语》有曰："君使臣以礼，臣事君以忠。"身为臣子为国为民，恪尽职守，劝谏君王，是为臣的本分，亦为正德之表现。

从文中所述内容看,史鱼与伯玉有所不同。史鱼在国家有道或无道时都同样直爽,而伯玉则只在国家有道时出来做官。所以,孔子说史鱼是"直",伯玉是会屈的君子。无论是直还是屈,都有一颗良心在,只因他们性格不一,故而采取了不同的方法,其内心都存有大德。我们不要只看其外在表现,而应该关注他们内在之心。有关蘧伯玉之事,可参阅《宪问》第25章。

15.8

子曰:"可与言而不与之言,失人;不可与言而与之言,失言。知者不失人,亦不失言。"

【译文】

孔子说:"可以同他谈的话却不同他谈,这就是失掉了朋友;不可以同他谈的话却同他谈,这是说错了话。有智慧的人既不失去朋友,又不说错话。"

【要解】

这一章言以一颗真心待朋友,但要面对不同的朋友说不同的话语,或知无不言,言无不尽,或适可而止,知止后停,不可简单拒绝或一味倾吐。凡智者都不会强行推行自己的言论及思想,而是对症下药,因病而治。孔子非常重视言语一学,把它专门当作四科之一而教导学生学会说话,学会交友。《学记》曰:"独学而无友,则孤陋而寡闻。"有友不知劝导对方向善行德,只整日吃喝玩乐,流于世俗之交,那是对朋友的不负责任。成人成己,教人教己,己与人是不可分割的,虽然每个人的脾气不一,可本真是一样的,我们要看其优秀的一面,忽略不良的一面,如此,天下的人都可以成为我们的至交。

持"人性恶"观点的荀子也说"友者,所以相有也",认为有朋友便要相互交好、相互亲善。如何亲善?孔子这里明确告诉我们一个原则:不要以自己为中心,不顾对方而任性言谈,应根据对方的情况、心态来相处,注意方式方法。正所谓"酒逢知己千杯少,话不投机半句多""好言一句三冬暖,恶语伤人六月寒",从关爱对方的角度出发,自然就知道如何说话了。

墨子在《修身》中曰:"守道不笃,遍物不博,辨是非不察者,不足与游。"这里的要求更加具体,但主要强调的还是据于道、辨是非的仁与智。道家也有同样的论述,葛洪《抱朴子》中便有专门的《交际》一章,其中有言:"良友结则辅仁之道弘矣。"依然是"以友辅仁"的另一种表达方式。不管如何,中华正道是爱,是仁,有了这两者,才会成为智者,也才会懂得如何行事,如何说话。

15.9

子曰："志士仁人,无求生以害仁,有杀身以成仁。"

【译文】

孔子说："志士仁人,没有贪生怕死而损害仁的,只有牺牲自己的性命来成全仁的。"

【要解】

孔子的真正意思是说,志于仁义之人一定不能遇到危难时为了求得一己之利而去伤害仁德、仁理、仁情、仁事,应该用宝贵的性命来求得仁德的完美不缺。夫子认为仁比生命更重要,真正的志士仁人是做到了智、仁、勇三达德者,所以,他有智,有勇,能够去维护仁性,有时候为了仁连生命都可以舍去。但不是不知道使用智慧而鲁莽冒险,失去性命。因为他有智慧,知道如何趋利避害,不会伤害到仁义。

做到这一点真的很难。同样为异族所捕,同样的大汉侍中,苏武能在寒冷的北海生存十九年而不改其志,李陵却贪图富贵变了志节。苏武之节令我们赞叹,而赞叹的背后却是母亲去世,大哥苏嘉自杀,弟弟孺卿服毒自杀,夫人改嫁,两个幼小的妹妹不知所踪,三位儿女无人照顾,身居异地的自己以掘野鼠、食野果为生这样巨大的代价,而一旦转变其志,一切都会随之而改变。还有孔子的人生选择,他也完全可以转换生存方式,丢弃爱世人之道而为一介操持品节之隐者,或顺从三桓,或归顺诸君,做一个荣华富贵之大夫。但是,孔子没有,陶渊明、文天祥、谭嗣同等也没有。而洪承畴却做了,钱谦益、李陵、李斯等也做了。难道后者都是愚笨之人吗?非也,他们都很聪明,和前者不同的是他们的仁德不够,到了关键时刻便定然变节曲志,贪图富贵而遗臭万年。志士仁人用什么标准来衡量?就用这条,看我们是把生命看得更重要,还是把仁看得更重要。

孟子在《告子》里说："仁,人心也;义,人路也……有放心而不知求。学问之道无他,求其放心而已矣。""求其放心而已矣",为之则易,不为则难,但我们总是放心不下呀!

15.10

子贡问为仁。子曰:"工欲善其事,必先利其器。居是邦也,事其大夫之贤者,友其士之仁者。"

【译文】

子贡问怎样实行仁德。孔子说:"做工的人想把活儿做好,必须首先使工具锋利。住在这个国家,就要事奉大夫中的那些贤者,与士人中的仁者交朋友。"

【要解】

"工欲善其事,必先利其器",就是本性要修纯,良知要守住,遇事不能有一丝的动摇,如此,其他的事就好说了。如居邦就去辅助有贤德的大夫,并且和有仁德之志士相处,以仁求仁,以德养德,成人成己。如果心德不稳,本真不明,智慧不出,怎么判断谁是贤士大夫,谁是奸佞小人?遇事又如何能固守正义不放,宁愿杀身而成仁?有时即使明了仁德,也要不断精修,否则,一遇生死、荣辱选择,还是知行不能合一。有时享受了荣华,心中也会生有愧意。如楚国的费无忌、厨师鼻祖易牙、宋国给秦王舔痔之曹商、北朝人鲍邈之、唐朝给宰相魏元忠尝粪的郭霸、明朝的钱谦益等那般,被世人唾骂,生命还有何尊严与意义呢?

先利其器,方可善其事,前者是体,后者是用,体用合一,不可分为二,否则便不是真仁者。《弟子规》上讲"能亲仁,无限好,德日进,过日少",亲仁必将自仁,亲恶必将自恶。什么心事吸引什么人事,心与心相印,这是世界的定律。

15.11

颜渊问为邦。子曰:"行夏之时,乘殷之辂(lù),服周之冕,乐则韶舞。放郑声,远佞人。郑声淫,佞(nìng)人殆。"

【译文】

颜渊问怎样治理国家。孔子说:"用夏代的历法,乘殷代的车子,戴周代的礼帽,奏《韶》乐,禁绝郑国的乐曲,疏远小人。郑国的乐曲浮靡不正派,小人太危险。"

【要解】

　　夏之时：夏代的历法，便于农业生产。殷之辂：殷代的车天子所乘的车。是木制成，比较朴素。放：禁绝、排斥。郑声：郑国的乐曲，孔子认为是淫声。

　　这一章孔子从各个方面谈如何治理一个国家，其重点并不仅仅是说用什么历法、坐什么车、穿什么衣服之类事，而是都有寓指，即生活诸方面都要合道而行，不能随便从事。一个合道之国在各个方面都是顺道而行的，它采用什么历法、使用什么车辆等都有其特征，此特征也符合礼仪，对人心的修养有良好的作用，不至于把社会带到邪道上去。为了使世人明白此道理，孔子采用了以点代面的方法来说明，即用典型的具体事例来表明深刻的道理，这一点我们要清楚。

　　"夏之时"是夏朝的历法，体现了天地规律，治国首先得遵循天道，顺应天时。"乘殷之辂"代表具体的生活方面要节俭勤劳，不可奢华，这是惜福、积德。"服周之冕"代表礼仪行为举止，指个人品格修养纯正。"乐则韶舞"，韶舞韶乐是尽善尽美之艺术，是能养心修德的诗、舞、乐的代表。"放郑声，远佞人"就是禁绝靡靡之音，疏远佞人。

　　以上五者，基本涵盖了一个国家上下各个方面，孔子一一列举其事，一一说透，可谓是苦口婆心。王阳明说："盖颜子是个克己向里、德上用心的人。孔子恐其外面末节或有疏略，故就他不足处帮补说。"（《传习录》）意为颜子的修德功夫很好，已做到家了，但老师还怕他在一些细节上有所疏略，故而再补充说明一下。其仁心与此相同。

15.12

　　子曰："人无远虑，必有近忧。"

【译文】

　　孔子说："人若没有长远的考虑，定会有眼前的忧患。"

【要解】

　　这是一句脍炙人口的教诲名言，几千年一直流行于中华大地。我们可以反问一下，人如果有了远虑，是不是就没有近忧呢？答案是否定的。这说明远虑和近忧之间并不是截然的二元对立，它们之间的关系很是复杂，非"只要……就……"那么简单。故而这章也有特别的深意。它不仅教导我们如何办事,还有怎样为人,更有修德、净心、出智慧、明白本性之真,以及克服层层困境而到至高境界之意。

人如何才能没有了忧?答案是唯有去掉虑。虑是忧的根本,心又是虑的唯一起源。虑,即深思。远虑为过度、深层的思考,从平常的一般思维转化为纯明净彻的般若境界,才可消除一切忧思。而这一境界是非常幽深高远的。要想明心见性,必须以金刚之力无情地斩断种种欲望与挂念,放下万物,彻底空明,这便需从身心两方面去精心修炼,真正做到断舍离。到一定高深层次,诸魔境便会纷纷涌现,令你无法辨认,此时的修心更需小心翼翼,平静安然,不能生任何妄念、杂心。要一心一意以待纯明的到来。学儒的人志在圣贤,学佛的人志在成佛、做菩萨,菩萨和圣贤是一样的。孔子这句平常话真的不平常,越体味,越感觉有无穷奥秘,越感觉夫子的心境深不可测。

15.13
子曰:"已矣乎!吾未见好德如好色者也。"

【译文】
孔子说:"完了,我没有见到像好色那样好德的人。"

【要解】
本章内容曾见于《子罕》第 18 章,可参阅。

想补充的内容是,有人言,孔子说过"食色,性也"。其实此话不是孔子说的,是告子说的。语出《孟子·告子上》,孟子与告子辩论,告子曰:"食色,性也。仁,内也,非外也。义,外也,非内也。"告子强调生命的食与色,把仁和义分成内外。

在《礼记》里孔子也讲过:"饮食男女,人之大欲存焉。"但这里孔子所说的是后天人性之欲,而非先天之心。这个后天与先天并非我们现在认为的先天后天,而是以本性之仁心为界,欲为本性被世尘遮蔽后生出来的食色之欲属于后天,正因为它们是后天的,才可以通过修养去掉,由凡胎而成佛道,不食不色而得永恒。而世人大多只知外求有形之物,而不知内寻无形之性,眼中只有色,心中难有德。

子夏说过这么一句:"贤贤易色,事父母能竭其力,事君能致其身,与朋友交言而有信,虽曰未学,吾必谓之学矣。"

再者,孔子在此所言"已矣乎"非怨天尤人,而是期待真正的大德现世。同时也告诉我们,世间爱好德行的人越来越少了,让我们好好努力,不要中断修养,成为一个市侩小人。

15.14

子曰:"臧文仲其窃位者与!知柳下惠之贤而不与立也。"

【译文】

孔子说:"臧文仲是一个窃居官位的人呀!他明知道柳下惠是个贤人,却不举荐他做官。"

【要解】

窃位:身居官位而不称职。柳下惠是春秋中期鲁国大夫,原名展获,字季禽,受封于柳下,惠是他的私谥,人称柳下惠。他是有名的贤人,在鲁国曾经做过士师(典狱之官)。曾三次被弹劾,失去了官职,但是他终不离开鲁国,说自己是因为正直才被弹劾丢了官职,如果到了别的国家还是这样正直,一样会丢官,与其这样,不如不走。

臧文仲历事鲁庄公、闵公、僖公、文公四君。曾废除关卡,以利经商,于国于民,尽职尽责。其博学广知而不拘常礼,思想较为开明进步,对鲁国的发展起过积极的作用。臧文仲登上鲁国政治舞台的时候,正值齐桓始霸、齐鲁力量对比悬殊时,他受命于危乱之际,负斡旋之重任,充分显示出了其军事及外交方面的才能。当时的人们都认为臧文仲很有智慧,很有学问。孔子却不以为然,认为他极尽奢靡,违越礼制,玩物丧志,不礼、不仁、不智。有关内容可参阅《公冶长》第18章。

臧文仲知道柳下惠也是贤人,可他为什么不举荐柳下惠呢?原因可能有很多。但是,不管如何,孔子对他没有好的评论,认为他是一个窃居官位尸位素餐的人,不推贤荐良,没有尽到自己为官的职责,心中没有国家和天下。从这一方面讲,孔子还是借此事批评那些用心自私、患得患失、目光肤浅者,指出他们没有大局意识,不考虑整体利益,只为自己着想。遇贤不进,说明自己还不是贤者。

以上这几章的内容也是紧密连贯的,并不支离破碎,我们需把它们相互关联到一起理解,才可更好地把握它们的内涵。

15.15

子曰:"躬自厚而薄责于人,则远怨矣。"

【译文】

孔子说:"多责备自己而少责备别人,那就可以避免别人的怨恨了。"

【要解】

此章还是继续讲修心。一个真正想成为君子的人,必须是反躬自省者、宽宏大量者,于己要苛责,于人要宽恕,这样才可以把本性修养出来。自己与他人是一对矛盾,也是一对组合,没有自己便不会有他人,没有他人也难有自己,这是一体两面的集合体,正如王阳明和友人所说的南山一花的含义。只有心中藏有他人,自己的价值才会展现,人生才有意义。王阳明先生认为,心外无物,物无心外,一切万物都在心中并随之而变化,那么,我外也无他,他外也无我,我与他是一体的,物和我是一样的。知晓了这个深奥又微妙的道理,我们就可以理解为什么圣人们要关心他人,献出自己的大爱了。

再从另一方面看,替自己思考多了,就不会过多地关注他人。故孔子要求我们不断地修养自身,薄己厚他,不断地反省自己的不足,而念他人的优处,以心换心,时间一长,自然会赢得他人的好感与尊重,又怎么会招来怨恨呢?

为什么有人容易招怨?就是自私,但凡自私的人往往刻薄无情,少仁寡义,这种人自然会招致他人的不满。惠能大师说"若真修道人,不见世间过"(《六祖坛经》),朱熹说"人之洗濯其心以去恶,如沐浴其身以去垢"(《大学》注语),荀子告诫我们"君子博学而日参省乎己,则知明而行无过矣",道理都是一个:不反省自己,不首先改正自己自私、自我、自大的毛病,就难以赢得他人的尊重。

15.16

子曰:"不曰'如之何,如之何'者,吾末如之何也已矣。"

【译文】

孔子说:"遇事从来不说'怎么办,怎么办'的人,我对他也不知怎么办才好。"

【要解】

孔子很幽默,也风趣,从此章可以很真切地看出夫子调侃的语气,无奈的情感。孔子告诉我们,做事要深思熟虑,多问几个为什么。否则,身处荆棘丛,如何转身行。四面均有路,我独行不能。原因何在？心性不定,情思游离,智慧不够。王阳明为何能做到"三立"？身处混乱的朝政能明哲保身,势处弱地之时也能战胜强大的叛军,地处偏僻荒野却可以安然无忧,因他的心智大开,明了事物之真相而能不动于心,却可以事事有方。所以,拥有良策者的方法是诚心正意,修养心智,放下看开,一心一意行动。再抬头一看,荆棘原来是芳草,遍地清溪伴山程。心乱世界乱,心定天地宁,我不乱事事有序,他人纷乱吾自观景。道心自在,静观清风白云,如如不动时,天下原本无扰。整日忧患重重,心有戚戚,如何能有良策出现？凡成大事者并不一定是智力超群者,而是心如深潭、深水潜流者。

陈蔡被困,艰难苦困,众弟子纷纷埋怨,子路也不平,而老师却悠闲自在地弹琴歌诵。他有妙计生心吗？当时还没有,但他的心不乱,心神安定,智慧自然生现,最后安然脱险。孔子的人生窘迫过,但智慧从来没有枯竭过,每临大事,都能平静以待,这就是君子遇事的态度与办法。如果找不到属于自己的那颗真心,对自己失去了信心,天下谁也帮不了你。找回属于自己的心就有智慧,就可彻底解脱。

15.17

子曰："群居终日,言不及义,好行小慧,难矣哉！"

【译文】

孔子说："整天相聚一起,相谈间难及仁义道德的本质,只爱一些小智、小慧、小术,这样的人真的难教化呀！"

【要解】

天下的知识大致可依次分为道、理、法、术,什么层次境界的人追求什么层次的内容,最后成就什么层面的果业。"小慧"非大智慧,为一般常人具有的那种聪明与机灵等,具"小慧"的人最难教化。因为他们陷入了深深的所知障,让小小的那点聪明遮住了本性,自以为懂得了一定道理,喜欢相聚于一起交谈什么天地之理、哲学之思、社会之变革等,表面好似皆为鸿儒,明悟道理,却终是不明白天地正道,一叶障目。孔子对此也是深有感触,难矣！

老子说过："上士闻道,勤而行之；中士闻道,若存若亡,下士闻道,大笑之,不笑不足以为道。"不移就是难以改变。有人好似什么都懂,自以为是,却常被所知所锢,长年无知蒙昧久矣。修德又最忌讳半瓶子水晃荡,南泉道人曰:"学道之人,如痴钝者也难得。"聪明反被聪明误,这句话真有道理。

"言不及义"一词有两层含义:一是指所谈话题与道义有关,却没有谈及问题的主旨;一是指所谈话题根本与道义无关,都是些家长里短、鸡零狗碎之事。前者令人叹息,后者令人无语。教化真的是世界上最难之事,而孔子却恰恰选择了这一事业,面对"困而不学者",君子任重而道远呀!

15.18

子曰:"君子义以为质,礼以行之,孙以出之,信以成之。君子哉!"

【译文】

孔子说:"君子以义作为根本,用礼加以推行,用谦逊的语言来表达,用忠诚的态度来完成。这就是君子呀!"

【要解】

此章里孔子继续讲如何行义。知不可为而为之者,孔子也。知难而进,不因对方的痴愚难教而放弃自己的使命,这便是儒家之行事做派。孔子讲过"志于道,据于德,依于仁,游于艺",只有这样才能真正地成为一位名副其实的君子。后又有人进行了一番推衍:兴于诗、立于礼、成于乐、性于温、习于善、敏于事、慎于言、行于思、精于勤。这基本涵盖了孔儒之全部要义。

夫子在这里所讲的"义以为质",就是把道义当作是生命之本质,万万不可改变。"礼以行之",就是把礼仪当成具体落实的方式,体现在生活中的一举一动、一心一念中,"不学礼,无以立"。"孙以出之",就是一言一语都要谦逊有加,不可狂放大言,自傲自得,目中无人。"如有周公之才之美,使骄且吝,其余不足观也已。"(《论语·泰伯》)"信以成之"是讲究诚信,内心美好的本质、外在的表现、语言的优美等都得诚守不变,不可随意丢弃。"自古皆有死,民无信不立"。

此处所谓"义、礼、孙、信"四者,义是根,不可动摇,礼行、逊出、信成则是成就君子的言行规范和德行要求。正所谓"周公恐惧流言日,王莽谦恭未篡时",即周公有义而守宜,王莽无义而徒用礼。若无义,礼、逊、信做得再好,终是虚假君子一个。

15.19

子曰:"君子病无能焉,不病人之不己知也。"

【译文】

孔子说:"君子只怕自己没有才能,不怕别人不知道自己。"

【要解】

此章和"不患人之不己知,患其不能也"(《论语·宪问》)意相同,两章不同的只有一个字"病",按理讲"病"比"患"的程度要深,这可能是老师多次讲过的一个问题,后来为了引起弟子们的注意又特别加重了语气吧,或者是竹简的混乱导致,这个无须过分深究,我们体会夫子的心情、领悟他的要义为重。

我们想强调的还是自己的才能和他人知遇的关系。自己才是主要的,他人、伯乐与环境等都是次要的。再说了,君子的责任不是与他人比较或计较,而是自觉修养,同时帮助他人成就。自己没有修养成功,才能不突出,成绩不显著,就不要去埋怨他人的不理解、不重用。当你成为一座举世仰望的高山时,自然会赢得世人的敬仰;而当你仅是一块还没有雕琢成为艺术品的石头时,就不要过分地期望获得他人的掌声。想让天下人都敬佩一个什么也不是的普通人,那是不可能的。英雄之所以成为英雄自有他的道理,名人之所以成为名人也有他的原因。重要的不是具体的过程方法,而是内在精神与品格,是对仁德的执着与不懈,特别是欲成君子、圣贤者。这一点无须怀疑。

古德讲"三日不读圣贤书,则面目可憎",当我们看到对方面目可憎时,我们的面目正是可憎之际,怎样的心决定怎样的心情,怎样的心情决定怎样的外相。不要埋怨,不要指责,常常觉得怀才不遇、生不逢时而牢骚满腹、怨天尤人者心理大多不健康。"人不知而不愠",既然现实如此,人性如此,重要的就在于自我修养,成人成己。

15.20

子曰:"君子疾没世而名不称焉。"

【译文】

孔子说:"君子担心到死也不能做到与自己的名声相称。"

【要解】

本章的意思不是说君子担心自己的名声流传不下去,而是说君子怕自己无所作为,而让世人白夸赞自己,即没有惠及天下大众,浪得虚名。这也是接承上一章意思而来,从另一角度再次表明君子应尽的社会道义。

人常说,或流芳千古,或遗臭万年,其实大部分人还是默默无闻,终老红尘。纵观古今中外,凡能做到流芳千古者都是不凡之人,也都是曾经为国为民做出过重大贡献者。名,是社会对一个人能力、品格及贡献的综合评定,也是历史给予的公正评价。它可能受到一定条件的限制而有失公正,但大部分还是比较公正的。如果所有的人都说你好,你也坏不到哪里去,否则,也好不到什么程度。君子和凡生一样,也得经受历史的检验,而不是由谁来封定。所以,真正的君子面对生前身后名,一定要有正确的态度:第一要名副其实,不可浪得浮名;第二要淡泊名利,不能陷入名利之陷阱。

了凡先生讲得好,"世之享盛名而实不副者,多有奇祸"(《了凡四训》)。名也是一个人的福德报应,当你做到那一地步时,自然会有相应的名望降临,这是上天也是整个社会对你的奖励。但是,如果你的福报不够,或享完了,耗尽了,却还想继续享用,一来不可能,二来即使硬性求得,也会带来相应的灾殃。"实至名归""名存实亡",把两句古语结合起来应该明白一个哲理:名实是一个事物的两面,此面少了那面可能就多,反之亦然。俞曲园先生在《群经平议》里面说"大行受大名,细行受细名",德行有大小,与之相配的名声利益也有大小,明白这个道理的君子,就不会为浪得虚名而沾沾自喜,更不会贪功而欺骗世人。

15.21

子曰:"君子求诸己,小人求诸人。"

【译文】

孔子说:"君子寻求的是本我,小人寻求的是假我。"

【要解】

此章还有另解:君子求于自己,小人求于别人。君子要求的是自己,小人要求的是别人;君子总是责备自己,小人总是找别人的不足。

我是谁?从哪里来?将去哪里?这三个人生哲学终极命题被古希腊伟大

的思想家、哲学家柏拉图提出，至今已有二千多年了，一直无法得到一个圆满的答案。其实孔子也涉及了这一问题，如本章所言的"己"与"人"。

什么是"己"？就是那个本我、真我。有智慧的君子也正是通过努力的修养来求得这个本来的真我，即《楞严经》里佛让阿难七次寻找的那个本心，进而获得整个世界及人生的全部意义。本心找到了，彻悟真理了，生活也就没有什么忧虑与困惑了，所拥有的都是喜悦与幸福，美好和永恒。什么是"人"？就是指这个肉体的生命，它虽然能活动，会说话，能思维，但根本上还有一颗真心在支配着，人们叫它灵魂。正像一辆汽车之所以能行走，并不在于汽车本身，而在于它里面的发动机，在于发动机里的汽油，汽油里众多的油分子发出的能量，它就是生命的灵魂，灵魂一旦被心性点明，也会有无尽的能量散发，这个心性就是己。寻求心性的过程是非常艰难的，需要改正自身的种种毛病。

15.22

子曰："君子矜而不争，群而不党。"

【译文】

孔子说："君子庄重而不与别人争执，合群而不结党营私。"

【要解】

为什么君子不与人争？因为君子知道一旦与人发生争执，不论争什么，定是不知己者，不明人者。真正明了什么是生命的本真、我是谁，是根本不会与人发生任何争执的，因为世上的问题本无对错，所谓的对错都是因所站角度、出发点、利益观不同而导致的，如果站在中道的角度，从天地正道去看待事物，天下无一物不好，无一事不对，无一人不完美，还争什么呢？当然，那种正常的辩论不在其列。"争"的本质就是我执，我执就是我慢，我慢就是自我太重，只看到自己，没有看到万物，就是心胸不广，认识不全，固执，不完美，不圆融，也就是贪嗔痴慢疑。老子告诉我们"几于道"的水"善利万物而不争""知其荣，守其辱，为天下谷"。荀子说"凡人之患，蔽于一曲，而暗于大理"（《解蔽》），说的都是这个道理。孔子这里提到"矜而不争"，意思是说不要争强好胜，要庄重谦和，处处忍让，放下自我，才会得智成仁。

这里的"党"不是我们通常理解的带有政治色彩的党派团体，而是具有更宽泛意义的因共同利益而结成的团体。"群而不党"是说待人接物平易近人,但不为了一定的利益而去搞小团体,去拉帮结派。《尚书·洪范篇》说"无偏无党","偏"是偏私,"党"就是结党营私、不走正道,小人就乐于做这样的事情,而君子是"群而不党",他很合群,跟任何人都很和睦、和谐,却不需要结党营私。因为他大公无私,何必要结私党呢?一个团体如果说结私党、分派别,这个团体的本质肯定就坏了。纵观古今中外,无一例外,只要是因利益而集结的团体,无一能长久永恒的。

君子不党,他没有分别心,一视同仁,与万物合于一体。君子会为天下人服务,具有一种远远超越了私党的崇高境界,非那些只为某一团体的利益服务者可比。

15.23

子曰:"君子不以言举人,不以人废言。"

【译文】

孔子说:"君子不凭一个人说的话来举荐他,也不因为一个人不好而不采纳他正确的话。"

【要解】

此章论述了君子的另一待人处世之道:推举人要重实绩,不能一概而论、以偏概全,不能使工于言辞却无实行的巧言者得幸当道,也不能因为对方有了缺点就废弃了他有益的建言。常说言为心声,言行一致,孔子对此是有辩证的,而非一概肯定或否定。因为有的人会说谎,会投机,有的可能言行不一,君子不能仅凭对方说的话而肯定他的品德,举荐他,也不能因他人品的不好而把他所说的正确的话否定了。这是一对矛盾,也是一组集合,是智者对世事的真正了知与宽容接纳。他以正为中,以本为心,而不以种种外相来断定其人,也只有这样,才可以真正做到中庸而不走偏执。

每个生命都有真我显现的某一瞬间,都有智慧和美好出现,但每个人又都可能受到利益的影响而发生种种认识上的偏差。有德者必有言,有言者不必有德,一个真正有德行的人,他讲出来的话是很有道理的,可以教化人。但是同样的话,一个没有德行的人他也能讲,只是他做不到。"巧言令色鲜矣仁",说话说得很巧、很漂亮的不一定是贤人,很会说话却没有德行的自是佞人,佞人也有真言,我们也可采用。古德说:"能说不能行,国之师也","能说又能行,国之宝也"。孔子是鲁国之宝,可惜无明君重用,故而鲁国难以兴盛,天下难以平安。如果鲁国诸君地下有知,不知要悔断掉多少肠子。

15.24

子贡问曰:"有一言而可以终身行之者乎?"子曰:"其恕乎!己所不欲,勿施于人。"

【译文】

子贡问孔子:"有没有一句可以终身奉行的话呢?"孔子说:"那就是恕吧!自己不愿意的,不要强加给别人。"

【要解】

有仁德之心的君子表现在与人交往上就是"己所不欲,勿施于人",就是"恕"。"恕"并非只对他人宽恕、宽容、理解,还有不强行、不自我、不迁就、不偏执等意,内涵比现在的宽恕丰富得多。具体是由己及人,己与人一体,我和物同一,自己所乐者可能他人也乐,自己所悲者,可能他人亦悲,如有不欲者,便勿施于他人,理解、同情、包容,以心换心是也。这是由己及物的同情,也是同体大悲的善良,更是无私之关爱,高尚之仁德。把这一点时时铭记并落实到行动中者便是仁者。所以,别小看孔子这一句简单,里面包含有无上哲理智慧,更有严格修养要求,非一般人可以达到。为国君者应当这样,为人臣者也同样,做凡生的更需这样。只有上下这样做了,整个天下才可以渐趋于安定平和。

作为一君子,自己勤奋修养,不一定硬要让他人也与你一起修养,自己为天下谋不一定要求别人也都为天下谋,这里面有一个道德的层次问题,还有个人的机缘与因果问题。真正的君子应该是用自己的实际行动去感化教育他人,而不能强行施予别人,否则会适得其反。这正如老子所说的"生而不有,为而不恃,长而不宰,是谓玄德"。孔子教导我们要终身守住这一"恕"字,其实这和他前面讲过的"吾道一以贯之"之"一"是相同的,只有紧紧抓住了生命之本性,才会做到"恕"。"恕"是"一"的代表,"一"是"恕"的本源。德国有一位宗教学家叫孔汉思,他发现九大宗教的经典里都讲这个"恕"字,都讲"己所不欲,勿施于人"一理,他称之为黄金法则。从这个黄金法则衍生出很多价值观、人生观,所以孔子说它"可以终身行之"。

15.25

子曰:"吾之于人也,谁毁谁誉?如有所誉者,其有所试矣。斯民也,三代之所以直道而行也。"

【译文】

孔子说:"我对于别人,诋毁过谁?赞美过谁?如有所赞美的必须是曾经考验过他的。夏商周三代的人都是这样做的,所以三代能直道而行。"

【要解】

什么是直道?就是正道,以正直而行,依照正直之原则去为人处事,评论人事。鲁迅先生说:"犯而不校是恕道,以眼还眼、以牙还牙是直道。"先生是从痛打落水狗的角度大力抨击的,其情可谅。孔子这里所言直道与之大相径庭,没有一点杀伐之气,有的只是依天地正道而行,按照客观实际去评论,不轻易赞美他人,也不随意诋毁他人,否则,就是不仁的表现。

一个人确实值得称誉才称誉,这叫直道。直心之道是符合客观事实的一种态度。如果这个人不值得称誉而去称誉他,这叫绮语,花言巧语,阿谀奉承,说明你定然有所求,有所私,如夸赞邹忌的那三位。如果他真的值得称誉,就去称誉,这不仅是对他的鼓励,还可教化世人,为其他人树立一个良好的榜样。夏、商、周三代国君就是这样做的,他们皆以直道教化百姓,百姓皆能向善,所以民风淳厚,天下安定。

荀子言:"非我而当者,吾师也;是我而当者,吾友也;谄谀我者,吾贼也。"(《修身》)只要拥有了一颗直心,就不会被外界所惑,就能始终清楚对方赞美、反对、阿谀自己的目的所在。一般世人做到这一点亦难矣,不是虚荣心太重,喜欢他人夸耀,就是自我过强,容不得别人的一点指正,要么就是为了谋私而对上司虚假赞赏,大加奉承。如此,整个社会风气便会走向虚假邪道,这就是乱世到来的前兆,到时遭殃的则是全体民众与整个国家。

15.26

子曰:"吾犹及史之阙文也,有马者借人乘之,今亡矣夫。"

【译文】

孔子说:"我还能够看到史书存疑的地方,有马的人(自己不会调教)就暂借给别人使用，这种精神今天没有了罢。"

【要解】

阙文：史官记史时遇到有疑问的地方便缺而不记。有马者借人乘之：有人认为此句系错出，与前句无关系。实则是没有前后连贯于一起解读所致。孔子在此用了一比喻，通过驾马一术，告诉我们一个道理：自己把握不了的就让他人来把握，要谦虚，不要逞强，否则是很危险的。这是对自己负责，也是对历史负责。

过去国家选拔史官非常认真严肃，除了具有丰富的知识外，还得有正直的品格、严肃认真的工作态度，如果遇到史书上有遗漏的字，或者是有问题的就把它们空缺出来，等待将来有识之士补上，而不能随意决断。孔子并不是就史书而言史书，而是说明要依直而行，顺真而为，不能以假乱真。夫子感叹当时世风日下，能行正道、古道者少而又少，能主动谦虚改过的君子不多见了，委婉含蓄地批评了那些自以为是、好高骛远又没有真才实学之人。

孔子曾对子路说过："君子于其所不知，盖阙如也。"这句话是批评子路轻率鲁莽，强不知以为知，明确指出对待那些自己不了解、不懂得的事，应该暂付阙如，这种态度才是科学的。对经史的尊重，寓意对正道的尊重，对经史的随意，寓意对自身品格修养的随意，夫子提倡向古圣贤学习，像古代的史官那样有一种踏实认真的精神，借助他人的能力，驾驭好自己这匹难以驯服的骏马，让自己成为完美的君子。"有马不调，则耻云其不能，必自乘之，以致倾覆。"（皇侃《论语义疏》）否则，会招来不良后果。

15.27

子曰："巧言乱德。小不忍，则乱大谋。"

【译文】

孔子说："花言巧语会败坏人的德行，小事情不忍耐，就会败坏大事情。"

【要解】

此章继续讲君子的修为。主要有两点：一是巧言乱德，二是小不忍则乱大谋。两者间有共同的地方，就是"乱"。心乱一切乱，心定一切定，我们不能因为事物的外在和细小处而失去了纯真之本性。

先看"巧言乱德"。这里涉及"言"和"德"的关系。言是心之外现，德是性之本来，两者间有关联，却也有本质的不同，一是外相，一是本来，本来为真，外相是假,一假一真,一体两面,常常颠倒,影响世人的判断与认知。《周易·系辞》有:"子曰'言行,君子之枢机。枢机之发,荣辱之主也'。""言"是君子立身处世的根本,兴败荣辱的关键。人人皆喜好顺耳之语、适心之言,便有更多的人投其所好,想尽一切办法来装饰话语,取悦他人,时间一长,心性放纵,真德便可能被搅乱。朱子也说:"巧,好。令,善也。好其言,善其色,致饰于外,务以悦人,则人欲肆而本心之德亡矣。"(《论语集注》)因此,孔子认为君子应当紧守其德。

再看"小不忍则乱大谋"。所谓"小"是指细微之心之事、细小之情之物等。"大谋"是大的、深远之类事。一颗小小真心,可以诞生无限之万物,一个细微之情之事也可以败坏重大事务,君子既有大业要成,就需从细微之处入手,不断修养自身,从大局思考。老子说:"曲则全,枉则直,洼则盈,敝则新,少则得,多则惑。"(《道德经》22章)曲就是忍,忍耐是远离灾祸的法宝,是儒道信奉之法,也是佛家所讲的"六度"法门之一,精通儒家思想和道家学说的曾国藩就认为,面对命运,忍耐似乎是走向成功的唯一法门。隐忍是一种气度,一种胸怀,一种品格,一种坚强,也是一种承担与智慧。

15.28

子曰:"众恶之,必察焉;众好之,必察焉。"

【译文】

孔子说:"大家都厌恶他,我必须考察一下;大家都喜欢他,我也一定要考察一下。"

【要解】

这章讲了两个内容:一是孔子绝不人云亦云,不随波逐流,不以众人之是非标准决定自己的是非判断,而要经过自己的独立思考,做出结论。二是一个人的好与坏不是绝对的,在不同的地点、不同的人心目中,往往有很大的差别,要以实践为主,而不能只看他人的态度。人言可畏,众口铄金,三人成虎,众人之论未必出于公,公论也未必尽出于众人之口。舆论未必完全可信,也不可不信,必须认真加以核查辨析。孔子说"乡原,德之贼也",孟子说此所谓好好先生常常跟人同流合污,绝不跟人唱反调,这种人不能坚持原则,却可赢得世人的称赞,这便是德之贼。而豪杰之士、正直之人往往有铮铮不屈之性格,心地无私,敢直敢言敢行,也容易遭受他人的打击诽谤。

那么,"必察"时又根据何等标准进行呢？一是实践,二是本性,既看其具体实践行动,也得观其内在本心,故而为"察"。察者,非一时外观可得,也不能仅凭外在行动而确定,还必须借助内心的真假来判断。世人谁无自私之念？谁能不受个人情感支配及周围现状的影响呢？所以如何"察"也是个大问题。具体可通过观察对方的好多细微之处如眼、耳、情、手足、动作及言语等来判断。一个人可以伪装一时,却难以伪装一世,做假的人稍不留意就会暴露内心世界,观心是一种本事,也是一种修养。

人是非常复杂的,特别是聪明而心地又不正之人。所以孔子强调先需诚心正意。心如明镜台,莫使惹尘埃,心性这面镜子明亮了,一切丑恶忠善自然显现。

15.29

子曰:"人能弘道,非道弘人。"

【译文】

孔子说:"人能够使道发扬光大,不是道使人的才能扩大。"

【要解】

按理讲,人的本性和天地正道是一样的,是同体变异,因缘而现,二者具有同一性、同质性,唯心所现,唯识所变,这个"心"就是宇宙的本体,跟道是相同的概念,这个"识"是自性所生、所变。德是道的外相,道是无形无相的,寂然不动,本不生灭,本自清净,又是人人本自具足,我们只能通过修德这个方法不断证悟它的存在。而德又通过具体的言行来表现,所以,言行礼仪也就显得非常重要了。

《道德经》言:"视之不足见,听之不足闻,用之不可既。"(35章)道是看不见、摸不见的,但用之又没有极限。"人能弘道"之"弘"是弘扬、显现、展示的意思,就是把本来隐藏的道充分、形象、真实地彰显出来,否则我们真的不知"道",也就难以志于道、行道、证道了。道必须靠人去弘扬,不能自我弘扬。道是客观的、无声无形的,无时不行,无处不在。

所谓的"道弘人"是指当你开发出了本身具足的那个道性,得了道之后,道就会让你得到无限的光明、智慧与仁爱。《大学》里面讲:"大学之道,在明明德,在亲民,在止于至善。"明明德就是悟道,明德就是道的体现,就是性德,即自性本具的德,把它显现出来叫明明德。不仅自己明明德,还要去亲民,帮助别人也明道、明明德。当一切众生都明明德了,就到达了至善之境界,这就是大学之道,也是人能弘道之意。真正的教育就是人在弘道。

15.30

子曰:"过而不改,是谓过矣。"

【译文】

孔子说:"有了过错而不改正,这才真叫错。"

【要解】

圣贤是由普通人修成的品格纯粹的人,如有不慎也会犯错。如孔子所说"丘也幸,苟有过,人必知之","过,则勿惮改"。圣人尚且如此,普通大众就更难免了。但关键在于能否改过,保证今后不再重犯同样的错误。在《雍也》中孔子评价颜回"不迁怒,不贰过"。其中"不迁怒"是指犯了错不指责他人、埋怨客观,主动从自身上找毛病与原因;"不贰过"是指不犯同样的错误,每遇错误马上改正。如何做到这一点? 一是忏悔,二是反省,三是有羞耻感,四是像袁了凡先生那样,对照圣贤时时检查自己的行为思想。做到了上述几点,犯错的概率就会大大降低。

《菜根谭》告诉我们:"弥天罪过,当不得一个悔字。"天大的过失,只要能够忏悔改过,他就有救,因为当善心生起的时候,过去的罪恶都烟消云散了。如果不肯改,甚至还要为自己的过错找借口来掩饰,那就更会让别人瞧不起你、不信任你,这就是自作聪明、自甘堕落。《弟子规》说:"过能改,归于无;倘掩饰,增一辜。""周处除三害"是大家耳熟能详的故事,那种发觉自己罪过不掩饰立刻改过自新真的是大智慧、大丈夫也。《了凡四训》讲凡人"过恶猬集",说我们的过失就像刺猬身上的刺一样多呀! 可是自己却发现不了,总认为我这个人还可以吧,比上不足,比下有余了,最起码不是个坏人。这是最典型的"心粗而眼翳也",心太粗了,眼睛有障碍了,发现不了自己的过失。晚年的孔子、蘧伯玉、曾子等都在每天反省自己的过错,我们又有何理由自满自足呢?

15.31

子曰:"吾尝终日不食,终夜不寝,以思,无益,不如学也。"

【译文】

孔子说:"我曾经整天不吃饭,彻夜不睡觉,左思右想,结果没有什么好处,还不如去学习成仁德之理之法。"

【要解】

此章正好是前面讲过的"学而不思则罔,思而不学则殆"的对照与补充。前者强调的是二者的紧密结合,这里强调的是理论指导的重要意义。大道之理和实践之间是不断反复、前后相承的,只有这样才可以修得仁道。孔子的修行之路比一般人高深得多,艰辛得多,他说"我非生而知之者,好古,敏以求之者也"。什么是"好古"?除了喜欢读古圣先贤的经典文章外,更喜欢按照他们的教诲去实证实修,"敏以求之",用心出实效。我们在前面说过,学与思也是一,不是二,不可把它们分开来理解,更不能分开来实践。正如闻、思、修三慧是合一的,需一起用功。

15.32

子曰:"君子谋道不谋食。耕也,馁在其中矣;学也,禄在其中矣。君子忧道不忧贫。"

【译文】

孔子说:"君子只谋求道行道,不谋求衣食。耕田,常要饿肚子;学习,可以得到俸禄。君子只担心道不能行,不担心贫穷。"

【要解】

此章的内容主要有两点:一是谋道不谋食,一是忧道不忧贫。两者其实有一个中心,即求道是至关重要的,这和上一章紧紧关联。

道与食看似是一对矛盾,其实并不矛盾,它们还是一组特别好的朋友,是生活的一体两面,即精神与物质的关系。没有了食物、衣服、房子等便难有肉体,没有了肉体,道便难以体现。而修道之所以被世人喜欢,其中原因之一就是他们认为修道可以延年益寿,但是孔子更强调道的精神作用,这是一般世人不知道或不想去做的。

自古便有贫道一说,可见修道者往往是贫困的、孤苦清瘦的,因为他们不追求物质上的富有,而一心从事精、气、神的修炼,有的还要出家,要忌荤腥,要辟谷,要放下欲望修炼内丹,时间一长,身体自然不会富态到哪里去。好多人不知道,如果不求道,精心谋取而来的物质财富也会随德行的寡薄而丢失,所以,修道也是保住物质财富的重要方法之一,所谓"积善之家必有余庆，积不善之家必有余殃"，厚德载物是也。而要想谋道、修道必须把身心放下，把所有的物质名利放下，道不远人，回头就是。孟子也讲"学问之道无他，求其放心而已"。一个"放心"，真的简单，把心放到道上，专注在道上，谋道不谋食，忧道不忧贫，你的心自然会与道相合。

15.33

子曰："知及之，仁不能守之；虽得之，必失之。知及之，仁能守之。不庄以莅之，则民不敬。知及之，仁能守之，庄以莅之，动之不以礼，未善也。"

【译文】

孔子说："凭借聪明才智足以得到它（道），如果无仁德则不能保持它，即使得到也一定会丧失。凭借聪明才智足以得到它，能用仁德来保持它，若不用严肃态度来对待就仍不会受到尊敬。凭借聪明才智足以得到它，仁德可保持它，也能用庄严的态度来对待它，若不照礼的要求做，也是不完善的。"

【要解】

这一章孔子详细讲述了修道、行仁德可以使我们永久地持有种种：财富、智慧、庄严、天下等。如果只有智，而不修德，不敬庄，不遵礼，也是不行的。虽然有时得到了想得到的，到时还会失去。从专业修道角度讲，道是内观实证到的般若般的智慧，就是说即便你的根器很好，出了内景之照，本性出现，如果仁德不够，还会退转失去。从人道层面讲，即使你很有智慧，得到了想得到的如财富、名位以及天下等，如果没有仁德还是不会永久地拥有。若态度不敬、礼不够也不能达到圆满境界。

此章的逻辑推理很是严谨，一步步假设而断，最后得出一结论：世人所求需借智而得之，得之后还需仁来守之，以应有的态度莅之，礼仪成之，几者间一环扣一环，环环相连，不能有任何的缺失，如此方可道临天下，顺服世人。看看那些得道高人，个个端庄有加，慈悲无限，行为举止都是那么得体适宜。再看孔儒诸贤者，同样如此。

"质胜文则野，文胜质则史；文质彬彬，然后君子""敏于事而慎于言，就有道而正焉""君子有三变：望之俨然，即之也温，听其言也厉"，这些都是孔子在实证和大力推广仁德、礼仪方面对君子提出的要求，都是为了达到尽善尽美而必须做到的。

15.34

子曰:"君子不可小知而可大受也,小人不可大受而可小知也。"

【译文】

孔子说:"君子不能满足于那些小的智慧,要承担重大的使命。小人不能承担重大的使命,可以获得一些小的智慧。"

【要解】

君子不能只求一点小智慧就满足了,而应该担当起大的使命。担当大的使命就须获得大的智慧。小人不能承担大的使命,因为他们承担不起,反而还会毁了正道,影响整个社会的正气。但小人也有小人的用处,获得一些小的智慧后,可以提高他们应对事物的能力,便于处理复杂情况、努力工作等等。即君子获道,小人得术,二者配合,在天下不能全部成为君子的情况下,也不失为一种权宜之策。得道、明理、求法、有术,这四者各有其用,却层次不一。不同的心志有不同的追求,也有不同的方法途径,其结果也不尽相同,这个道理我们应该明白。

常言道,人各有志,不可强求,也不可强行。修道从理论上讲是人人皆可为之事,但得道者凤毛麟角,所以,暂时这样区别,也是一种合乎世道的做法。孔子非常人性化,更尊重现实,在他的眼里没有不可用之才,也没有当下谁都可行之能。根据不同才能,赋予不同使命,也算是人尽其才,物尽其用了。君子与小人并非永远不可转换,在各自的岗位上努力修行,小人也可以成为君子,也可以担当起历史的重任。

《淮南子·主术训》讲:"譬犹狸之不可使搏牛,虎之不可使搏鼠也。"因地制宜,是很合理的。上天既然诞生了无数物种,人类又分为不同根器之生命,各有其能,那就顺应自然的安排,龙王兴云布雨,雷公打闪放鸣,姜子牙不是做买卖的料,韩信不是搞政治的才,量小非君子,无度不丈夫,是君子不做小人的事,本小人难负君子之载。二者相辅相成,万物各得其位,不亦美哉?

15.35

子曰:"民之于仁也,甚于水火。水火,吾见蹈而死者矣,未见蹈仁而死者也。"

【译文】

孔子说:"百姓们对仁的需要,比对水火的需要更迫切。我只见过人跳到水火中死的,却没有见过为实行仁而死的。"

【要解】

古人将万物分为水、木、金、火、土五种属类,认为生命也是由这五行组成。还有讲地火水风,道理基本一样。天人合一,人不可能离开水与火,水火是生命必不可少的基本元素。孔子将仁德与之相提并论,就是每一个呼吸、每一个细胞都不可须臾远离。但是世人对仁德或斥而远之,或敬而淡之,或亲或离,不能如对水火一样倾心尽力,蹈身以赴,想想真是可怜。

孟子在《尽心上》里也有详细的论述:"民非水火不生活,昏暮叩人之门户求水火,无弗与者,至足矣。圣人治天下,使有菽粟如水火。菽粟如水火,而民焉有不仁者乎?"

百姓没有水和火就无法生活,圣人治天下用仁德,就如同给百姓水火一样,有了水火,他们才可以正常生活。

世人皆爱名闻利养,日里夜里思念如何攫得无限的财富,获取举世的赞誉、无上的地位、舒适的住房、美丽的容颜……却就是不知道它们的根本就在于一个德,而且保存它们永久不失关键也在于德。没有德一切皆无,有了德它们自然而来。厚德载物,德就似无比厚重的大地,求德之心就是那颗可以让你幸福永恒的种子,拥有了它们,再加勤奋耕耘,一定会收获丰厚。智慧无比的老子同样认识到了德的伟大与神秘:"道生之,德畜之,物形之,势成之。是以万物莫不尊道而贵德。道之尊,德之贵,夫莫之命而常自然。"(《道德经》51 章)只看重其末,不关注其本,面对财富、名利、权力、地位等无比渴望且不顾身家性命也要追求它,而面对仁德却淡淡而望,舍本逐末,岂不令人叹息?

15.36

子曰:"当仁,不让于师。"

【译文】

孔子说:"面对仁德,就是老师,也不谦让。"

【要解】

　　这个"不让",不是说不恭敬老师,是指真正在践行仁的问题上,不能落后于老师。

　　《荀子·礼论》曰:"礼有三本:天地者,生之本也;先祖者,类之本也;君师者,治之本也。"由此,"天地君亲师"五字排位而立,两千多年来,五字之礼深入人心,常挂口头,成为众生行为处事必须敬重之对象。如果说天地是实相,无血肉性命,君为一国之主,与自身生存有关,亲又为家人,时时关联着自己的一切,那么师长就是救赎慧命之人,传授真理之贤者,必须特别敬重,背叛传道师长之旨意,就是背叛天道,后果非常可怕。所以,一旦面对仁德,即便是有师者在身边,或劝阻(有的庸师有时会爱护学生的眼前利益而不允前往),自己也应该义无反顾地前往,因为仁比师大,比师重要,这与亚里士多德"吾爱吾师,吾更爱真理"之意如出一辙。

　　为师长的孔子特别重视师生关系的和谐,强调师道尊严。但是,他又强调在仁德天师面前不能谦让,不能落后,要勇猛、精进地力行仁道,如长江汹涌的波涛般一代胜过一代。这是把实现仁德摆在了第一位,是否行仁成为衡量一切是非高低的最高准则。

15.37

　　子曰:"君子贞而不谅。"

【译文】

　　孔子说:"君子固守正道,而不拘泥于小信。"

【要解】

　　贞:一说是"正",一说是"大信"。这里用"正"的说法。谅:信,守信用。

　　"贞而不谅"是讲君子为坚守正道可不必拘泥于小信,还可以解释成知道灵活变通,不拘泥于有关细节条文。君子坚守正道,讲究诚信,如果这种守信对坚守正道有所妨害了,就可以不必死守此小信,举大事不拘小节是也。虽然有细节决定成败之说,可是现实生活中诸事毕竟有轻重缓急,不可本末倒置。信是仁派生出来的,还在仁之下之后。为了维护仁德,如果和某一信言信行发生冲突了,那要以仁为本,暂时违背也是可以的,从根本上讲,这不是背了良知,而是为了维护、求得更大的良知。如果离开了仁德这个大原则,去讲什么小信，就不是真正的大信、真信，也不是君子的作为，而是小人愚蠢的行为。"大行不顾细谨，大礼不辞小让"，连樊哙都知道这个道理，君子更应该明白它的内涵。当然，我们不能以此为托词，放纵自己的不良行为。

齐桓公杀了兄弟公子纠，辅佐公子纠的管仲不但没有为纠而死，反而选择了投降，又辅佐起自己主人的仇人，与另一位为主人而死的召忽相比，管仲真的做得对吗？是仁者吗？孔子却认为管仲是仁者。当然，与子路、魏徵、文天祥、史可法之类不同，他们是明知山有虎，为了天下而偏向虎山行之真勇者、大义者。

15.38

子曰："事君，敬其事而后其食。"

【译文】

孔子说："事奉君主，要认真办事，把俸禄之事放在后面。"

【要解】

仁与师的关系讲完后，讲仁和信，现在讲仁与君的关系，这几章紧紧围绕仁这个中心进行，孔子真的是学而不厌、诲人不倦呀！孔子不提倡出世修行，他行的是大乘法门，除了自身的提高，更有社会责任、天下利益，所以他所提倡的仁德行为一定要入世，去救世。

仁德君子又如何事奉君主呢？身处于官场之中，如何做？先敬其事，就是先把自己分内的工作做好，拿国家的俸禄就得为百姓办事，合情又合理，否则就是贪图、巧占他人财富。至于食禄，应该放到后面去求，或者完全可以不求而自得。国家不会白白让你当这个官差的，百姓也不会让你白白忙碌的。

我们讲过，名与实是相当的，利与弊是相对的，敬与事也是相连的。用怎样的心态、什么方式去敬重事务，便会有什么样的结果，有什么样的结果，自然会有什么样的食禄。世界上的事都是平衡的、对应的，身处一人之下、万人之上的宰相，你必须有能划动大船的胸怀，需要夙兴夜寐地理政，吃得常人吃不得的苦，受得常人受不了的诽谤与诬蔑，在大是大非面前能站得住脚，把得住舵。心有多大，事便有多大；心在哪里，禄也就在哪里。

看一个人真正有无仁德，只看他对待有关事务和俸禄的态度就可知晓一二。真君子要有十二分恭敬的心态，敬人(君)、敬事、敬业、敬天下，才有资格求相关的报酬。古人讲"无功不受禄""人欠你的，天会还给你"，其中都有仁德之理在。

15.39

子曰:"有教无类。"

【译文】

孔子说:"人人都可以接受教育(不分聪愚、等级、族种等类)。"

【要解】

此章可谓整部《论语》里最为简洁的了,孔子只用短短四个字却道出了生命之理,表现出无上的仁爱之情,揭示出教化社会必经之径及教育需奉行之根本原则。然而,好长时间以来,我们却一直把它当作教育方面的一个原则来称赞孔子在教育上的主张,忽略它更深远而重大的哲学意义、生命意义与社会意义。

"教"是什么?就是教育、教化、教导、指引、启悟、开发等,是典范榜样,是谆谆教诲,更是因材施教,循循善诱,诲人不倦。"教"什么?教"六艺",教"四科",教"六经",更教天、地、君、亲、师、仁、义、礼、智、信、温、良、恭、俭、让等,而最为根本的只有一个字:仁,或曰圣、德、道。如何教?无类。就是不分高下贵贱等级,不管白黑黄色种族,不论天南地北之野,不讲究根性痴愚与优秀,更没有男女老少之别,即只要是人,个个可教。为什么?因为生命的本性一致,个个可以成圣贤,人人可以得佛道。惠能说得好:"人虽有南北,佛性本无南北。獦獠身与和尚不同,佛性有何差别?"(《六祖坛经》)除此之外,"无类"还包括各种不同的教学法,大乘小乘,宜人设教,权机而为,八万四千多法门都可使用。

人人皆有佛性,只看你修还是不修。孔子提出的这一教化原则也是基于人人皆可成圣贤之理,此理来源于他对生命本真的了知,肯定生命的平等性,赞同本性的同一性。这是多么伟大的智慧和胸怀呀!《道德经》短短五千言只言一个道字,道藏浩瀚无边,总归一个清静无为;儒教内容博大深厚,不离一个仁字,孔儒千年流传不衰,总归世间众生。"有教无类"四个字根由一个心,意在开发那纯真明明之心性,全力救度世人。这就是有教无类的天地心法,无上法门。

15.40

子曰:"道不同,不相为谋。"

【译文】

孔子说:"道法不同,不可互相商议。"

【要解】

上一章讲同,这一章讲异,同和异各有不同的对象,也有属于各自的特征。先讲和,再讲不同,这是君子;小人则与之相反。正反两面对比论述,问题就清楚了,也就圆融了。如果走极端,搞二元对立,那问题就会越来越矛盾,便难以求得仁道。生命的本性虽然相同,但通往仁德的路却千条万条,每个人的根器不同,个性爱好不一,心中道的概念不一样,所修行的方法不同,志向不同等等,这是很正常的,如果强行要求统一,势必会导致问题百出而陷入矛盾丛中。这也是孔子有教无类之下的因人而异、对症下药之教化方式的科学观体现。

我们不可能要求每个人统一步骤与方法,都成为君子或圣人,孔子非常讲究人性,也尊重先天与后天之关联而提出了"不相为谋"之说,是真正的务实派,人性思想大家。

"不相为谋"并不是对他人的鄙视,也不是对"非道"者的反感敌视,更非唯我独尊,排斥异己。是成人之美,不成人之恶;是"友便辟,友善柔,友便佞";也是如宋欧阳修在《朋党论》中所说的"君子与君子以同道为朋,小人与小人以同利为朋";还是清代申居郧于《西岩赘语》中所言的"君子论是非,小人计利害";是对众生的尊重,是对异道的包容,是对大道的明智维护。

真正的君子没有什么人不可交,也没有什么秘密之道不可言,只不过在与他人交往时,能坚守仁德,尊重他人,不受他人的影响而改其志,更不会面对异道愤怒指责。孔子是中和之儒,也是施天下众爱之人,为了大众,他能忍辱负重,屈己下人,包容异端,又不失仁,这才是真君子的本色,也是本章的真实含义。

15.41

子曰:"辞达而已矣。"

【译文】

孔子说:"言辞只要表达清楚意思就行了。"

【要解】

有人认为这是孔子谈说话技艺;有人说这是孔子提倡言简意赅,反对话痨;更有人将它拿来用于文学批评,表明孔子对文学批评也有建树。其实这些都偏离了它的本义。此章实则承接上一章而言。如果面对不同道者,不可以相谋时,不要马上进行反对,或沉默不语,也不要清高独傲。应该从对方的角度出发,用最为简单准确的语言把仁德之道之理准确地表达出来,尽量让对方明白通达。这里的"达"包括两个方面的意思:一是"所达",就是自己要真正明白,说出的话不能前后矛盾;二是"能达",用最真诚或通俗的话让对方也明白。所达和能达又是一体的,难以分开,即君子在教化他人的同时,自己首先要通达,无论是感悟、实证还是语言。

君子不能责怪、埋怨他人智慧低下,应该反省自己的不足,如果自己智慧十足,自然会有相应的办法让对方知晓仁德之理。只有心中无他人,才会时时指责抱怨他人。"辞达而已"是说不要什么华丽的修饰或故弄玄虚,要用最合适的语言或方法把正道之理给他人讲明、讲透、讲清楚,这是君子应尽的社会道义,而不能自命清高。这里孔子强调的还是君子教化他人之为。一方面不强行与不同道者统一,另一方面也不能让对方继续蒙昧下去,否则,就是一种不负责的表现。求正道除了为己,还要为他人,他人又"无类",都在可教之列,虽然对方可能因这样那样的原因一时不能知晓正道之本,这也正常。既然我与对方相遇一起,就是有缘,为何不借此机缘与对方言正道呢?即便面对的是固执己见者、不同道者,也应该想方设法来教导对方,献出自己心中那份仁德之爱。

15.42

师冕见,及阶,子曰:"阶也。"及席,子曰:"席也。"皆坐,子告之曰:"某在斯,某在斯。"师冕出。子张问曰:"与师言之道与?"子曰:"然;固相师之道也。"

【译文】

乐师冕来见孔子,走到台阶沿,孔子说:"这儿是台阶。"走到座席旁,孔子说:"这是座席。"等大家都坐下,孔子告诉他:"某某在这里,某某在这里。"师冕走了以后,子张就问孔子:"这就是与乐师所谈的道吗?"孔子说:"这就是帮助乐师的道。"

【要解】

师冕:名冕。据说他是鲁国的盲人乐师。孔子在这里表现出真诚而细微的待客之道。此"道"既指行走之道,亦为修行之道,还可指待人接物之法,一语几关,妙不可言。这是承上章而言如何教人之道的。孔子这些言行表现出来的道理有:

一、有教无类。盲者、老者,在有仁德者眼里同样是尊敬或教化的对象,我们都需认真对待,殷勤伺候。二、对方是乐师,自己修仁德(当然孔子也是大乐师),两者志向有所不同,但如出一心。三、谦卑待人,如水而下,这就是道法。四、根据对方实际,为对方指引合适的道路,避免不必要的磕绊,是君子修道为人的目的。五、君子不能离开自己眼下的事务而空言求道。六、仁德是由本性中自然流露出来的一种关爱,就是生活的平常,不需做作与伪饰。七、大道至简,大道无言,大道质朴。八、仁道就在简洁不烦的言行中,你认真做到了,对方也自然明白了。此章可谓言简而意远,道深而旨现呀!作为本篇之尾声,德音袅袅,余响不绝。

季氏篇第十六

(凡 14 章)

本篇主要内容包括孔子及其学生的政治活动、与人相处时的原则等。

16.1

季氏将伐颛臾(zhuān yú)。冉有、季路见于孔子曰："季氏将有事于颛臾。"孔子曰："求！无乃尔是过与？夫颛臾，昔者先王以为东蒙主，且在邦域之中矣，是社稷之臣也。何以伐为？"冉有曰："夫子欲之，吾二臣者皆不欲也。"

孔子曰："求！周任有言曰：'陈力就列，不能者止。'危而不持，颠而不扶，则将焉用彼相矣？且尔言过矣，虎兕(sì)出于柙(xiá)，龟玉毁于椟(dú)中，是谁之过与？"冉有曰："今夫颛臾，固而近于费(bì)。今不取，后世必为子孙忧。"孔子曰："求！君子疾夫舍曰欲之而必为之辞。丘也闻有国有家者，不患寡而患不均，不患贫而患不安。盖均无贫，和无寡，安无倾。夫如是，故远人不服，则修文德以来之。既来之，则安之。今由与求也，相夫子，远人不服，而不能来也；邦分崩离析，而不能守也；而谋动干戈于邦内。吾恐季孙之忧，不在颛臾，而在萧墙之内也。"

【译文】

季氏将要攻打颛臾。冉有、子路去见孔子说："季氏将要攻打颛臾了。"孔子说："冉求，这不就是你的过错吗？颛臾从前是周天子让它主持东蒙的祭祀的,而且已经在鲁国的疆域之内,是国家的臣属啊,为什么要讨伐它呢?"冉有说:"季孙大夫想去攻打,我们两个人都不愿意。"

孔子说:"冉求,周任有句话:'尽自己的力量去担起你的职务,实在做不好就辞职。'有了危险不去扶助,跌倒了不去搀扶,那还用辅助的人干什么呢?你说的话错了。老虎、犀牛从笼子里跑出来,龟甲、玉器在匣子里毁坏了,这是谁的过错?"冉有说:"现在颛臾城墙坚固,而且离费邑很近。不把它夺取过来,将来一定会成为子孙的忧患。"

孔子说:"冉求,君子痛恨那种不肯实说自己想要那样做却又要找出理由来为之辩解的做法。我听说,对于诸侯和大夫来说,不怕贫穷而怕社会财富不均,不怕人口少而怕天下不安定。财富均了就没有所谓贫穷,大家和睦了就不会感到人少,社会安定了也就没有倾覆的危险了。做到这样,如果远方的人还不归服,就用仁、义、礼、乐招徕他们;已经来了,就让他们安心住下。现在,你们辅助季氏,远方的人不归服而不能招徕他们;国内民心离散,却不能保全,反而策划在国内使用武力。我只怕季孙的忧患不在颛臾,而在鲁国内部呀!"

【要解】

颛臾:鲁国的附属国。有事:指有军事行动。东蒙主:东蒙,蒙山。主,主持祭祀。周任:人名,周代史官。陈力就列:陈力,发挥能力,指按才能担任适当的职务。兕:雌性犀牛。柙:关押野兽的木笼。椟:匣子。费:季氏的采邑。萧墙:照壁、屏风,指宫室之内。

这一章有关故事背景是,当时颛臾与三桓不合。鲁君想联合颛臾这一力量来削弱三家势力,季氏知道这一消息后就有了攻打颛臾的打算。当时辅臣冉求站在季氏的立场来考虑此事,基本同意讨伐颛臾,就此事来请教老师。老师一听非常不高兴,便直言批评了冉求。由于内容比较丰富,特分条列出:

一、在其位,谋其职,食其禄,身为家臣就应该对主人错误的行为进行劝阻,否则就是失责。二、颛臾是周天子封赐在东蒙一地的主人,是国家的臣属,为什么要讨伐它呢?这是违礼制的。三、治理国家最主要的是财富分配公道而不是动用武力征讨。四、如果想增加国家人口,使国家平安和谐,最好的办法是用仁德来招纳民众。五、一旦动用武力,会祸起萧墙。总括这几条内容,可以看出孔子两个重要思想观点。一是作为辅臣一定要尽全力辅助主人,不能敷衍塞责,助纣为虐。二是治理国家需注意不患寡而患不公,不患少而患不宁,仁德比武力起的作用大。后来,季氏也改变了当初的想法,没有出兵攻打颛臾。

16.2

孔子曰:"天下有道,则礼乐征伐自天子出;天下无道,则礼乐征伐自诸侯出。自诸侯出,盖十世希不失矣;自大夫出,五世希不失矣;陪臣执国命,三世希不失矣。天下有道,则政不在大夫。天下有道,则庶人不议。"

16.3

孔子曰:"禄之去公室五世矣,政逮于大夫四世矣,故夫三桓之子孙微矣。"

【译文】

孔子说:"天下有道时,制作礼乐和出兵打仗都由天子决定;天下无道时,制作礼乐和出兵打仗由诸侯决定。由诸侯决定,大概很少有经过十代不垮台的;由大夫决定,很少有经过五代不垮台的;由陪臣决定,很少有经过三代不垮台的。天下有道,国家政权就不会落在大夫手中。天下有道,老百姓就不会议论国家政治了。"

孔子说:"鲁国失去国家政权已经有五代了,政权落在大夫之手已经四代了,所以三桓的子孙也衰微了。"

【要解】

这两章讲天下有道和无道的特征,内容紧紧相连,故放一起。有道的天下有什么特点?孔子举例"礼乐征伐自天子出",即"礼乐征伐"都是由天子来决定。如果天下无道,则由诸侯发出。诸侯胡作非为,就背离了人伦道德,迟早会受到上天的惩罚和百姓的反对,这种违礼之事就不可能长久,大概诸侯传到十代就要亡国。如果此令由大夫出,只五世就会亡国。如果家臣执掌国政,只能传三世。理由是越往下,下面执政者的责任心越差,胆子越大,越是放纵无忌,享国也越是短浅。《礼记·中庸》里面讲道:"非天子,不议礼,不制度,不考文……虽有其德,苟无其位,亦不敢作礼乐焉。"一个国家真正安定太平,必定是上下各司其职,下位的不会僭越礼法取代上位者来做决定,君君臣臣,井井有条;否则,上者心里不畅,下者不能恪尽其守,上下相怨,国家必定混乱。

"太上,不知有之;其次,亲而誉之;其次,畏之;其次,侮之。信不足焉,有不信焉。"(《道德经》17章)真正的治国之道是自然平和,亲而誉之,绝对不是侮之。暴力一出现,则表明到达了人心之恶的最高度。孔子希望回到"天下有道"的那种时代去,政权稳定,百姓也相安无事。有道与无道虽然表现在政令和礼制的发出者,实际是符不符合天道与人道。天地有规律,背离了天道,天地自然不会护佑你。历史和现实都证明了这一点。

16.4

孔子曰:"益者三友,损者三友。友直,友谅,友多闻,益矣。友便辟,友善柔,友便佞,损矣。"

【译文】

孔子说:"有益的交友有三种,有害的交友有三种。同正直的人相交,同诚信的人相交,同见闻广博的人相交,这是有益的。同惯于走邪道的人相交,同善于阿谀奉承的人相交,同惯于花言巧语的人相交,这是有害的。"

【要解】

谅:诚信。便辟:惯于走邪道。善柔:善于和颜悦色骗人。这章孔子总结了三种有益的朋友,三种有损的朋友,强调近"三益"远"三损"。"三益"者,正直、诚信、多闻;"三损"者,奸邪、狠毒、夸夸其谈。两者相较,后者更难为人明察,他们善于作伪、口蜜腹剑,和这类人相处非常可怕。前者一般比较简单,有什么便是什么,不要手段与花样。可是,世人常常爱听好话,喜看和悦神情,故后者往往被人们亲近。

不是世人不知道君子好、小人不高尚,而是想获得一定的利益,知道遮掩住内心的欲望才可以得到所求,却不知道所求到的还会因欲望而失去。那些正直的朋友虽然有时也骂你、指责你,但心里却是爱你、关怀你的。相反,"三损"之友看似对你笑嘻嘻,实则居心叵测,令人难以设防。心为生命之主,心能就是生命之能,它的性质决定了生命的喜忧与逆顺,看人不能只看外表,只听话语,而要知晓他的内心。物以类聚,人以群分。好与坏,益与损,一切都是自己所招。在自我心性不能坚固把持的情况下,一定要交"三益",去"三损"。

16.5

孔子曰:"益者三乐,损者三乐。乐节礼乐,乐道人之善,乐多贤友,益矣。乐骄乐,乐佚游,乐晏乐,损矣。"

【译文】

孔子说:"有益的喜好有三种,有害的喜好也有三种。以礼乐调节自己为喜好,以称道别人为喜好(或以引导他人走向善道为乐),以有许多德友为喜好,这是有益的。喜好骄傲,喜欢闲游,喜欢吃喝享乐,这是有害的。"

【要解】

说完交友,再谈乐趣。孔子的教导非常接地气,他清楚现实中的生命都有个人爱好,它对我们修养品德的影响也是巨大的,故而提出了要三益乐,远离三损乐。最基本的是通过纯正高雅的礼乐来培养良好的情感与心性,然后在生活中要善于发现他人的优点,多鼓励、称赞对方,而不能总是挑剔别人的毛病,指责他人。如果可能就尽量引导他人向善、向美,这也是一种特别的喜乐,与人为善,自己更善,成人就是成己。最后是要多与至德之君子交往,让对方那崇高的德行来影响自己,净化自己,提升自己,这样才可达生命的至乐。相反,如果整天和那种骄傲自大、游手好闲、吃喝享乐者厮混于一起,自己的人生观也会在不知不觉中发生变化,而成为一个低俗浅薄、目中无人、只看重物质享受的人。

《礼记·乐记》里说:"凡音之起,由人心生也。人心之动,物使之然也。"乐通乎性情伦理,孔子一生很重视礼乐的作用,也不否认物质生活给人带来的快乐。不同品行的人有不同的快乐追求,但真正的快乐与人的思想道德有关。在物质生活保证的前提下,孔子更推崇精神生活的快乐,也就是崇高的道德修养,美好的人性发掘,再推广到整个天下的喜乐,美美与共,天下大同。"饭疏食,饮水,曲肱而枕之,乐亦在其中矣。不义而富且贵,于我如浮云。""发愤忘食,乐以忘忧,不知老之将至云尔。"以自大傲慢为乐者往往是我执狂,唯我独尊,心中没有他人,其乐是虚妄之乐。那些喜欢游手好闲与吃喝玩乐者,其乐也仅是一时小乐,定然不会有崇高精神之至乐。

16.6

孔子曰:"侍于君子有三愆(qiān):言未及之而言谓之躁,言及之而不言谓之隐,未见颜色而言谓之瞽(gǔ)。"

【译文】

孔子说:"侍奉在君子旁边陪他说话,要避免犯三种过失:还没有问到你的时候就说话,这是急躁;已经问到你时你却不说,这叫隐瞒;不看君子的脸色而贸然说话,这是盲人。"

【要解】

愆:过失。瞽:盲人。与君子(也可指君王)相交有"三过"不能犯:急躁、隐瞒、胡说乱说。特别是君王的事奉者更应注意自己的措辞,因为你的话语往往影响着一个国家的政务,至关重要。不能为保自己利益而沉默不语,也不能为讨君王的欢心而屈心做假,更不可花言巧语,欺蒙君王,扰乱国家。

不该说的时候乱说,就是浮躁,是心太浮、气太躁所致。气是心的表现,心决定气,心和气也和,心乱气也乱,道家讲精、气、神三者的修炼,其实也就是心的修炼。心是三者的根本,万万不可忽略。相反,该说话的时候又不说,这叫有所隐匿,也是过错。不想得罪上位,想保全自己,这是自私,是狡猾,是不正。君子应该坦荡荡,以诚相待,该说就说。当然,要分场合,看对象,找好时机,用最有效的方法。有智慧的人是不会不看对象言行的。

孔子参观周王祭祀先祖的太庙时,看到庙宇台阶的右侧竖着一尊铜人,嘴部被扎了三道封条,铜人的背面铭刻着一行字:"古之慎言人也,戒之哉,戒之哉! 无多言,多言多败。"这就是"三缄其口"成语的来历,这给孔子带来了极大的震撼。所以,孔子对语言非常重视,说话也十分谨慎,屡次告诉弟子们,在心存仁义的基础上,不管从事什么工作,身份是什么,都要分场合说话,看对象行事。管住自己的嘴,管住自己的心。

16.7

孔子曰:"君子有三戒:少之时,血气未定,戒之在色;及其壮也,血气方刚,戒之在斗;及其老也,血气既衰,戒之在得。"

【译文】

孔子说:"君子有三种事情应引以为戒:年少的时候血气还不成熟,要戒除对女色的迷恋;等到身体成熟了,血气方刚,要戒除与人争斗;等到老年血气已经衰弱了,要戒除贪得无厌。"

【要解】

本章讲君子"三戒":色、斗、得,即少年不要贪色,中年不可贪斗,晚年不可贪得。

人生三个阶段各有所戒,孔子总结得无比准确,到今天都有重要意义。"色字头上一把刀,石榴裙下乱葬岗",这是千古民语,也是对年轻人最真的劝告。按《黄帝内经》讲,血属于阴,气属于阳,人的身体要阴阳平衡才可健康,而少年的体内血气还没有充实,发育还没有完全,所以孔子特别提醒我们要戒色情之欲(包括手淫)。因为色欲最损耗血气,男子以养精为主,女子以养血为主。男子精亏,女子血亏,是百病之源。世人所谓的古时女子十四而嫁,男子十六而娶仅属嫁娶之期,并非一定要成婚,我们不能以此为据而放纵自己的行为。

到了壮年,血气已经刚强起来,就会好斗好争,不肯服输,不堪受侮辱,一斗必定就会招致凶祸。怎么戒斗?修礼让,学低下,淡定不怒,压火克己,按孔子所言的"五德"(温良恭俭让)行为做事。要想使他灭亡,必先令其发狂,这句大实话真的有理。看看身边那些火气大的、好争斗的人,无一个能得好下场。和者乐,斗者悲。今天好多年轻人上网爱玩杀人游戏,爱看各类争斗的影片,这对心性的发育也有很大的负面作用,最好远离。

常言老年人有三大特征:贪财、怕死、不瞌睡。因为年老距死亡更近,故而怕死,怕一辈子赚取的财物不属于自己,怕得病受罪,怕子孙不孝,再加精气渐衰,晚上不易入睡,心里更加忧戚。怎么办?建议最好有个信仰,照着自己的信念,身心一体修养,这些毛病都可以一一去掉。

16.8

孔子曰:"君子有三畏:畏天命,畏大人,畏圣人之言。小人不知天命而不畏也,狎大人,侮圣人之言。"

【译文】

孔子说:"君子有三件敬畏的事:敬畏天命,敬畏高贵的人,敬畏圣人的话。小人不懂得天命,因而也不懂敬畏,不尊重高贵者,轻侮圣人的话。"

【要解】

此"畏"不是恐惧、害怕的意思,而是敬畏、尊敬、依顺的意思。君子是不惑之智者、不忧之仁者、不惧之勇者,面对天命、大人、圣人之言,君子十分尊敬、依顺。此三者是至高的,符合天道正义,具有完美仁德,代表着天地人三才。君子"畏"此的目的就是顺从它们,和它们成为一体。

天命就是天地之令,也是自然之道,宇宙之规律,不能有一丝的改变。圣人是天地的代表,是在思想品格、行为方面均已到至高境界之完美之人。"大人"是指有高尚道德及行为之上位者,即明君或一心为民服务、为天下利益考虑之上大夫。这些在位的"大人"掌管着天下百事,晨兴夜寐,日理万机为天下思虑,我们理应敬重他们,做一个敬上尊贤的人。圣人之言就是开悟明理之语,揭示了万物真理的教诲,圣人是已经觉悟了的智者,恢复了德行,证达了天命,他们所说的话都是真理,而且这个真理是自然流露出来的,不是从别处听闻来的、虚假的。我们依此理而行就是顺合天地之道。如《道德经》、《易经》、佛经、《论语》、《孟子》等都是圣人们终生实践之智慧结晶,如果不学,那真的是太愚笨、太可惜了。

今天全民学习传统文化,重新认识古代圣贤的智慧与品格,这是大好的现象。可惜一些人不是以虔诚的心态来学习,而是抱着批评的态度、怀疑的心理来审视。不知道这些圣贤所达到的至高境界,只把他们当作高于普通大众的文化人来看待,认为他们也有历史局限,更有人格不足,其经典里处处充满了矛盾与落后的思想,这真的是大错特错。

16.9

孔子曰:"生而知之者上也;学而知之者次也;困而学之,又其次也;困而不学,民斯为下矣。"

【译文】

孔子说:"生来就知道的是上等人,经过学习后才知道的是次一等;遇到困难再去学习的是又次一等的;遇到困难还不学习的,是又下等的人。"

【要解】

人类文明为何会在轴心时代(公元前800至公元前200年)一时涌现那么多智慧哲人?这些圣贤,在生产力十分落后的时代下,是如何具有那么伟大的智慧,把天地万物看得那么彻底?孔子在此通过分类进行了简单的说明。

古时,一般把整个社会成员分为五等:天子、诸侯、大夫、士人、庶民。前三种一般会主动求学真理。士人可以经过教育去求学,唯有庶民因为无知故而无畏,也因为无畏所以更加无知。他们很难理解,为什么别人可以成为士大夫或诸侯,自己却辈辈贫苦、世世愚笨,人与人的差别咋就这么大呢?孔子又言:"唯上智与下愚不移。"上智者有坚定的信仰与毅力,不会因种种原因而改变自己的信仰,下愚者太愚,几辈子都难改变一点。由是而言,生而知之者是孤独的、寂寞的,下愚者是自足的、安然的,学而知之者与困而后学者则是幸福的,他们一天天在进步,每时每刻都有收获,倍感满足与幸福。

困而不学者,先是不管、不理、不闻、不行,然后是随大众,你们说什么就是什么,社会流行什么我也就追求什么,根本不管是非对错,更不知道生命、天地、万物及宇宙的本质到底是什么等;不去思考人生的意义如何,烦恼从哪里生出,如何消除;不知道那些智慧超人的哲学家、科学家、思想理论家为何会屡屡遭受当局的批判。如至今还把孔孟、老庄等当作封建时代的代言人进行批判的那些自以为是的人等,实为困而不学者矣!

16.10

孔子曰:"君子有九思:视思明,听思聪,色思温,貌思恭,言思忠,事思敬,疑思问,忿思难,见得思义。"

【译文】

孔子说:"君子有九种须思考的事:看的时候要思考看清与否,听的时候要思考是否懂,脸色思考要是否温和,容貌要思考是否谦恭,言谈要思考是否忠诚,办事要思考是否谨慎严肃,遇到疑问要思考是否应该向别人询问,愤怒时要思考是否有后患,获取财利时要思考是否合乎道义。"

【要解】

这章是教世人如何修养身心。孔子不只在理论上教导世人,而且在具体的行动上也列举出详尽的标准与方法。这"九思"基本把人的言行举止的各个方面都表述到了,是个人道德修养的规范,也是大众为人需具备的品质要求。如果真的做到了,就是被人称道的彬彬君子。

先讲的是对境,看到事物时要思辨明,听到有关声音时思辨聪,看到有关色相时思辨温。这也代表了眼、耳、身三识,通过这三识清楚它们是如何进入自己心头的,它们是不是真实的存在,是什么支配着它们。下来是看到对方时要思自己恭敬了没有,说话时要想到是否忠贞不假,做事时要想到有无敬畏之心、态度端正与否,这三者是具体言行举止上的要求。最后三者是遇到有疑惑的地方要多问,特别是向有德、有学、有智慧的人真诚请教,生气时要避免惹祸,得到利益要考虑是否符合道义。

孔子之"九思"又如老子之"七善"(居善地,心善渊,与善仁,言善信,政善治,事善能,动善时),智者所见略同,都是我们需认真遵守的生活规则。时时记住老子所言的"五色令人目盲;五音令人耳聋;五味令人口爽;驰骋畋(tián)猎,令人心发狂;难得之货,令人行妨"(《道德经》12章)之理,去彼取此,也可得道。

16.11

孔子曰:"见善如不及,见不善如探汤。吾见其人矣,吾闻其语矣。隐居以求其志,行义以达其道。吾闻其语矣,未见其人也。"

【译文】

孔子说:"看到善美的人事就担心达不到,看到不善美的人事,就像把手伸到开水中赶快避开。我见到过这样的人,也听到过这样的话。以隐居避世来保全自己的志向,依照义贯彻自己的主张。我听到过这种话,却没有见到过这样的人。"

【要解】

本章第一层意思是说见贤思齐,见不贤敬而远之。第二层意思是说隐居不是厌世,希望有机会再施展抱负,一心不变坚守于道。后者比前者更高,更难得,一般士人难以达到。就上述两种人来说,前者是后者的基础,后者是前者的提高,也是心性不断开发的证明。生命本性的高度,没有开发前真的不知道,也不敢相信它的力量会和天地一样,无比坚强,无比灿烂。

有好大一部分人一生只求平安幸福,家人诸事顺利,这类人的心性一般不会强大到哪里。还有的相信轮回,就是想平安离世,到时不要堕入地狱,这类人的心性并不高远。唐太宗《帝范》有这么一句话"取法于上,仅得为中,取法于中,故为其下"。如孔子、王阳明等力做第一等圣人,下手处就是见善如不及,见不善如探汤。

断恶修善，见贤思齐，下这样纯正的功夫，行善久了，心地渐转纯善，就可以开悟，明心见性，无穷的智慧开发出来后，自然就有菩萨那样的仁慈之心，也就能够判断什么时候该出来为天下服务，从而进退有度，隐出自如了。这就是所谓的"隐居以求其志，行义以达其道"。这和那种明哲保身或执着无畏者还不相同，这也是智者，但是在世人眼里却很是普通，也常常会被人忽略，有的可能真的默默终老一生。知道了这一道理，你就可以安心于眼前的工作，见贤思齐，不忘初志，一心修仁了。

16.12

齐景公有马千驷，死之日，民无德而称焉。伯夷叔齐饿死于首阳之下，民到于今称之。其斯之谓与？

【译文】

齐景公有马四千匹，死的时候百姓们觉得他没有什么德行可以称颂。伯夷、叔齐饿死在首阳山下，百姓们到现在还在称颂他们。说的就是这个意思吧？

【要解】

齐景公是齐国的国君，兵车千辆，有权有势，但是他死的那天，百姓没有什么哀痛，因为他只为自己，不为天下，没有高尚的情操。伯夷、叔齐是商朝的贤人，没有显赫的功勋，终饿死在首阳山，其高尚的情操至今被民众称道。通过两者的对比，孔子告诉我们，名与不名，德与不德，不在于身前的富贵与地位，而在于有无正义之行为。被民众称道的人不一定是有钱有权者，只有拥有高尚情操、优良品德的人才能流芳百世。

要想成就芳名必须修德，而非积赚财富。即使再富有，像齐景公那样富可敌国，最后未必能留下什么，百姓对你不会有什么怀念的，你走你的，与我何关？你若为天下，天下人人自然会想你。"民无德而称焉"，这也是符合天道的，天道是正义慈悲的、利于众生的，无德之人自然无功，无功而无天下。"人生自古谁无死，留取丹心照汗青"一句诗之所以流传天下，并非诗句如何高明，而是文天祥的人格魅力让天下感动。世间为文者不少，能说出漂亮话、写出优秀诗歌者更多，但凡能广泛流传于世的大多因为他们美好过人的品德。如杜甫，之所以成为千年诗圣，首先在于那颗忧苍生、叹黎民之心。宋朝名相范仲淹先生出将入相，建功立业，俸禄很丰厚，他却都拿出来布施济贫，办义学,死后连棺材都买不起。积善之家必有余庆,他的四个儿子都是公卿侍郎,整个范家八百年长兴不衰,这是厚德积至。

为文者有文德,为武者也有武德,事医者有医德,做法官者要有公道之心,为天子者必须怀有天下。不心存仁德之人,是永远也不能流芳千古的。

16.13

陈亢(gāng)问于伯鱼曰:"子亦有异闻乎?"对曰:"未也。尝独立,鲤趋而过庭。曰:'学诗乎?'对曰:'未也。''不学诗,无以言。'鲤退而学诗。他日,又独立,鲤趋而过庭。曰:'学礼乎?'对曰:'未也。''不学礼,无以立。'鲤退而学礼。闻斯二者。"陈亢退而喜曰:"问一得三。闻诗,闻礼,又闻君子之远其子也。"

【译文】

陈亢问伯鱼:"你在老师那里听到过什么特别的教诲吗?"伯鱼回答说:"没有呀。有一次他独自站在堂上,我快步从庭里走过,他说:'学《诗》了吗?'我回答说:'没有。'他说:'不学诗,就不懂得怎么说话。'我回去就学《诗》。又有一天,他又独自站在堂上,我快步从庭里走过,他说:'学礼了吗?'我回答说:'没有。'他说:'不学礼就不懂得怎样立身。'我回去就学礼。我就听到过这两点。"陈亢回去高兴地说:"我提一个问题,得到三方面的收获:知道读《诗》,知道学礼,又知道了君子对儿子的态度。"

【要解】

陈亢:即陈子禽。异闻:这里指不同于对其他学生所讲的内容。伯鱼,也叫孔鲤,孔子唯一的儿子。他出世时鲁君送来一条鲤鱼祝贺。为感君恩,孔子就给儿子起名为鲤。陈亢是一位好学的弟子,一次遇到了鲤,便问他平时老师如何教导他的?鲤如实说了两件事。陈同学听到后高兴地说:"我只问了一个问题,却得到三方面的收获,真是大有收获呀!"

这三方面的收获,一是《诗经》必须读,否则不会说话。诗中有真意,欲言须精学。"如切如磋,如琢如磨""绘事后素",其实孔子对其他弟子也多次提及《诗经》的重要性,它能养性、启智、还能悟理、寻德。当时诸侯国之间互相来往、使节见面、正式的谈话等场合,都引用《诗经》里的话语,这是一项礼仪,也彰显着主人的素养与文化。二是礼仪为人之首,行动之先。《孝经》上讲:"礼者,敬而已矣。"礼的精神就是一个"敬"字。通过学礼而从内心树立一种敬人、敬事、敬物之念,培养一种虔诚的恭敬之心,尊重万物,尊重他人,进而再尊重自己的内心本性。三是如何学礼。除了认真学习礼外,还要在实际中落实。如在庭院里见到父亲应该"趋而过庭"。父亲有问必答,简洁明了,不啰唆,也不沉默。然后是"退而学",落实父亲教诲不过夜。此章也是夫子简要而真实的教子经。

圣人之教不显山不露水,不故作架势,无特别场合,更没有什么固定的方式方法,就在日常的具体行为中。这也是儒家最易也最难又最为显著的一个特征。

16.14

邦君之妻,君称之曰夫人,夫人自称曰小童;邦人称之曰君夫人,称诸异邦曰寡小君;异邦人称之亦曰君夫人。

【译文】

国君的妻子,国君称她为夫人,夫人自称为小童;国人称她为君夫人,对他国人则称她为寡小君;他国人也称她为君夫人。

【要解】

这一章继续讲礼。通过具体的称号告诉我们,在称呼方面都是有礼仪可遵的,不能乱来,乱了就是对人的不尊重,会招来他人的抱怨指责。为什么要选取这样一个例子呢?推想当时的国君在对待女性方面不够严肃,随意收纳妻妾,乱封赐名目,致使大夫们也随之效仿,荒淫无度,朝政混乱,故而选用这一事,依守礼仪,端正朝纲。

国君的妻子称曰夫人,"夫人"一称我们至今沿用,说明它是符合天道和人道的。夫人对于国君自称曰小童,小童本是指未成年人,这里是谦称,即便是夫妻之间的称呼也得循礼,且男子对妻子也是非常尊重的。从中看出孔子对妇女没有什么歧视。臣子尊称国君的妻子为君夫人。本国的臣民向外国人称呼自己本国国君的夫人为寡小君。"寡"本是国君的自称,意为少德。除此之外,国君还称自己为孤、不谷。有人说这是统治者为笼络人心特意为之,其实上古时的有德国君是真心谦卑。国君如此,下臣们自然不敢自傲,于是便有臣、仆、愚、蒙、不才、下官等称呼,女子一般自称妾、奴等。后世对那些有才有德者又统称为"子",凡能被称为"子"者则一定是非凡之人。不要说这是古人故意为之,它除了可以正名、正分之外,更可正己、正人、正行、正意、正心,称谓诚心正意是也。

更重要的是通过名相,我们还可以进一步悟到本性。名中藏道,道亦有名,性一而名与相万殊,性相之理亦为一而不是二,自性、法性、佛性、真如、本体、仁、天命、上帝、神等名称虽然不一样,但讲的都是一个物、一个理,它们都是名,但同时也都有道。

阳货篇第十七
（凡 26 章）

本篇主要介绍了孔子的道德教育思想，孔子对仁的进一步解释，守丧问题，以及君子与小人的区别等。

17.1

阳货欲见孔子，孔子不见，归孔子豚（tún）。孔子时其亡也，而往拜之，遇诸涂。谓孔子曰："来！予与尔言。"曰："怀其宝而迷其邦，可谓仁乎？"曰："不可。——好从事而亟失时，可谓知乎？"曰："不可——日月逝矣，岁不我与。"孔子曰："诺，吾将仕矣。"

【译文】

阳货想见孔子，孔子不见，阳货便送给孔子一只熟的小猪，想要孔子去拜见他。孔子打听到阳货不在家时，往阳货家拜谢，却在半路上遇见了。阳货对孔子说："来，我有话要跟你说。"阳货说："把自己的本领藏起来而听任国家迷乱，这可以叫作仁吗？"（孔子不语）他又说："不可以。喜欢参与政事而又屡次错过机会，这可以说是智吗？"（孔子不语）他又说："不可以。时间一天天过去了，年岁是不等人的。"孔子说："好吧，我将去从政做官。"

【要解】

阳货：又叫阳虎，季氏的家臣。归孔子豚：归，赠送。豚，小猪。时其亡：等他外出的时候。遇诸涂：涂，同"途"，道路。迷其邦：听任国家迷乱。亟：屡次。上面原文是杨伯峻的断句，我们却认为孔子并没有不说话，而是依礼一句句回答了对方的问话，"不可"是孔子的回答而非阳货的。

阳货是当时鲁国一位炙手可热的人物,此人专制强横,又无仁少义,孔子不愿意跟他往来。孔子17岁时母亲去世,正值服丧期间的他,腰间系着麻带前去参加季氏宴请宾客之会,却被阳货给斥退了。多年后,阳货需要孔子这个难得的人才,主动找上门来请孔子帮他成事。几次劝说都遭到孔子的拒绝,但阳货不死心,一天特意给孔子送来一只烤熟的乳猪。这是重礼,来而不往非礼也,孔子必须得登门还礼。没想到在路上遇到了正好回来的阳货,于是两人便有了上述对话。阳货也会说话,毕竟是管理一国之大夫,三个问题把孔子问得只有回答"不可",再无二言。本想远避混乱朝政的孔子也就无奈地答应出来做官了。但孔子入仕的目的不是为了阳货,他知道若为阳货做事最终一定要失败,多行不义必自毙。之前孔子不出仕是良禽择木而栖,择明君而事。现在答应阳货是恒顺众生。后来出仕的孔子真的没有参与到阳货的政治活动中。不久,阳货因反叛出逃,孔子便与之没有了什么往来。

17.2

子曰:"性相近也,习相远也。"

【译文】

孔子说:"人的本性是相近的,由于后天的习性不同才有了差别。"

【要解】

"性"与"习"是两个截然不同的概念,"性"是生命之本,自然之根,天地之初,宇宙之核心,近似于老子所谓的无法名状但又实实在在存在的那个道性。它原本是无比纯真明透不染一丝尘埃的、光明巨大无比的,正如《心经》里所说的"不生不灭,不垢不净,不增不减",也就是每个人身上那颗纯真善良的本心。"习"呢?就是先天之性被种种杂乱欲念遮蔽后,每个人显现出来的不同个性、脾气、习惯等。性是先天具有的,习是后天不断形成的。性无可改,习是完全可以改变的。习越大,性隐藏得越深,也就更不容易显现出来。而本性显现出来后,就会有无比善良、慈悲、仁爱、宽容、诚信、平等、无私等特征,到那时分别心就不会再有,天地万物就会和自己成为一体。

孔子是明悟了本性之人,提出了"人之初,性本善"这一观点;而荀子强调后天之习性,故提出了"性本恶"的看法;西汉的哲学家扬雄在《法言·修身》里又讲到"善恶混之",即性又善又恶这一折中说法。在孔子的众弟子中,唯有颜回明悟了本性,所以能"无所不悦",曾子也领悟了这一要核,只是把它转化成"忠恕"来表述,其他弟子们则无法明知。后世的朱程等人也感知到了这一事物,换用天理表述,引起了好多人的误解。再到明朝王阳明又把它转述成良知,说它本身具足,光明灿烂,基本上重新回归到了孔孟正途上来。所谓"性相近"是孔子用了一种世人易理解的说法。性现则仁出,这是孔子对生命本质的最大发现。

17.3

子曰:"唯上知与下愚不移。"

【译文】

孔子说:"只有上等的智者与下等的愚者是难以改变的。"

【要解】

历来对这两句话的解读众多,却一直难指本来。如果联系上章就非常容易理解了:"移"为改变之意,上智者是不移心性,下愚者是难移习性。有上上智慧的人明白了生命本性为万物之主后,便马上确定其核心地位而坚守不移地追求下去,无论遇到多大困难,都不改其衷。而智慧低下之愚者,则死守后天的习性永难改变,见相执相,只知眼前之物是不变的永恒,却不知本性之实为真,其他皆为假。

上智者稍一学便知道性的本质,故而能有无上的智慧,如老子、六祖这类大智慧者。那些痴愚者便是学而不知者或困而不学者,任你如何教化,任他如何读书,都不会相信眼前之万相是假的。眼见为实是这类人至高的世界观,只知形下之事物,不知形上之无限的世界,不明白实与虚的相互转化,更不知道时间、空间与速度对我们认识这个宇宙所起的不同作用。

智者,慧也。慧者,其性现矣。影响慧根的主要因素就是后天的种种不良习性,如贪欲、执着、对立、嗔怒等。如果让他把这些习性去掉,他会哈哈大笑:不吃肉、不近色、不讲钱权、不追求享受,那还是人吗?他怀疑精神的存在,更不相信精神里可以提炼出本性来。正如承认眼前看到的这块金子,却不相信金子是从金矿里提炼出来的一样。所以,人难度,度人难,最难度的是下下愚笨之人。《礼记·中庸》里面说:"诚者,天之道也;诚之者,人之道也。诚者不勉而中,不思而得,从容中道,圣人也。诚之者,择善而固执之者也。"诚者可得性,得性者圣人也;后学只得习性,难得本性,终是凡人。"天雨虽宽,不润无根之草;佛法虽广,不度无缘之人",化而用之:天地虽善,亦生愚笨之民;圣贤有训,只顾聪慧之人。

17.4

子之武城,闻弦歌之声。夫子莞尔而笑,曰:"割鸡焉用牛刀?"子游对曰:"昔者偃也闻诸夫子曰:'君子学道则爱人,小人学道则易使也。'"子曰:"二三子!偃之言是也。前言戏之耳。"

【译文】

孔子到武城,听见弹琴唱歌的声音。孔子微笑着说:"杀鸡何必用宰牛的刀呢?"子游回答说:"以前我听先生说过,'君子学习了礼乐就能爱人,小人学习了礼乐就容易指使。'"孔子说:"学生们,言偃的话是对的。我刚才说的话,只是开个玩笑而已。"

【要解】

武城:鲁国的一个小城。弦歌:弦,指琴瑟。这里指以琴瑟伴奏歌唱。子游是孔子的弟子,当时做武城的邑宰。夫子到了武城,到处听到有人弹琴唱歌,所唱的歌是《诗经》里有关正德的歌,原来子游是用这些大道之理来治理武城的。孔子由衷地赞叹了一句:"杀鸡焉用牛刀。"言外之意是治理这么一个小地方还用得着这么正规而庄严的歌吗?弟子却有点不高兴了,马上用老师的话回敬了老师。夫子一听,发现自己错了,马上认真地说:子游的话是对的,我刚才开玩笑了,你们不必在意。

这一章讲什么呢?讲"君子学道则爱人,小人学道则易使也"这一思想,这也是孔子历来非常重视的为政之道。孔子把学道的世人大致分成两类。具有高尚品格的君子学道不是为了自己,而是为了爱世人。做官为政,把一方治理得井井有条,臣民共乐,这就是爱世人的表现,子游做到了。另一类是难修大道、只会顺从君子教导与管理的世俗小人,在子游的礼乐教化下也懂理了,能行礼了,这是非常了不起的事情。

这一章用具体的事例证明了孔子的政治理想是可以实现的。一个武城能做到这样,那十个武城也可以做到,整个鲁国及天下也完全可以做到。

17.5

公山弗扰以费畔,召,子欲往。子路不悦,曰:"末之也,已,何必公山氏之之也?"子曰:"夫召我者,而岂徒哉?如有用我者,吾其为东周乎?"

【译文】

公山弗扰据费邑反叛,来召孔子,孔子准备前去。子路不高兴地说:"没有地方去就算了,为什么一定要去公山弗扰那里呢?"孔子说:"他来召我,难道只是一句空话吗?如果有人用我,我就不能在东方复兴周王之道吗?"

【要解】

公山弗扰:又称公山不狃(niǔ),季氏的家臣。徒:徒然,无所据。吾其为东周乎:在东方建造一个周王朝,即复兴周礼。这一章的有关背景是作为季氏家臣的公山弗扰被主人冷落后非常恼火,就跟阳货一起把季桓子给扣押了,在自己的管辖地域费邑反叛。当时,曾派人来召孔子去为他服务。孔子竟然要去,直率的子路便直言相劝。孔子认为既然对方来召我,肯定是诚心的,不是随便说说而已。如果真的有人重用我,我一定会重新创造出一个周朝来。

历来对此章的解读也有大的分歧,认为孔子想当官想得太急了,一点是非原则也没有;孔子是虚伪的,言行前后矛盾;还有人为孔子辩护,说《论语》的后五篇内容驳杂,有很多章节真伪难辨;还有考证说公山不狃与公山弗扰不是同一人,等等。其实这都是就事论事,没有真正了解孔子的为人与行事原则,更没有把前后这几章结合起来分析,看不到其中隐藏的本质内核。

上章讲到孔子是见本性之圣人,即便身处淤泥之中,也绝不会与淤泥俱污,他真的能做到一心不移,二心不用。既然对方诚邀,那就应该深入虎穴,去探得虎子,不去,怎么就知道不行呢?再说了,即便前去叛臣公山弗扰那里,也不是要帮助对方来成就个人名节,而是要借机行事,利用这次机会,实施礼乐仁政,再造一个东方礼仪王国。他有仁者勇猛无畏之精神,更有仁者灵活机巧之心智,他心里清楚自己能行,但是世人却不了解他,真是可悲可叹呀!

17.6

子张问仁于孔子。孔子曰:"能行五者于天下为仁矣。""请问之。"曰："恭、宽、信、敏、惠。恭则不侮,宽则得众,信则人任焉,敏则有功,惠则足以使人。"

【译文】

子张向孔子问仁。孔子说:"能够处处实行五种品德,就是仁人了。"子张说:"请问是哪五种?"孔子说:"庄重、宽厚、诚实、勤敏、慈惠。庄重就不致遭受侮辱,宽厚就会得到众人的拥护,诚信就能得到别人的任用,勤敏就会提高工作效率,慈惠就能够使唤人。"

【要解】

在这之前,众弟子们纷纷请教过老师什么是仁,子张是聪明人,为何还要在此询问呢?原因就是公山弗扰那件事。孔子的回答是恭、宽、信、敏、惠。我们就去不去公山弗扰那里这一事来论这五者。

恭:就是对他人要尊重,不能鄙视任何人。圣人是没有分别心的,在他们的心里,万物都具有仁心,我孔丘就不能前去救度一个有反叛行为的乱臣吗?宽,孔丘一生没有对任何一位不宽容,如当年侮辱过自己的阳货。那么今天就不能宽容一下这个叛臣吗?再说既然公山弗扰真诚来邀,那说明他还是有一点正道之心,与我有深厚的缘分,我前往也可借缘行事救他人,改变国家的现状,有什么不对的呢?信:诚信是从事的基本,对方坦诚来邀,君子岂能薄情对待?我们整天讲君子要守信有诚,眼下面对他人的诚信我们却远避不谈,这还是君子的作为吗?敏:我去见南子你们反对,我今天要去公山弗扰那里,你们依然反对,南子与公山弗扰就是虎狼,我也有躲避的办法,会见机行事。再说了,对方也不一定就吃人。惠:惠就是慈悲,用爱感化他,用仁义教化他,用实利诱导他改邪归正,这就是我前去的目的。不全力制止反叛者,才是对天下百姓的不慈惠。

17.7

佛肸(bìxī)召,子欲往。子路曰:"昔者由也闻诸夫子曰:'亲于其身为不善者,君子不入也。'佛肸以中牟畔,子之往也,如之何?"子曰:"然,有是言也。不曰坚乎,磨而不磷;不曰白乎,涅而不缁(zī)。吾岂匏(páo)瓜也哉?焉能系而不食?"

【译文】

佛肸召孔子去,孔子打算前往。子路说:"从前我听先生说过:'亲自做坏事的人那里君子是不去的。'现在佛肸据中牟反叛,你却要去,这如何解释?"孔子说:"是的,我说过这样的话。不是说坚硬的东西磨也磨不坏吗?不是说洁白的东西染也染不黑吗?我难道是个苦味的葫芦?怎么能只挂在那里而不能让人吃呢?"

【要解】

佛肸:晋国大夫范氏的家臣,中牟的县宰。磷:损伤。涅:一种矿物质,可用作颜料染衣服。缁:黑色。匏瓜:葫芦中的一种,味苦不能吃。

鲁国一事没完,晋国又发生了同样性质的一件事。佛肸是晋大夫赵鞅的邑宰,后来投靠了范氏、中行氏。于是赵鞅就和佛肸反目了,佛肸就派人要召孔子来帮助自己,子路又反对前往。看这次孔子如何说理。

首先,孔子承认自己说过君子不入危地这样的话,但是,也讲过出淤泥而不染这样的理。你们怎么就固执片面来理解老师讲的仁道呢?再说,我难道只是个空头理论家,没有一点实际作用?连用三个比喻,告诉弟子们:面对困难,不能一味退让回避。既为仁者,就要努力发挥应有的作用,而不能空挂在那里当个摆设。我的本性纯洁无染如玉,任凭环境如何恶劣危难都不会影响我的心志,磨损我的本质。圣人入世而不浊世,守性而不习性。

一个人只要本性光明了,任环境再怎么改变,都不会影响他的心性行为的。有仁道者是不怕什么叛乱及战争的,更不会因对方有点毛病就不敢前往。修仁德者更需积极参与社会活动,改变它,完善它。否则,那还叫仁者吗?修齐治平又如何体现?君子利于义不能只是口头上说说而已,没有具体的行动,怎么能服务天下?

孔子真的不惧怕任何环境,但时机不成熟时,他也不会贸然前往。最后孔子也没有去佛肸那里,不是听从了弟子们的劝告,而是条件还不具备。弟子们把这两事特意记载于一起,其用意就是能让世人明白性与习性的关联、君子和小人的区别。

17.8

子曰:"由也!女闻六言六蔽矣乎?"对曰:"未也。""居!吾语女。

好仁不好学,其蔽也愚;好知不好学,其蔽也荡;好信不好学,其蔽也贼;好直不好学,其蔽也绞;好勇不好学,其蔽也乱;好刚不好学,其蔽也狂。"

【译文】

孔子说:"由呀,你听说过六种品德和六种弊病了吗?"子路回答说:"没有。"孔子说:"坐下,我告诉你。爱好仁德而不爱好学习,它的弊病是受人愚弄;爱好智慧而不爱好学习,它的弊病是行为放荡;爱好诚信而不爱好学习,它的弊病是危害亲人;爱好直率却不爱好学习,它的弊病是说话尖刻;爱好勇敢却不爱好学习,它的弊病是犯上作乱;爱好刚强却不爱好学习,它的弊病是狂妄自大。"

【要解】

愚:这里指受人愚弄。荡:放荡。这里特指好高骛远而没有根基。绞:说话尖刻。这一章还是紧接上一章而来教导子路等人的。估计是老师讲了那一番道理后,子路无言以对,但心里还是想不通,老师便又耐心开导起弟子来。六种美德与六种弊病是相对的,有优便有劣,优劣对立,做到了便是优点,否则便是缺点,用对比来说明,适合子路理解,这又是孔子因缘设教的典型案例。

这里的"学"是学那明心见性之大法,不是一般的知识,那才是学习的根本。不明心见性,只有一颗仁德之心是成不了事业的,往往会死板僵化。不知道心是什么,遇事难明是非,做事随意,没有原则,就不会正确应用智慧。明心见性后才可以开发出无穷智慧,才可以游刃有余,处乱世而不惊,立危墙而不惧。讲诚信固然是对的,但不明心如何判断是非?如何鉴定好坏?如何随机而行事?直与曲是相对的,天下无永远直的事物,也无永远曲的事物,如果不分青红皂白刚直不弯,说出来的话一定是尖刻无情的。勇敢无畏是世人所喜欢的,但是不知对错、不明是非和正义,遇到正义不顺从,遭到邪恶却去帮助,这会导致以错为对,为虎作伥。刚强到一定程度就是不会转弯,不知变通,他人劝谏听不进去,会固执到底,直至失败,这种狂妄自大的毛病是非常可怕的。

"六言六蔽"有一根本,就是"学",就是"学而时习"之"学",也是"学而不思则罔,思而不学则殆"之"学",就是本性的修养,它是整部《论语》之魂。

17.9

子曰:"小子何莫学夫诗。诗,可以兴,可以观,可以群,可以怨。迩(ěr)之事父,远之事君;多识于鸟兽草木之名。"

【译文】

孔子说:"年轻人为什么不学习《诗》呢? 学《诗》可以直接兴觉到本性,可以渐渐内观到本性,可以和万物的本性相合,可以清除掉不良习性。近可修得孝德事父母,远可有仁德为国政事君,更可以了知万物之名。"

【要解】

兴:激发感情的意思,一说是诗的比兴。观:观察了解天地万物。迩:近。

为什么要学《诗》? 历来的解释是:可以激发志气,可以观察天地万物及人间的盛衰与得失,可以使人懂得合群的必要,可以使人懂得怎样去讽谏上级。近可以用来事奉父母,远可以事奉君主;还可以多知道一些鸟兽草木的名字。我们从生命和天地更广远的角度理解,便有特别的含义。在教育了子路等人半天后,老师又说到具体"学习"的内容。转了半天,又转回《诗》上来了。《论语》真的前后一以贯之,上下章紧紧关联。

传统解释似有几处应存疑:一是一方面可以去除不良习气,一方面又激发志气,难道子路等人缺乏志气吗? 二是观察天地万物最终是为了什么? 三是合群了就不怕被世俗污染吗? 四是学《诗》的目的是懂得怎样去讽谏上司,这样的教育还是圣人教育吗? 五是学《诗》难道就是为了认识万物之名,学一点动、植物常识? 这与培养君子品格有何关系? 为何老师让弟子们学《诗》而不是其他? 我们猜测因为《书》太艰难,不大众,礼太容易入相,乐又是捉摸不到的事物,相对而言《诗》是最适合弟子修习的一个法门。明心见性的法门太多,没有哪一法是适合所有人的,要根据不同人的特性而定。世人大都如此,没有了具体的名相很容易进入顽空的状态。入相不执相,性中真如藏。读《诗》非为诗,只为除愚痴。孔子教育弟子是这样,教育自己的儿子孔鲤也是这样。

17.10

子谓伯鱼曰:"女为《周南》《召南》矣乎? 人而不为《周南》《召

南》,其犹正墙面而立也与?"

【译文】

孔子对伯鱼说:"你学习《周南》《召南》了吗?一个人如果不学习《周南》《召南》,难道不就像面对墙壁站着吗?"

【要解】

《诗经》里《周南》诗有11篇,《召南》14篇。周就是周公,召就是召公,两位同是武王的弟弟,都是圣人。孔子认为如果不学习这些诗,眼睛像被墙挡住了,一片黑暗,心性蒙蔽,智慧没有,愚痴十足。所以说,修习心性是唯一的内心法门。

有关《关雎》(周南首篇)一诗的真义我们在前面讲过。我们以《鹊巢》(召南首篇)为例,简要说说它的深刻寓意(原文略)。对此诗的意思历来争议较大,《毛诗序》上说此寓"夫人之德也";朱熹以为是写诸侯之婚礼;也有人认为是诗人代新郎言说,表达了诗人对男子的同情;还有人说这是一首弃妇诗;更有人说此为作者路遇一场婚礼,即兴记之,无什么深刻意义。如果以上所言是对的,那么,孔子为何要那么严格、多次叮嘱儿子学这些内容?而且此诗后世又引出"鸠居鹊巢""鹊巢鸠占"等内容不良之成语,这就是孔子让弟子们整天读的能够修身养性、成为君子的优秀书籍?这就是周公、召公两位圣人治理下百姓的内心情思?这样的诗高雅在哪里?似乎无论从哪一方面讲都是不通的。

我们这样认为:此诗借美好品格之男女喻天地阴阳两物,阴阳两特性之物亲和无间而合二为一便是道也。道者,心性也。孔子不是让儿子多读这些男女结婚内容的诗,而是让他明白这类诗里所蕴含的天地之理,从中领悟出心性开发的具体要求与入门途径。如果读过道家的《道德经》《玄机直讲》《玄要篇》《玉女真经》等,便会马上止住笑声,静下心来认真思考诗中所言的男女之事的寓意了。《易经》里有好多地方就是以男女为喻来阐述天地之道理的。《老子》一书中出现无数"雄""牡""父""雌""牝""母"等词汇,其寓意不言自明。

17.11

子曰:"礼云礼云,玉帛云乎哉?乐云乐云,钟鼓云乎哉?"

【译文】

孔子说:"礼呀礼呀,只是说的玉帛之类的礼器吗?乐呀乐呀,只是说的钟鼓之类的乐器吗?"

【要解】

连用两个反问,什么意思?就是礼非礼,乐非乐的意思。刚刚讲过,如果让世人多学礼与乐,就容易陷入实相和空相之中,礼有形式,易入实相,乐无形式,易入空相。空实都是相,实相好破,空相难破。《金刚经》就是专破实相的,《楞严经》是集中讲实有的,《心经》是讲空实两相的,《论语》里这三者内容都有。

孔子一生不断追求礼乐,到现在整部《论语》快接近尾声时,却反对弟子一味地追求礼乐,这是何意?前后矛盾吗?不,这就是在破相。正如佛讲经说法四十九年,到最后圆寂前,讲了《法华经》。在法华会上,佛说以前所讲法都不是真法,只是方便法,现在才讲最真大法、究竟法、圆满大法,故称之为《大乘妙法莲华经》。它提出了大乘佛教所主张的"开、示、悟、入"四字纲领,并详细叙述了三乘归一乘的中心思想。前后好似也有矛盾,实则根本不矛盾,圣人们教导世人都喜欢这样,因为世人多少智慧,贪嗔痴,爱名利,一开始就讲究竟大法,有几个能听下去的呢?孔子一上来,开篇就讲男女之事,世人有几个会从中超拔出来而明悟本性?礼非礼,有妙意,借相离相再入真;乐非乐,真义存,有色无色出空境。

我们学习圣贤之理,也要重视生命之根本、万物之起始,不要只注重形式,学个辞章,懂得如何行礼,而要学如何存心、放心、安心、固心,最后明心见性。为人要有温良恭俭让的品德,这是圣人的品性,却不是本质,本质就是那个本性,其余都是一时的外相,都需一一破除的。"行有余力,则以学文",《弟子规》总叙最后一句讲的也是这一道理。所谓的"弟子",非指一般的学子与孩子,而是指求天地正道之后辈也。

17.12

子曰:"色厉而内荏,譬诸小人,其犹穿窬(yú)之盗也与?"

【译文】

孔子说:"外表严厉而内心虚弱,如果以小人做比喻,就像是挖墙洞的小偷吧？"

【要解】

窬：原意为捷径，这里喻洞。传统的解法把此章理解为这是孔子批评那种色厉内荏的小人没有真才实学，就如同小偷一样；还有人说孔子是讽刺那些正人君子们，外表装模作样，实际干着龌龊的勾当。但是如何与上一章关联呢？难道《论语》就是一部支离破碎的言论集？我们认为孔子在此比喻寻求本性途中对心贼的防范。这里的小人指心性还没有开发出来，世俗欲念还很严重的世人。

有关这一点，开悟了的王阳明先生有切身体验。这位大儒把这些不是光明正大的念想、乱想、行为称为心贼、山贼："破山中贼易，破心中贼难"（《传习录》）"山中贼，横行于世间，违犯国法，戕贼百姓，可谓世间的祸害；心中贼，横行于方寸之间，违背天理，肆虐人情，可谓人心的祸害。"（《传习录》）所谓"心中贼"，大致说来有"名贼""利贼""权贼""色贼"四种，也就是名闻利养。平时口口声声放下，放下，什么都是空的假的，要淡泊名利，视金钱如粪土。一遇名利，心贼马上就从那个小洞里蹿出来作祟。修行之人只有能把这四贼从心田彻底清除干净，本性才有可能显现。

而这些心鬼内贼我们又看不到，有时它们出现了，我们也视之为平常，平时对它们特别放纵、娇惯，欲望之小鼠便渐渐养成了硕鼠，硕鼠又养成贪得无厌的大恶狗，当欲望满足不了时还会反过头来撕咬主人。这些无穷的欲望就是孔子所说的小偷。有了它们，我们就虚伪、不安，心里就不踏实，就会在他人面前色厉内荏。《清静经》曰："众生所以不得真道者，为有妄心。既有妄心，即惊其神；既惊其神，即著万物；既著万物，即生贪求；即生贪求，即是烦恼。烦恼妄想，忧苦身心。"说的也是这一道理。

天下真正欲修仁德者、想明心见性者，没有一个不小心翼翼提防这些心贼。阳明先生说，欲破心中贼有三种方法：静坐、在诸事上磨炼、致良知，其本质都没有超出孔氏之训。

17.13

子曰："乡愿，德之贼也。"

【译文】

孔子说："没有道德修养的伪君子，就是破坏道德的贼人。"

【要解】

孔子这里所说的"乡愿"就是指那些表里不一的伪君子,这些贼人欺世盗名、自我炫耀,孔子非常反对,而且在《公冶长》《子路》等篇章中多次提及。孔子的私淑弟子孟子也在《尽心下》中说到这种人。为何孔子把这种人叫德之贼呢?这里又涉及心性方面的一个大问题,就是中道。所谓的中道也就是阴阳相合,不偏阳,不倚阴,而心之本性也恰好间于阴阳之中,就是不阴不阳,不左不右,不上不下,不高不低,阴阳两性都具有,正好亦为中和。达到了中和、中道,就可得本性,中和、中道是明心见性的重要前提,也是必然过程。前文讲了本性,此章讲中道,几章间有内在关联。

中和、中道又称为中庸,中庸之道是孔儒最为核心的思想所在,也至为简洁明了。中庸之道就是发现了本身具足的本性并且将它应用于社会实践中,它也是孔子诚心正意、修齐治平理想的另一种表达。君子中庸,小人反中庸,此谓是也。

中道和乡愿有什么关系呢?乡愿好似表面上行中道而实践上根本没有达到中道。这些人经常冒充中道者,左边的不对,右边的也不好,数他自己最好。这种假君子、真伪人是修炼道德路上的大贼,和那心贼一样,都是诱惑自己与他人进入魔道的贼鬼,务必除掉。

17.14

子曰:"道听而途说,德之弃也。"

【译文】

孔子说:"在路上听到传言就到处去传播,这是有道德者所不去做的。"

【要解】

上一章责备伪君子,这一章批道听途说,这两者怎么也挨不上边呀?孔子为何会将一个简单的道听途说上升到道德高度来批评呢?原来此"道"非行走之道,而是求本性之道,此"涂"亦非平常他途,是指寻求本性的具体过程。

上一章讲到持中道、守中庸的重要,此章是讲静悟本性时常见的另一种情况,就是明明没有悟了,却告诉他人自己悟了,而且还详细地说自己看到了什么三花聚顶、破瓦出窍,什么进入太虚……这些内容有的是他从别人嘴里听来的,有的是从书上看到的,有的还可能是本人有一点感觉瞎想出来的,几者胡乱交织在一起,就随意对他人宣讲,听的人不得不信,以讹传讹,以假乱真。所以,孔子对这种不负责任的修行是不主张的。

真正开悟的人什么话也不说,什么神通也不会显现,表现得非常谨慎小心,生怕一出口有错而误导他人,就连他人说自己开悟了,自己都不敢轻易承认,更不会主动去对他人宣说什么内观之景、开悟后的状态是怎样的等等。虚云老和尚是开悟者,有人就前来追随、讨教,可是过了好长时间也不见和尚有什么异样,就认为是假的,纷纷离开了。而和尚也不说任何话,随你们而来而去,他只辛勤修炼,与平常人无有二致。"道听途说"万万使不得,害人害己!

17.15

子曰:"鄙夫可与事君也与哉?其未得之也,患得之。既得之,患失之。苟患失之,无所不至矣。"

【译文】

孔子说:"可以和一个鄙夫一起事奉君主吗?他在没有得到官位时,总担心得不到;已经得到了,又怕失去它。如果他担心失掉官职,那他就什么事都干得出来。"

【要解】

此章我们先从世间法讲,再从出世间法讲。什么叫"鄙夫"?就是指没有品行、贪图名闻利养、行为卑鄙的那些人。孔子认为这些人品格低下,贪求太多,行为自私,一旦事奉君主会使出浑身解数夺取名利,搅乱朝政,影响整个国家和天下。可叹的是,我国几千年封建社会的历史还大多是这样的,因为选拔官吏的制度不是法制,不是竞选、公选,而是人为地指定,自然就会唯吾喜爱是从,而不一定以品德为主。孔子此语真的是对君主及鄙夫的一种警醒,也是孔儒之道能在漫长的封建时代广播兴盛的原因所在。

从出世间法讲,此君主喻一身之中的那个核心本性,鄙夫则就是因"君主"(后天习性)的偏爱而不时潜入心朝,占满整个心房的众多贪欲、自私之心,是带有无尽嗔恨的心念、心贼。是它们把原本高洁明清的先天心性给搅扰得昏沉不明,才会有种种不良的言行出现,导致人生种种痛苦。故需去掉这些鄙夫、小人和心贼,让一身之君真正清明起来,为整个生命和人生做主,成一位真正光明正大的君子。

其实世间法和出世间法同为一法,世间法修好了,出世间法也就修好了。如果说上几章分别阐述如何进行修道、修仁的话,这一章是揭示了它们的本质与表现,有总括几章之功用。

17.16

子曰:"古者民有三疾,今也或是之亡也。古之狂也肆,今之狂也荡;古之矜也廉,今之矜也忿戾;古之愚也直,今之愚也诈而已矣。"

【译文】

孔子说:"古代人有三种毛病,现在恐怕没有了。古代的狂者不过是愿望太高,而现在的狂者却是放荡不羁;古代骄傲的人不过是难以接近,现在骄傲的人却是凶恶蛮横;古代愚笨的人不过是直率一些,现在的愚笨者却是欺诈啊!"

【要解】

这一章是通过古今对比阐述仁德的。孔子列举了三方面的情况,通过狂者、矜者、愚者三种人的古今不同表现,说明了世风日下,令人无可奈何。孔子所谓古者,是指东周之前。今天,我们把它拿来套用,竟丝毫不差,可见孔子的见识是何等的准确。

先看狂者,由上古的意愿太高,到了中古的放荡不羁,再到今天的疯狂放肆、无所不为。再看矜者,由上古时的骄傲,中古时的凶恶蛮横,到今天成了可以随意动用手中资源发动战争、涂炭天下的极端分子。三看愚者,由直率到欺诈,再到今天的反人类、反真理、反天地正道,真的是"登峰造极",无以复加。这三类人基本代表且说明了一些人的思想道德水平随着物质文明的进步正在日趋下降。对此,老子早就说透了:"大道废有仁义;慧智出有大伪;六亲不和有孝慈;国家昏乱有忠臣。"

智慧如老子者为何反对聪明机巧?主要是看透了世人俗心,这是圣人们最为担忧的,也正好为历史所证实。

17.17

子曰:"巧言令色,鲜矣仁。"

【说明】

本章已见于《学而》第3章，此处系重出。

17.18

子曰："恶紫之夺朱也，恶郑声之乱雅乐也，恶利口之覆邦家者。"

【译文】

孔子说："我厌恶用紫色取代红色，厌恶用郑国的声乐扰乱雅乐，厌恶用伶牙俐齿颠覆国家这样的事。"

【要解】

上古时的圣者能时时处处遵循天人合一之思想，五行思想也深入人心，如颜色与天地方位有紧密的关联，五色和五行是对应的，青、白、赤、黑、黄这五色被视作正色，五色相杂则被视作间色，它们与五行生克、四时变化一起组成了中国古代的色彩信仰系统。自从周代礼乐制度确立后，颜色就被用来区分等级。尊者用正色，卑者用间色，上衣和礼服用正色，下裳和便服用间色。赤为贵，黑为吉。到了春秋时期，礼崩乐坏，颜色的应用也随之混乱开来。周代属火，崇尚赤色，朱为正色，紫属于间色。孔子对周王朝心仪已久，认定红色不可更改，更改便是不祥不吉，特别是上升到礼仪的角度更不可容忍，因为它搅扰了社会的正常轨迹，扰乱了人心。

当时郑国之音声大多为淫乱、淫哀之乐，听起来容易让人神魂颠倒，失去正念。雅乐是先王所创作的雅正之乐，中正和平，听起来能够使性情调和。正乐能正心，不正之乐能乱心。听闻一个时代流行的音乐（包括其他文艺节目）就可以断定社会的发展，是有一定道理的。

利口就是口才锐利，很会说话，甚至强词夺理，如少正卯，这叫佞人。孔安国说："利口之人，多言少实，苟能说媚时君，倾覆国家。"（《论语集解》）应该依照天地正道，达到正见、正思惟、正语、正业、正命、正精进、正念、正定这"八正道"（《大毗婆娑论》），方可成就君子之德，太平天下。

17.19

子曰："予欲无言。"子贡曰："子如不言，则小子何述焉？"子曰：

"天何言哉？四时行焉，百物生焉，天何言哉？"

【译文】

孔子说："我想不说话了。"子贡说："你如果不说话，那么我们这些学生还传述什么呢？"孔子说："天何尝说话呢？四季照常运行，百物照样生长，天说了什么话呀？"

【要解】

有的人解读此章时，认定是老师被当时的现实气得无语了，不想再说什么了。这就有点以小人之心度君子之腹了。孔子此处的不语其实就是心欲归入中和、中道之中，将进入静寂之态，不想再多语了。静态是什么态？这是非常难言的，不达此者无法与之明言。静态也分好多层次，层次不同，境界也不一样。世界至高的是用心做事，无言是最高之言。看到弟子不懂，老师便以自然为例告诉弟子这一无言大法。

静悟法门是儒释道三学共同推崇的修炼方法，也是一门高深莫测的学问，故而《大学》开篇有言："知止而后有定，定而后能静，静而后能安，安而后能虑，虑而后能得。"

17.20

孺悲欲见孔子，孔子辞以疾。将命者出户，取瑟而歌，使之闻之。

【译文】

孺悲想见孔子，孔子以生病为由推辞不见。传话的人刚出门，（孔子）便取来瑟边弹边唱，让孺悲听到。

【要解】

孺悲是鲁国人，鲁哀公曾派他向孔子学习士丧礼，应该算是孔子的学生。但孔子为何要这样做？一方面找个生病的理由不见人，可下人一走，自己却又弹起琴来，让对方知道自己无病。孔子为何如此做？

历来专家对此有各种解释：圣人不肯妄语；孔子是以歌声告诉孺悲需知礼；夫子故意不见孺悲，还让他本人知道，这比棒喝还来得严厉，近似于惩戒；哀公不再亲自问政，而是派遣孺悲问士丧礼，孔子以取瑟而歌的方式奚落孺悲，实则对哀公以示不满；此为不屑之教诲；不管用意如何，此章可见夫子性情……若照以上解读，孔子是一个迂腐之人，狭隘小人，有高傲之心，有迁怒抱怨之嫌,教人不视对象……总之不能进入孔子之心海,故而都是曲解。

我们认为可简单解读如下:此章写不见,因圣师正处于静心修习特别时期。其间独守本性,处精纯养心之关键时分,不想见人,但又不能无礼,不愿让人难堪,故而以乐告知。正乐对静心有宜,不会乱心分神。同时也在借此暗示对方,真正的大道就在自己身上,无须从外部去寻求。求人不如求己,每个人都是圣贤,就看你能不能把心安住了。

孔子偶尔也借乐来静,以乐养性守心。故而我们也止言不语,静心与夫子神会。

17.21

宰我问:"三年之丧,期已久矣。君子三年不为礼,礼必坏;三年不为乐,乐必崩。旧谷既没,新谷既升,钻燧改火,期可已矣。"子曰:"食夫稻,衣夫锦,于女安乎?"曰:"安。""女安,则为之!夫君子之居丧,食旨不甘,闻乐不乐,居处不安,故不为也。今女安,则为之!"宰我出,子曰:"予之不仁也!子生三年,然后免于父母之怀。夫三年之丧,天下之通丧也,予也有三年之爱于其父母乎!"

【译文】

宰我问:"服丧三年,时间太长了。君子三年不讲究礼仪,礼仪必然败坏;三年不演奏音乐,音乐就会荒废。旧谷吃完,新谷登场,钻燧取火的木头轮过了一遍,有一年的时间就可以了。"孔子说:"才一年的时间,你就吃开了大米饭,穿起了锦缎衣,你心安吗?"宰我说:"我心安。"孔子说:"你若心安,就那样去做吧!君子守丧,吃美味不觉得香甜,听音乐不觉得快乐,住在家里不觉得舒服,所以不那样做。如今你既觉得心安,就那样去做吧!"宰我出去后,孔子说:"宰予真是不仁啊!小孩生下来到三岁时才能离开父母的怀抱。服丧三年,这是天下通行的丧礼。难道宰予对他的父母没有三年的爱吗?"

【要解】

钻燧改火:古人钻木取火,四季所用木头不同,每年轮一遍,叫改火。期:一年。食夫稻:古代北方少种稻米,这里是说吃好的。这章对话非常有意思,老师讲的在理,但学生答的也符合实情。谁是谁非,自古便有不同看法。传统认为,肯定是孔子讲的对,孝是人最基本的道德要求,没有孝心便不能有其他纯美的品行。可是,宰我也不是强词夺理。三年呀,种田、家务、亲人得病、灾难来了,这令正在守孝的儿女怎么办?师生之间的这个结并不易解,而这个结又是世间普遍存在的,回避不了。怎么办?

联系上下章,再细心品读,你会发现其中的奥秘,整章的核心在于一个"安"字。即守孝的问题只要做到"安心"即可。什么是安心?这又回到《论语》最神秘高深的问题上来了。所谓的"安心"不只是说心里感到安然、没有什么内疚之类意思,更指把那颗后天凡心安定于一个非常适合的位置,愉悦守中,达到正心。孝是一种美好的品格,也是良知的一种,把心安放到这一良知上,是一种善念,也是正心。前文讲的静心也是一种安心,但没有具体的事务作依托,本质上讲还可能是一种假的安心。只有把心放到具体的事务上,才能考验出这颗真心到底安不安,安得对不对。在守孝这一问题上,孔子的心能安放三年,宰我只能安放一年,这也可以看出孔子的修养远高过弟子。孔子是高标准,严要求,境界较低的宰我却不愿听从老师的指导,而欲自我行事。心境不同,情感便不同。这就是师生矛盾产生的根由。

本章借孝道讲安心,通过安心讲修养,孔子是出神入化之圣人,深深懂得安心的重要性,故以此事为例来教育世人。

17.22

子曰:"饱食终日,无所用心,难矣哉!不有博弈者乎?为之,犹贤乎已。"

【译文】

孔子说:"整天吃饱了饭,心思不知道往哪里用,这是很难有成就的呀!不是还有掷采和下棋的游戏吗?干这个,也比无所用心好。"

【要解】

朱熹曾说:"入学工夫,须是静坐。静坐则本原已定,虽不免逐物,及收归来,也有个安顿处。"还干脆对学生郭得元明示:"用半日静坐,半日读书。如此一二年,何患不进?"

用心的前提是安心,心没安之前都是胡思乱想,只有安定后才会明理,叫心安理得。刚刚和宰我讲安心,这一章继续讲这一问题,孔子之教总不离心性。《论语》越到后面,要义也越是明显。

这一章里老师换了一种方式教育弟子,说整日饱食却不知道心思往哪里用,不能好好静心修养,这是很难成功修为的。哪怕去试试掷采、下棋等,也可安养其心。"心之官则思",心与思紧密联系,看书心就往书上想,走棋心就往棋上想。若没有一具体之事做载体,心思就会散乱。孔子说即使博弈也比无所用心好,因为博弈也需要思考,其实这也在用心。孔子并非主张我们去学博弈,而是通过类比告诉弟子要有所用心。

儒家的教化有属于自己的独特方式,可以抚琴、吟诵、射箭、对弈等,或者扫地、擦桌子,目的是让心专一起来。六祖说过专心致志便是禅。专注做事就是修心,修心不一定非要出家,也不一定非要坐禅,喝茶、睡觉、扫地,任何事务都可安心,这便是后来中华智慧之生活禅,也是孔子让弟子们博弈的目的。

17.23

子路曰:"君子尚勇乎?"子曰:"君子义以为上,君子有勇而无义为乱,小人有勇而无义为盗。"

【译文】

子路说:"君子崇尚勇敢吗?"孔子答道:"君子以义作为最高尚的品德,君子有勇无义就会作乱,小人有勇无义就会偷盗。"

【要解】

不会安放其心,那就只好退一步来谈勇和义了。夫子的心真的好,看到弟子修炼不成高深的心法,那就来和他谈谈君子和小人对于勇与义的理解吧。其实,这又是老师的智慧表现。义和勇也与心息息相关。具体是:义须有勇守护,勇要建立在义之上,二者难以分开。君子有勇无义就会作乱,无义便无德,从事具体事务时就难以管住自己的心性,稍有不慎就会放纵欲望,见利而起妄,见色而生邪,见名位就可能会生出非分之心,甚至偷盗,此时的君子也就退回成小人了。

"义"就是符合天地正道的就去做,不符合的就不做。义也有循理的意思,合乎天理、合乎良心、合乎道义。"乱"和"盗"都是习性放纵后的自然表现,也是失义的必然结果。子路有勇又修不成心法,夫子只能教导他有关勇方面的知识,让其通过正义之勇来慢慢领悟心如何安放。心安放好了,自然会有道义生出。或者说,知道了道义所在,也就自然明晓心如何应用了。以上这两章也是密切相关的。

17.24

子贡曰:"君子亦有恶乎?"子曰:"有恶:恶称人之恶者,恶居下流而讪(shàn)上者,恶勇而无礼者,恶果敢而窒者。"曰:"赐也亦有恶乎?""恶徼以为知者,恶不孙以为勇者,恶讦(jié)以为直者。"

【译文】

子贡说:"君子也有厌恶的事吗?"孔子说:"有厌恶的事。厌恶宣扬别人坏处的人,厌恶身居下位而诽谤在上者的人,厌恶勇敢而不懂礼节的人,厌恶固执而又不通事理的人。" 孔子又说:"赐,你也有厌恶的事吗?"子贡说:"厌恶偷袭别人的成绩作为自己知识的人,厌恶把不谦虚当作勇敢的人,厌恶揭发别人的隐私而自以为直率的人。"

【要解】

下流:下等的,在下的。讪:诽谤。窒:阻塞,不通事理,顽固不化。徼:窃取、抄袭。讦:攻击、揭发别人。这一章里,师生对话时共列举出七种令君子所讨厌的情况,这些情况都是因心性不纯而导致的。

七种令人讨厌的人事中,君子有四,子贡有三。先看君子讨厌的人事:宣扬别人坏处,不满、诽谤上位者,勇敢而不懂礼的,固执而又不通事理的。四者的共同点是心性不明,好坏不分,自以为是。再看子贡讨厌的人事:偷他人知识,以不谦虚为勇敢,以揭发别人隐私为直率。三者的共同特点是心地不善,心无他人,自傲自私。总括这七类人事,也有一个共同特征:心中只有自己,没有他人。说话做事只想到自己的快乐,根本没有顾及他人。有人把这些问题归结为社会经验少、单纯等,其实这不是根本。根本在于看他们的心安放在哪里。心有什么世界便是什么,心是什么,周围的人事就是什么。境由心造,相由心生。境随心转则悦,心随境转则烦。修心才是根本。

17.25

子曰:"唯女子与小人为难养也,近之则不孙,远之则怨。"

【译文】

孔子说:"女子和小人是最难进行君子之德教养的,把有关道理说得太亲近浅显了，他们会轻视；说得太深奥或不对他们言谈了，他们又会嫌不好懂，认为受到了歧视而埋怨。"

【要解】

　　此可谓《论语》中最具争议的章节之一了，因为它涉及占天下约一半的女性，令世人无法理解，堂堂一代圣人竟然这样对待女性："只有女子和小人是难以教养的，亲近他们，他们就会无礼，疏远他们，他们就会抱怨。"除此译外，还产生了诸多的解读。我们认为这里最为关键的是"养"字：它是守护、修养君子之德之意，而不是什么包养、共处、伺候、对付等。如是，此句就通达了，它表达了孔子面对此两种人那种无奈又兼有爱、急、怨的复杂情感，并不是什么鄙视与指责。

　　为什么女性和小人难懂、难成就仁德之道？一者那时的女性一般不参与社会活动，只做家庭事务，对大道之理真的接触非常少。二者女性一般易受情绪控制，想安放其心真的不易。三者小人的品性较差，见利忘义性情严重，若强行令其安心又会引起反感。《瞿昙弥经》中记载了当年佛陀的姨母非常向往佛道，三次请求出家、佛陀三次制止的故事。佛陀认为女子出家修行会令正法缩短五百年。后因阿难代为求情，佛陀才同意其出家，但要求女子须遵守"八敬法"，不得行"五事"。这"五事"是针对女性的弱点提出的，是对女性的告诫，也是佛对女性的爱护。随着时代的发展变化，现代的女性有了更为优越的条件，只要用心下苦，并不比男性差。

17.26

　　子曰："年四十而见恶焉，其终也已。"

【译文】

　　孔子说："到了四十岁还被人厌恶，那他的这一生也就算完了。"

【要解】

　　此章也应该是紧承上一章针对小人而言，即如果一心想做小人，到了四十岁也不知道改过，不开始修德，还继续做那些令人讨厌的事，说那些令人反感的话，那他这一生就没啥成功的希望了。其实孔子的意思并不是说这一生就彻底完结了，而是想表明，如果从小不接受仁德之教，到了这个年龄仍然继续做不好的事，真的难有大的改善了。这是本篇最后一章，孔子也是出于无奈，再次语重心长地告诫世人，马上修德吧，时间不多了。

  当时人们的寿命普遍不长，六十岁就算是少有的了，到了四十岁已是进入了老年的行列，如放到我们现在，四十还不到人生的一半呢，正值年轻气盛时。所以，品读圣人的话，也要和时代相结合，不能脱离时代而死板僵化地理解。

微子篇第十八

（凡 11 章）

本篇主要讲述了孔子的某些政治主张、弟子与老农谈孔子、关于塑造独立人格的思想等。

18.1
微子去之，箕子为之奴，比干谏而死。孔子曰："殷有三仁焉。"

【译文】
微子离开了纣王，箕子做了他的奴隶，比干被杀死了。孔子说："这是殷朝的三位仁人啊！"

【要解】
微子：殷纣王的同母兄长，见纣王无道，劝他不听，遂离开纣王。箕子：殷纣王的叔父。他去劝纣王，见王不听，便披发装疯，被降为奴隶。比干：殷纣王的叔父，屡次强谏，激怒纣王被剖心而死。此章讲仁人不改其志而遭遇的非常待遇。殷纣王暴虐无道，刚愎自用，任何人的劝谏都不能听取。当时有三位贤臣：微子、箕子和比干。这三位贤臣都是纣王的亲戚，屡次进劝纣王改正其过，却均受到残暴纣王的打击，最后三贤臣走的走，贬的贬，死的死，只剩纣王孤寡一人，最后他便葬身火海，国破家灭。孔子没有对纣王做出什么评价，只是认为这三位都是忧国忧民的仁者，为国家献出了自己的一切，可谓真正的仁人志士。这三位贤者之所以劝纣王，是于己、于家、于国三者仁德之心的真实体现。仁者，必须是爱人的，更何况是对亲人。

从《尚书》《吕氏春秋》《史记》等文献记载来看，好似纣王一无是处，罪恶极大,大体有滥用酷刑、贪图享乐、宠幸妲己、耗费民力、残害忠良等五个方面。然而另有文献表明纣王也是一个不凡的人才,他天资聪慧,思辨敏捷,身强力壮,能文能武,统一巩固了中原,当时人们对他的评价还是比较好的。《封神演义》所说的女娲娘娘对他的惩罚是艺术化的表现,主要是想表明他后期背离了天德,连上天都对他无法容忍了,所以才要灭他。

殷商到孔子时已有几百年的时间,每每想起他们三人,孔子都给予了无限的赞叹与同情,对他们高尚的品格寄予了高度的评价,也表达了孔子对当世贤者的呼唤。

18.2

柳下惠为士师,三黜。人曰:"子未可以去乎?"曰:"直道而事人,焉往而不三黜?枉道而事人,何必去父母之邦?"

【译文】

柳下惠当典狱官,三次被罢免。有人说:"你为什么不离开鲁国?"柳下惠说:"按正道事奉君主,到哪里不会被多次罢官呢?如果不按正道事奉君主,又何必要离开本国呢?"

【要解】

柳下惠,本名展获,字子禽,谥号惠,出生于鲁国柳下邑,为鲁国典狱官。这个官不大,但比较重要,主管着国家的司法。柳下惠生性耿直,不事逢迎,经常得罪权贵,三次无罪而被废官,仕途蹭蹬。很不得志的他道德、学问却名满天下,各国诸侯都争着以高官厚禄礼聘他,但都被他一一拒绝。不舍直道、不以曲道事君为人的他,始终没有离开鲁国。"良禽择木而栖,良臣择主而事",这是一般士人的选择,而柳君却不然。这是一位忠己、忠君又忠国的贤者,心中非常明智,也能坚守住自己的本心,天下虽无道,但自己心中必须有道。国君可以贬黜自己,自己不能玷污自己;身体可以下位,心性不可下流。这真的达到了《孔子家语·在厄》所言的"君子修道立德,不为穷困而改节"。亦是"为世忧乐者,君子之志也;不为世忧乐者,小人之志也"(《申鉴·杂言上》)的最好注解。

据《战国策·齐策四》记载,一年,秦攻齐,要经过鲁国。秦军下令切实保护柳下惠在鲁国的墓地,并规定在柳下惠墓地五十步以内砍柴的人将处以死刑。柳下惠在各诸侯国的影响由此可见一斑。有关他"坐怀不乱"的故事更是在民间广为传颂。柳下惠是遵守中国传统道德的典范,孔子评价他是"被遗落的贤人",孟子更把柳下惠和伯夷、伊尹、孔子并称四位大圣人,尊称其为"和圣",就是能把心放平、安好之有德之士。

《论语》在记录了微子、箕子、比干三人的事迹后,又记载柳下惠一事,目的是想说明身逢乱世总有贤者出现,不论其位高低,他们都能替国家百姓考虑。其实孔子也是这样的人。

18.3

齐景公待孔子曰:"若季氏,则吾不能;以季、孟之间待之。"曰:"吾老矣,不能用也。"孔子行。

【译文】

齐景公讲到如何礼待孔子时说:"像鲁君对待季氏那样,我做不到,我用介于季氏、孟氏之间的待遇对待你。"又说:"我老了,不能用你了。"孔子就离开了齐国。

【要解】

此章记录了齐景公对孔子说的两句话。这两句话应该不是同一时间说的。当说完第二句话时,孔子一句话没说,只有一个动作"行"。这桩史实在《史记·孔子世家》里面记载得很详细,大意是当时孔子三十五岁,鲁昭公受三桓之威胁出逃到了齐国,孔子也追随昭公到了齐国。齐景公很欣赏孔子,其间常常问政于孔子,后准备重用孔子,并想封一块地给孔子,结果被当时的宰相晏婴阻止。再后来就有了这一番推辞。

"吾老矣,不能用也"应该是景公受晏婴为首的下臣们的影响或左右而找的托词。孔子是明白人,知道自己的到来且接受封地,定会影响到齐国的政事,也会引起众臣的不满与排斥。齐与鲁国一样,群臣的力量也是很大的,即使是景公硬把自己留下,也不会有大的成就。于是,他便二话没说,起身离齐返鲁。孔子不求什么田产官职,而是看到自己的仁道无法实施才失望离开的。无奈又悲叹的孔子理解景公的难处,没有责问对方作为一国之君为何出尔反尔,也没有埋怨、反驳晏婴及群臣的抵触而找理由为自己的政治理想做辩护。孔子明白事由的前后,无语离开是他当时最好的选择。

这也是仁者的表现，事虽不行，君虽有反，臣虽有隙，但自己为仁之品格却坚守不变，不怨天，不恨地，不指责他人，只由自己默默承受这该来的一切。"可以速而速，可以久而久，可以处而处，可以仕而仕，孔子也。"(《孟子·万章下》)天不行仁德，齐鲁又无明君用孔子，正直不阿谀、不屈志的孔子又能如何？

18.4

齐人归女乐，季桓子受之，三日不朝，孔子行。

【译文】

齐国人赠送了一些歌女给鲁国，季桓子接受了，三天不上朝。孔子于是离开了。

【要解】

归：同"馈"，赠送。季桓子：鲁国当时的执政者季孙氏。在齐国待了近两年的孔子回到鲁国，后成为鲁国的大司寇，说服了鲁君，率兵堕三都，最后功败垂成，反受到季氏等人的反对与排挤。当时孔子担任大司寇才三个月，可是鲁国已取得了明显的政绩，经济繁荣，民心尽归。齐国看到这一情形后，感觉如此下去鲁国终会强大，到时齐国必因其而弱小，就想出一计，选出能歌善舞的歌女送给鲁君与季氏取乐，从此君臣不早朝。孔子劝说了多次无果，反招来两方的不满。又过了一段时间，鲁国郊祭完后，依礼分送祭肉时竟然单单没有给主持祭祀的孔子。孔子知道鲁君已经下定决心不重用自己了，识时务的他立刻辞掉了大司寇，带领部分弟子离开鲁国，开始了周游列国之人生苦旅。孔子没有为鲁君肝脑涂地，他不愿被贬黜或治罪。再说了，天下这么大，应该有一处适合孔丘施展政治抱负吧？

没想到，这一离去竟是漫长的十四年，当时的孔子已是五十多岁的老人了。好在有众多弟子追随，夫子的心里还有一丝安慰。于是，广阔无垠的中原大地上，便出现了一队孤独而执着的队伍，几辆牛车，一位老夫子，一队布衣，逶迤而行，孤苦而不寂寞，失落又充满希望。

离鲁去齐，均非吾愿。可行则行，需止则止，天地同感。《去鲁歌》之吟，不忘昔年："彼妇之口，可以出走。彼妇之谒，可以死败。盖优哉游哉，维以卒岁。"(《孔子世家》)鲁司寇孔丘从此消失于世，圣人孔子由是而横空出现。

18.5

楚狂接舆歌而过孔子曰:"凤兮!凤兮!何德之衰?往者不可谏,来者犹可追。已而,已而!今之从政者殆而!"孔子下,欲与之言。趋而辟之,不得与之言。

【译文】

楚国的狂人接舆唱着歌从孔子的车旁走过,唱道:"凤凰啊,凤凰啊,你的德运怎么这么衰弱呢?过去的已经无可挽回,未来的还来得及追加。算了吧,算了吧。今天的执政者危险呀!"孔子下车,想同他谈谈。对方却赶快避开,孔子没能和他交谈。

【要解】

经陈蔡七日之困,险些丧命的孔子一行好不容易到了楚国,受到楚王的热烈欢迎。对孔子非常热情且看重的楚昭王欲封七百里地给孔子,却被楚国的令尹子西阻止了,如齐晏婴阻止齐景公一般,后楚昭王突然去世,孔子在楚国的政治机会也就随之而结束。一天,在出行的路上,遇到这样一位隐者狂歌。劝告自己放弃理想,改做隐士,与之同行。孔子心里一惊,认定此为高士,忙下车欲与之相谈,对方却避而远去。孔子一人茫然站立路边,怔怔地注视着那个渐渐远去的背影。回想起这些年来的种种境遇,孔子不由地感叹:难道真的是天弃吾孔丘不成?穷则独善其身,达则兼济天下,小人汲汲求索,君子明哲保身,不立危墙之下,不与淤泥合污。既然如此,那就避世离尘,做一位隐士去好了,日出而作,日落而息,不知东方之既白,何论五霸之盛衰?自由言道,平心修德,心安身且康,何等逍遥快活?

然而孔子有一个信念始终不动不摇:仁德必须推行,天下必须来管。天下不是一个人的天下,百姓也非一国之百姓。人人皆可为尧舜,而自孔丘今日行。孔子的心始终安于中道,又不离世尘,不愿隐居山野,他要将两者紧密结合于一起,达到定邦平天下之目的。微风中的孔子微微一笑,朝对方点了点头,转身上车,一脸坚毅,大喊一声:驾。继续远行。

18.6

长沮、桀溺耦而耕。孔子过之,使子路问津焉。长沮曰:"夫执舆者为谁?"子路曰:"为孔丘。"曰:"是鲁孔丘与?"曰:"是也。"曰:

"是知津矣。"问于桀溺。桀溺曰:"子为谁?"曰:"为仲由。"曰:"是鲁孔丘之徒与?"对曰:"然。"曰:"滔滔者天下皆是也,而谁以易之?且而与其从辟人之士也,岂若从辟世之士哉?"耰(yōu)而不辍。子路行以告。夫子怃(wǔ)然曰:"鸟兽不可与同群,吾非斯人之徒与而谁与?天下有道,丘不与易也。"

【译文】

长沮、桀溺在一起耕种,孔子路过,让子路去寻问哪里有渡口。长沮问子路:"那个拿缰绳的是谁?"子路说:"是孔丘。"长沮说:"是鲁国的孔丘吗?"子路说:"是的。"长沮说:"那他应该知道渡口在哪里。"子路再去问桀溺。桀溺说:"你是谁?"子路说:"我是仲由。"桀溺说:"你是鲁国孔丘的门徒吗?"子路说:"是的。"桀溺说:"像洪水一般的东西到处都是,你们谁能改变它呢?你与其跟着躲避非仁道的人,为什么不跟着我们这些躲避社会的人呢?"说完,仍旧不停地做农活。子路回来后把情况报告给孔子。孔子很失望地说:"人是不能与飞禽走兽合群共处的,如果不同世上的人打交道,还与谁打交道呢?如果天下有道,我就不会与你们一起改变天下了。"

【要解】

长沮、桀溺:两位隐士,真实姓名和身世不详。耦而耕:两个人合力耕作。问津:津,渡口。寻问渡口。执舆:即执辔。耰:用土覆盖种子。怃然:怅然失意。

从楚国叶邑到蔡国的途中又遇隐士,且是两位。老师让子路前去探问何处可渡?"津"者也可理解为双关,含有济世度人之法。子路问路,反被对方所问:他是谁?你是谁?好一个生命终极哲学问题。子路愚笨,只以外相之名实告。隐者看对方不解其理,非常失望,只得以实再问:你和他是一体的吗?子路还是不悟,以实答实:"然。"对方本知是孔丘,便又一句双关出口:圣人岂能不知如何自度与度他?后便无语,自顾耕耘。隐者更以江水作喻,在对比中让子路重新选择人生之路:既知艰难如此,何不做个田夫,喜种四季,勤耕五谷,翻大地之心,收自然之实?子路不明隐者之语,返身如实告知老师。

夫子听后,一脸的无奈失意,苦笑一声,把缰绳递与子路,望长天而凝目,迎风而诵:人非鸟兮兽非人,吾谁与归世不明。丘不更易物有道,不执我以尧舜风。出尘远民岂无意,欲求太平涉远程。由,上车,赶快走吧,天快黑了,前面应该有一个津渡!心有所思相便生,安心于住水自从。

18.7

子路从而后,遇丈人,以杖荷蓧(hè diào)。子路问曰:"子见夫子乎?"丈人曰:"四体不勤,五谷不分。孰为夫子?"植其杖而芸。子路拱而立。止子路宿,杀鸡为黍而食之,见其二子焉。明日,子路行以告。子曰:"隐者也。"使子路反见之。至,则行矣。子路曰:"不仕无义。长幼之节,不可废也;君臣之义,如之何其废之?欲洁其身,而乱大伦。君子之仕也,行其义也。道之不行,已知之矣。"

【译文】

子路跟随孔子出行,落在了后面,遇到一个老丈,用拐杖挑着除草的工具。子路问道:"你看到我的老师吗?"老丈说:"你四肢不劳动,五谷不认识,谁知道你老师在哪?"说完,便扶着拐杖去除草。子路拱着手恭敬地站在一旁。老丈留子路到他家住宿,杀了鸡,做了小米饭给他吃,又叫两个儿子出来与子路见面。第二天,子路赶上孔子,把这件事向老师做了报告。孔子说:"这是个隐士啊。"叫子路回去再看看他。子路到了那里,老丈已经走了。子路说:"不做官是不对的,长幼间的关系不可能废弃,君臣间的关系又怎么能废弃呢?想要自身清白,却破坏了君臣伦理。君子做官,是为了实行天地道义。至于道义行不通,早就知道了。"

【要解】

蓧:古代耘田所用的竹器。黍:黏小米。仍遇隐者。和上两次不同的是,此次却是子路单独与之相遇,且还被留宿一晚,食鸡黍,见其子,实是言谈大有缘。估计双方相谈甚欢,法喜充满。不然第二天见了老师,平常舌笨嘴僵、心性不高的子路如何突然能说出如此深刻的一番话语?行文有起伏,记叙有章法,细节出神态,对话现人物。《论语》虽为论,义却相关。千古妙章,实不可攀。

隐者对子路说了什么?虽然子路没有直言,但通过感受,还是能明白几分的:一、对方劝告子路一行不要去做官,有本性被污染之可能不说,更有性命危险,不如从隐,但子路却不以为然。二、隐者与之交谈到有关礼仪,且对方也懂得礼仪,行得礼仪,让二子出来拜见客人即是明证。隐者对子路等人礼仪德风大为赞叹。三、隐者劝告子路一行,可以不忠于君王,不服务于君王,子路并不认可。四、天道不行,吾亦早知,他人再言,决心已定,仲由感恩教诲,后会有期。

再从另一角度看,这段故事可以当一公案来参悟的。隐者的每一言行俱有禅意。平平常常的一段对话,自自然然的一次相遇、过夜、吃饭、见子、不见,每一内容都有深义蕴藏,就看你有无禅性了。有人将后面子路的话看作是子路对隐者两个儿子所言,也有道理,实是借儿子转告其父孔子一行的政治观点及行为目的。细品,此话也非子路能出,一听就是老师临时所教。两种解读,非常有趣,都充满禅机。前者把隐者与子路的对话省略,第二天再交代。后者把老师的教导省略,让子路前去表明。一来一往,一在一去,一明一暗,真的是一部精致的短篇小说,其主旨则明者自悟,幽者空听,禅味浓浓。《论语》一书,妙不可言。

18.8

逸民:伯夷、叔齐、虞仲、夷逸、朱张、柳下惠、少连。子曰:"不降其志,不辱其身,伯夷、叔齐与!"谓:"柳下惠、少连,降志辱身矣,言中伦,行中虑,其斯而已矣。"谓:"虞仲、夷逸,隐居放言,身中清,废中权。我则异于是,无可无不可。"

【译文】

被遗落的人有:伯夷、叔齐、虞仲、夷逸、朱张、柳下惠、少连。孔子说:"不降低自己的意志,不屈辱自己的身份,这是伯夷、叔齐吧。"说柳下惠、少连是"被迫降低自己的意志,屈辱自己的身份,但说话合乎伦理,行为合乎人心"。说虞仲、夷逸"过着隐居的生活,说话很随便,能洁身自爱,离开官位合乎权宜"。"我却和这些人不同,可以这样做,也可以那样做。"

【要解】

逸:同"佚",遗弃。虞仲、夷逸、朱张、少连:此四人身世无从考,从文中意思看,当时曾是贵族。在本章里,孔子列举了古代的七位逸民(贤者),对他们的行为作了中肯的评价。七贤者大致可分为三类:以伯夷叔齐兄弟为代表的"不降其志,不辱其身";以柳下惠和少连为代表的"降志辱身,言中伦,行中虑"者，他们为社会做出过贡献，其高洁的品格也值得赞扬；再就是以虞仲和夷逸为代表的隐士，独善其身，保持自身的高洁。第三种人对社会贡献不大，所以孔子把他们排在最后。

伯夷、叔齐只有义节，柳下惠和少连还有身节，虞仲和夷逸等坚守品节，三者都有所恋所守，都还没有放下。至于自己，孔子的做法是"无可无不可"。即可仕则仕，可退则退，可久则久，可速则速。依据现实的需要，践行道义，没有什么不可以的。至于结果，顺其自然，成功定然欣喜，失败也毫无怨言。这是一种大智慧，是执中而用的中庸之道，会根据环境和社会需要做出最合理的选择。孔子超越了诸贤，在有与无、可和不可间自由周旋，取乎其义，维护其节，这必须是大智慧、大仁义者方可做到。

回头看孔子的一系列做法，顺从阳虎出仕，去鲁离齐，去见南子，欲度公山不狃等，当时好多弟子不能理解，到后来才明白，原来孔子并不是一路无目的地乱撞乱行，而是有自己明确的目标与原则，在世间法和出世间法之间任意穿行。圣人就是圣人，深得天地之道，行得阴阳之理。

18.9

大师挚适齐，亚饭干适楚，三饭缭适蔡，四饭缺适秦，鼓方叔入于河，播鼗(táo)武入于汉，少师阳、击磬(qìng)襄入于海。

【译文】

太师挚到齐国去了，亚饭干到楚国去了，三饭缭到蔡国去了，四饭缺到秦国去了，打鼓的方叔到了黄河边，敲小鼓的武到了汉水边，少师阳和击磬的襄到了海滨。

【要解】

大师挚：大同"太"。太师是鲁国乐官之长，挚是人名。亚饭、三饭、四饭：都是乐官名。干、缭、缺是人名。鼓方叔：击鼓的乐师名方叔。鼗：一种乐器，小鼓。少师：乐官名，副乐师。击磬襄：击磬的乐师，名襄。

这一章所记的主要是鲁国当时八位有名的乐师，他们精通音乐，但因礼崩乐坏，各人都先后离开了自己的国家。据孔安国批注，鲁国时为鲁哀公执政，但也有人说这八个人有的不一定是鲁哀公时期的人，有可能是殷纣王的乐官，也有的先儒说应该是周平王时代的人。众说不一。

第一位挚,他是乐官之首,当时离开鲁去齐,因为鲁国没有他发挥特长的机会了。据《白虎通·礼乐篇》说,天子一天吃四餐,诸侯一天吃三餐,每一餐都要有音乐来劝食,每一餐演奏的人就分为亚饭、三饭、四饭等。鲁国是周公之后,礼乐制度在诸侯国里面比较特殊,为保存天子的礼乐,不让天子礼乐失传,所以鲁君也是一天吃四饭。第二个是亚饭干,到了楚国。负责三饭的缭到了蔡国,负责四饭的乐师缺到了秦国。接下来说击鼓的乐师方叔到了河滨居住,播鼗的武进入汉水之滨,少师阳和击磬的乐师襄则进入海滨居住。八位音乐大师纷纷离去,音乐界如此,诗、礼等方面也可想而知,当时的鲁国确实有大厦将倾之预兆。

《论语》记载这一情况,有它特别的含义。如果没有这一段内容,世人总会认为孔子出离鲁国可能是他个人的原因,有了这一段,世人就明白,的确是鲁国整体上出了问题,有修养的人才纷纷外流,礼乐传不下去了,其他礼仪也好不到哪里去,这将导致天下的礼制大乱,圣贤的政治也就难再振兴。由此可见,一个只看重物质而不重视艺术的国度,不会真正繁荣昌盛,也不会长治久安。本章是讲给上位者听的,出走的乐师无可指责,适者才可生存,他们都有属于自己的选择权利。

18.10

周公谓鲁公曰:"君子不施其亲,不使大臣怨乎不以。故旧无大故,则不弃也。无求备于一人!"

【译文】

周公对鲁公说:"君子不疏远他的亲属,不使大臣们抱怨不用他们。旧友老臣没有大的过失就不要抛弃他们,不要对人求全责备。"

【要解】

鲁公:指周公的儿子伯禽,封于鲁。施:同"弛",怠慢、疏远。以:用。

这章记录了周公(武王的弟弟)训示儿子伯禽的话。武王把伯禽封为鲁国的国君,鲁国便成为周公之后。这章是父亲教导儿子,属于家训一类,真实不虚,发自内心,所以这个话很重要。同时,周公的家训,也是圣人的家训。内容开始由个人修养渐而转到家国天下了。

此章所记周公家训也比较简单,共四条,前两条的意思是君子不疏远他的亲族,不要让大臣报怨不被重用。这两条也可以看作是互文,既不能把自家亲戚疏远了不亲近,也不可把别人(大臣)疏远不任用。也就是自家人与他人如果真有品格和才学就不能疏远不用,不要分亲近疏远,要一视同仁地看待。即要行公正之道,不能只讲私情,但也不能不讲私情;不能只讲公理,也不能不讲公理。后两条意思是说,对于老臣如果没有什么大的过错,就不要抛弃。对于其他有过失的臣子,不要太过求全责备。

总结这四条,其实还是前面讲过的求其放心于公道、仁爱上。第一要行中和之道,第二要行忠恕之道。这两道其实也是一道:正道、仁道。否则,就难以处理人情与世情、公理和私理。孔子讲"修己以敬",首先要修养好自己,把握好内心之诚敬,如果身上有毛病不肯去除,这就是对自己不敬,就是不自重。修德先安心,修心必正心,正心需诚意,诚意须要有仁。仁者,爱人也。爱是第一位的修心。

18.11

周有八士:伯达、伯适、仲突、仲忽、叔夜、叔夏、季随、季騧(guā)。

【译文】

周代有八位士人:伯达、伯适、仲突、仲忽、叔夜、叔夏、季随、季騧。

【要解】

八士:本章中所说八士已不可考。估计应该是八位有品德和才学之士。根据包咸的批注,说周朝时有"四乳生八子,皆为显士,故记之耳"。"乳"就是一胎,四胎生了八子。而且这八子都成了显士,便把他们的名字记录下来。《春秋繁露·郊祭》中也说,这"四产而得八男",八个人都是"君子俊雄"。时人认为当时的周朝清明,河晏海清,世间出现如此之奇贵之现象,可谓天降福祉,文武周公德化之盛也。

另一方面,人才也需国家培养。即使生出了八子,如果经济情况不好,社会道德风尚不纯,教育跟不上去,也难有八子皆成才之奇观。

自古而今,泱泱中华最不缺乏的是人才,人才最难得的是品德,品德最难修的是仁心。《论语》讲齐家、治国、修德可谓不遗余力。

子张篇第十九
（凡 25 章）

本篇主要内容是关于学与仕的关系，以及孔子与其学生和他人之间的对话。

19.1
子张曰："士见危致命，见得思义，祭思敬，丧思哀，其可已矣。"

【译文】
子张说："士遇见危险时能献出自己的生命，看见有利可得时能考虑是否符合义的要求，祭祀时能想到是否严肃恭敬，居丧时想到自己是否哀伤，这样就可以了。"

【要解】
前几篇主要说的是君子的品格要求，这一篇开端则是言士。士与君子相比，品格稍差一点，但在当时也算不错的了。前面说过，当时真正的士人纷纷避开朝政而走向山野，小人则纷纷拥向政治中心，这也是乱世到来的特有情形。子张在此谈士，也可以说是无可奈何的事情了。既然做不成君子，那就先做个士，也算对得起自己的良知。

在过去的诸儒批注中，子张所说的士指在朝为臣的那些人，他们身份与职责不同。子张认为士人必须具备四种德行，这四种德行实际上跟夫子讲的是一致的。《论语》快读完了，老师也老了，讲不动了，弟子们也该出师了，时代需要新人登场。一切都是无常，一切都很自然。

"见危致命，见得思义，祭思敬，丧思哀"，细品此四者，其实和君子的要求没有两样,都强调为道义可以无畏地献身,如孟子所言的杀身成仁、舍生取义;看到利益要想到是否符合道义,君子爱财,取之有道;祭祀时要想到自己的心里是否恭敬,诚于中而形于外。临丧,要想到是否真的哀痛,"丧则致其哀,祭则致其严"(《孝经》)。那时的百姓文化层次低,读过书的没几个,听闻且懂得大道的更是少而又少,不这样认真细致地教导真的不行。

19.2

子张曰:"执德不弘,信道不笃,焉能为有?焉能为亡?"

【译文】

子张说:"实行仁德而不能发扬光大,信仰道义而不忠实坚定,(这样的人)怎么能说他有仁德,又怎么说他没有道义?"

【要解】

子张认为,如果执有仁德而不去弘扬于天下,信奉圣人之道却不那么笃厚诚信,这样的人你说他有道德,但又不是真有,你说他不信道义,他又是真的相信。什么意思?就是这种人对真正的道德与圣人之道其实并不是真的拥有,也不是真正信奉。他是在有与没有、信和不信之间犹豫徘徊。他的心力还不是那么坚定,行为也不是那么坚决,随着环境或时局的变化而经常改变。

这种人在生活中太多了,如果遇到没有道德的人,他会正义地反问,怎么能不守道德呢?然后大讲一堆有关道德的道理。而一旦遇到困境时,他的道德观会转眼消失殆尽,反为求得名利而不惧畏天地的惩罚。常常摇摆于圣明和愚痴中间,言行不一,知行不一。

皇侃先生在《论语义疏》说:"世无此人,则不足为轻,世有此人,亦不足为重,故云无所轻重也。"这种人执德而不弘扬,信圣人之道而不笃厚,对世界没什么大帮助,也无多大的损害,可是它会导致整个社会死气沉沉,浑浑噩噩,正气不扬。这种人更需花大的力气去教化、救度。"外心以求理,此知行之所以二也。求理于吾心,此圣门知行合一之教"(王阳明《传习录》),真正的修养必须内与外结合,知与行结合,执德与行德结合,信道与行道结合,这样才可以圆满觉行。

19.3

子夏之门人问交于子张。子张曰:"子夏云何?"对曰:"子夏曰:

'可者与之,其不可者拒之。'"子张曰:"异乎吾所闻:君子尊贤而容众,嘉善而矜不能。我之大贤与,于人何所不容?我之不贤与,人将拒我,如之何其拒人也?"

【译文】

子夏的学生向子张寻问怎样结交朋友。子张说:"子夏是怎么说的?"答道:"子夏说:'可以相交的就和他交朋友,不可以相交的就拒绝他。'"子张说:"我听到的和这不一样:君子既尊重贤人又能容纳众人;能够赞美善人又能同情能力不够的人。如果我十分贤良,那对别人有什么不能容纳的呢?如果我不贤良,对方就会拒绝我,又怎么谈得上拒绝对方呢?"

【要解】

子张说得真是绝妙,首先不能有分别心,不能把人分成善和不善进而再根据善和不善去结交朋友。再说了,你若真善,谁人不能交?你若不善,他人又为何会与你交?左右论证,人己对比,寻找根本,纠正了子弟的偏执,子张之教化,真的是深得孔门之精髓。子夏也是孔门之高徒,为何会用如此言论去教导弟子呢?估计这是子夏因人而异、对症下药之法,也是方便法门,弟子却不解。

《论语》行文到此,出现了弟子的弟子,这是可喜的,说明孔儒之学开始在社会盛行,有了下一代接班人。可惜的是在传授正道的过程中,难免又会出现种种与孔子本意不合之观点,这也是没有办法的事,古时传道真的很难。孔子去世后,孔门之儒一分为八,"有子张之儒,有子思之儒,有颜氏之儒,有孟氏之儒,有漆雕氏之儒,有仲良氏之儒,有孙氏之儒,有乐正氏之儒"(《韩非子·显学》)。子张儒排在第一,颜氏儒排在第三,不知道这里有无特别的用义。但是本章里子张所表达的观点却是非常正确的,也是符合老师本义的。

当然也不能说子夏所言就不对,虽然我们不能有分别心,但也不能不知道对方的品格随意与之相交。反过来讲,如果不和不如自己的人往来,不又陷入了上一章里讲的"执德不弘,信道不笃"的错误泥潭里了吗?正因为对方不如己,才需要自己与之交往寻找时机进行教化。所以后人便有"深交当如子夏,泛交当如子张"一说。其实,两人的做法结合起来最好。

19.4

子夏曰:"虽小道,必有可观者焉;致远恐泥,是以君子不为也。"

【译文】

子夏说:"即使是些小的技艺,也一定有可取的地方,但用它来达到远大目标就行不通了,所以君子是不去做的。"

【要解】

小道:指各种农工商医卜之类的技能。泥:阻滞,不通,妨碍。子夏正式出场了。他认为生活中常见的一些百工之技可以用,而且有时还很是实用,但是却难有大用,真正的君子是不会去做的。既然被称为道便有其道理,天地万物皆有其道,旁门左道也是道,所谓条条道路通罗马、殊途同归。但是君子却是有所不为的,一者容易沉溺其中而不能自拔,因小废大,玩物丧志;二者修道之途太遥远,时间与精力有限难以顾及。

孔门有直指心性的无上大法,就似坐直达电梯直接到大厦之顶,中途没有众多的停留点可以随时停下来休息、观景、拍照,怕遇到特别美好的风景被迷惑阻滞不愿再往前行。君子是修真道、弘大德者,心中有天下,眼前无风景,终生不能停车,更不能下车。在这一点上,子夏的认识是到位的,紧扣要核。

我们现在提倡弘扬民族优秀文化,若仅注重这些小术小道,写点字,画点画,弹弹琴,穿个汉服,唱诵几句《诗经》,而忘记了更大更深刻的道义,这就有点舍本逐末了。所谓"游于艺",必须超出艺本身,才可从中领悟出有关天地大道的真理。要知晓艺是帮助我们增长仁心、提升德行、最后悟道证道的手段,而非目的。否则,最多是个艺人或艺术家而已。"致远恐泥",故而君子不为也。

19.5

子夏曰:"日知其所亡,月无忘其所能,可谓好学也已矣。"

【译文】

子夏说:"每天学一些过去所不知道的东西,每月不忘记已经学会的东西,这就可以叫作好学了。"

【要解】

　　子夏一上场便是老师的口吻。但是我们要明白,这里学的仍然是正道仁德之修为,而不是普通的文化知识。如果书本读得熟烂,道理却不见其明,更没有去实践中落实,这样的学又有何用?所以,在传讲仁德教育时一定要注意场合和对象,要把理讲透,不能断章取义,更不能教育学生为学习而学习,为读书而读书。

　　孔子当年就看到了子夏的某些不足,曾对他讲:"女为君子儒,无为小人儒。"小人儒就是下学而没上达,君子儒就是下学而上达。下学就是读文章、通典籍、精六艺这些小术小技;上达就是明心见性了,无边的智慧具有了。上达后再回头看这些小艺、小学,你会更加通透的。

　　求学中最关键的是"就有道而正焉",这是学习的核心,要想真正为师,必须明白且做到这一点。从这一角度讲,我们现在的好多老师其实都不可称之为师,最多是个匠人,或曰技人而已。韩愈说:"师者,所以传道授业解惑也。"传道居首位,授业其次,不传正道之人,难以称作老师。

19.6

　　子夏曰:"博学而笃志,切问而近思,仁在其中矣。"

【译文】

　　子夏说:"广博地学习并且坚定求仁之心志,认真地探求,同时静心深层次思考,仁德就在其中呀。"

【要解】

　　此章有一个特别关键的字眼"志",对它的解读不同,整章的意思便不同。我们认为它应该是心志,而非志向。此处的"思"也非常重要,它的意思不是平常所说的思考,而是和"学而不思则罔,思而不学则殆"里的"思"意思一样,是让心性自然流露出来之过程。

　　如此一来,本章三方面的意思便自然有机地连贯成一体:先有坚定不移求德之心志,再有静态中的思虑,最后便是仁心、本性的自然出现。三者一环紧扣一环,前后关联,不可分离。当然,有一点需注意的是孔子曰学而思,而子夏却道"近思",什么是"近思"?就是近乎思,还是没有达到真正的思。

　　估计子夏也明白这一道理,所以用了一个"近"字,告诉弟子们,就照这个去做吧,它是正确的,至于能做到哪一层面,那就看个人的根器与努力了。如果把"近"理解为动词靠近、接近,那就更正确了。"学不博则不能守约,志不笃则不能力行。切问近思在己者,则仁在其中矣。"(《论语集注》)一个"己",本性全出。博学、笃志、切问、近思,这是求仁必然的过程。还有一点须要有,那就是行。"行有不得,反求诸己",还是归到这个"己"上来。

19.7

子夏曰:"百工居肆以成其事,君子学以致其道。"

【译文】

子夏说:"各行各业的工匠住在作坊里来完成自己的工作,君子通过学习来掌握大道。"

【要解】

百工居肆:百工,各行各业的工匠。肆:古代社会制作物品的作坊。此章说的是君子不能局限于那些具体的工艺方面,应该进一步去广阔的社会中探求大道。不明正道的手艺人借用手艺、技术吃饭,他们可以没有远大的志向。君子则不然,他们学习不是为了生活,而是为了利天下,君子也学百艺,也得有一定的技能生活,但他们是通过百工手艺来致其道,实现社会之仁德,实现天下之大同。

过去好多人学道时先去学得一定的技能,如学医。要学医,医道出乎易道,还得去学《易》,学《黄帝内经》。同时,好多病还涉及人的心理情绪,治病需得从心入手,这又得知道如何为人处事、修养心性、积德为善。如此一来,就可以从本质知道病的起因、祛病最根本的妙法了。如华佗、孙思邈、张景仲之类都知道合于天地修养身体。而如孔子、老子、释迦牟尼、耶稣这样的圣人则跳出了技能的圈子而为天下布道、传道。可惜,在好多人眼里,孔子好似一个什么也不会,只在那里磨磨叽叽、不停说话的可怜老头。

19.8

子夏说:"小人之过也必文。"

【译文】

子夏说:"小人犯了过错一定要掩饰。"

【要解】

"过而能改,善莫大焉。"改过就是最大的善。那些有过不改者,只会一味地指责、埋怨他人,或找各种理由为自己开脱,更有甚者以错为对,一意孤行。

袁了凡在其《了凡四训》第二篇就专门讲述过改过之法,他说,改过就是改命,就是重新创造一个自己。王阳明为弟子所立的四条黄金铁律是立志、勤学、改过、责善。"不贵于无过,而贵于能改过",意思和子夏所言无二。

东西方文化中有一个共同的改过方法,就是忏悔。在"神"面前忏悔,在大庭广众之下承认自己的过失,一有过马上忏悔等都是办法。如开悟前的王阳明,欲成大事的曾国藩,颁发罪己昭的那些皇帝等。悔过就是从内心去认清自己的丑恶,把日积月累养成的不良习性转变成永恒不变之美好本性,最后让大美的仁性全部流出,成就最完善的自我。要做这到一步,须放下一切,特别是自我与自大,力争做一个闻过则喜、从善若流的坦荡君子,而不是文过饰非,错上加错。

19.9

子夏曰:"君子有三变:望之俨然,即之也温,听其言也厉。"

【译文】

子夏说:"君子有三变:远看他,样子庄严、令人敬畏;接近他,温和可亲;听他说话;语言严厉不苟。"

【要解】

简言之,君子此三变为俨、温、厉。即远看他庄严无比,接近他令人油然而生起崇敬之心,最后听他说话则愿意向他学习。正如同当年释迦牟尼成佛后,回到家乡看望父母家人,轰动了整个释迦族,阿难及大众看到佛的庄严相,无不欣喜而赞叹,马上便生出家修行之念,随后就有几百众随佛而出家修行,这就是圣人的威严昭示。

从另一角度看,君子这三变,其实是世人之心在变,是我们一直不能安稳的心性在随着眼、耳、鼻、舌、身、意在变,而君子的本性是始终如一的,没有任何的改变,都是本色出场、本性的原始流露。否则,那就是演员在唱戏,成了川剧的变脸了。为什么君子能拥有如此庄严之外相,与人交往又如此之亲和无间,说话却从不随意开口,一开口便具有无上威严呢? 都是那颗真心显现出来的,是那伟大仁德的光辉令我们感到无比庄严,也就是"君子敬以直内,义以方外,辞正体直,而德容自然发,人谓之变耳,君子无变也"。君子内心诚敬仁德,对事正直,诚敬,没有邪曲。说话不邪不媚,行为刚直不阿,仁德之貌便自然发生,他人自然感受非常。程子又说:"他人俨然则不温,温则不厉,惟孔子全之。"(朱熹《论语集注》)好一个"全之",真乃君子中的君子,与佛菩萨无二也。

19.10

子夏曰:"君子信而后劳其民;未信,则以为厉己也。信而后谏;未信,则以为谤己也。"

【译文】

子夏说:"君子必须取得信任之后才去让百姓劳作,否则百姓就会以为是在虐待他们。要先取得君主的信任,然后才去规劝他;否则,君主就会以为你在诽谤他。"

【要解】

这里讲了如何事君与民,其共同的核心是要信。信而后劳民,信而后谏主,否则,便会招来不良后果。有时虽然你的心是真的,意是好的,但对方若不理解,也会误解你的。君主人数少,一国只一个,却可以令你上位或下位,甚至决定你的生死,你不得不忠。百姓虽然没有大的权力,但是人数众多,如果怨恨满天,集体起来反抗,也会损害大事,所以,为政者必须清楚这一道理。以忠伺君,以诚待民,这不是要你对君主愚忠,对民众一味地顺从,而是要有智慧与正义组合之举。

君主多有一个共同的特征,就是整天提心吊胆,生怕自己的权位让他人夺去,对下面的众臣始终有一种不信任感,一旦遇到那种忠诚之大臣,他们喜由衷生。他们需要有得力的大臣去干活,如果你获得了君主的信任,就可以得到他的大力支持。而百姓呢? 让我劳作可以,但必须能带来利益,否则他们就认为是在无端地劳役自己,干起活来自然不会倾心尽力,甚至还会反抗。要想取得这两者的信任,信是至关重要的。

孔子说过"为君难,为臣不易",做君主很难,难在不敢对下臣十分信任。做臣子也不易,必须正直无私,一心为国家天下考虑,还得寻找一种特别的方法获得君主的信任,不时地进行劝谏。数尽古今中外历史,这样的君臣又有几人?修德不能耍巧,事君、治民更不能自私。

19.11

子夏曰:"大德不逾闲,小德出入可也。"

【译文】

子夏说:"大节上不能超越界限,小节上有些出入是可以的。"

【要解】

"闲":本意是阑,木栏,这里指界限。《左传》有语:"不以一眚掩大德。"朱熹说"人能先立乎其大者,则小节虽或未尽合理,亦无害也"(《四书集注·论语章句》)。人无完人,常常会在某一方面做得不尽如人意,这时就需要宽广的胸怀了。要想容得下人,就得容得下事。对一个人不能以完美的标准去要求,要把握一个原则:大德不要违背,小节可以有点出入。这是宽人,也是爱人,更是智慧。

什么是大德?总括来说就是诚心正意,能保持其原本的心性,具体而言是仁义礼智信,温良恭俭让。这是仁德的体现,不可有违。什么是小节?就是细小的言行,如一时过激的话语,某次不适的礼节,因不知而犯的小错,等等。但如果是经常性的,那就不能以小节看待,如刘邦的故意耍奸,项羽的残暴杀降,张仪的花言巧语等,这便是本质问题了。其实,对于真正的君子来说,偶有一次过失,都会多日难受、自责。对于小人来说,偶尔正直了一回,总感觉不舒服,认为吃了亏。孔子也撒过谎,而且是非常大的一个谎。带领众弟子在蒲邑和公叔戍大打了一仗,后来对方让他们答应不再返卫,就让他们离开了蒲邑。但他们一出城就返回到卫国。孔子坚持正义,反对叛乱,为天下利益考虑,虽然有誓言,但出于威逼,故而发过的誓也就无所谓了。我们不能因为事小就随意去犯错,否则,会让道亏。但也不能死板机械,把命白白葬送。只有先确立了大德之节,才可能真正避免小节的出入;同样,注重小节的完善,方可成就大德。再说了,小节也有德,小德也是德,哪能不给予特别重视呢?

19.12

子游曰:"子夏之门人小子,当洒扫应对进退,则可矣,抑末也。

本之则无,如之何?"子夏闻之,曰:"噫!言游过矣!君子之道,孰先传焉?孰后倦焉?譬诸草木,区以别矣。君子之道,焉可诬也?有始有卒者,其惟圣人乎!"

【译文】

子游说:"子夏的学生做些打扫和迎送客人的事情是可以的,但这些不过是末节小事,根本的东西却没有学到,这怎么行呢?"子夏听了,说:"唉,子游你错了。君子之道先传授哪一条,后传授哪一条,这就像草和木一样,都是分类区别的。君子之道怎么可以随意歪曲,欺骗学生呢?能始终如一地教授学生们,恐怕只有圣人吧!"

【要解】

抑:但是、不过,转折的意思。诬:欺骗。这一章记述了子游、子夏两位贤者在教学方法上的差别。前一层是子游的观感,后一层是子夏的辩论。从两人的观点来看,都对,没有哪一方是错的。只会做些洒扫应对进退的小事,实是不能学得大道。但是,不根据学生的情况,过分强调心法,好多学生根器不够也学不来。过去有句话叫一室不扫,何以扫天下。反过来讲,大丈夫何以只扫一室,应该有扫天下之大志。两种说法都有理,所以,我们看问题不能太片面绝对了,千万不能陷入"二"的死胡同,而应该是从"一"出发。特别是教育,适合自己的才是最好的,否则道法再好也收不到理想的效果。

子夏让学生洒扫应对进退,这是基本功课,必须先做到做好,再说其他。这里面有一个静心的功课,即先把学生的心安定下来,把态度端正了再来学本质的内容方有成效。而子游却紧扣孔子说过的"吾道一以贯之"之"一",就是那个始终如一之"一",一进门,直奔主题,达到中和,求得空性,然而那得世间少有的大根器者才可做到,一般人是做不到的。

在这一点上,也正好区别了老庄之道和孔儒之学的不同特征。老庄之道就是直奔主题,直接告诉世人什么是大道,什么是无;孔儒主要是先讲如何做人,如何行孝,再言天下与仁德。所以,道家显示出清高超群、淡泊出世之特征,而儒家表现出亲民柔和、温顺入世之特点。两学并列,阴阳同体,成为两处文化坐标,一起导引着我们这个智慧民族的不息前行。

19.13

子夏曰:"仕而优则学,学而优则仕。"

【译文】

子夏说:"做官如有多余心力可去修习大道,修学大道如有余力可去从政为官。"

【要解】

需注意的是此"优"非优秀,而是悠闲、自在、有余力。"有余力,则学文",如果还有多余的心力就去学习大道之理。"文"也不只是文化的意思,而是天地正道、大道。同理,如果修习大道时并不感到苦累,那就去做做官,从从政务,并把大道之理推广到更广大的民众间。这样,不就把理论和实践相互结合起来了吗?自身的修养也就不至落于空泛了。这两句也是一组互文,修习大道和从政为官并不是对立的,不是有此就无彼,它们是一,不是二,不能把它们截然分开,相互结合于一起才是最科学合理的。

这里又涉及儒道两家的不同修养方式。道家是以出世为主,经常独自到深山老林里去,几十年后修成了,再下山回到尘世中实习、检验,将所学应用到社会生活中来;而儒家则一直就在红尘修习,始终没有远离社会生活。当然,隐士也是另一类修行者。但大隐又隐于市,所以,出家、在家、隐居、从政几者其实是很难分开的,儒道两学也常常交织于一起。

儒家修养的最终目标就是服务天下、社会,在特定的社会环境里,从政做官是修习大道的最佳方法、最真考验,这是由当时特有的社会环境决定的。社会真的需要有一大批这样的君子来安邦治国。生活就是修炼,修炼就是生活。做官是最大的修行,修行也可以做更大的官。官场真的是一个无边无际的太极场,它可以融化生命的全部与社会的一切成虚无,成万有。

19.14

子游曰:"丧致乎哀而止。"

【译文】

子游说:"丧事做到尽哀就可以了。"

【要解】

子游的意思是说尽孝也要有节度,不可毁伤身体。古代社会,孝是考验一个人品格是否高尚的重要标准之一。好多人在守孝的三年中不好好吃饭,不好好睡觉,内心又悲伤无比,最终把身体毁伤掉。有的甚至在守孝期间故意躲避世事,守孝期满,也不愿出来做官。鉴于这一情况,子游说出了这样的劝告:要注意身体,以大局为重,不要过分注重形式。

《孝经》对此是这样讲述的:"哭不偯、礼无容、言不文、服美不安、闻乐不乐、食旨不甘,此哀戚之情也。三日而食,教民无以死伤生,毁不灭性;此圣人之政也。"守孝期间不打扮,不化妆,不美服,不闻乐,不食甘等这是对的,因为心中悲哀,无法于此用心。父母之丧,三天之后就要吃东西,这是教导人们不要因失去亲人的悲哀而损伤生者的身体,不要因过度哀毁而灭绝生命的天性,这是圣贤君子的为孝之道。

凡事都不可过分,儒学是大讲人性人情的,在一贯提倡的孝道这一方面也少有绝对、必然之要求。这一点,我们一定要明白,不要走极端,表达了真情即可。否则物极必反,过犹不及。

那种生前不孝,死后恸哭者不是真孝;自己不哭,雇人来哭者不是真孝;生前清冷,死后荣极,也不是真孝。孝不是隆重的形式,庄严的外表,而是良知的真正发现,是流露于本性极为真诚的情感,是感恩,是真正的悲悔。然后再将之扩展到整个天下,便是大慈大悲。故而爱万物与天下,于父母,是对父母最大的孝。

19.15

子游曰:"吾友张也为难能也,然而未仁。"

【译文】

子游说:"我的朋友子张可以说是难得的了,然而还没有做到仁。"

【要解】

子游的评价是比较接近事情本真的,子张确实还没有达到仁的境界。那么,他自己达到了吗? 这是本章的另外一层意思。严格地讲,不但子游、子张没有达到,其他同学如子贡、子路、子夏等俱没有达到。仁者,爱人,这个爱人是无差别的,不只爱自己的亲人家人,还要爱一切世人,甚至自己的仇敌。我们能做到吗?达到仁者就近乎菩萨了,虽然菩萨也有十位等地,各个等地的标准不一,但只要是菩萨就必须有一颗无私的大爱之心。谁能具有?不是儒者修不到那个层次,特别是我们这些小根器者,不放下一切名闻利养,是不可能的。

也许有人会说,既然世间少有几人可以修到菩萨境界,此章大讲修行之艰难,不是冷了世人向上的信心吗?有一句话叫"若要佛法兴,除非僧赞僧",就是弘法扬道的僧人要相互赞叹,相互鼓励。儒门里也是这样讲的:"见贤思齐。"就是要向贤者看齐、学习,相互促进,而不能相互贬斥。

于是,便有人重新对此章进行了解读:"友"为一动词,是以子张为友。"未仁"是指自己没有达到仁,而不是指子张。即子张已达到了仁(也可理解为近于仁),而作为同学,自己却没有达到,真是惭愧。所以,要努力向张同学学习。此解特别巧妙而且非常贴切,且也有出处可证,据《大戴礼·卫将军文子》记载,"孔子言子张不弊百姓,以其仁为大"。由是,可这样断:"吾友张也为难能也,然而(吾)未仁。"

作为同门师兄弟,而且子游、子张两位的感情又特别好,子游不大可能在背地里讥讽子张,而是想借此告诉世人特别是自己,得好好修养呀,前面的路还很长。

19.16

曾子曰:"堂堂乎张也,难与并为仁矣。"

【译文】

曾子说:"子张外表堂堂,我难以和他一起做到仁的。"

【要解】

此章和上一章意思相似,也是在夸奖子张,说子张外表堂堂,自己很难和他并列,一起做到仁的境界。也有人不同意这一看法,如朱子就认为"言其务外自高,不可辅而为仁,亦不能有以辅人之仁也"(朱子《论语集注》)。即子张虽然外表堂堂,实则内心不怎么样,自己难以和他共处,他不是仁者。我们不同意朱子一说,但同意朱子所说的这种不良现象。

如果一个人认为自己德行学问很不错,而且善于表现,喜欢张扬,这一定不可能成仁的。张扬这种行为就是自我的表现,是在损害仁,一定要摒弃。比如那种好为人师者,好表现自己有学问者,与朋友一聚集到一起就侃侃而谈者,动不动夸耀自己如何如何、俨然无所不知模样者,都是为人之大患,也是成仁之大障碍。

一朋友讲到她最近参加了一个佛学活动,里面都是高人、名人,什么电台的编导、私产过亿者、寺庙的捐建者等等,交流经验时,个个都是口若悬河,佛经、佛理一讲一大篇,把她吓得从来不敢高声语。我说了一句:"里面难有一个真正见性者。"她马上赞同:"就是的,连台湾过来的老师都说,是你们害了自己。"

我给她说了一个故事:清代有位名叫彭绍升的居士,他的家族有很多大官员,自己也考取了进士,儒释道三学都很通达,最后在信受了净土法门后,他说了一句话:"从今以后我要到厨房、灶下去做愚夫愚妇,老实念佛。"

著名的苏东坡对儒释道三学都很精通,且聪明过人,口才也好。辞世前,弟子忙找来径山长老为之开示,大德告知他保持正念便可往生极乐,他却指指自己的心口说"着力即差",即这里的心力不够呀!所以后世便留有"阎君应不爱文才,聪明反被聪明误"一说。平时不用功,急来抱佛脚基本上是没有用的。

19.17

曾子曰:"吾闻诸夫子:人未有自致者也,必也亲丧乎!"

【译文】

曾子说:"我听老师说过,人很难有自觉充分抒发感情的,如果有,一定是在父母去世的时候。"

【要解】

本性如何自然流露?曾子认为只有在父母去世时,内心之悲哀、伤痛之情才会不由自主地流露出来。因为那时的悲痛是最为真实不假的,那种思念、追悔、无言的悲哀真的不知从何而生,由何而发,而且越思念越悲哀,越禁止越伤感。这种真孝的情感就是本性的自然流露,也是人性的真实展示,它强大的力量任何情思都无法替代,也无法取消。

孟子说"人之所不学而能者,其良能也;所不虑而知者,其良知也"(《尽心上》)。"良知"与"良能"最直接的体现便是恻隐之心,它里面包含有孝心,是生命的核心,有了恻隐之心,其他的"羞恶之心""辞让之心""是非之心"等也便自然而现。我们修养身心的目的也就是让它们一一出现于世,把它们发扬光大,来支配我们的言行,增加我们的道德。

王阳明也非常赞同这一观点,他著名的心学理论就是以此为基础建立发展起来的。其主要内容就是致良知、去恶存善。"致"就是寻求、探求、修炼的意思。"良知"就是生命本身具有的那一美好的心灵、心性。他年轻时曾经花费大量时间去寻求竹子里的道性。七天后,同他一起格竹子的其他几个同伴一个个生病了、离开了,最后格竹子失败。多年后在贵州龙场,潜心静思的他突然开悟了,一下子明白了什么是隐藏在万物中的道性,伟大的心学便从此诞生,孔孟之道由是有了真正的传人,在一代大儒的带领下,儒学再次兴盛于中华大地。

曾子是有名的孝子,他从孝道上领悟出了人性的光芒,这也是属于他自己的独特修养法门。子路去世,为师者孔子无尽悲痛。儿子鲤中年而逝,令父亲更是哀伤不能言。这都是人性的自然流露,非故意的做作。"人之初,性本善",依顺它就可以找到那颗更伟大光明的仁爱之心。儒学倡孝,实是一非常实用之重要法门。

19.18

曾子曰:"吾闻诸夫子:孟庄子之孝也,其他可能也;其不改父之臣与父之政,是难能也。"

【译文】

曾子说:"我听老师说过,孟庄子的孝其他方面别人也可以做到,但他不更换父亲的旧臣及其政治措施,这是别人难以做到的。"

【要解】

孟庄子:鲁国大夫仲孙速,姬姓,鲁国孟孙氏第6代宗主,孟献子的儿子。这一章也是讲孝心的问题。诸弟子当中曾子对孝体会很深。"吾闻诸夫子"如佛经里的"如是我闻"一样,意为我从老师那里听到的、真实不虚的。

我们知道,孝的内容很多,如听从父母之教,顺从父母之心,办丧礼认真,悼念真诚,守孝持久,不变正道,延续家业等等。作为一种特别隆重而严谨的礼俗,"孝"在很多方面约束和规范着我们的行为,几千年一直不断,形成了中华文明特有的孝道文化,支撑着民族道德体系。孔子说过"父在,观其志;父没,观其行;三年无改于父之道,可谓孝矣"。孟庄子"不改父之臣与父之政",就体现了这样的孝道。

孟献子是鲁国孟孙氏家族振兴的重要贡献者,是鲁国外交家、政治家,多次代表鲁国与诸侯会盟,促成悼公完成霸业。《大学》最后有一段对孟献子的描述,说明孟献子的清明与贤德,体现了他亲民、养民、惠民和不害民的政治主张。能很好地继承和发扬他父亲的政治主张,不仅是孝的表现,也体现了他正心诚意的道德境界。

对此章也有和上述截然不同的解读,如曾子多次这样说:"我亲耳听到夫子说过这样的话:'孟庄子这个人,根本就不能称作孝子。'因为,尽管对其他方面的要求他都能做到,可是对他父亲生前所制定的那些政治措施和人事安排不做任何改变,却是他不愿意的。"此说,我们不从。

19.19

孟氏使阳肤为士师,问于曾子。曾子曰:"上失其道,民散久矣。如得其情,则哀矜而勿喜!"

【译文】

孟氏任命阳肤做典狱官,阳肤向曾子请教。曾子说:"在上位的人离开了正道,百姓早就离心离德了。你如果审清了罪犯的情况,就应当怜悯他们,而不要自鸣得意。"

【要解】

孟氏是鲁国的下卿,任命曾子的弟子阳肤为典狱官。阳肤上任前来请示老师如何开展工作。曾子告诉他:"在上位者已失为政之道,民心离散很久了,如果你获得了犯罪者的实情,需要判罪时,要同情悲悯他们,不能因破了案而感到欢喜。"曾子是至孝者,只有至孝的人方有至慈与大悲。孝心至纯的曾子告诉做审判官的弟子,不要有了政绩就高兴,而应该替这些罪犯感到悲哀,因为他们好多是被逼无奈,整个社会无德,民众犯罪有时真是不得已而为之,需从这一角度去思考,体谅百姓。这是无德社会常常会遇到的实情,曾子真的有大善心。

自古以来便有儒法治国两争,对照上面曾子所言,我们就要深思了。如果一个社会的犯罪率居高不下,犯罪群体里男女老少、富贵贫贱者都有,上访者不绝,群体事件不断,那说明这个社会肯定有大问题,如法律不公、执法者不正等,为政者应该认真反省,而不能把全部责任推到民众头上,一味地加强严刑酷法。一条鱼死了可能是鱼的问题,整个水池里的鱼大部分死了,那就要考虑水的问题了。反之如唐朝最兴盛时期,全国一年的罪犯只有寥寥几个,可想而知当时社会的清明。

可见,我们施行法治的同时应大力实施仁义教育,不断推动德治。

19.20

子贡曰:"纣之不善,不如是之甚也。是以君子恶居下流,天下之恶皆归焉。"

【译文】

子贡说:"纣王是不好,但不像传说的那样厉害。所以君子憎恨那种一旦处于低下的境遇,天下就把一切坏名声都归到他身上的情形。"

【要解】

关于纣王,此人确实并非传说的那样残暴。好多罪名都是后人附会的,特别是唐王朝书写的历史。子贡这里并不是给什么人翻案,而是想告诉我们,一个社会的不公、不正、出现离心背德之风气,往往是下面的百官造成的,是那些贪污受贿、无恶不作的百官把百姓欺压得无法生存,百姓才咒骂怨恨的,而百官有时又把罪过推卸到国君身上,让国君为之背上这一黑锅。众生又容易盲从,上面说什么,宣传什么,百姓就相信什么,真相也就这样给曲解了。所以,提高百官的道德、教化百姓非常必要,且任重而道远。

此章还有另一种翻译:"纣王不干好事,但并没有后人说的那么严重。所以君子不能堕落,一旦堕落了,天下的坏事都记在他的账上。"两者各有侧重。前者重点是说现象,后者重点在劝告君子。对我们有两点启示:一方面做人要小心,不要处于"下流",《国语·周语下》就曰"从善如登,从恶如崩";另一方面我们看问题也要注意分寸,注重事实,不能用二元对立观,坏了就臭得一无是用,好了就美得无一过失。

需注意的是,这里的"下流"和《道德经》里所言的"下流"不是一个概念,更不要因此而把儒道两家对立起来。

19.21

子贡曰:"君子之过也,如日月之食焉:过也,人皆见之;更也,人皆仰之。"

【译文】

子贡说:"君子的过错好比日月之蚀。他犯过错,人们都看得见;他改正了过错,人们都景仰他。"

【要解】

讲子贡的这几章内容是前后连贯的,这章接着上面一章讲,讲完百官,再说君子。如果有了错的君子不肯改过,发展下去就可能像纣王一样,天下之恶皆归焉。人非圣贤孰能无过?君子还没做到圣贤,当然可能会有过,可是他有过能改,而且君子之过人人可见,如望到日食月食那样清楚,众目睽睽,瞒不过任何人。君子与众不同处在于有过却不会隐瞒,能主动承认,能够忏悔、改正自己的错误。过改了,好像日食月食之后光明重现了,人们都还会仰望他、尊重他。

真正的君子从不掩饰自己的过失,更主要的是能够勇于改正过失。而与君子相反的小人则不同,文过饰非,即使他人指出来,也会百般狡辩,为自己掩饰开脱,最后过恶猬集,令世人讨厌,这是非常可怜的。

19.22

卫公孙朝问于子贡曰:"仲尼焉学?"子贡曰:"文武之道,未坠于地,在人。贤者识其大者,不贤者识其小者。莫不有文武之道焉。夫子焉不学?而亦何常师之有?"

【译文】

卫国的公孙朝问子贡说:"仲尼的学问是从哪里学来的?"子贡说:"周文王武王的道,并没有失传,还留在人们中间。贤能的人可以了解它的根本,不贤的人只了解它的枝末,没有什么地方无文王武王之道。我们老师何处不学?又何必要有固定的老师传授呢?"

【要解】

不愧为夫子杰出的弟子,面对他人的询问,把老师夸赞得十分完美,让对方无不折服,且还没有一点失真。具体内容是:一、孔子的学问是直接继承了周文武王之正道,成为时代的唯一传人,又在大力推广正道之学。二、孔子的学问深得很,一般人根本不会了知,只有真正的贤者才会知晓。三、现在周文武王之道天下哪里都有,只是众人不知道罢了。四、先圣之道在社会大力盛行流传,这是周文武本身的功德所致,也是孔子辛勤传播的功劳。五、我的老师随时随地都在向天下众生及万物学习,何必要像某些人有固定的老师呢?真是口吐莲花,教育他人,夸赞老师,歌颂圣德,宣讲大道,并告知学习之道,一举五得,言简意赅。

子贡说得很对,孔子确实是周文武王有关礼仪和仁德的正宗传人,肩负着承尧舜禹汤文武周公之道并把它发扬光大的伟大历史责任,而且更为重要的是,孔子不被人识,也只是不被凡生所识罢了,真正的智者是了解孔子、赞颂孔子的。因有孔子这般辛勤传播先王之道,先王之仁道才可以流传不断。有了孔子,天下才可以知晓上古圣贤们的伟大与仁德。孔子开创了一个新的时代,创立了孔儒之学,开启了上接先王之道、下启圣君文明正道之思想文化征程。

孔儒之学的确是无处不可学,无时不可学,无人不可学。正因为这样,孔子才成为孔子,儒学才成为儒学。

19.23

叔孙武叔语大夫于朝曰:"子贡贤于仲尼。"子服景伯以告子贡。子贡曰:"譬之宫墙,赐之墙也及肩,窥见室家之好。夫子之墙数仞,不得其门而入,不见宗庙之美,百官之富。得其门者或寡矣。夫子之云,不亦宜乎!"

【译文】

叔孙武叔在朝廷上对大夫们说:"子贡比仲尼更贤。"子服景伯把这一番话告诉了子贡。子贡说:"若用围墙来比喻,我家的围墙只有齐肩高,可以从外面看见家中的美,老师家的围墙却有几仞高,如果找不到门进去,你就看不见里面宗庙的富丽堂皇和房屋的绚丽多彩。能够找到门进去的人并不多。叔孙武叔那么讲,不也很自然吗?"

【要解】

叔孙武叔:鲁国大夫,名州仇,三桓之一。子服景伯:鲁国大夫。宫墙:宫室的围墙。仞:古时七尺,一说八尺,一说五尺六寸。官:这里指房舍。鲁国的大夫叔孙州仇在朝中告诉诸大夫说,子贡的德行学问超过了孔子。子贡听到后赶忙否认,说自己远远不及老师,个别人的评说不可信。

子贡在言辞上是超群的,吐语如珠;在学问上也是非常高超的,经常给他人讲各类知识,讲仁德之道,讲得灵光四溢,满屋生辉。但是,子贡却用最为真诚的态度、无比崇拜的心情高度赞美了老师的伟大,同时也从侧面反映了世人的眼拙,孔子的孤单。

子贡说的非过誉之词。"夫子之文章,可得而闻也。夫子之言性与天道,不可得而闻也。"(《公冶长》)连子贡都不可得闻,或得闻了也没有解透,难以做到,其他人可想而知。

孔子从小就表现出超人的天资,后天又非常勤奋不怠,虚心请教,博览群书,精通六艺,天文、地理、人事、社会、历史、政治、教育等无所不知,再加上至关重要的明心见性,所以才可以清晰地了知生命之本,通达上古诸圣贤之道,准确地与他们对接,和天地同频共振,相融为一。而且孔子从来不张扬、不自夸,外人真的难以如此全方位、高层次进入孔子所达到的境界,故而对孔子到底有多么伟大也就无从而知了。就连智慧出众、多才善言又紧随老师几十年辛勤学习的子贡,在孔子面前,一点也不敢放纵、不敢自得。孔子离世后,众弟子们为师守孝三年,而子贡却守了整整六年,远远超过了作为一位弟子应有的礼节。这对于整天奔波在生意场上的一位大富豪来说,何其难哉。子贡,真君子也!

19.24

叔孙武叔毁仲尼。子贡曰:"无以为也!仲尼不可毁也。他人之贤者,丘陵也,犹可逾也;仲尼,日月也,无得而逾焉。人虽欲自绝,其何伤于日月乎?多见其不知量也。"

【译文】

叔孙武叔诽谤仲尼。子贡说:"这样做是没有用的!仲尼是毁谤不了的。别人的贤德好比丘陵,还可超越过去,仲尼的贤德好比太阳和月亮,是无法超越的。虽然有人要自绝于日月,这对日月又有什么损害呢?只是表明他不自量力而已。"

【要解】

上一章是叔孙武叔夸子贡,这一章又是此君在毁谤孔子,由此可见,此君夸赞子贡也是别有用心,是想借子贡来压倒孔子,看到压不倒,便直接上来诽谤诋毁孔子了。子贡听到后,也直接给怼了回去:孔子是日月,他人只是山陵,有的人想自绝于日月,只能是自招罪过,无损于日月的一丝光彩。上下章两个比喻,把孔子的伟大再次托高,在孔子面前不自量力者,只能是自讨无趣。

孔子是千古一圣人,是素王,是继尧舜禹、周文武公之后另一位伟大的圣人,这个圣人不是当时加封的,也不是哪一位天子、国君赏赐的,而是历史自然赠予的,是几千年文明社会证实了的,而且还是唯一,没有第二。如果说与他同时或后世之贤者也有无数,那也仅是丘陵一类,经过努力是可以超越的。孔子是日月,是浩瀚无垠的星空,根本无法超越。他的光辉任其乌云密布,雷电交加,天翻地覆,四季轮回,时代变迁,都不能损其一毫一丝。什么是圣人?《资治通鉴》里这么解释:"才德全尽谓之圣人。"即才德两方面达到了至善至美境界,也就是至达阿耨多罗三藐三菩提的佛菩萨。

历史证明了这一点。从孔儒诞生之后,几千年的人类历史发展长河中,涌现出了无数可敬、可叹、可赞的先贤先圣,有伟大思想家、教育家、文艺家、政治家、军事家、伦理学家及宗教家,还有众多的茶圣、武圣、商圣、酒圣等,但是没有一位像孔子学识这么全面,知识这么广博,品格这么完善,言行这么端正,影响这么显著、长久、兴盛不衰落的。孔子在当时已是名满天下,虽然没有人重用,但没有人不佩服其道德与能力。随后的汉朝,以罢黜百家、独尊儒术为治国之核心,开创了中华民族史上一个伟大的时代。几千年历史长河中,佛多次被毁被斥,道亦经常被冷落于一隅,整个文明高度发达的中原大地,孔儒却少有凋落过、被毁灭过。

自古以来,无论是九五至尊天子,朝堂高位百官,还是江湖走卒贩夫,少有人不受孔子思想的教化,也少有哪一个家族、团体与民族能胜过儒学无边的仁爱力量、社会道德之影响。大凡学术、理论与思想无不从孔学中汲取无尽的滋养。

19.25

陈子禽谓子贡曰:"子为恭也,仲尼岂贤于子乎?"子贡曰:"君子一言以为知,一言以为不知,言不可不慎也。夫子之不可及也,犹天之不可阶而升也。夫子之得邦家者，所谓立之斯立，道之斯行，绥之斯来，动之斯和。其生也荣，其死也哀。如之何其可及也？"

【译文】

　　陈子禽对子贡说："你是谦恭吧，仲尼怎么能比你更贤圣呢？"子贡说："君子的一句话就可以表现他的智识，一句话也可以表现他的不智，所以说话不可以不慎重。夫子高不可及，正像天是不能够顺着梯子爬上去一样。夫子如果得国而为诸侯或得到采邑而为卿大夫，那就会像人们说的那样教百姓立于礼，百姓就会立于礼；引导百姓，百姓就会跟着走；安抚百姓，百姓就会归顺；动员百姓，百姓就会齐心协力。夫子活着是十分荣耀的，死了是极其可惜的。我怎么能赶得上他呢？"

【要解】

　　还有人在贬低夫子，这次是孔子的弟子陈亢，属自家人。看来圣人的成名也非一帆风顺，来自内外的反对力量到处都有。不过，这也正常，一贯低调的孔子确实不为世人理解，有时包括自己的弟子，如眼前的这位。陈子禽此生在《论语》前面提到，曾经有两次请教过老师，一次是问孔子的儿子伯鱼有什么私下的教诲没有。一次是问子贡，这里是第三次。此次却不是请教，而是有点挑拨离间的意味了。

　　此段话的意思是，陈同学，你不要胡乱说话，你根本不知道老师的境界有多高。仅凭这几句话就可以断定，你真的是没有智慧。不要只看眼下世间无人重用老师，就如此评价老师。老师的才学品格那是绝对一流的，安抚天下，教化百姓，强大国家，治理社会，没有一项老师做不到。子贡真的不能容忍别人对孔子的毁谤，在反驳对方的同时又进一步赞美了孔子与天地等齐之光辉，无上之圣德。

　　《论语》把这几章放到这里，也算是借子贡之口，对孔子做出了中肯而高度的评价。同时还可以说是对整部《论语》进行的最明要的总结。编撰《论语》的弟子们真是用心了。

尧曰篇第二十

（凡3章）

本篇主要内容是说尧禅让帝位给舜，舜禅让帝位给禹，即所谓三代的善政和孔子关于治理国家事务的基本要求。

20.1

尧曰："咨！尔舜！天之历数在尔躬，允执其中。四海困穷，天禄永终。"舜亦以命禹。曰："予小子履敢用玄牡，敢昭告于皇皇后帝：有罪不敢赦。帝臣不蔽，简在帝心。朕躬有罪，无以万方；万方有罪，罪在朕躬。"周有大赉(lài)，善人是富。"虽有周亲，不如仁人。百姓有过，在予一人。"谨权量，审法度，修废官，四方之政行焉。兴灭国，继绝世，举逸民，天下之民归心焉。所重：民、食、丧、祭。宽则得众，信则民任焉，敏则有功，公则说。

【译文】

尧说："啧啧！舜呀！上天的使命已经落在你身上了，真诚地保持那中道吧！假如天下百姓都陷于困苦和贫穷，上天赐给你的禄位也就会永远终止。"舜也这样告诫过禹。商汤说："我履谨用黑色的公牛来祭祀，向伟大的天帝祷告：有罪我不敢擅自赦免。天帝的臣仆我也不敢掩蔽，都由天帝的心来分辨、选择。我本人若有罪，不要牵连天下万方，天下万方若有罪，都归我一个人承担。"周朝大封诸侯，使善人都富贵起来。周武王说："有至亲，不如有仁德之人。百姓有过错，都在我一人身上。"认真检查度量衡器，周密地制定法度，重新整顿有关机构，全国的政令就会通行了。复兴灭亡了的国家，接续已经断绝了的家族,提拔被遗落的人才,天下百姓就会真心归服了。所重视的有四件事:人民、粮食、丧礼、祭祀。宽厚就能得到众人的拥护,诚信就能得到别人的任用,勤敏就能取得成绩,公道就会使百姓喜悦。

【要解】

　　这一段文字,记述了从尧帝等先圣先王的遗训。孔子对三代以来的美德善政进行了高度概括,也可以说是对《论语》全书中有关治国安邦平天下思想进行了总括与升华。

　　全章内容共分五层。第一层次是尧对舜说的话,尧认为作为天子,需要认真遵守上古时先圣们留传下的教诲"允执其中",就是坚守中道,绝不动摇。这是千古不可中断的天地大法,也是治理天下至关重要的核心。第二层次是舜对禹的告诫。内容同上一样。第三层次是商汤即位时所发誓言,内容与上述基本相同。第四层次是周朝大封天下于诸侯后,天子和诸侯、百姓同乐,让本性善良的人都富贵了起来,天下一片和乐之景象。第五层次是周武王的治国之纲要和措施。

　　总括这几位圣贤之王在接任天命时得到的教诲和所发誓言,他们非常看重这几点:天命思想,中庸思想,仁德传统,责任担当,礼法同行。清楚了以上内容,也就明白孔子一生追求的目标与奋斗理想,也就知道他的仁爱思想从哪里来,将要走向何方,以何等的治国理念实现天下大同之境界。

　　"祖述尧舜,宪章文武""述而不作,信而好古",孔子一生所述并非由自己独创,而是依先圣所遗之变用、符合中道之自性的正常显发,也是天地正道在人世的正常显现。尊古也就是遵循天地之命,这不是落后迷信,而是上古时仁爱为民思想的集中体现。

20.2

　　子张问孔子曰:"何如斯可以从政矣?"子曰:"尊五美,屏四恶,斯可以从政矣。"

　　子张曰:"何谓五美?"子曰:"君子惠而不费,劳而不怨,欲而不贪,泰而不骄,威而不猛。"

　　子张曰:"何谓惠而不费?"子曰:"因民之所利而利之,斯不亦惠而不费乎?择可劳而劳之,又谁怨?欲仁而得仁,又焉贪?君子无众寡,无小大,无敢慢,斯不亦泰而不骄乎?君子正其衣冠,尊其瞻视,俨然人望而畏之,斯不亦威而不猛乎?"

子张曰:"何谓四恶?"子曰:"不教而杀谓之虐;不戒视成谓之暴;慢令致期谓之贼;犹之与人也,出纳之吝谓之有司。"

【译文】

子张问孔子说:"怎样才可以治理政事呢?"孔子说:"尊重五种美德,排除四种恶政,就可以治理政事了。"

子张问:"五种美德是什么?"孔子说:"君子要给百姓以恩惠而自己却无所耗费;使百姓劳作又不使他们怨恨;追求仁德而不贪图财利;庄重而不傲慢;威严而不凶猛。"

子张说:"如何做才可给百姓以恩惠自己却无所耗费呢?"孔子说:"让百姓们去做对他们有利的事,这不就是对百姓有利而不耗费自己吗?选择合适的时间和事情让百姓去做,又有谁会怨恨呢?自己追求仁德便得到了仁,还有什么可贪的呢?君子对人,无论人多人少、势力大小都不怠慢他们,这不就是庄重而不傲慢吗?君子衣冠整齐,目不斜视,人见了就生敬畏之心,这不也是威严而不凶猛吗?"

子张问:"什么叫四种恶政呢?"孔子说:"不经教化便加以杀戮叫虐;不加告诫便要求成功叫暴;不加监督而突然限期叫贼,有关人员分发财物时出手吝啬,这叫小气。"

【要解】

上一章主要讲述了古代圣王的治国理念,这一章通过孔子和子张的对话,阐述了在新的社会发展时期,孔子对治国方面的思考与措施。可谓有古法,有新政,古今一体,变而不变,不变而变。中道常存,以仁为本,兼爱天下。

孔子认为治理天下需遵守一个原则:"尊五美,屏四恶"。五种美德体现了上古时尧舜禹所说的以百姓为先之原则,要一心一意为他们服务,在保证物质生活的前提下,还要注重思想道德教化,提高生命层次,让他们的心情愉悦;同时教化与法治同在共用,教化在先,法治在后。

如何做到既给百姓恩惠,国家又没有什么耗费呢?这个问题是其他问题的代表。其原则是无为而治,让百姓做对自己有利的事,这一点非常重要。

20.3

孔子曰:"不知命,无以为君子也;不知礼,无以立也;不知言,无以知人也。"

【译文】

孔子说:"不懂得天命,就不能做君子;不知道礼仪,就不能立身处世;不善于分辨别人的话语,就不能真正了解他。"

【要解】

想不到,《论语》结尾之章,竟然是这么一句平平淡淡的话语。然而,再细读会发现,这几句话语岂是平淡?实有天大真义潜藏。孔门弟子真的是用心良苦呀。

此章有三层含义。第一层是必须懂得天命。它是成君子的前提、重要的基础,必要的条件。天命者,天地之道也,即宇宙万物发展变化的总中枢、总指挥。第二层是必须知道并且遵循礼仪,否则就无法于天地间立身,也就难以成为一个真正的人。这些礼仪非孔子独创,是从先王圣贤那里一代代承传下来的,是经过大量的实践检验而被历史证实了的。第三层是要知言。有人说是诚信。其实言与信两者间没有本质区别。一个人心中有诚信,他的言论自然就不会花乱、虚伪。既然不能轻易看清对方的心性,那就通过他的言语来判断。

这一章,孔子再次对君子提出三点要求:"知命""知礼""知言",从天地,到行事,再到话语,由大至小,从内到外,自无形到有形,环环紧扣,组合而成一个大写的德,顺德、养性、正行,三者贯穿于始终,也成为《论语》一条不变之主线,诚心正意、修齐治平一路而来,从古至今,绵延不绝。《论语》一书的解读到此已全部结束。

讲正义,求大道,广仁爱,重礼仪,行修养,做君子,有法制,和家族,利国家,达天地,不多言怪力乱神,不屈求君权王势,不依从财富名利,不务虚、不空言,不脱离现实修身寻性,关注生命本性的开发……这些,难道不都是历史所推崇,人类所共怀,社会所需要,百姓所欢喜的吗?而孔子恰恰把它们都做到了至极,推行到了极点,故而儒学成为中华文化洋洋大河里最激荡人心的主流之浪潮。

　　半部《论语》治天下,五千《老子》言万物,浩瀚佛经谈色空。

　　最后,吟歌一首,以赞《论语》之万古光辉:

　　论哉长夜传木铎,蒙蒙惊兮攉云泥。

　　无德红尘少仁,三皇古裔唯承。

　　天载地覆表安危,万世一师谁堪语?

　　道中庸,举礼仪,追大同。

　　穆穆乎中原仲尼,巍巍乎其文成纲纪。

后 记

经三十载春秋之蕴,集百余天辛勤所劳,终于将此厚厚一沓《论语要解》书稿敲定!

早于十年前便欲解读《论语》,然深感学识浅薄,惶惶然不敢下笔,生怕有一丝疏漏而曲解了圣人之学。其间,研佛学经典,习老庄之道,间或有孔孟诸圣现于心境,却总是不大明觉圣意何在,难以彻悟微言中所含大义。由不得常将儒释道三圣学合而为一静思独悟,对比交叉互证,虽有所得,却不能圆融。

究万物之本,由衷感叹佛理之精妙幽深;寻天地之道,不由赞誉《道德经》之精华智理。孔儒到底何意?浅白言家常之理之《论语》难道仅是言述平常之事理?孔氏一门怎样深入,如何才可登堂入室,探微寻妙,至明净之地而有所大获?圣人一名非一时一帝所赐,先师一称吾辈又岂可比肩?儒学真义到底何在? 求之不得,瘖瘘思服。

既为先圣,定有超凡越众之智慧。那就先入智慧之海,观其心,寻其意。瘖瘘中忽有所悟,原来天地只有一,一分阴阳,中道为和,和而不同,中庸之用,相融而合,寻来诸家谈《论语》,回首相顾一贯通。

盖圣者,才德俱超凡脱世、至善至美者也。历史左右验证,社会前后更替,万般风电雷雨冲刷却不改其一丝颜色,不变其半厘品质。一日,深思孔儒之学,醍醐由顶而灌,孔子、孟子、荀子、朱子等纷纷而现,教吾生命真义,导我天地正道,适有明悟,儒与佛、道真的本无二致。而如孔儒,诲人不倦,教人无常,紧扣生活,关注人性,其用语精妙而平常,言浅而意深,列事精当,对话微约,常中隐玄,妙里透智;诸弟子高明不凡,精心布局,重重叠加,架构起这部包含着圣人毕生心血之言语,实乃千古稀有!

当《楞严经注释译读》一书问世,《道德经感悟》著作置于案前,又逢"孔孟之学"丛书刊出,心中不禁戚戚,儒释道三学本为一体,少一者实是本人终生研读之缺。然身在公门,官事所牵,杂务繁生,难以退身静心述古今事、品圣贤文。己亥春节一过,百事且无扰,难得一时清静,心身便痒痒难受:何不就此动笔,完成这一至要事务,亦为传道育人三十多载之业添一砖瓦,再为世人筑一安心修养之幽静小屋。如能为宣讲圣人之理而添一微声,岂不亦功德一份?

于是,依篇章解其要旨,细细寻应圣贤心音。每至痛快处,酣畅淋漓,法喜盈怀;适逢要害时,谨慎微细;或有明悟,情不能禁。和圣人对话,深感千古儒典实非随意而编,章章合序,节节含机,玄妙巧构,真义暗藏。非至圣者无以达此妙境,非通达天地正道者难有此言此景。

文成,静坐电脑桌前,忙碌的往昔如电般瞬间闪过,又消逝,仿佛根本没有此事发生,身心异常平静安详,更无一丝困倦。不失不得,自然安然。

为本书的出版提供资助者:王心怡、张智程、韩双梅、宋改坐、刁珂、雪梅、乔永平、任晓荣、张林爱、候文来、蔡树梅、黄桂荣、麻小琴、马学英、杨晓娟、辛晔、刘浩然、妙善、王妍、吕卓阳、白桓、张晨星、张鸣琴、张晋明、胡玉萍、王新峰、刘秋梅、付培丽、赵军、赵忠琪、胡建华、那兰陀、赵宇晨、渠秋魁、王俊芳、周鳯蓝、李玉忠、春暖花开、天山之水、弘正瑜伽学院等。

组织者:史新云、爱人生、蔡树梅、清欢、方圆。

本书初稿校对者:王妍、吴华、张芳、丁蓉、辛晔、李彩云、袁香萍、王瑞霞、张海瑛、孙玲丽、贾燕芳。

感恩诸圣德冥冥相持,感谢各位道友倾心而助,唯愿此岁来年天下大同。特以记之。

2019年7月6日初稿,9月18日改定于龙城